普通高等学校"十四五"规划智能制造工程专业精品教材

中国人工智能学会智能制造专业委员会规划教材

工业互联网技术及应用

主　编　孔宪光
副主编　殷　磊　马洪波　常建涛
　　　　范济安　骆　飚

华中科技大学出版社
中国·武汉

内容简介

工业互联网作为新一代信息技术与制造业深度融合的产物,是加速数字化转型的基石。作为汇聚了工业互联网知识点的教材和专业书籍,本书从工业互联网概念、技术基础与发展现状等角度切入,系统地介绍了工业互联网的体系架构与关键技术,汇集了典型工业互联网平台与应用实践案例,使读者易于理解工业互联网概念,深刻把握当前发展趋势,掌握其内在本质机理和核心技术,紧密贴合平台服务与产业应用,有利于我国工业互联网人才培养和产业发展。

图书在版编目(CIP)数据

工业互联网技术及应用/孔宪光主编. —武汉:华中科技大学出版社,2022.4(2025.4 重印)
ISBN 978-7-5680-7778-1

Ⅰ.①工… Ⅱ.①孔… Ⅲ.①互联网络-应用-工业发展-研究 Ⅳ.①F403-39

中国版本图书馆 CIP 数据核字(2022)第 038559 号

工业互联网技术及应用 孔宪光 主编
Gongye Hulianwang Jishu ji Yingyong

策划编辑:	万亚军
责任编辑:	罗 雪
封面设计:	原色设计
责任监印:	周治超
出版发行:	华中科技大学出版社(中国·武汉) 电话:(027)81321913
	武汉市东湖新技术开发区华工科技园 邮编:430223
录 排:	华中科技大学惠友文印中心
印 刷:	武汉开心印印刷有限公司
开 本:	787mm×1092mm 1/16
印 张:	17.5
字 数:	456 千字
版 次:	2025 年 4 月第 1 版第 3 次印刷
定 价:	49.80 元

本书若有印装质量问题,请向出版社营销中心调换
全国免费服务热线:400-6679-118 竭诚为您服务
版权所有 侵权必究

前　言

工业互联网作为新一代信息技术与制造业深度融合的产物，继工业革命和互联网革命之后的又一次全球商业浪潮，日益成为新工业革命的关键支撑和深化"互联网＋先进制造业"的重要基石，对未来工业发展产生全方位、深层次、革命性影响。工业互联网产业联盟对工业互联网的定义如下：工业互联网是互联网和新一代信息技术与工业系统全方位深度融合形成的产业和应用形态，是工业智能化发展的关键综合信息基础设施。

首先，工业互联网是以数字化、网络化、智能化为主要特征的新工业革命的关键基础设施，加快其发展有利于加速智能制造发展，更大范围、更高效率、更加精准地优化生产和服务资源配置，促进传统产业转型升级，催生新技术、新业态、新模式，为制造强国建设提供新动能。其次，工业互联网还具有较强的渗透性，可从制造业扩展成为各产业领域网络化、智能化升级必不可少的基础设施，实现产业上下游、跨领域的广泛互联互通，打破"信息孤岛"，促进集成共享，并为保障和改善民生提供重要依托。最后，工业互联网也是全球工业系统与高级计算、分析、感应技术以及互联网相连接、融合的一种结果。工业互联网的本质是通过开放的、全球化的工业级网络平台把设备、生产线、工厂、供应商、产品和客户紧密地连接和融合起来，高效共享工业经济中的各种要素资源，从而通过自动化、智能化的生产方式降低成本、提高效率，帮助制造业延长产业链，推动制造业转型发展。

工业互联网已经成为国际上大多数国家实现智能制造、寻求国家经济新增长点的共同选择。从美国的"先进制造业战略计划"、德国的"工业4.0"、日本"互联工业"、英国的"高价值制造战略"到法国的"未来工业"，全球主要的经济大国、制造业大国都在积极推动制造业转型升级，新一轮科技革命和产业变革蓬勃兴起。我国加强工业互联网的顶层设计，国家出台了一系列的政策来推动工业互联网的发展，给予工业互联网强有力的政策支持。

工业互联网在快速发展的过程中，也暴露出了许多问题。一是企业自身问题。企业的数字化水平普遍不高、基本自动化和信息化建设不足、数据质量不高，工业互联网平台落地需要先补IT（互联网技术）和OT（运营技术）短板，大量中小型制造企业技术创新能力薄弱，以自身的能力难以实现网络化、数字化、智能化转型。二是网络连接问题。工业设备的多样性、连接层协议的多样性、设备厂商本身协议的封闭性等原因，导致数据分析存在一定的困难。大量设备数据接入平台后，数据结构性、关联性不强，导致工业互联网底层设备连接的困难程度和复杂程度增大。咨询公司Gartner（高德纳）曾预测2020年全球可联网设备数量将达到260亿台，目前全球的平台设备接入水平与此还有很大的差距。三是平台问题。目前，大多数平台储备的工业知识、模型和历史数据远远不够，当为特定行业或者是工业场景提供服务时，难以满足制造企业的业务需要。大多数平台企业在发展过程中以单打独斗为主，在其不擅长的领域投入大量资金和人力，未能很好地整合外部力量，增加了经营风险。平台的产业创新生态还需继续建设，要像西门子、微软、PTC等领先平台企业那样不断建设开发者社区，提供全面的技术资源，吸引各类生态伙伴。我国大多数的平台还没有建设开发者社区，生态合作伙伴的类型和数量远远落后于国外先进水平。四是安全问题。工业互联网的发展意味着工业控制系统将更加复杂化、IT化和通用化，不同工业控制系统互联互通，内部将越来越多地采用通用软件、通用硬件和通用协议,这也将意味着增加信息安全隐患。随着工业控制系统产生、存储和分析的数据海量增长,数据安全保障难度增大,加上缺少应用监管、大量进口等,更多、更复杂的安全问题日益突显,工业互联网信息安全面临严峻挑战。

数字化转型是"必做题",不是"选做题"。工业互联网是加速数字化转型的基石,机遇与挑战并存,所以更需要大家全面了解工业互联网概念、技术及应用。我国人才培养、平台发展、行业应用等多个方面,亟须一本汇聚工业互联网深入原理、系统性技术、全面性平台应用等多方面知识点的教材或专业书,以促进我国工业互联网人才培养和产业发展。

本书共分11章,从工业互联网概述,工业互联网基础技术与发展趋势,工业互联网体系架构,工业互联网的网络连接技术,工业互联网平台在边缘层、数据层、融合层、应用层的技术,工业互联网安全技术等方面,介绍了目前主流的典型工业互联网平台与工业互联网应用实践。本书内容简繁得当,实用易学,深刻把握了当前工业互联网现状与发展趋势,剖析了其内在本质机理和核心技术,描述了工业互联网与其他理念、技术等的关系,紧密贴合平台服务与产业应用,帮助大家厘清概念,掌握技术,熟悉应用,了解趋势。同时,本书配套的数字资源包括第2章至第9章和第11章的PPT课件,读者可以通过扫描对应章节后的二维码浏览。以上课件仅限于供读者使用,不得用于任何商业用途。因此,本书可作为普通高等院校机械、控制、计算机、通信、网络安全、智能制造、大数据、人工智能等专业的选修教材,可供从事工业互联网研究、教学的专业人员使用,同时可供企业、研究所、政府部门的工程技术人员、管理人员、推广人员自学和参考。

本书由孔宪光任主编,由殷磊、马洪波、常建涛、范济安、骆飚任副主编。本书前言、第1章、第2章、第3章、第10章主要由孔宪光教授编写,骆飚、汪星、程红雨、胡雪、任宜超、童志鹏参与编写;第8章、第11章主要由殷磊教授负责编写,骆飚、陈虎、张明明、叶鹏、杨天澍、范端权、谌渤予、霍延伟、王鹏、孙雪华参与编写;第5章、第7章主要由马洪波教授负责编写,郑珂、陈改革、郭飞、裴莹、程涵、马帅印、王先芝、王白浩、高清俊、杨官彬、张生琨、杨杰、黑惊博、张恒参与编写;第6章主要由常建涛教授负责编写,郭静、刘尧、王佩、王奇斌、杨胜康、崔欢、卢津、孙巍参与编写;第4章、第9章主要由范济安负责编写,荆雷、安岗、李凌、陈丹、李守卿、肖羽、王帅、杨学红、周晓龙、周博、庞粹、吴曦、刘清莉、屈荣荣、丁福恒、李川等参与编写。中国电子技术标准化研究院的苏伟、王程安也参与了本书的编写,对信息物理系统与数字孪生有关章节的编写提供了指导;华中科技大学出版社万亚军、罗雪老师提供了宝贵建议并参与了本书的编辑校对。在此一并表示感谢!

感谢三一重机股份有限公司、广州明珞装备股份有限公司、西安塔力科技有限公司、中兴通讯股份有限公司、中铁一局集团有限公司、网易(杭州)网络有限公司、重庆忽米网络科技有限公司、紫光云引擎科技(苏州)有限公司、海尔数字科技(西安)有限公司、宁波和利时智能科技有限公司、蓝卓数字科技有限公司、老虎表面技术新材料(苏州)有限公司、美林数据技术股份有限公司、北京寄云鼎城科技有限公司、西安启工数据科技有限公司、无锡启工数据科技有限公司、广州旭丰工业互联网有限公司提供了工业互联网平台及应用实践案例,感谢西安电子科技大学、西安邮电大学、陕西省工业与信息化厅、陕西省通信管理局、陕西省生态环境厅、陕西省科技厅、西安市工业与信息化局、西安市大数据资源管理局、西安市科技局、陕西省工业互联网协会、陕西省大数据与云计算联盟的领导对本书的指导!

编　者
2021年10月

缩略词对照表

缩略语	英文全称	中文对照
IIC	Industrial Internet Consortium	工业互联网联盟
AII	Alliance of Industrial Internet	工业互联网产业联盟
SDN	software defined network	软件定义网络
IT	internet technology	互联网技术
ICT	in circuit tester	在线测试仪
CPS	cyber-physical systems	信息物理系统
GE	General Electric	通用电气公司
MES	manufacturing execution system	制造执行系统
SDK	software development kit	软件开发工具包
ERP	enterprise resource planning	企业资源计划
DNS	domain name service	域名解析服务
MS-DOS	microsoft disk operating system	微软磁盘操作系统
IoT	internet of things	物联网
SaaS	software as a service	软件即服务
IaaS	infrastructure as a service	基础设施即服务
PaaS	platform as a service	平台即服务
CT	communication technology	通信技术
OT	operational technology	运营技术
SECO	software ecosystem	软件生态系统
SOA	service-oriented architecture	面向服务体系架构
ESB	enterprise service bus	企业服务总线
SOD	service-oriented development	面向服务开发
SOI	service-oriented infrastructure	面向服务基础设施
DDD	domain-driven design	领域驱动设计
URL	uniform resource locator	统一资源定位器
M2M	machine-to-machine	机器对机器
RFID	radio frequency identification	射频识别技术
PLC	programmable logic controller	可编程逻辑控制器
SCADA	supervisory control and data acquisition	监控与数据采集系统

续表

缩略语	英文全称	中文对照
DCS	distributed control system	分散控制系统
BOM	bill of materials	物料清单
LoRa	long range radio	长距离低功耗通信
LPWAN	low power wide area network	低功耗广域网络
LAN	local area network	局域网
PROFIBUS	process fieldbus	过程现场总线
FF-BUS	foundation fieldbus	基金会现场总线
CAN-BUS	controller area network bus	控制器局域网络总线
eMBB	enhanced mobile broad band	增强型移动宽带
mMTC	massive machine type communication	海量机器类通信
URLLC	ultra-reliable and low latency communication	低时延高可靠通信

目 录

第1章 绪论 (1)
- 1.1 工业互联网的概念 (1)
- 1.2 工业互联网与互联网 (2)
- 1.3 工业互联网与物联网 (3)
- 1.4 工业互联网与智能制造 (5)
- 1.5 工业互联网发展现状 (6)
- 本章小结 (8)
- 本章习题 (8)

第2章 工业互联网基础技术 (10)
- 2.1 物联网技术 (10)
- 2.2 网络通信技术 (16)
- 2.3 云计算技术 (23)
- 2.4 工业大数据技术 (31)
- 2.5 信息安全技术 (44)
- 本章小结 (47)
- 本章习题 (48)

第3章 工业互联网体系架构 (49)
- 3.1 工业互联网体系架构 (49)
- 3.2 工业互联网的网络体系 (59)
- 3.3 工业互联网数据体系 (63)
- 3.4 工业互联网安全体系 (64)
- 本章小结 (66)
- 本章习题 (67)

第4章 工业互联网的网络连接技术 (68)
- 4.1 工厂内外网络 (68)
- 4.2 工业设备/产品接入与联网 (77)
- 4.3 工业互联网的标识解析 (85)
- 4.4 5G与工业互联网 (93)
- 本章小结 (97)
- 本章习题 (97)

第5章 工业互联网平台边缘层技术 (98)
- 5.1 边缘计算 (98)
- 5.2 工业大数据采集 (106)
- 本章小结 (115)
- 本章习题 (115)

第6章 工业互联网平台数据层技术 ……………………………………………… (116)
6.1 工业互联网大数据管理 ………………………………………………… (116)
6.2 工业互联网大数据分析 ………………………………………………… (124)
本章小结 ……………………………………………………………………… (128)
本章习题 ……………………………………………………………………… (129)

第7章 工业互联网平台融合层技术 ……………………………………………… (130)
7.1 数字孪生 ………………………………………………………………… (130)
7.2 工业互联网与数字孪生 ………………………………………………… (141)
7.3 信息物理系统（CPS） ………………………………………………… (143)
本章小结 ……………………………………………………………………… (156)
本章习题 ……………………………………………………………………… (156)

第8章 工业互联网平台应用层技术 ……………………………………………… (157)
8.1 工业应用开发技术 ……………………………………………………… (157)
8.2 微服务技术 ……………………………………………………………… (161)
本章小结 ……………………………………………………………………… (172)
本章习题 ……………………………………………………………………… (173)

第9章 工业互联网的安全技术 …………………………………………………… (174)
9.1 接入安全技术 …………………………………………………………… (174)
9.2 平台安全技术 …………………………………………………………… (179)
9.3 访问安全技术 …………………………………………………………… (184)
9.4 工业互联网与区块链 …………………………………………………… (187)
本章小结 ……………………………………………………………………… (188)
本章习题 ……………………………………………………………………… (188)

第10章 典型工业互联网平台 ……………………………………………………… (190)
10.1 国外工业互联网平台 …………………………………………………… (190)
10.2 国内工业互联网平台 …………………………………………………… (193)
10.3 工业互联网平台使用体验 ……………………………………………… (222)
本章小结 ……………………………………………………………………… (223)
本章习题 ……………………………………………………………………… (223)

第11章 工业互联网应用实践 ……………………………………………………… (224)
11.1 工业互联网典型应用 …………………………………………………… (224)
11.2 工业互联网行业应用 …………………………………………………… (226)
本章小结 ……………………………………………………………………… (267)
本章习题 ……………………………………………………………………… (267)

参考文献 ……………………………………………………………………………… (268)

第 1 章 绪 论

本章结合工业互联网政策和产业现状,引出工业互联网的概念,工业互联网的本质核心是生产企业通过建立工业互联网平台,把联网装置、传感器、自动化设备、供应商、产品、用户等紧密地连接起来,利用5G(第五代移动通信技术)、物联网、人工智能等新兴技术,通过软件对工业数据进行深度感知、实时传输、快速计算分析、高度反馈响应,实现生产优化和智能控制,重铸工业生产力;详细介绍了工业互联网与互联网、物联网、智能制造的关系,阐述了其发展现状。

1.1 工业互联网的概念

近些年来,随着互联网的飞速发展,物联网的大热,各种类似于"工业互联网"的概念层出不穷,比如思科的"万物互联"、IBM(国际商业机器公司)的"智慧地球"、云计算、大数据,等等。层出不穷的新概念让我们不知从何理解。

工业互联网(industrial internet):开放、全球化的网络,将人、数据和机器连接起来,属于泛互联网的目录分类。它是全球工业系统与高级计算、分析、传感技术及互联网的高度融合。

工业互联网的概念最早于2012年由美国通用电气公司(GE)提出,随后美国五家行业龙头企业联手组建了工业互联网联盟(IIC),将这一概念大力推广开来。除了通用电气这样的制造业巨头,加入该联盟的还有IBM、思科、英特尔和AT&T等IT企业。

事实上,工业互联网的概念国内一直都有,而非仅仅是GE的舶来品。上海可鲁系统软件有限公司2004年就在国内最早提出工业互联网的概念,并一直在尝试怎样把工业设备通过工业互联网互联互通。从技术的层面,工业互联网属于一个交叉性学科的综合应用,涉及三个领域的问题。一是工业信息安全,二是网络通信,三是广域自动化。只有把这三个领域的技术融合在一起,才能构成一个工业互联网的基础架构。可以从两个角度理解工业互联网。一是依托公众网络连接专用网络、局域网。现在企业里有很多局域网络,比如石油传输管线、铁路交通、电网等。二是以生产自动化为基础,实现企业全面信息化,然后再变成工业互联网。

工业互联网是满足工业智能化发展需求的,具有低时延、高可靠、广覆盖特点的关键网络基础设施,是新一代信息通信技术与先进制造业深度融合所形成的新兴业态应用模式。工业互联网包括网络、平台、安全三大体系。其中,网络是基础,平台是核心,安全是保障。

工业互联网将整合两大革命性转变之优势:其一是工业革命,伴随着工业革命,出现了无数机器、设备、机组和工作站;其二则是更为强大的网络革命,在其影响之下,计算、信息与通信系统应运而生并不断发展。伴随着这样的发展,工业互联网是全球工业系统与高级计算、分析、感应技术以及互联网相连接、融合的一种结果。

(1)智能机器:以崭新的方法将现实世界中的机器、设备、团队和网络通过先进的传感器、控制器和软件应用程序连接起来。

(2)高级分析:使用基于物理的分析法,预测算法,自动化和材料科学、电气工程及其他关键学科的深厚专业知识来理解机器与大型系统的运作方式。

(3) 工作人员：建立员工之间的实时连接，连接各种工作场所的人员，以支持更为智能的设计、操作、维护以及高质量的服务与安全保障。

工业互联网通过智能机器间的连接最终使人、机连接，结合软件和大数据分析，将这些元素融合起来，将为企业与经济体提供新的机遇。例如，传统的统计方法采用历史数据收集技术，这种方式通常将数据、分析和决策分隔开来。伴随着先进的系统监控和信息技术成本的下降，其工作能力大大提高，实时数据处理的规模得以大大提升，高频率的实时数据为系统操作提供全新视野。机器分析则为分析流程开辟新维度，各种物理方式相结合、行业特定领域的专业知识、信息流的自动化与预测能力相互结合可与现有的整套"大数据"工具联手合作。最终，工业互联网将涵盖传统方式与新的混合方式，通过先进的特定行业分析，充分利用历史与实时数据。

因此，工业互联网的本质和核心是通过开放的、全球化的工业级网络平台把设备、生产线、工厂、供应商、产品和客户紧密地连接融合起来，高效共享工业经济中的各种要素资源，形成跨设备、跨系统、跨厂区、跨地区的互联互通，从而通过自动化、智能化的生产方式降低成本、提高效率，帮助制造业延长产业链，推动制造业转型发展，推动整个制造服务体系智能化；还有利于推动制造业融通发展，实现制造业和服务业之间的跨越发展；重构全球工业，激发生产力，让世界更美好，更快速，更安全，更清洁，更经济。

1.2　工业互联网与互联网

互联网（internet），又称国际网络，指的是网络与网络之间所串联成的庞大网络，这些网络以一组通用的协议相连，形成逻辑上的单一巨大国际网络。互联网始于1969年美国的阿帕网。通常internet泛指互联网，而Internet则特指因特网。这种将计算机网络互相连接在一起的方法可称作网络互联，在此基础上发展出的覆盖全世界的全球性互联网络称互联网，即互相连接在一起的网络结构。互联网并不等同于万维网，万维网只是一个基于超文本相互链接而成的全球性系统，且是互联网所能提供的服务之一。

传统互联网的受众是C端用户，传统互联网的特性主要有效率高、传播实时、展现内容多但内容并未筛选从而容易让人迷惑。传统互联网的变现模式包括付费和广告，其中广告是当前的主要收入来源。对于用户来说，传统互联网要提供更多的免费使用服务，才能实现流量的聚集，进而通过广告变现。

工业互联网从诞生起就以工业发展为关注点，因此服务工业发展是其核心目标。工业互联网是工业行业变革的衍生物，它的特性更多是依靠工业行业的特点来延伸的。工业种类繁多，工况复杂，对制造过程中的准确性和安全性都有极高的要求，传统的数据分析和实时建模相对封闭独立，不能产生量变效应。结合互联网的发展特征后，工业的流程架构和生产方式都将发生变革，并将带来万亿规模级别的广阔市场。工业互联网的特性相比于传统互联网，增强了数据分析能力、设备连接能力、安全管理能力。

工业行业的每个企业都处于竞争关系中，产品数据都是企业的核心秘密，企业不可能允许这些数据都放在同一个工业互联网的平台上面，而且工业产品的复杂程度很高，一个工程机械产品的传感器可能多达几百个，在深度和维度的技术上面，工业互联网比传统互联网的要求高很多。传统互联网主要依靠操作系统来完成其功能，而工业互联网平台与基于传统互联网的系统相区别的还有三大要素，即工业模型、工业App、通信协议标准的建立。工业互联网平台现阶段以专业服务、功能订阅为主要商业模式,专业服务是其当前最主要的盈利模式,基于平台的系统集成是最主要的服务方式。通俗点说就是按照项目收费,针对工业企业网络需求提供定制化项目服务。功能订阅是辅助收费方式,包括云资源订阅、PaaS(平台即服务)功能组件订阅、工业 SaaS(软件即服务)订阅。功能订阅收费模式往往针对依托网络基础设施的服务提供。

工业互联网与传统互联网相比,主要有如下四个明显区别。

(1) 服务主体不同。传统互联网的服务主体和连接对象主要是人,强调生活场景的全面线上化,应用场景相对简单;工业互联网需要连接人、机、物、系统等,连接种类和数量更多,强调企业生产线上与线下的协同发展,场景十分复杂。

(2) 网络形态不同。传统互联网主要面向公共网络,因此对网络性能要求相对较低;工业互联网的网络形态则是企业内网,而且是物联网,具有更高的可靠性和安全性要求,以满足工业生产的需要。

(3) 复杂程度和发展模式不同。传统互联网连接的主要是人,应用场景相对简单,应用门槛低,发展模式可复制性强;工业互联网则主要是连接人、机、物、系统等,行业标准多,应用专业化、个性化强,由互联网企业主导推动且投资回收期短,容易获得社会资本的支持,但难以找到普适性的发展模式。

(4) 市场格局不同。传统互联网市场集中度高,典型案例有阿里巴巴、腾讯、百度、京东等;工业互联网则具有较鲜明的垂直细分特点,较难形成寡头垄断,目前在我国乃至世界仍处于发展起步阶段,典型案例有中国航天科工集团有限公司的航天云网工业互联网平台和海尔集团的 COSMOPlat 工业互联网平台等。

当然,工业互联网的功能与企业传统的自动化和信息系统是有区别的。这种区别,就是工业互联网的机会之所在。

1.3 工业互联网与物联网

物联网(internet of things,IoT)是一个基于互联网、传统电信网等的信息承载体,广泛应用于网络的融合中,也被称为继计算机、互联网之后世界信息产业发展的第三次浪潮。物联网本质上是通过各种信息传感器、射频识别技术、全球定位系统、红外感应器、激光扫描器等信息感知装置与技术,实时采集任何需要监控、连接、互动的物体或过程的相关信息,包括声、光、热、电、力学、化学、生物、位置等信息,并通过与各类网络的接入,实现物与物、物与人的泛在连接,以及对物品和过程的智能化感知、识别和管理,从而让所有能够被独立寻址的普通物理对象形成互联互通的网络。

目前,物联网进入与传统产业深度融合发展的崭新阶段,物联网在工业领域的应用即为工业物联网(industrial internet of things,IIoT)。美国通用公司认为,就当前技术发展而言,工业物联网是工业互联网的同义词,是物联网技术在工业领域的提升与实现。中国电子技术标准化研究院等相关单位共同编写的《工业物联网白皮书(2017 版)》认为,工业物联网是通过工业资源的网络互联、数据互通和系统互操作,实现制造资源的灵活配置、制造过程的按需执行、制造工艺的合理优化和制造环境的快速适应,达到资源的高效利用,从而构建服务驱动型的新工业体系。工业物联网无意改变传统的工业自动化控制系统,强调的是更大规模的设备连接与数据获取,以及工业现场的优化反馈。相比于传统工业测控网,工业物联网融入了移动通信和智能分析技术,在泛在感知和智能处理等方面进行功能扩展。综上所述,工业物联网与传统物联网的区别主要表现在以下三方面。

(1) 传统物联网通过智能感知识别等通信感知技术以增强人们对周围环境的感知和响应。而工业物联网将传统物联网技术和数据与制造等工业过程相结合,旨在提高工业领域设备自动化水平、设备生产效率和企业生产率。

(2) 工业物联网主要强调在生产和服务方面的应用,如能源、运输、工业控制,往往涉及更高价值的设备和资产,同时对运行安全有更高的要求;而传统物联网更多关注消费领域,如家居方面。

(3) 工业物联网建立在工业基础设施上,用于提升而非替代原有的工业生产设备和设施。它是物联网的子集,集中在生产力方面应用。

此外,工业物联网还具有智能感知、泛在连通、数字建模、实时分析、精准控制和迭代优化六大典型特征。

(1) 智能感知是工业物联网的基础。面对工业生产、物流、销售等产业链环节产生的海量数据,工业物联网利用传感器、射频识别等感知装置和手段获取工业全生命周期内不同维度的信息数据,具体包括人员、机器、原料、工艺流程和环境等工业资源状态信息。

(2) 泛在连通是工业物联网的前提。工业资源通过有线或无线的方式彼此连接或与互联网相连,形成便捷、高效的工业物联网信息通道,实现工业资源数据的互联互通,拓展了机器与机器、机器与人、机器与环境之间连接的广度和深度。

(3) 数字建模是工业物联网的方法。数字建模将工业资源映射到数字空间中,在虚拟的世界里模拟工业生产流程,借助数字空间强大的信息处理能力,实现对工业生产过程全要素的抽象建模,为工业物联网实体产业链运行提供有效决策。

(4) 实时分析是工业物联网的手段。针对所感知的工业资源数据,通过技术分析手段,在数字空间中进行实时处理,获取工业资源状态在虚拟空间和现实空间的内在联系,将抽象的数据进一步直观化和可视化,完成对外部物理实体的实时响应。

(5) 精准控制是工业物联网的目的。通过工业资源的状态感知、信息互联、数字建模和实时分析等过程,将基于虚拟空间形成的决策,转换成工业资源实体可以理解的控制命令,进行实际操作,实现工业资源精准的信息交互和无间隙协作。

(6) 迭代优化是工业物联网的效果。工业物联网体系能够不断地自我学习与提升,通过处理、分析和存储工业资源数据,形成有效的、可继承的知识库、模型库和资源库。面向工业资源制造原料、制造过程、制造工艺和制造环境,不断进行迭代优化,以达到最优目标。

工业物联网是物联网的主战场,人们对工业物联网的期许是在工业设计、制造、流通环节带来革命性的改变,为传统工业注入新的活力,提供新的势能,驱动工业在更高维度上发展、创新,乃至变革。随着计算、存储能力的提升,特别是大数据、人工智能的发展,任何行业对数据获取手段都提出了前所未有的要求。为了抢占新一轮发展战略机遇,世界各国采取相关的战略举措,促使工业制造领域的转型升级成为工业物联网发展的重要驱动力。因此,发展工业物联网具有下述意义:工业物联网助力智能制造。我国制造业面临着提高生产制造效率、实现节能减排和完成产业结构调整的战略任务,工业物联网将为企业的生产、经营和管理模式带来深刻变革。智能制造是基于新一代信息通信技术与先进制造技术深度融合,贯穿于设计、生产管理、服务等制造活动的各个环节,具有自感知、自学习、自决策、自执行、自适应等功能的新型生产方式,工业物联网的部署实施为智能制造提供基石。智能制造将结合工业物联网,合理调配供应链资源以提升生产和服务效率,实现制造业的智能化管理模式创新。

1.4 工业互联网与智能制造

"工业互联网是互联网和新一代信息技术与工业系统全方位深度融合形成的产业和应用形态,是工业智能化发展的关键综合信息基础设施。"这是工业互联网产业联盟对工业互联网的定义,可以看出工业互联网与智能制造有着密切的联系。

工业互联网可以说是智能制造的依托基础,而智能制造是工业互联网的最终目标。工业互联网包含物联网、互联网、云计算、大数据与人工智能技术等新一代信息技术,并基于这些技术充分发掘工业装备、工艺和材料潜能,提高生产效率,优化资源配置效率,创造差异化产品和服务增值。因此,工业互联网为智能制造提供了基础设施,为现代工业智能化发展提供了重要支撑。

工业互联网与智能制造在应用范围上又有所区别。工业互联网帮助企业上云,为企业提供定制化服务,侧重于工业服务,是实现智能制造的发展模式和现实途径;而智能制造是为了实现整个制造价值链的智能化,偏重于工业制造方面,帮助企业实现工业转型,开展新一轮的工业革命。

从目前的企业状况来看,工业互联网可以促进传统企业向生产服务型的企业转型。企业可以借助信息全互通的工业互联网平台,推动企业管理流程、组织和商业模式的创新,再通过企业互联实现网络化协同,通过产品互联实现服务延伸,并在精准对接的基础上实现个性化定制服务。

工业互联网的核心是互联,是制造企业实现智能制造的关键使能技术之一。我国智能制造网络媒体和两化融合专业服务机构 e-works 提出的智能制造金字塔模型如图 1.1 所示,企业推进智能制造包含四个层次、十个场景。

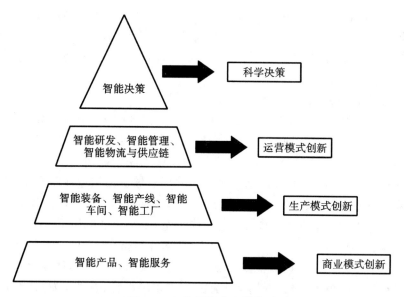

图 1.1 智能制造金字塔模型

第一层是推进产品的智能化和智能服务,从而实现商业模式的创新。在这一层,工业互联网可以支撑企业开发智能互联产品,基于物联网提供智能服务。具体来说就是面向工业互联网,以众创、众包、众智、众筹、协同创新和服务创新等形式进行商业模式创新,构建以消费者为中心,以个性化营销、柔性化生产和精准化服务为主要特征的线上线下结合的产品服务体系,从而进一步拓展企业线上平台支撑和线下服务的商业链条,整个商业模式需要重新构建。

第二层是如何应用智能装备、部署智能产线、打造智能车间、建设智能工厂,从而实现生产模式的创新。在这一层,工业互联网技术可以帮助企业实现M2M(机器对机器),从设备联网到产线的数据采集,从车间的智能监控到生产无纸化。制造模式也会发生变革,基于工业互联网平台,建立全程透明的信息服务,实现用户需求与制造全流程的无缝对接。通过精准高效的柔性生产、用户驱动的产品迭代,从以企业为中心的大规模制造向以用户为中心的大规模定制模式转变,实现整个制造价值链的升级。

第三层是通过智能研发、智能管理、智能物流与供应链,实现企业运营模式的创新。在这一层,工业互联网的主要作用是实现企业内的信息集成和企业间的供应链集成。工业互联网打通企业边界,主体企业、参与企业、数据资源和边界资源通过跨界协作实现协同研发、协同制造、用户参与设计,引发了产业价值链、产品系统构造、生产方式、制造资源组织方式、服务模式的重大变革。

第四层是智能决策。在这个层次,工业互联网的作用是实现异构数据的整合与实时分析。面向工业互联网的智能制造不仅需要单项技术或装备的突破与应用,更需要建立跨行业、跨领域的工业互联网平台架构与技术标准体系,解决智能制造的数据集成、互联互通等基础瓶颈问题,从而满足不同行业的智能制造需求,掌握智能制造的技术发展主动权和话语权。

1.5 工业互联网发展现状

从美国的"先进制造业战略计划"、德国的"工业4.0"、日本的"互联工业"、英国的"高价值制造战略"到法国的"未来工业",全球主要的经济大国、制造业大国都在积极推动制造业转型升级,新一轮科技革命和产业变革蓬勃兴起。工业互联网作为新一代信息技术与制造业深度融合的产物,日益成为新工业革命的关键支撑,对未来工业发展产生全方位、深层次、革命性影响。工业互联网已经成为国际上大多数国家实现智能制造、寻求国家经济新增长点的共同选择。

1. 组建工业互联网产业联盟

工业互联网产业联盟汇聚了成员单位的优势资源,推进产学研用协同发展,使成员之间的成果转化和对接更加高效,共同指导行业发展,推动工业互联网进步。2014年3月,GE、AT&T、Cisco(思科)和IBM等公司成立了美国的工业互联网联盟(IIC),以此推动工业互联网技术标准化和广泛应用。德国工业4.0平台由德国机械设备制造业联合会、德国电气和电子制造商协会等发起,协会负责技术和理念推广,研究机构负责技术开发、标准制定和人才培养,大众、西门子等大型制造企业提供技术与解决方案,中小企业则以联合方式参与创新研发并分享创新成果。2016年2月1日,在工业和信息化部的指导下,我国工业、信息通信业、互联网等领域百余家单位共同发起成立了工业互联网产业联盟(AII),联盟会员数量达到942家,设立了"12+9+X"组织架构,分别从工业互联网顶层设计、技术研发、标准研制、测试床、产业实践、国际合作等方面务实开展工作,发布了多项研究成果,为政府决策、产业发展提供支撑。

2. 各大企业积极投入研发与应用

如微软、亚马逊等IT巨头与工业企业联合研发，为工业互联网平台提供各类大数据、人工智能方面的通用算法框架和工具；像思科这样的通信巨头也开始与工业企业合作，将平台连接和服务的能力应用到工厂中，帮助工业企业从各种工业以太网和现场总线中实时获得生产数据；生产制造领域的日立和东芝也分别建立了Lumada平台和SPINEX平台，提高了生产效率，降低了企业的运营成本，优化了自身的价值链；自动化与装备制造领域的安川、霍尼韦尔、库卡分别建立了MMcloud平台、Sentience平台和KUKA Connect平台，为自家生产的产品提供增值服务，提高市场竞争力；随着工业互联网的迅速发展，还有许多初创企业崭露头角，像QiO、Particle、Uptake这样的初创企业将工业大数据、人工智能技术与互联网平台进行深入的融合，提供数据分析服务，像Telit、DeviceInsight、Sieraa Wiless等M2M通信领域的初创企业发挥其数据连接方面的优势，帮助工业企业实现资产的远程连接和在线管理，推动了工业互联网的快速发展。

3. 工业互联网带动经济的发展

中国信通院政策与经济研究所所长辛勇飞介绍，测算表明，2018年、2019年我国工业互联网产业经济增加值规模分别为1.42万亿元、2.13万亿元，占GDP（国内生产总值）比重分别为1.5%、2.2%。预计2020年，我国工业互联网产业经济规模将达3.1万亿元，占GDP比重为2.9%，同时可带动约255万个新增就业岗位。工业互联网产业经济核算包括核心产业及融合带动影响，随着工业互联网加速向各行业拓展，2019年融合带动的经济影响占工业互联网产业经济比重已达74.8%，工业互联网将成为国民经济中增长最为活跃的领域之一。随着工业互联网的迅速发展，在市场需求及新技术的推动下，工业互联网平台的市场会保持高速发展态势。据MarketsandMarkets统计数据，2018年全球工业互联网平台市场规模初步估算达到32.7亿美元，较2017年增长27.24%；预计2023年将增长至138.2亿美元，年均复合增长率达33.4%。

4. 我国工业互联网呈现蓬勃发展的良好局面

国家加强工业互联网的顶层设计，出台了一系列的政策来推动工业互联网的发展，给予工业互联网强有力的政策支持，彰显出我国政府对工业互联网的高度重视及布局决心。如国务院在2017年11月27日发布了《深化"互联网＋先进制造业"发展工业互联网的指导意见》，以规范和指导我国工业互联网发展，深入推进"互联网＋先进制造业"，进而深化供给侧结构性改革；2018年7月发布了《工业互联网平台建设及推广指南》和《工业互联网平台评价办法》，部署未来三年工业互联网平台发展的顶层设计和行动纲领，明确了系统推进工业互联网平台创新发展工作的总体思路、发展目标和主要行动，形成建平台与用平台融合发展机制；2019年3月，国务院在政府工作报告中明确提出要打造工业互联网平台，拓展"智能＋"，为制造业转型升级赋能；2020年3月4日，中共中央政治局常务委员会在会议中强调，要加快新型基础设施建设进度，工业互联网和数据中心、5G等七大领域被纳入"新基建"体系。国家不断推动工业互联网的建设，推进智能制造。

5. 我国的工业互联网成果丰硕

目前，依托工业转型升级资金，中国在工业互联网网络（网络化改造）、标识解析、平台（集成创新）、安全（集成创新）等四个方向支持了九十一个工业互联网创新发展工程项目，并遴选了七十二个工业互联网试点示范项目。在标识解析方面，目前初步形成"东西南北中"的服务架构，工业互联网标识解析国家顶级节点已在北京、上海、重庆、广州、武汉五大城市陆续完成部署上线。标识解析二级节点建设也已在广东、福建、贵阳、浙江、江苏、河北、北京、湖北等地陆续启动上线。在网络方面,包括企业外网商用网络在内的运营商积极作为,引用5G、SDN(软件定义网络)技术;面向产业的有如中国移动、中国联通等,它们也推出了专门的网络;还有商用试验网络,这是基于国家未来网络实验的平台,现在也形成了很大规模,为工业企业提供试验的环境。在平台方面,我国各类型的平台数量总计已有数百家之多,培育了超过七十家有一定影响力的区域工业互联网平台,像华为、华能、海尔等行业领先企业都纷纷推出了平台产品,将工业技术能力和先进制造经验转化成高效、灵活且低成本的平台服务,提高了生产效率,降低了经营成本。平台企业的持续创新能力,形成了一批创新解决方案和应用模式。例如:在研发设计方面,出现了像华为"沃土"云仿真设计、索为的研发设计与产品运维一体化的平台服务;在生产制造方面,形成了像富士康ICT(在线测试仪)治具智能维护、紫金钣金行业企业云图的平台解决方案;在企业管理方面,像天智职能、黑湖科技、用友等平台利用云ERP(企业资源计划)、云MES(制造执行系统)、云CRM(客户关系管理)等服务,解决企业的生产运营管理、供应链协同与客户管理问题;在产品服务方面,树根互联、徐工信息将工程机械远程管理解决方案进行推广,实现纺织机械、工业机器人、数控机床等设备产品的远程服务;在应用模式创新上,树根互联、智能云科、天正、生意帮等企业也探索开发了"平台+保险""平台+金融""平台+订单"等新模式新业态,其创新解决方案和应用模式有力带动了企业数字化转型升级。此外,重点工业互联网平台平均设备连接数近60万台,平均工业App数量突破1500个。

本 章 小 结

本章首先阐述了工业互联网概念:整合了工业革命和网络革命优势的工业互联网通过智能机器间的连接并最终将人机连接,结合软件和大数据分析,重构全球工业、激发生产力;工业互联网是以数字化、网络化、智能化为主要特征的新工业革命的关键基础设施,加快其发展有利于加速智能制造发展,更大范围、更高效率、更加精准地优化生产和服务资源配置,促进传统产业转型升级,催生新技术、新业态、新模式,为制造强国建设提供新动能;工业互联网是全球工业系统与高级计算、分析、感应技术以及互联网连接融合的一种结果。其次阐述了工业互联网与传统互联网之间的关系,说明了工业互联网与互联网的服务主体不同、网络形态不同、复杂程度和发展模式不同,以及市场格局不同,工业互联网是工业行业变革的衍生物,它的特性更多是依靠工业行业的特点来延伸的。然后介绍了工业互联网与物联网。接着阐述工业互联网与智能制造的关系,工业互联网是智能制造的依托基础,而智能制造是工业互联网的最终目标。最后,阐述工业互联网的发展现状,国内和国外纷纷组建工业互联网产业联盟,推进产学研用协同发展;各大企业积极投入研发与应用,推动了工业互联网的快速发展,进而带动经济的增长;国家加强工业互联网的顶层设计,出台了一系列的政策来推动工业互联网的发展,我国工业互联网呈现蓬勃发展的良好局面;依托工业转型升级资金,我国在工业互联网网络、标识解析、平台、安全等四个方向支持了九十一个工业互联网创新发展工程项目,我国的工业互联网成果丰硕。

本 章 习 题

1. 简述工业互联网的概念。

2. 工业互联网的本质和核心是什么？
3. 工业互联网将整合两大革命性转变的优势是什么？
4. 工业互联网与传统互联网相比，主要有哪四个明显区别？
5. 工业互联网平台与基于传统互联网的系统主要有哪三大区别？
6. 工业互联网与物联网有哪些区别？
7. 工业互联网与物联网是如何建立联系的？
8. 物联网由哪些关键部分组成？它们有哪些作用？
9. 物联网对工业互联网产生了哪些促进作用？
10. 工业互联网产业联盟对工业互联网的定义是什么？
11. 工业互联网与智能制造在应用范围方面有哪些区别？
12. 简述工业互联网与智能制造的关系。
13. 从网络、标识解析、平台、安全四个方向阐述我国工业互联网的成果。

第 2 章 工业互联网基础技术

物联网是继计算机、互联网与移动通信网之后的世界信息产业第三次革命。物联网这一概念的问世，打破了之前的传统思维。工业互联网的本质是物联网在工业领域的应用，是物联网的一部分。因此，2.1 节详细介绍了物联网技术及其发展现状、体系架构、关键技术、应用与发展优势。

网络通信技术是产业发展的重要推动力量，是工业互联网的基础设施，是连接先进信息技术（如物联网、大数据、云计算、人工智能等）与工业全要素之间的桥梁。由于工业现场环境不同及应用场景有差异，因此 2.2 节详细介绍了多种通信制式，包括有线和无线网络通信技术，以覆盖不同的业务需求。

新一代信息通信技术的发展，驱动着制造业迈向转型升级的新阶段——数据驱动的新阶段，产生了制造业生产全流程、全产业链、产品全生命周期的工业大数据。2.3 节和 2.4 节介绍了云计算和工业大数据关键技术及架构，深刻探讨了工业大数据创造的价值，促使制造业隐性知识显性化不断取得突破。

工业互联网以连接为本质、以人才为驱动、以智能科技为技术支撑，除了这些特点以外，还需要以安全为保障。2.5 节详细介绍了工业互联网面临的信息安全风险、主要的信息安全技术及采用的信息安全完善对策。

本章还从新基建以及其他先进技术的关系角度，介绍了未来工业互联网发展趋势，从 5G 技术为工业互联网提供传输解决方案的角度，详细介绍了 5G 技术概念，以产品质量实时检测为例介绍了 5G 与人工智能技术结合应用。数字孪生是工业互联网的参考架构和重要组成，是解决工业机理模型和工业 App 碎片化问题的关键技术，是构建工业互联网平台的关键元素。区块链具有去中心化、数据不可篡改、共同维护、分布式记账、不可删除等特性，可以与工业互联网深度的融合，解决工业互联网发展中存在的安全问题，区块链在工业互联网领域应用前景非常广阔。

2.1 物联网技术

2.1.1 物联网技术概述

物联网是物与网络的结合，通过信息传感设备将要连接的物体接入网络，让接入网络的物体实现互联互通，并实现对这些物体的识别、控制、管理、定位、互联、信息共享等，推动了信息科学技术的革命。

物联网的本质还是互联网，终端不仅是计算机，还包括通过传感设备连接的其他物体，比如智能家居、环境监控设备、虚拟现实设备、油气采集设备、公路运输网中的 ETC（电子不停车收费）设备、交通管理设备、航天航空设备、穿戴设备等，按照约定的协议和信息安全保障机制，对物体进行在线监测、安全管理、定位追踪、调度指挥、远程控制、在线升级等，实现对万物的管理。大体来说，物联网技术具备以下几个特点：

(1) 感知技术的集合体。想要实现物联网的各项技术,需要配置大量传感器,不同传感器具备不同的监测功能,所获取的信息内容、格式也存在着差异。

(2) 建立在互联网基础上。物联网作为计算机网络的衍生品,其核心是网络,采用有线、无线网络与智能设备结合,从而精准地将信息传递出去,并实现远程操控。

(3) 智能控制。物联网设备通常都需要结合传感器使用,并且智能设备也具备处理能力,能够对物联网设备进行控制。物联网可以把传感器、智能技术相结合,再配合大数据、云计算、神经网络等技术,不断扩展其应用领域。

2.1.2 物联网技术发展现状

在物联网之父 Kevin Ashton 于 1998 年提出物联网的概念后,物联网技术发展很快,相关标准逐渐成熟,服务行业逐渐扩大,应用向综合平台发展,技术趋势向可信化和智能化的方向发展,产业体系正在建立和完善过程中。在全球经济快速发展的今天,物联网的应用开始面向大环境,原有的商业模式正在更新,快速化、跨领域化、多方共赢的商业模式正在形成,物联网时代正逐渐到来。据统计,目前,国内物联网连接数超过 17 亿,到 2025 年将达到 90 亿,市场规模达到 4 万亿元,物联网技术的发展潜力非常巨大。

发达国家纷纷出台政策进行战略布局,把物联网技术作为未来发展的重点,制定了新一轮信息产业的发展政策。欧盟的十四点行动计划涵盖标准化、研究项目、试点工程、管理机制和国际对话等规划,描绘了物联网的发展前景,提出欧盟政府要加强对物联网的管理,保障物联网技术的快速发展,统一物联网标准的制定。美国以物联网应用为核心的"智慧地球"计划,把新一代互联网技术充分运用到各个行业,通过传感设备把全球需要连接的物体连接到网络,通过互联网形成物联网以达到万物互联,再经过计算机和云计算,为人类更加精细、动态的生活方式提供物联网技术平台,从而在全球范围内提升"智慧水平"。日本的"U-Japan 计划"将物联网作为重点战略之一,该战略力求实现人与物之间的互相连接,希望将日本建设成一个人与物随时随地均可连接的泛在网络社会。韩国的"IT839 战略"和"U-Korea"战略将泛在物联网USN(泛在传感器网络)作为基础建设之一,将物联网确定为经济新增长点,要实现"通过构建世界最先进的物联网基础实施,打造未来广播通信融合领域超一流信息通信技术强国"的目标;其中的 U-Life 计划的目标更是要在将来建成松岛泛在城市。

根据信通院数据,2018 年、2019 年我国工业互联网产业经济总体规模分别为 1.42 万亿元、2.13 万亿元,实际同比增长分别为 55.7%、47.3%。工业互联网核心产业保持稳步增长,为工业互联网发展提供了坚实基础。测算数据显示,2018 年、2019 年我国工业互联网核心产业增加值分别为 4386 亿元、5361 亿元,同比增长分别为 30.1% 和 22.2%。2017—2020 年,工业互联网核心产业增加值增长超过 93%,年复合增长率达 24.6%。

目前,我国物联网产业取得很大的发展。

(1) 物联网应用领域加速发展,在环保、物流、交通、医疗、家具、石化、安防、电力领域开始通过试点示范物联网规模应用,为百姓生活带来便利的同时也促进了传统产业的升级转型。其中,苏宁电器建成的智慧住宅融合了苏宁智慧零售的优势资源,建成了数字化的商业平台,加快应用物联网技术,有效降低了企业成本,提高了整体运营效率。

(2) 物联网生态体系逐渐形成,在高校、科研院所和企业的共同努力下,我国形成了元器件、设备、芯片、电器运营、软件、物联网服务等较为完善的物联网产业链,涌现了一批物联网领军企业,初步建成一批检验检测、标识解析、成果转化、共性技术研发、人才培训及信息服务等公共服务平台。其中,华为公司为 5G 商业应用提供了资源保障。

(3) 物联网产业集群优势不断凸显,产业的发展以物联网应用平台为先导,形成区域发展格局,工业物联网已开始整合区域发展资源,促进新的发展模式,打开新的价值空间。随着国家物联网配套政策的出台,我国已形成许多物联网发展的重要基地,构建了完整的物联网产业链,未来物联网将成为一个创新、创业的新产业。

(4) 我国在物联网领域已经建成一批重点实验室,通过整合多行业、多领域的资源,为物联网技术的发展奠定了基础。物联网专利申请数量逐年增加,截至 2020 年 9 月,我国国内累计申请了 5.07 万项物联网专利。

(5) 我国物联网整体应用还没有普及,物联网的高端传感器、智能硬件和核心芯片还与发达国家存在一定的差距,网络与信息安全存在较多隐患。因此,需要加强对物联网关键技术的攻克,积极推动自主技术国际化水平,加快核心标准研制,培育一批影响力大、带动性强的企业,构建有效的服务于一体的灵活机制,提升物联网信息安全的保障能力。

2.1.3 物联网技术体系架构

目前,物联网还没有一个被广泛认同的体系结构(也称物联网体系架构)。一般根据物联网对信息的感知、传输、处理过程,将其划分为三层结构,包括感知层、网络层和应用层,如图 2.1 所示。

1) 感知层

感知层是物联网三层体系架构中最基础的一层,也是最为核心的一层。感知层的作用是利用传感器对物质属性、行为态势、环境状态等各类信息进行大规模的、分布式的获取与状态辨识,然后采用协同处理的方式,针对具体的感知任务对多种感知到的信息进行在线计算与控制并做出反馈。这是一个万物交互的过程。

2) 网络层

网络层作为整个体系架构的中枢,起到承上启下的作用,解决的是感知层在一定范围、一定时间内所获得的数据的传输问题,通常以解决长距离传输问题为主。而这些数据可以通过企业内部网、通信网、互联网、各类专用通用网、小型局域网等网络进行传输交换。网络层关键长距离通信技术包含有线、无线通信技术及网络技术等,主要是以 4G、5G 等为代表的通信技术。

3) 应用层

应用层位于三层架构的最顶层,主要解决的是信息处理、人机交互等相关问题,通过对数据的分析处理,为用户提供丰富、特定的服务。本层的主要功能包括两个方面内容:数据及应用。首先应用层需要完成数据的管理和数据的处理;其次要发挥这些数据价值,必须与应用相结合。

2.1.4 物联网技术的关键技术

1. 传感器技术

传感器是物联网针对自身内部及外部环境而进行感知的装置系统,同时传感器也能够辅助实现数据的分析和传输等。近年来,科技的快速发展,使得传感器技术趋于智能化,这也成为了一种主流趋势,由原本的传统传感器逐渐转变为嵌入式 Web 传感器。无线传感器网络是通过微型传感器节点在检测区中的布局规划而构成的,利用无线通信技术建立一个集结化的

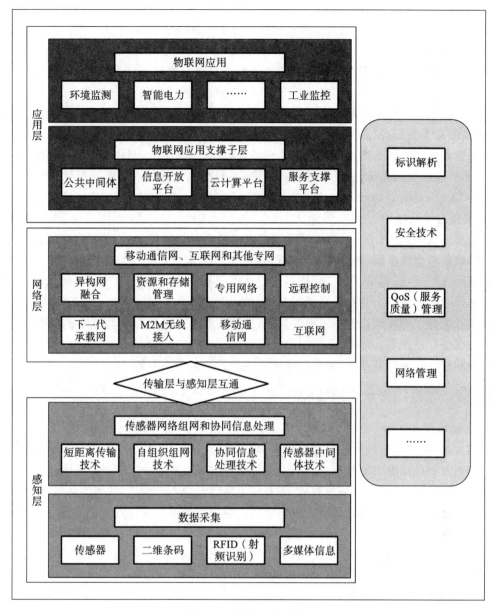

图 2.1 物联网体系架构

网络结构,这也是传感器实现网络化的重要条件。因此,从某种意义上说,传感器是物联网快速发展的一个标志。目前,传感器技术的主要发展方向包括测试技术与网络化测控、传感器网络组织结构与底层协议、传感器自我检测及控制等。

2. 云计算技术

云计算是指通过远程服务器或非本地的其他服务器分布式计算机来为用户提供数据的计算存储等服务,能够实现大量数据的并行计算与弹性增长资源存储等。云计算能够将海量的计算机程序利用网络分化为许多子程序,之后通过多台服务器进行高效处理,可以在非常短的时间内达到与超级计算机类似的效率与功能,处理海量信息资源甚至只需要几秒钟的时间。物联网技术中的传感设备会不断收集数据资源,这些数据资源的存储与处理都要利用云计算技术海量数据处理功能的计算机模型,利用云计算的协调性与安全性等特征,将资源共享信息孤岛转变为一个规模庞大的资源海,为高效使用数据资源提供支持。

3. 无线传感技术

无线传感网络是集稳定性、安全性、高效性于一身的自组织无线网络信息系统,能够实现分布式的信息收集、信息处理、信息共享等功能。无线传感器网络具有非常多的传感器节点,而物联网便是利用分布于监控区域中的传感器和传感器自组织形成的无线传感网络,对声音、温度、运动信息等数据进行感测的。传感器中的各个节点都处于协同运行的状态,对监控区域的所有点位在所有时间点都能实现信息的感知、收集、处理、传输,利用网关与公用网络进行连接,最后将信息向监测人员传输。无线传感器网络的数据传输技术通常包括无线局域网技术(wireless local area network,WLAN)、无载波通信技术、局域网协议(紫蜂协议)技术等。

4. 安全与隐私技术

如上所述,在物联网中一些特殊实物可能会涉及商业机密或个人隐私等,所以物联网需要保证这些隐私不会被泄露,保证信息与隐私的安全性。基本上所有的标签标识或识别技术都可以实现远程扫描,标签可以根据阅读器的指令将信息传输到阅读器,这便要确保涉及机密或隐私的实物信息在标签上具有较高的安全性,避免个人隐私或领域机密被侵犯。因此,安全与隐私技术就成为了物联网识别技术中的关键,根据物联网不同层的性质和特征,不同层的安全现状与需求也存在区别。此外,终端安全管理和感知节点的物理安全性也要充分保障,包含用户卡安全和设备软硬件安全等,避免异常移动所导致的安全性问题。

2.1.5 物联网技术应用情况

1. 智能电网

近年来,物联网关键技术在各个领域中都有着广泛的应用,智能电网便是其中之一。社会经济的快速发展使得电力能源成为人们生活与工作的基础能源,也是许多领域运营及发展的关键,为人们的生活提供了许多便利,但随着城市化建设的不断推进,我国的用电、供电压力也在不断增大,所以电力资源的稳定、安全输送成为电力领域重点关注的问题。智能电网的应用需要一些先决条件,如效率非常高的网络传输通信技术,通过传感技术对传输的信息进行整合分析,并通过科学的统计与计算辅助电力运输,能够在系统中对电网各个用电节点的用电状况进行监控,也可以实现智能电网客户用电的动态化监控,利用更加高效和便利的输配电模式为客户提供稳定且安全的电力资源。

2. 智能物流

物联网关键技术在物流领域中也发挥着重大作用。从某种程度上讲,物联网的各项特质都和物流有着密切联系,如物流商品都有信息标签,质检员能够利用传感器设备与射频识别设备对物流商品进行扫描,之后利用网络通信技术将获得的信息数据传送到物流终端,所有的输送点都能够通过物流终端获取相应的信息,而客户也能够利用这一功能通过互联网来查询货物运输的位置信息。同时,不单单在物流运输中,物联网关键技术在产品采购和生产销售等领域都有着广泛应用,物联网技术可以进一步控制企业生产成本和货物运输成本,在提高效率的同时为其效益提供保障。科技的快速发展使得物流领域的发展逐渐转向智能化,而物联网技术的应用则可以推动物流领域的结构化,进一步促进我国经济的稳定发展。

3. 工业生产

当前,虽然我国一些企业已经实现了设备的自动化和半自动化使用,但其智能化水平还有待提高。现代化物联网技术与传统的工业化生产技术相比,在生产方面能够提高工业化生产的安全性,进而提升工业化生产水平。这是因为在物联网技术的支持下,可以实现对机械的智能化管理,让工业施工更加符合工业化生产要求。因此,工业企业可以通过使用物联网技术来显示工业化生产的各种信息,加强对智能化设备的人工检测和反馈,实现设备和人之间的良好合作,以此保障各种设备的远程操控以及安全使用。另外,在工业生产中利用物联网技术,可以搭建良好的工业信息搜集平台,加强对工业施工信息的搜集,促进工业生产朝着智能化和数字化方向发展,实现工业化的智能转型。

4. 智慧农业

我国地域辽阔,南方和北方的气候存在显著的差异,传统农业会受季节影响,这就会影响农作物生长,会限制产量,农民需要结合季节选择要种植的农作物,这又会影响到我国的农业发展。我国是农业大国,在当前时代背景下,传统农业显然已经无法满足社会发展要求。但是在农业领域中运用物联网技术,就能够解决这些问题,物联网技术可以对农作物生长状态进行检测,可以促进农作物的生长。智慧大棚就是物联网技术在农业领域中的一个典型应用。温度传感器能够自动识别以及感受大棚中的温度,自动选择关窗或是开窗透气;光照传感器能够检测光照情况;二氧化碳传感器就可以检测棚内植物生长参数,农民可以设置棚内农作物需要的相关环境参数。物联网运用多种传感器执行具体操作,能够有效简化工序,减少农民的工作量,从而使农作物产量也有显著的增长。

5. 智能交通

我国的交通在不断地发展,交通问题也是城市发展中的关键问题,交通拥堵、事故以及停车难等问题,让人们出行受到了影响,还对城市发展造成了消极的影响。要解决这些问题,可采用智能停车引导系统和智能交通预警系统。前者就是将检测节点安装到城市中的所有停车范围内,这样就能够实时检测停车位情况,将信息传送给司机。例如,司机要找空的停车位,在搜索之后系统就会呈现附近的停车空位以及位置,还有路线指导。司机只需要在手机上装客户端软件就能够查询城市中的停车区。该系统就是对车位磁场变化进行检测,或运用超声波感知周围停车位是不是有车,可以给司机提供便利,解决停车难问题。后者就是运用城市道路上的摄像头对画面和信息进行采集,并将这些信息传给后台,后台程序会开展分析工作,并将结果传送到安装了客户端的用户手机上,或是在电台节目中传播,为司机提供道路信息,并且提出建议行驶的道路。这有利于减少交通拥堵,对交通问题的缓解具有积极影响。

6. 环境监测

在中国发展项目之中,环境保护的问题一直被当成主要项目,过去的测量方法不仅操作复杂,而且数据读取也有难度,数据实时性匮乏,同时在数据采集过程中也有着一定的物资、人力与财力要求。运用物联网技术可以有效改善该种情况。当代社会发展研发的多种类型的具备环境参数的传感器不仅具备很高的精度,还具有实时性。运用在环境监测中的物联网技术,关键是采用由各种传感器组成的需要对参数加以监测的节点,同时在自组网络技术助力中构成拥有自由组合特征的专有数据传输网络,当其中多节点不能采用以后,别的传感器节点可以自行挑选传感路径,进而形成全新的网络。采用该种方法输送数据,不仅可以给数据提供安全保障,而且还可以确保网络运行顺利。在环境监测过程中结合物联网技术,可以给环境监督控制提供实时性,比如,传感器对某一水源的水质加以监测时,若发现不正常现象,可在第一时间把这种现象告知管理员,让其及时了解大致情况。在收回借助传感器采集的数据时,可以展开云托管,这样不但可以确保数据安全性,而且有益于分析与共享数据。

总结：作为新一代信息技术的重要组成部分，物联网及其跨界融合、集成创新和规模化发展，在促进传统产业转型升级方面起到了巨大的作用。当前，NB-IoT（窄带物联网）、5G、人工智能、云计算、大数据、区块链、边缘计算等一系列新的技术将不断地注入物联网领域，助力"物联网＋行业应用"快速落地，促使物联网在工业、能源、交通、医疗、新零售等领域不断普及，也催生了智能门锁、智能音箱、无人机等诸多单品成为物联网的新应用。未来几年，人工智能、区块链、大数据、云计算等和物联网的关系将会被理顺，进而构建出一个新的、泛在的智能ICT（信息通信技术）基础设施，应用于全社会和行业。

2.2 网络通信技术

工业互联网是"新基建"（新型基础设施建设）的七大板块之一，也是国家新时期的核心战略部署，同时还是从传统的消费互联网（to C 端）向产业互联网（to B 端）转型的重要方向。工业互联网本质上就是指利用先进的信息技术对传统产业进行改造升级，以期达到效益与竞争力的提升。

网络通信技术是产业发展的重要推动力量，是工业互联网的基础设施，是连接先进信息技术（如物联网、大数据、云计算、人工智能等）与工业全要素之间的桥梁。由于工业现场环境不同及应用场景有差异，因此需要多种通信制式来覆盖不同的业务需求。

种类多样的有线网络及无线网络的发展可适应海量工业数据的不同类型的传输需求。随着信息网络从固定、窄带向移动、宽带和泛在、融合的演进，工业数据尤其是非结构化数据的传输不再是瓶颈，有力地支撑着互联网与工业的融合与发展。工业互联网通信连接技术包括有线连接与无线通信两大类别（见图2.2），其中无线通信技术因部署简单、功能强大、使用便捷、组网灵活、覆盖区域大而在工业互联网中广泛使用，特别是5G、TSN（时间敏感网络）、LoRa（长距离低功耗通信）等新技术的导入所引发的技术变革是本书重点关注内容。

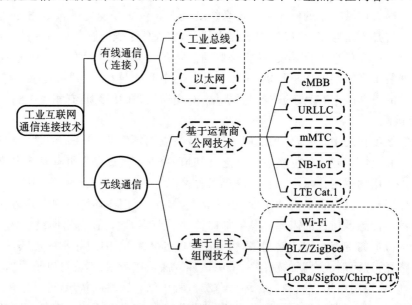

图2.2 工业互联网通信连接技术

不同的场景对通信方式的要求不同（见图2.3）：自动驾驶领域要求低延时，可以使用5G

的 URLLC(低延时高可靠通信)方式;由于 5G 的 eMBB(增强型移动宽带)有其特有的优势,因此可以满足远程医疗要求;低速率、大容量、远距离场景使用各种 LPWAN(低功耗广域网络)制式比较合适,包括 LoRa、NB-IoT、Chirp-IOT 等技术;对 MESH(无线网格网络)组网要求较高的可以采用 BLE/Zigbee 等技术。

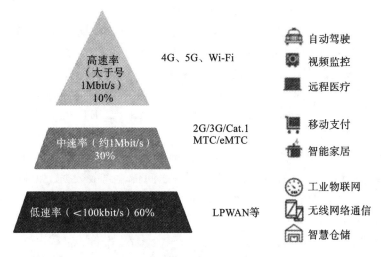

图 2.3 不同场景的通信要求

2.2.1 有线网络通信技术

工业控制网络,主要分为现场总线和工业以太网两大技术体系,以实现现场控制为主要功能。现场总线是一种数字式、多分支结构和双向传输的通信网络,连接了智能现场设备和自动化系统。也就是说,将控制系统最基础的现场设备作为网络节点连接起来,最终达到自上而下全数字化通信的效果,通信总线在现场设备中广泛延伸。现场总线与传统的通信总线相比,实时性更强,稳定性更高。IEC(国际电工委员会)发布了多种现场总线标准,包括多种现场总线技术,根据不同需要可应用于不同的工业领域。通信技术一直以来在不断地更新和升级,因此没有形成统一的总线标准,现在依然有多种现场总线共存的情况。

在现场总线兴起和应用之后,工业以太网出现了,当前工业以太网协议主要有 EtherNet/IP、PROFINET 等。以太网是基于载波监听多路访问/冲突检测技术机制的广播型网络。由于以太网具有诸多优势,如技术成熟、易于组网、价格低廉、开放性好、通信速率高等,因此以太网是当前世界局域网所使用的最普遍的通信协议标准,是商业领域广泛应用的通信技术。以太网的出现和应用,解决了很多工业领域原有的兼容性和操作问题。以太网融入工业控制领域,成为工业领域最受青睐的工业控制网络技术。

1. 以太网

以太网最早出现于 20 世纪 70 年代,之后按照 IEEE 802.3 实施了标准化。以太网是指符合 IEEE 802.3 标准的局域网(LAN)产品组,IEEE 802.3 是一组电气与电子工程师协会(IEEE)标准,用于定义有线以太网媒体访问控制的物理层和数据链路层。这些标准也说明了配置以太网网络的规则,以及各种网络元件如何彼此协作。以太网支持多台计算机通过一个网络连接,没有它,现代社会采用的各种设备之间可能无法通信。以太网是一种全球化的电线电缆系统标准,这些电线电缆将多台计算机、设备、机器等通过企业的单个网络连接在一起,以便所有计算机彼此通信。以太网的雏形是一条电缆,它支持多台设备连接至同一网络。如今,以太网网络可根据需要扩展和覆盖新设备。以太网是目前全球最受欢迎、使用范围最广泛的网络技术。

工业以太网由于其固有的可靠性、高性能和互操作性,已经渗透到工厂车间,成为自动化和控制系统的首选通信协议。近年来,工业以太网的市场份额已经超过了传统的现场总线协议,原因是后者通常需要多个独立和专有的布线设施。

为了满足工业环境需要,工业以太网本质上使用封装在以太网协议中的特殊工业协议,以确保在需要执行特定操作的时间和位置发送和接收正确信息。

工业数据通信发生在路由层、控制层和传感器层,每一层都需要不同级别的实时信息传输、冲突检测和决策(本质上预先确定任意两个节点之间的路由)。四种主流工业以太网协议分别为 Modbus TCP/IP、EtherCAT、EtherNet/IP 和 PROFINET。

1) Modbus TCP/IP

Modbus TCP/IP 是首个被推出的工业以太网协议,它本质上是一种传统的 Modbus 通信,在以太网传输层协议中压缩,用于在控制设备之间传输离散数据。它利用简单的主从通信,其中"从"节点在没有来自"主"节点的请求的情况下不会发送数据,因此其不被视为真正的实时协议。

2) EtherCAT

EtherCAT 于 2003 年推出,是一种工业以太网协议,可为自动化系统提供主/从配置的实时通信。EtherCAT 的关键要素是所有联网从机都能够从数据包中仅提取所需的相关信息,并在向下游传输时将数据插入帧中。EtherCAT 通常称为"飞速"通信。

3) EtherNet/IP

EtherNet/IP 最初于 2000 年推出,是一种主要由罗克韦尔自动化公司提供的广泛应用的应用层工业以太网协议,由开放式设备网络供应商协会(ODVA)提供支持。它是唯一一个完全基于以太网标准并使用标准以太网物理层、数据链路层、网络层和传输层的工业以太网协议。由于其采用标准以太网交换,因此可支持无限数量的节点。然而,它要求限制距离,以避免延迟并支持实时通信。

4) PROFINET

PROFINET 是西门子与 Profibus 用户组织的成员公司共同开发的应用协议。它利用集成至设备中的特殊交换机将 Profibus I/O 控制器通信扩展至以太网。

2. 工业总线

工业总线可分为以下三种基本类型:传感器级总线、设备级总线和现场总线。传感器级总线和设备级总线属于较低层次的工业网络,用于处理传感器、行程开关、继电器、接触器和阀门定位器这类工业设备;而现场总线是一种较高层次的工业网络,用于完成一些过程控制器或者现场仪表之间的通信。另外,由于设备级总线和现场总线有时实现相同的功能,因此它们之间是相互关联的,并且可同时存在于同一系统中。现场总线是用于过程控制、现场仪表与控制室之间的一个标准的、开放的、双向的多站数字通信系统。随着计算机技术、通信技术、集成电路技术的发展,以全数字式现场总线为代表的互联规范,正在迅猛发展和扩大。现场总线控制网络利用诸如 PROFIBUS(过程现场总线)、FF-BUS(基金会现场总线)、CAN-BUS(控制器局域网络总线)等现场总线技术,将传感器、继电器等现场设备与一些 PLC(可编程逻辑控制器)或者 RTU(远程终端单元)等现场控制设备相连,直接采集现场数据到现场总线控制系统(FCS)、分散控制系统(DCS)或 PLC 控制系统,完成基本的数据采集,提供生产调度的重要数据源。由于采用现场总线将使控制系统结构简单、系统安装费用减少、系统易于维护,因此现场总线技术越来越受到人们的重视,用户可以自由选择不同厂商、不同品牌的现场设备以实现最佳的系统集成等一系列优势。这里重点介绍一下现场总线。

现场总线指以工厂内的测量和控制机器间的数字通信为主的通信网络。1984年,现场总线的概念正式提出。IEC对现场总线(fieldbus)的定义为:现场总线是一种应用于生产现场,在现场设备之间、现场设备和控制装置之间实行双向、串行、多节点通信的数字通信技术。

现场总线的本质体现在以下六个方面。

(1) 现场通信网络:用于过程自动化和制造自动化的现场设备或现场仪表互联的现场通信网络。

(2) 现场设备互联:依据实际需要,使用不同的传输介质把不同的现场设备或者现场仪表相互关联。

(3) 互操作性:用户可以根据自身的需求选择不同厂家或不同型号的产品构成所需的控制回路,从而可以自由地集成FCS。

(4) 分散功能块:FCS废弃了DCS的输入/输出单元和控制站,把DCS控制站的功能块分散地分配给现场仪表,从而构成虚拟控制站,彻底地实现了分散控制。

(5) 通信线供电:通信线供电方式允许现场仪表直接从通信线上获取能量,这种方式提供用于本质安全环境的低功耗现场仪表,与其配套的还有安全栅。

(6) 开放式互联网络:现场总线为开放式互联网络,既可以与同层网络互联,也可与不同层网络互联,还可以实现网络数据库的共享。

现场总线是一种工业数据总线,是自动化领域中底层数据通信网络。简单地说,现场总线就是以数字通信替代了传统4~20 mA模拟信号及普通开关量信号的传输,是连接智能现场设备和自动化系统的全数字、双向、多站的通信系统。现场总线的产生对工业的发展起着非常重要的作用,对国民经济的增长有着非常重要的影响。现场总线主要应用于石油、化工、电力、医药、冶金、加工制造、交通运输、国防、航天、农业和楼宇等领域。

现场总线是应用在生产现场与微机化测量控制设备之间实现、双向、串行、多节点通信的系统,也称为开放式、全数字化、多点通信的底层控制网络。现场总线实现了全数字化通信,不同厂家产品互操作;实现了真正的分布式控制(分散式控制);可以在传达多个过程变量的同时将仪表标识符和简单诊断信息一并传送,可以构建最先进的现场仪表、多变量变送器;提高了测试精度,增强了系统的自治性。

2.2.2 无线网络通信技术

无线通信技术当前发展十分迅猛,它拥有多种优势,具有有线通信技术不能取代的地位,是受到广泛认可的"后起之秀"。无线通信技术一开始主要用于信息采集和生产控制,后来逐渐渗透,已经覆盖到企业信息化等多个环节中。

随着工业互联网的发展,工业生产过程已不仅仅局限在工厂内,开始逐步通过工厂外网络,将工业生产与互联网业务模式、工厂和产品及客户之间进行深度融合。在一些生产过程中,工厂与厂外设备、传感器间的通信需求也大幅增长。

这些场景中,移动通信网络由于具有覆盖广、速率高、网络可靠性高和产业链成熟等特点,已经越来越多地用于工业生产中,极大地拓展了传统工业网络的内涵和外延,为工业互联网的发展提供了良好基础。

LTE是全球唯一主流的4G标准,全球共200个国家和地区的运营商提供LTE网络服务,实现网络无缝漫游,具备成熟的产业链支持。LTE已具备从终端、系统及核心网较完善的商用产业链布局。

LTE网络可以用较少的基站覆盖较广的区域,单站的覆盖范围最多可支持十几千米甚至几十千米。LTE网络具有时延小、可靠性高的特点,满足工业场景中高速数据传输要求,可以实现工厂间的视频传输、数据传输等业务。与传统的无线网桥相比,LTE网络在覆盖范围、传输带宽和移动的支持等方面均有明显的优势。

以LTE网络为代表的移动通信网络,可满足工业互联网工厂外网络普遍覆盖和高速传输的需求,实现IT系统与互联网的融合、企业专网与互联网的融合等。

LTE网络可以提供高可靠性、大带宽、低时延的连接,满足工厂与公有云之间的数据传输需求。此外,工厂间的信息系统,如CRM、ERP等,甚至SCADA系统(数据采集与监视控制系统)等也可以通过LTE网络实现互联。

3GPP(第三代合作伙伴计划)的5G定义了三类应用场景:增强型移动宽带(eMBB)、海量机器类通信(mMTC)、低时延高可靠通信(URLLC)。其中,eMBB场景可支撑工业互联网逐渐兴起的大流量业务,如虚拟工厂和高清视频远程维护等,mMTC场景主要针对海量的现场设备通信。

5G网络是控制和转发分离的网络,转发面更专注于业务数据的高效路由转发,具有简单、稳定和性能高等特性,以满足未来海量移动流量的转发需求。而控制面则采用逻辑集中的方式,实现统一的策略控制,保证灵活的流量调度和连接管理。集中部署的控制面通过移动流控制接口实现对转发面的可编程控制。

5G核心网支持低时延、大容量和高速率的各种业务,核心网转发平面进一步简化下沉,同时将业务存储和计算能力从网络中心下移到网络边缘,以满足高流量和低时延的业务要求,实现灵活均衡的流量负载调度功能。

5G网络是基于控制与转发分离和控制功能重构的新型网络,提高了接入网在面向5G复杂场景下的整体接入性能,简化的核心网结构可提供灵活高效的控制与转发功能,支持高智能运营,开放网络能力,提升全网整体服务水平。

5G网络控制面和转发面的分离,使网络架构更加扁平化,网关设备可采用分布式的部署方式,从而有效降低业务的传输时延。

多样化的业务场景对5G网络有多样化的性能要求和功能要求。5G网络具备向业务场景适配的能力,针对每种5G业务场景提供恰到好处的网络控制功能和性能保证,实现按需组网的目标。

5G网络能为工业互联网提供更可靠、更开放、按需定制的网络。5G网络将更好地支撑工业互联网逐渐兴起的大流量业务,如虚拟工厂和高清视频远程维护等业务。5G网络还支持工厂内、外的大量设备监控,如各类设备的远程监控和控制、无线视频监控的远程控制,可远程监测并上报环境参数和控制机械的数据,满足工业互联网应用需求。5G技术支撑业务如图2.4所示。

下面从场景的角度阐述相关通信技术在工业互联网领域的应用。

1. 工业互联网与室内定位技术

室内定位是指在室内环境中实现物体或人的位置测定。未来50%以上的信息都与位置数据相关。Market&Markets前些年的调查数据显示,未来几年,室内定位的全球市场将以

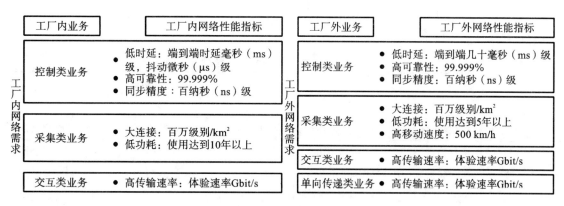

图 2.4 5G 技术支撑业务

42.0%的年复合成长率增长,市场规模预计从 2017 年的 71 亿 1000 万美元扩大到 2022 年的 409 亿 9000 万美元。特别是以苹果为代表的手机企业将高精度定位系统引入手机生态系统后,原本 to B 的商业模式将快速过渡到 to C 的模式,这必将引起新一轮市场的快速增长。

采集位置数据就需要依赖定位技术,随着无线通信技术的发展,定位技术的各项性能指标也得到了长足的进步,基于定位技术的相应市场也正在逐渐开启。随着室内定位技术精度的提高,室内定位技术为零售、制造、医疗、机器人等行业提供了十分准确的位置信息数据,成为物联网时代的重要基础。不可否认的是,在工业互联网时代,室内定位技术作为工业物联网感知网络的底层基础技术之一,自然能够获得更大的市场机遇。

众多技术可以实现室内定位,如 RFID、红外线、蓝牙 Beacon、ZigBee、Wi-Fi、UWB(超宽带)及 AoA-BLE,如表 2.1 所示。每种技术都有其长处和不足,其中高精度定位领域主要是 UWB 及最新 BLE(蓝牙低能耗)5.1 所支持的 AoA/AoD(到达角/出发角)技术,这些技术能够为工业场景的人员、物流、资产提供准确的时空位置信息。这些都是工业互联网重要的技术基础。

表 2.1 常用室内定位技术

室内定位技术	定位精度/m	覆盖范围	保密性	穿透性	抗扰性	维护成本	建设成本	功耗
RFID	10~100	小	高	差	好	低	中	低
红外线	10~100	小	差	差	好	低	中	中
蓝牙 Beacon	1~5	大	一般	好	差	高	低	低
ZigBee	3~10	大	一般	好	差	低	低	中
Wi-Fi	3~15	大	差	差	差	高	低	高
UWB	0.1~0.5	小	高	差	好	高	高	高
AoA-BLE	0.3~1	大	高	好	中	低	中	低

除此之外,其他的室内定位技术,例如视觉成像定位、低频触发定位、超声波定位、惯性导航定位、激光雷达定位、毫米波定位等,在工业互联网的人、机、料、法、环的各个要素环节,比如自动上料、仓储运输、物流送料等环节中都可能得到应用。毫无疑问,室内定位技术将会是多种传感器或者是多种技术的融合,是工业互联网的一个基础产品。

2. 工业互联网与低功耗广域物联网

工业互联网环境中存在大量的传感器信息、阀门信息、过程控制变量等低速信号,需要采集与处理,并且工业环境需要传输距离远、工作年限长、通信密度大、抗干扰能力强的通信制式。上述场景应用低功耗广域网络（LPWAN）比较合适，常见的用于工业互联网的低功耗广域网系统如表 2.2 所示。

表 2.2 工业互联网的低功耗广域网系统

类别	频谱	信道带宽	通信速率	容量	覆盖范围	模组成本/美元	续航功耗	建网
LTE Cat.1	授权频谱	<18 MHz	<5 Mbit/s	一般	较大	5~10	2~3 年	蜂窝公网
LTE-eMTC	授权频谱	1.4 MHz	<1 Mbit/s	较大	大	5~10	5 年	蜂窝公网
NB-IoT	授权频谱	180 kHz	<250 kbit/s	大	大	<5	5 年	蜂窝公网
LoRa	非授权频谱	125 kHz	<50 kbit/s	大	大	<5	10 年	自组网络
Chirp-IOT	非授权频谱	125 kHz	<50 kbit/s	大	大	<5	10 年	自组网络
Sigfox	非授权频谱	100 Hz	<100 bit/s	大	大	<5	10 年	自组网络

上述 LPWAN 连接方式中，基于公网的是 LTE Cat.1、LTE-eMTC、NB-IoT；为了满足不同场景下的物联网场景下的需求，3GPP 最后确定 LTE Cat.1、LTE-eMTC、NB-IoT 三种标准，其中 NB-IoT 的速率是最慢的，LTE-eMTC 次之，LTE Cat.1 最快（也就 5 Mbit/s）。

上述三种制式中，LTE Cat.1 不需要运营商更换设备，可以复用传统 4G 网络的基础设施，相比于 NB-IoT 和 2G 模组，LTE Cat.1 具有网络覆盖性好、速度快和延时低等优势，且与国内的 4G 网络非常匹配，能被广泛应用于对性价比、时延性、覆盖范围、通信速度有需求的应用场景。在 5G 网络营收没有起量之前，LTE Cat.1 非常受运营商欢迎。与之相对的是，基于 5G 的 NB-IoT 及 LTE-eMTC 需要硬件投入，且网络覆盖性及产品成熟性均不及 LTE Cat.1。

基于非蜂窝的连接技术包括 LoRa、Sigfox 及 Chirp-IOT 等，其中 LoRa 是美国 Semtech 公司所主导的技术，在国内外拥有广泛市场。Sigfox 是法国公司所主导的一项低功耗广域组网技术，在欧洲拥有广泛市场。Chirp-IOT 是一项国产的低功耗广域物联网底层技术，有报道说即将试商用。

在上述连接方式中，基于公网的数据需要先发送至运营商的网络中，然后客户从其服务器下载，这种以运营商为中心的管理模式对于企业的数据安全是一个极大的挑战，不少企业期望建立私有网络以确保企业数据安全，因此基于 LoRa、Chirp-IOT 等非蜂窝自主组网技术具有很大优势，在工业互联网实施过程中将占有相当份额。

3. 时间敏感网络（TSN）

标准的以太网具有开放性好、互操作性强的优势，但其尽力而为的调度方式导致网络性能往往不能满足工业业务的需求，而工业控制网络通过对网络协议进行专门定制化开发来解决确定性问题，但网络协议之间彼此封闭，造成了可扩展性差、成本高等问题。时间敏感网络（TSN）应运而生。其技术标准主要由 IEEE802.1 TSN 工作组制定。TSN 技术遵循标准的以太网协议体系，在提供确定性时延、带宽保证等功能的同时，实现标准的、开放的二层转发，提升互操作性，保证互联互通并降低成本。

时间敏感网络主要在时间同步、流量调度以及互操作三个方面对以太网技术协议进行了优化升级，包括利用 gPTP（广义精确时间同步协议）技术提升时间同步机制的性能，利用时间分片、抢占、流过滤等技术扩展流量调度手段，以及利用路径控制、冗余备份以及 YANG 模型等技术增强网络的互操作功能。

TSN 与其他新技术的融合创新如下。

1) TSN＋OPC UA

TSN＋OPC UA(开放通信平台-统一架构)组合提供了一个实时、高确定性并真正独立于设备厂商的通信网络。其中：TSN 基于以太网提供了一套数据链路层的协议标准，解决的是网络通信中数据传输及获取的可靠性和确定性问题；OPC UA 则提供一套通用的数据解析机制，以解决系统互操作的复杂性问题。

2) TSN＋边缘计算

TSN 技术可以为工业设备、传感器到边缘计算节点、云端的连接构建确定性时延、大带宽的标准化算力网络，而边缘计算通常部署于工业设备或数据源头的网络边缘侧，为工业现场就近提供边缘智能服务，进一步实现数据的敏捷、实时处理，同时增强安全与隐私保护。

3) TSN＋5G

5G 的 URLLC 场景能力是满足工业互联网低时延、高可靠业务需求的关键。3GPP 提出进一步增强 5G 系统以支持工业场景下时间敏感网络应用的要求，并预测在此场景下最严格的工业应用要求具备 1 ms 时延、1 μs 抖动和 99.9999％的网络传输质量。时间敏感网络的技术机制可提供高可靠、确定有界、低时延的传送服务，时间敏感网络技术与 5G 网络融合部署将为构建高可靠、低时延及安全的工业互联网网络提供基础保障能力。

2.3 云计算技术

2.3.1 云计算技术概述

云计算(cloud computing)是分布式计算的一种，指的是通过网络"云"将巨大的数据计算处理程序分解成无数个小程序，然后通过由多台服务器组成的系统处理和分析这些小程序，以得到结果并将其返回给用户。

现阶段的云计算经过不断进步，已经不单单是一种分布式计算，而是分布式计算、效用计算、负载均衡、并行计算、网络存储、热备份冗杂和虚拟化等计算机技术混合演进并跃升的结果。

在中国大数据专家委员会成立大会上，委员会主任怀进鹏院士用一个公式描述了大数据与云计算的关系：$G=f(x)$。x 表示大数据，f 表示云计算，G 表示我们的目标。也就是说，云计算是处理大数据的手段，大数据与云计算是一枚硬币的正反面。大数据是需求，云计算是手段。没有大数据，就不需要云计算。没有云计算，就无法处理大数据。

事实上，云计算比大数据"成名"早。2006 年 8 月 9 日，谷歌首席执行官埃里克·施密特在搜索引擎大会上首次提出了云计算的概念，并说谷歌自 1998 年创办以来，就一直采用这种新型的计算方式。

那么，什么是云计算？刘鹏教授对云计算给出了长、短两种定义。长定义是："云计算是一种商业计算模型。它将计算任务分布在由大量计算机构成的资源池上，使各种应用系统能够根据需要获取计算力、存储空间和信息服务。"短定义是："云计算是通过网络按需提供可动态伸缩的廉价计算服务。"

这种资源池称为"云"。"云"是一些可以自我维护和管理的虚拟计算资源，通常是一些大型服务器集群，包括计算服务器、存储服务器和宽带资源等。云计算将计算资源集中起来，并通过专门的软件实现自动管理，无须人为参与。用户可以动态申请部分资源，支持各种应用程序的运转，无须为烦琐的细节而烦恼，能够更加专注于自己的业务，有利于提高效率、降低成本和技术创新。云计算的核心理念是资源池，这与早在 2002 年就提出的网格计算池（computing pool）的概念非常相似。网格计算池将计算和存储资源虚拟为一个可以任意组合分配的集合，池的规模可以动态扩展，分配给用户的处理能力可以动态回收重用。这种模式能够大大提高资源的利用率，提升平台的服务质量。

之所以称为"云"，是因为它在某些方面具有现实中云的特征：云一般都较大；云的规模可以动态伸缩，它的边界是模糊的；云在空中飘忽不定，无法也无须确定它的具体位置，但它确实存在于某处。之所以称为"云"，还因为云计算的鼻祖之一——亚马逊公司将大家曾经称为网格计算的东西重新命名为弹性计算云（elastic computing cloud），并取得了商业上的成功。

有人将这种模式比喻为从单台发电机供电模式转向了电厂集中供电模式。它意味着计算能力也可以作为一种商品流通，就像煤气、水和电一样，取用方便，费用低廉。最大的不同在于，它是通过互联网传输的。

云计算是并行计算（parallel computing）、分布式计算（distributed computing）和网格计算（grid computing）的进一步发展，或者说是这些计算科学概念的商业实现。云计算是由虚拟化（virtualization）、效用计算（utility computing）、基础设施即服务 IaaS（infrastructure as a service）、平台即服务 PaaS（platform as a service）和软件即服务 SaaS（software as a service）等概念混合演进并跃升的结果。

从研究现状上看，云计算具有以下特点。

（1）超大规模。"云"具有相当的规模，谷歌云计算已经拥上百万台服务器，亚马逊、IBM、微软、Yahoo（雅虎）、阿里、百度和腾讯等公司的"云"均拥有几十万台服务器。"云"能赋予用户前所未有的计算能力。

（2）虚拟化。云计算支持用户在任意位置使用各种终端获取服务。所请求的资源来自"云"，而不是固定的有形的实体。应用在"云"中某处运行，但实际上用户无须了解应用运行的具体位置，只需要一台计算机、平板电脑或手机，就可以通过网络来获取各种能力超强的服务。

（3）高可靠性。"云"使用了数据多副本容错、计算节点同构可互换等措施来保障服务的高可靠性，使用云计算比使用本地计算机更加可靠。

（4）通用性。云计算不针对特定的应用，在"云"的支撑下可以构造出千变万化的应用，同一片"云"可以同时支撑不同的应用运行。

（5）高可伸缩性。"云"的规模可以动态伸缩，满足应用和用户规模增长的需要。

（6）按需服务。"云"是一个庞大的资源池，用户按需购买，像自来水、电和煤气那样计费。

（7）极其廉价。"云"的特殊容错措施使得可以采用极其廉价的节点来构成云；"云"的自动化管理使数据中心管理成本大幅降低；"云"的公用性和通用性使资源的利用率大幅提升；"云"设施可以建在电力资源丰富的地区，从而大幅降低能源成本。因此"云"具有前所未有的性能价格比。

云计算按照服务类型大致可以分为三类：基础设施即服务（IaaS）、平台即服务（PaaS）和软件即服务（SaaS），如图 2.5 所示。

IaaS 将硬件设备等基础资源封装成服务供用户使用，如亚马逊云计算 AWS（Amazon web services）的弹性计算云 EC2（elastic computing cloud）和简单存储服务 S3（simple storage service）。在 IaaS 环境中，用户相当于在使用裸机和磁盘，既可以让它运行 Windows，也可以

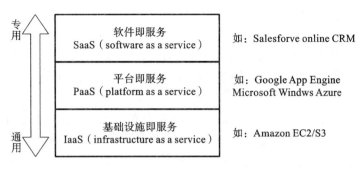

图 2.5 云计算的服务类型

让它运行 Linux,因而几乎可以做任何想做的事情,但用户必须考虑如何才能让多台机器协同工作。AWS 提供了在节点之间互通消息的接口简单队列服务 SQS(simple queue service)。IaaS 最大的优势在于它允许用户动态申请或释放节点,按使用量计费。运行 IaaS 的服务器规模达到几十万台之多,用户因而可以认为能够申请的资源几乎是无限的。同时,IaaS 是由公众共享的,因而具有更高的资源使用效率。

PaaS 对资源的抽象层次更进一步,它提供用户应用程序的运行环境,典型的如 Google App Engine。微软的云计算操作系统 Microsoft Windows Azure 也可大致归入这一类。PaaS 自身负责资源的动态扩展和容错管理,用户应用程序不必过多考虑节点间的配合问题。但与此同时,用户的自主权降低,必须使用特定的编程环境并遵照特定的编程模型。这有点像在高性能集群计算机里进行 MPI(信息传递接口)编程,只适用于解决某些特定的计算问题。例如,Google App Engine 只允许使用 Python 和 Java 语言,基于称为 Django 的 Web 应用框架,调用 Google App Engine SDK 来开发在线应用服务。

SaaS 的针对性更强,它将某些特定应用软件功能封装成服务,如 Salesforce 公司提供的在线 CRM 服务。SaaS 既不像 PaaS 一样提供计算或存储资源类型的服务,也不像 IaaS 一样提供运行用户自定义应用程序的环境,它只提供某些具有专门用途的服务做应用调用。

需要指出的是,随着云计算的深化发展,不同云计算解决方案之间相互渗透融合,同一种产品往往横跨两种以上类型。例如,Amazon Web Services 是基于 IaaS 发展的,但新提供的弹性 MapReduce 服务模仿了 Google 的 MapReduce,简单数据库服务 SimpleDB 模仿了 GoogleBigtable,这两者属于 PaaS 的范畴,而它新提供的电子商务服务 FPS 和 DevPay 以及网站访问统计服务 Alexa Web 服务,则属于 SaaS 的范畴。在这里,还需要阐述一下云安全与云计算的关系。作为云计算技术的一个分支,云安全技术通过大量客户端的参与来采集异常代码(病毒和木马等),并将其汇总到云计算平台上进行大规模统计分析,从而准确识别和过滤有害代码。这种技术由中国率先提出,并取得了巨大成功,自此计算机的安全问题得到有效控制,大家才告别了被病毒、木马搞得焦头烂额的日子。360 安全卫士、瑞星、趋势、卡巴斯基、McAfee、Symantec、江民、Panda、金山等均推出了云安全解决方案。值得一提的是,云安全的核心思想,与刘鹏教授早在 2003 年提出的反垃圾邮件网格完全一致。该技术被 IEEE Cluster 2003 国际会议评为杰出网格项目,在我国香港的现场演示非常轰动,并被国内具有代表性的电子邮件服务商大规模采用,从而使我国的垃圾邮件过滤水平居于世界领先地位。

2.3.2 云计算发展现状

由于云计算是多种技术混合演进的结果,其成熟度较高,又有大公司推动,因此其发展极为迅速。谷歌、亚马逊和微软等大公司是云计算的先行者。云计算领域的众多成功公司还包括 VMware、Salesforce、Facebook、YouTube、MySpace 等。最近这几年一个显著的变化是以阿里云、云创存储等为代表的中国云计算的迅速崛起。

亚马逊的云计算称为 Amazon web services（AWS），它率先在全球提供了弹性计算云 EC2 和简单存储服务 S3，为企业提供计算和存储服务。收费的服务项目包括存储空间、带宽、CPU（中央处理器）资源以及月租费。月租费与电话月租费类似，存储空间、带宽按容量收费，CPU 根据运算量时长收费。目前，AWS 服务的种类非常齐全，包括计算服务、存储与内容传输服务、数据库服务、联网服务、管理和安全服务、分析服务、应用程序服务、部署与管理服务、移动服务及企业应用程序服务等。亚马逊披露，其全球用户数量已经超过 100 万。

谷歌是最大的云计算技术的使用者。谷歌搜索引擎就建立在分布在 200 多个站点、超过 100 万台的服务器的支撑之上，而且这些设施的数量正在迅猛增长。谷歌的一系列成功应用平台，包括谷歌地球、谷歌地图、谷歌邮箱（Gmail）、谷歌文档（Google Docs）等也同样使用了这些基础设施。采用 Google Docs 之类的应用，用户数据会保存在互联网上的某个位置，用户可以通过任何一个与互联网相连的终端十分便利地访问和共享这些数据。目前，谷歌已经允许第三方在谷歌的云计算中通过 Google App Engine 运行大型并行应用程序。谷歌值得称颂的是它不保守，它早就以发表学术论文的形式公开其云计算三大法宝——GFS、MapReduce 和 Bigtable，并在美国、中国等国家高校开设如何进行云计算编程的课程。相应地，模仿者应运而生，Hadoop 是其中最受关注的开源项目。

微软紧跟云计算步伐，于 2008 年 10 月推出了 Windows Azure 操作系统。Azure（译为"蓝天"）是继 Windows 系统取代 DOS（磁盘操作系统）之后，微软的又一次颠覆性转型——通过在互联网架构上打造新云计算平台，让 Windows 真正由 PC（个人计算机）延伸到"蓝天"上。Azure 的底层是微软全球基础服务系统，由遍布全球的第四代数据中心构成。目前，微软的云平台包括几十万台服务器。微软将 Windows Azure 定位为平台服务：一套全面的开发工具、服务和管理系统。它可以让开发者致力于开发可用和可扩展的应用程序。微软将为 Windows Azure 用户推出许多新的功能，不但能更简单地将现有的应用程序转移到云中，而且可以加强云托管应用程序的可用服务，充分体现出微软的"云"+"端"战略。在中国，微软于 2014 年 3 月 27 日宣布，由世纪互联负责运营的 Microsoft Azure 公有云服务正式商用，这是国内首个正式商用的国际公有云服务平台。

近几年，中国云计算的崛起是一道亮丽的风景线。阿里巴巴已经在北京、杭州、青岛、香港、深圳、美国硅谷等地拥有云计算数据中心，并正在德国、新加坡和日本建设数据中心。阿里云提供云服务器（ECS）、关系型数据库服务（RDS）、开放存储服务（OSS）、内容分发网络（CDN）等产品服务。其用户规模已经超过 140 万，处于全球领先水平，并开始在欧美市场与亚马逊等正面竞争。此外，国内代表性的公有云平台还有以游戏托管为特色的 UCloud、以存储服务为特色的七牛和提供类似 AWS 服务的青云，以及专门支撑智能硬件大数据免费托管的万物云（wanwuyun.com）。不仅如此，中国的云计算产品公司也异军突起。中国云计算创新基地理事长单位云创存储（cstor.cn）是国际上云计算产品线最全的企业，其拥有的具有自主知识产权的 cStor 云存储、cProc 云处理、cVideo 云视频、cTrans 云传输等产品线，依靠大幅度的技术创新而获得独到的优势。值得一提的是，一些学术团体为推动我国云计算发展做出了不可磨灭的贡献。中国电子学会云计算专家委员会已经成功举办七届中国云计算大会。此外，代表性机构还有中国云计算专家咨询委员会、中国信息协会大数据分会、中国大数据专家委员会、中国计算机学会大数据专家委员会等。

2.3.3 云计算实现机制

由于云计算分为 IaaS、PaaS 和 SaaS 三种服务类型,不同的厂家又提供了不同的解决方案,因此目前还没有一个统一的技术体系结构,这给读者了解云计算的原理造成了障碍。为此,本书综合不同厂家的方案,构造了一个供读者参考的云计算技术体系结构,如图 2.6 所示。它概括了不同解决方案的主要特征,每一种方案或许只实现其中部分功能,或许也还有部分相对次要功能尚未概括进来。

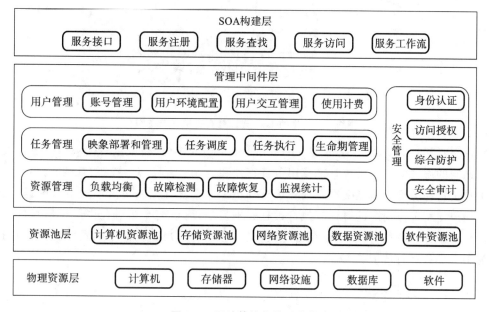

图 2.6 云计算技术体系结构

云计算技术体系结构分为四层:物理资源层、资源池层、管理中间件层和 SOA(service-oriented architecture,面向服务体系架构)构建层。物理资源层包括计算机、存储器、网络设施、数据库和软件等。资源池层将大量相同类型的资源构成同构或接近同构的资源池,如计算资源池、数据资源池等。构建资源池更多的是物理资源的集成和管理工作,例如研究在一个标准集装箱中如何装下 2000 个服务器、解决散热和故障节点替换的问题并降低能耗。管理中间件层负责对云计算的资源进行管理,并对众多应用任务进行调度,使资源能够高效、安全地为应用提供服务。SOA 构建层将云计算能力封装成标准的 Web Services 服务,并纳入 SOA 体系进行管理和使用,包括服务接口、服务注册、服务查找、服务访问和服务工作流等。管理中间件层和资源池层是云计算技术最关键的部分,SOA 构建层的功能更多依靠外部设施提供。

云计算的管理中间件层负责资源管理、任务管理、用户管理和安全管理等工作。资源管理负责均衡地使用云资源节点,检测节点的故障并试图恢复或屏蔽它,并对资源的使用情况进行监视统计;任务管理负责执行用户或应用提交的任务,包括完成用户任务映象(image)部署和管理、任务调度、任务执行、生命期管理等;用户管理是实现云计算商业模式的一个必不可少的环节,其功能包括提供用户交互接口、管理和识别用户身份、创建用户程序的执行环境、对用户的使用进行计费等;安全管理保障云计算设施的整体安全,包括身份认证、访问授权、综合防护和安全审计等。

基于上述体系结构，本书以 IaaS 云计算为例，简述云计算的实现机制，如图 2.7 所示。

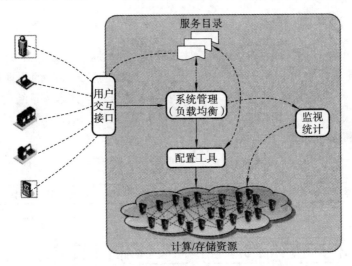

图 2.7 简化的 IaaS 云计算实现机制示意图

用户交互接口向应用以 Web Services 方式提供访问接口，获取用户需求。服务目录是用户可以访问的服务清单。系统管理模块负责管理和分配所有可用的资源，其核心是负载均衡。配置工具负责在分配的节点上准备任务运行环境。监视统计模块负责监视节点的运行状态，并完成用户使用节点情况的统计。执行过程并不复杂，用户交互接口允许用户从目录中选取并调用一个服务，该请求传递给系统管理模块后，它将为用户分配恰当的资源，然后调用配置工具为用户准备运行环境。

2.3.4 云计算的优势

云计算的优势在于它的技术特征和规模效应所带来的压倒性的性能价格比。全球企业的 IT 开销分为三部分：硬件开销、能耗和管理成本。根据 IDC（国际数据公司）在 2007 年做过的一个调查和预测，从 1996 年到 2010 年，全球企业 IT 开销中的硬件开销是基本持平的，但能耗和管理的成本上升非常迅速，以至于到 2010 年管理成本占了 IT 开销的大部分，而能耗开销越来越接近硬件开销了，如图 2.8 所示。

如果使用云计算的话，系统建设和管理成本有很大的区别，如表 2.3 所示。根据 James Hamilton 的数据，一个拥有 5 万个服务器的特大型数据中心与拥有 1000 个服务器的中型数据中心相比，特大型数据中心的网络和存储成本只相当于中型数据中心的 1/7~1/5，而每个管理员能够管理的服务器数量则扩大到 7 倍之多。因而，对规模通常达到几十万台乃至上百万台计算机的亚马逊和谷歌云计算而言，其网络、存储和管理成本可降低为中型数据中心成本的 1/7~1/5。

表 2.3 中型数据中心和特大型数据中心的成本比较

技术	中型数据中心成本	特大型数据中心成本	比率
网络	$95 每 Mbit 每秒每月	$13 每 Mbit 每秒每月	7.3%
存储	$2.20 每 GB 每月	$0.40 每 GB 每月	5.5%
管理	每个管理员约管理 140 个服务器	每个管理员管理 1000 个服务器以上	7.1%

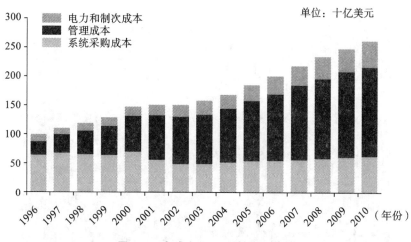

图 2.8　全球企业 IT 开销发展趋势

电力和制冷成本也会有明显的差别。例如，美国爱达荷州的水电资源丰富，电价很低，而夏威夷州是岛屿，本地没有电力资源，电力价格就比较高，二者最多相差 7 倍，如表 2.4 所示。

表 2.4　美国不同地区电力价格的差异

电力价格/(美分/(kW·h))	地区	可能的定价原因
3.6	爱达荷州	水力发电，没有长途输送
10.0	加利福尼亚州	加州不允许使用煤电，电力需在电网上长途输送
18.0	夏威夷州	发电的能源需要海运到岛上

因为电价有如此显著的差异，谷歌的数据中心一般选择在人烟稀少、气候寒冷、水电资源丰富的地区，这些地区的电价、散热成本、场地成本、人力成本等都远远低于人烟稠密的大都市的成本。剩下的挑战是要专门铺设光纤到这些数据中心。不过，光纤密集波分复用技术（DWDM）的应用使得单根光纤的传输容量已超过 10 Tbit/s，在地上开挖一条小沟埋设的光纤所能传输的信息容量几乎是无限的，远比将电力用高压输电线路引入城市要容易得多，而且没有衰减。用谷歌的话来说，"传输光子比传输电子要容易得多"。这些数据中心采用了高度自动化的云计算软件来管理，需要的人员很少，又因技术保密而拒绝外人进入参观，让人有一种神秘的感觉，故被人戏称为"信息时代的核电站"，如图 2.9 所示。

再者，云计算与传统互联网数据中心相比，资源的利用率也有很大不同。IDC 一般采用服务器托管和虚拟主机等方式对网站提供服务。每个租用 IDC 的网站所获得的网络带宽、处理能力和存储空间都是固定的。然而，绝大多数网站的访问流量都不是均衡的。例如，有的时间性很强，白天访问的人少，到了晚上七八点就会流量暴涨；有的季节性很强，平时访问的人不多，但是到圣诞节前访问量就很大；有的一直默默无闻，但是因某些突发事件（如迈克尔·杰克逊突然去世）而访问量暴增，陷入瘫痪。网站拥有者为了应对这些突发流量，会按照峰值要求来配置服务器和网络资源，造成资源的平均利用率只有 10%～15%。而云计算平台提供的是有弹性的服务，它根据每个租用者的需要在一个超大的资源池中动态分配和释放资源，而不需要为每个租用者预留峰值资源。而且云计算平台的规模极大，其租用者数量非常多，支撑的应用种类也是五花八门，比较容易平稳整体负载，因而云计算资源利用率可以达到 80% 左右，这又是传统模式的 5～7 倍。

图 2.9　被称为"信息时代的核电站"的谷歌数据中心

综上所述,由于云计算有更低的硬件和网络成本、更低的管理成本和电力成本,也有更高的资源利用率,因此云计算与传统计算模式相比能够将成本节省 30% 以上,如图 2.10 所示。这是个惊人的数字!这是云计算成为划时代技术的根本原因。

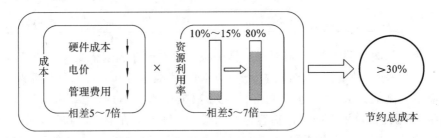

图 2.10　云计算较之传统方式的性价比优势

从前文叙述可知,云计算能够大幅节省成本,规模是极其重要的因素。那么,如果企业要建设自己的私有云,规模不大,也无法享受到电价优惠,是否就没有成本优势了呢?答案是仍然会有相差数倍的优势。一方面,硬件采购成本还是会减少许多,这是因为云计算技术的容错能力很强,使得我们可以使用低端硬件代替高端硬件。另一方面,云计算设施的管理是高度自动化的,极少需要人工干预,可以大大减少管理人员的数量。中国移动研究院建立了 1024 个节点的 Big Cloud 云计算设施,并用它进行海量数据挖掘,大大节省了成本。

对云计算用户而言,云计算的优势也是无与伦比的。他们不用开发软件,不用安装硬件,用低得多的使用成本,就可以快速部署应用系统,而且可以动态伸缩系统的规模,可以更容易地共享数据。租用公共云的企业不再需要自建数据中心,只需要申请账号并按量付费,这一点对于中小企业和刚起步的创业公司尤为重要。目前,云计算的应用涵盖应用托管、存储备份、内容推送、电子商务、高性能计算、媒体服务、搜索引擎、Web 托管等多个领域,代表性的云计算应用企业包括 Abaca、BeInSync、AF83、Giveness、纽约时报、华盛顿邮报、GigaVox、SmugMug、Alexa、Digitaria 等。纽约时报使用亚马逊云计算服务在不到 24 小时的时间里处理了1100万篇文章,累计花费仅240美元。如果用自己的服务器,需要数月时间和巨额费用。

2.4 工业大数据技术

工业大数据技术是在工业领域中,围绕典型智能制造模式,从客户需求到销售、订单、计划、研发、设计、工艺、制造、采购、发货和交付、售后服务、运维、报废或回收再制造等产品全生命周期各个环节所产生的各类数据及相关技术和应用的总称。

2.4.1 工业大数据技术概述

云计算、大数据、人工智能、物联网、5G通信等新一代信息技术和工业化的"深度融合",赋能传统制造企业的智能化转型。新一代信息技术的发展驱动制造业迈向升级转型的新阶段——数据驱动阶段,这是新的技术条件下制造业生产全流程、全产业链、产品全生命周期的数据可获取、可分析、可执行的必然结果,也是制造业隐性知识显性化不断取得突破的内在要求。

智能制造贯穿于产品设计、制造、服务全生命周期的各个环节及相应系统的优化集成,不断提升企业的产品质量、效益、服务水平,减少资源能耗,是新一轮工业革命的核心驱动力。其中智能工厂作为智能制造的重要实践模式,核心在于工业大数据的智能化应用。

工业大数据技术以工业大数据应用技术为主。工业大数据技术是使工业大数据中所蕴含的价值得以挖掘和展现的一系列技术与方法,包括数据规划、采集、预处理、存储、分析挖掘、可视化和智能控制等。工业大数据应用则是对特定的工业大数据集,集成应用工业大数据系列技术与方法,从而获得有价值信息的过程。工业大数据技术的研究与突破,其本质目标就是从复杂的数据集中发现新的模式与知识,挖掘得到有价值的新信息,从而促进制造型企业创新产品、提升经营水平和生产运作效率,以及拓展新型商业模式。

工业大数据的核心技术包含工业大数据采集技术、工业大数据管理技术、工业大数据分析技术、工业大数据平台技术。

2.4.2 工业大数据的主体来源

在工业生产和监控管理过程中,无时无刻不在产生海量的数据,比如生产设备的运行环境、机械设备的运转状态、生产过程中的能源消耗、物料的损耗、物流车队的配置和分布等。而且随着传感器的推广普及,智能芯片会植入每个设备和产品中,如同飞机上的"黑匣子"将自动记录整个生产流通过程中的一切数据。包括人、财、物、信息、知识、服务等在内的生产要素在制造全系统和全生命周期中的组合、流动会持续不断地产生体量(volume)浩大、模态(variety)繁多、生成速度(velocity)快和价值密度(value)低的大数据。

根据工业互联网产业联盟在2017年7月发布的《工业大数据技术与应用白皮书》,工业大数据的来源可分成三类,即企业信息化数据、工业物联网数据、外部跨界数据。

1. 企业信息化数据

企业信息化(enterprises informatization)指将企业的日常运营过程,包括产品生产、货料物流、现金流动、业务办理、客户交互、售后服务等进行数字化,并通过信息网络进行融合处理,使企业能够快速掌握全部业务信息,实现业务管理的科学决策,提高企业在全球化市场经济中的竞争力。因此,企业信息化是一种支撑企业生产及管理过程智能化、提高企业资源利用率的技术手段。在技术实现层,企业信息化利用互联网、大数据、云计算、人工智能等技术,通过企业内外部数据的高度共享,促进各部门之间的协同和企业之间的合作,并整合自身的供应链关系,提高对业务和市场的把控度,及时优化企业的业务流程。信息化为企业发展提供了一条"快车道",推动企业经营模式由传统模式向网络经济模式转变。

企业信息化数据隐藏在企业生产和管理的各个环节,包括办公自动化(office automation,OA)系统、企业资源计划(enterprise resource planning,ERP)系统、制造执行系统(manufacturing execution system,MES)、客户关系管理(customer relationship management,CRM)系统、企业仓储管理系统(warehouse management system,WMS)、产品生命周期管理(product lifecycle management,PLM)系统等。

例如,ERP系统将物资、人力、财务、信息等资源进行一体化集成管理,最大限度地利用企业现有资源实现企业经济效益的最大化。ERP系统的数据不仅包括生产资源、制造流程、财务状况、设备原料等信息,还包括产品质量、产品研发、业务流程、产品测试、产品存货、产品分销、物流运输、人力资源等各项数据。

再比如,MES基于对车间设备、车间物流、仓储、人力等数据的融合分析,实现车间生产任务调度的自动化和智能化。MES数据包括制造、计划接产、生产调度、库存、产品质量、人力资源、设备工具、原料设备采购、产品成本、产线看板、生产过程控制等数据。

2. 工业物联网数据

工业物联网技术是工业领域的物联网技术。工业物联网将具有感知、监控能力的各类采集、控制传感器或控制器,以及移动通信、智能分析等技术不断融入工业生产过程的各个环节,从而大幅提高制造效率,改善产品质量,降低产品成本和资源消耗,最终实现将传统工业提升到智能化的新阶段。

在应用形式上,工业物联网主要具备信息互通互联、信息传递可靠和信息实时性三个特征;在应用实现上,工业物联网的基础是工业大数据,核心是"云端",即它为工业设备与云端构造了一条安全、可靠、高速的通信通道,支撑了各种工业数据的采集、传输与汇聚,是实现工业设备智能化控制的基础。

工业物联网数据的来源非常广泛,如各种自动化设备、传感器、嵌入式硬件、视频监控设备、智能标签等。具体来说,工业物联网数据可来自数控机床、RFID设备、传感器、条码、测量仪器、自动引导运输车、自动化货仓、PLC设备等。因此,它为设备与设备之间以及人与设备之间的"对话"提供了使能技术(enabling technology),即通过工业物联网数据,人类可以感知工业设备,通过对数据的智能分析,将人类的"意愿"反馈给工业设备,实现赋"智能"予"物"。随着工业物联网技术的不断成熟,以及各类新型智能信息设备的不断出现,接入工业物联网的设备越来越多,使得工业物联网数据成为工业大数据的主要来源。

工业互联网数据是推动智能制造的根本,因为这类数据是与制造设备直接相关的,客观实时地反映着制造过程中的各种逻辑关系。

3. 外部跨界数据

信息技术的飞速发展和普及,促进了工业与经济社会各个领域的融合,缩短了人与人、企业与企业、国家与国家之间的距离。企业的管理者开始关注气候变化、生态约束、政治事件、自然灾害、市场变化、政策法规等因素对企业经营产生的影响。于是,外部跨界数据也成为工业大数据不可忽视的来源。

外部跨界数据来源于企业、产业链之外,企业自身没有能力直接获取这类数据,但有相应的专职机构和部门通过网络为我们提供这类数据,例如:气象部门会提供天气预报、自然灾害预警等,新闻媒体则会报道政治事件、政策法规等。企业只需要从互联网上获取即可。但在获取数据后,必须结合企业自身内部经营管理数据进行分析,才能够提取出有价值的信息,用于提升企业的核心竞争力。例如:农机公司综合利用天气数据、灌溉数据、种子数据以及农机数据,为农场提供粮食增产服务;加工制造企业通过收集气象数据、订单数据、原材料数据、设备数据等,及时地调整产品的生产计划、物流运输以及相关安全措施,避免因天气影响企业订单的交付和避免企业的财产损失等;企业的销售部门通过收集各地方的收入情况、传统习俗、宏观的经济数据等,有效地针对不同地区制订本地化的宣传和销售策略,提高产品的销售量,为企业创造更多的利润。

2.4.3 工业大数据的关键技术

如图 2.11 所示,工业大数据技术参考架构以工业大数据的全生命周期为主线,纵向维度分为平台/工具域和应用/服务域。平台/工具域主要面向工业大数据采集、存储与管理、分析等关键技术,提供多源、异构、高通量、强机理的工业大数据核心技术支撑;应用/服务域则基于平台/工具域提供的技术支撑,面向智能化设计、网络化协同、智能化生产、智能化服务、个性化定制等多场景,通过可视化、应用开发等方式,满足用户应用和服务需求,形成价值变现。此外,运维管理也是工业大数据技术参考架构的重要组成,贯穿从数据采集到最终服务应用的全环节,为整个体系提供管理支撑和安全保障。

接下来,我们从工业大数据采集技术、工业大数据存储与管理技术、工业大数据分析技术以及工业大数据的前沿技术趋势几个方面具体介绍工业大数据的关键技术。

1. 工业大数据采集技术

数据采集是获得有效数据的重要途径,是工业大数据分析和应用的基础。数据采集与治理的目标是从企业内部和外部等数据源获取各种类型的数据,并围绕数据的使用,建立数据标准规范和管理机制流程,保证数据质量,提高数据管控水平。数据采集以传感器为主要采集工具,结合 RFID 读写器、条码扫描器、生产和监测设备、人机交互、智能终端等采集制造领域多源、异构数据信息,并通过互联网或现场总线等技术实现原始数据的实时准确传输。

工业大数据分析往往需要更精细化的数据,对数据采集能力有较高的要求。例如高速旋转设备的故障诊断需要分析高达每秒千次采样的数据,要求无损全时采集数据;通过故障容错和高可用架构,即使在部分网络、机器故障的情况下,仍保证数据的完整性,杜绝数据丢失;同时还需要在数据采集过程中自动进行数据实时处理。因此,普通的数据采集方法对于工业大数据来说并不是很适用,工业大数据采集方法如下:主要是通过 PLC、SCADA、DCS 等系统从机器设备实时采集数据,也可以通过数据交换接口从实时数据库等系统以透明传输或批量同步的方式获取物联网数据,同时还需从业务系统的关系型数据库、文件系统中采集所需的结构化与非结构化业务数据。

除此之外,工业大数据采集针对不同场景需要考虑的问题如下:针对海量工业设备产生的时序数据,如设备传感器指标数据、自动化控制数据等,需要面向高吞吐、7×24 h 持续发送,且可容忍峰值和滞后等波动的高性能时序数据采集系统;针对结构化与非结构化数据,需要同时兼顾可扩展性和处理性能的实时数据同步接口与传输引擎;针对仿真过程数据等非结构化数据,由于其具有文件结构不固定、文件数量巨大的特点,因此需要元数据自动提取与局部性优化存储策略,面向读、写性能优化的非结构化数据采集系统。

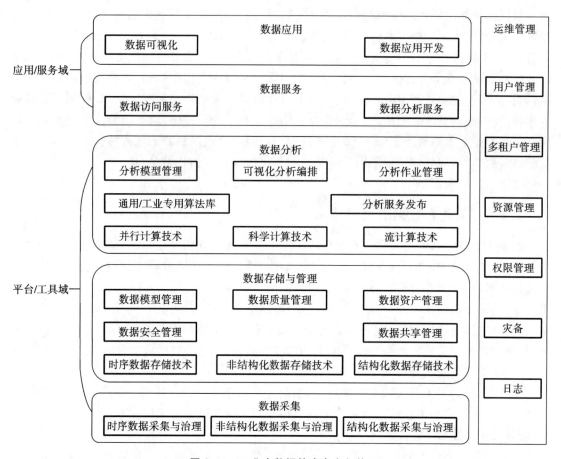

图 2.11 工业大数据技术参考架构

2. 工业大数据存储与管理技术

工业大数据存储与管理技术主要包括多源异构数据管理技术以及多模态数据集成技术。

1）多源异构数据管理技术

在介绍多源异构数据管理技术之前，我们先简单介绍一下什么是多源异构数据以及多源异构数据在工业场景中有哪些应用。多源异构数据是数据源不同、数据结构或类型不同的数据集合。它的应用体现如下：在诊断设备故障时，通过时间序列数据可以观测设备的实时运行情况；通过 BOM（物料清单）图数据可以追溯设备的制造情况，从而发现是哪些零部件的问题导致异常运行情况；通过非结构化数据可以有效管理设备故障时的现场照片、维修工单等数据；键值作为对数据的灵活补充，能方便地记录一些需要快速检索的信息。

多源异构数据管理需要突破的是针对不同类型数据的存储与查询技术，并在充分考虑多源异构数据的来源和结构随着时间推移不断增加与变化的特定情况下，研究如何形成可扩展的一体化管理系统。多源异构数据管理需要从系统角度针对工业领域涉及的数据在不同阶段、不同流程呈现多种模态（关系、图、键值、时序、非结构化）的特点，研制不同的数据管理引擎，致力于对多源异构数据进行高效采集、存储和管理。

多源异构数据管理技术的应用前景与展望：多源异构数据管理技术可有效解决大数据管理系统中由模块耦合紧密、开放性差导致的系统对数据多样性和应用多样性的适应能力差的问题，使大数据管理系统能够更好地适应数据和应用的多样性，并能够充分利用开源软件领域强大的技术开发和创新能力;针对企业自身数据类型和特点,帮助工业企业快速开发和定制适合自身需求的制造业大数据管理系统。

2) 多模态数据集成技术

数据集成是指将存储在不同物理存储引擎上的数据连接在一起,并为用户提供统一的数据视图。传统的数据集成领域认为,信息系统的建设是阶段性和分布性的,会导致"信息孤岛"现象,而"信息孤岛"会造成系统中存在大量冗余数据,无法保证数据的一致性,从而降低信息的利用效率和利用率,因此需要数据集成。

数据集成的核心任务是要将互相关联的多模态数据集成到一起,使用户能够以透明的方式访问这些数据源。其中集成是指维护数据源整体上的数据一致性,提高信息共享利用的效率;透明的方式是指用户无须关心如何实现对异构数据源数据的访问,只关心以何种方式访问何种数据。

多模态数据集成技术在工业大数据中的应用目的:在工业大数据中,希望能够将多模态数据有机地结合在一起,发挥单一模态数据无法挖掘的价值。它的重点不是解决冗余数据问题,而更关心数据之间是否存在某些内在联系,从而使得这些数据能够被协同地用于描述或者解释某些工业制造或设备使用的现象。在数据生命周期管理中,在研发、制造周期以 BOM 为主线,在制造、服务周期以设备实例为中心,BOM 和设备的语义贯穿了工业大数据的整个生命周期。因此,以 BOM 和设备为核心建立数据关联,可以使得产品生命周期的数据既能正向传递又能反向传递,形成信息闭环;而对这些多模态数据的集成是形成数据生命周期信息闭环的基础。

3. 工业大数据分析技术

工业大数据具有实时性高、数据量大、密度低、数据源异构性强等特点,这导致工业大数据的分析不同于其他领域的大数据分析,通用的数据分析技术往往不能解决特定工业场景的业务问题。工业大数据的分析需要融合工业机理模型,以"数据驱动+机理驱动"的双驱动模式来进行,从而建立高精度、高可靠性的模型,以真正解决实际的工业问题。下面对时序模式分析技术、工业知识图谱技术、多源数据融合分析技术等三种典型的工业大数据分析技术进行介绍。

1) 时序模式分析技术

伴随着工业技术的发展,工业企业的生产加工设备、动力能源设备、运输交通设备、信息保障设备、运维管控设备上都加装了大量的传感器,如温度传感器、振动传感器、压力传感器、位移传感器、重量传感器等,这些传感器在不断产生海量的时序数据,提供了设备的温度、压力、位移、速度、湿度、光线、气体等信息。对这些设备传感器时序数据进行分析,可实现设备故障预警和诊断、利用率分析、能耗优化、生产监控等。但传感器数据的很多重要信息隐藏在时序模式结构中,只有挖掘出数据背后的结构模式,才能构建一个效果稳定的数据模型。其中,工业时序数据的时间序列类算法如图 2.12 所示。

它的应用体现在机械设备的故障预警和故障诊断方面。如图 2.13 所示,基于神经网络对机械设备故障进行诊断,从系统知识库中将故障属性扩充,形成完整特征数据集后,对振动信号进行数字信号处理,输入深度神经网络分类器,最后可输出故障诊断结果。

设备的振动分析需要融合设备机理模型和数据挖掘技术,针对旋转设备的振动分析类算法主要分成三类:振动数据的时域分析算法,主要提取设备振动的时域特征,如峭度、斜度、峰度系数等;振动数据的频域分析算法,主要从频域的角度提取设备的振动特征,包括高阶谱算

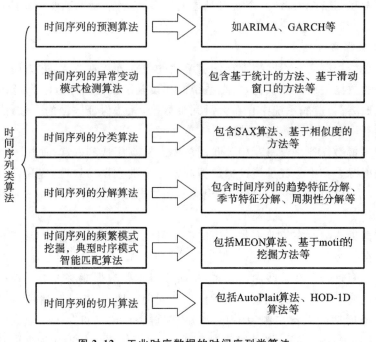

图2.12 工业时序数据的时间序列类算法

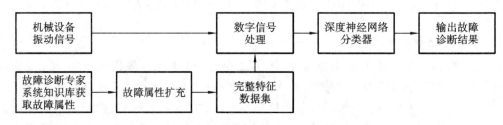

图2.13 基于神经网络的机械设备故障诊断方法

法、全息谱算法、倒谱算法、相干谱算法、特征模式分解等；振动数据的时频分析算法，它是综合时域信息和频域信息的一种分析手段，对设备的故障模型有较好的提取效果，主要有短时傅里叶变换、小波分析等。

2）工业知识图谱技术

工业生产过程中会积累大量的日志文本，如维修工单、工艺流程文件、故障记录等，此类非结构化数据中蕴含着丰富的专家经验，利用文本分析的技术能够实现事件实体和类型提取（故障类型抽取）、事件线索抽取（故障现象、征兆、排查路线、结果分析），通过专家知识的沉淀实现专家知识库（故障排查知识库、运维检修知识库、设备操作知识库）。针对文本这类非结构化数据，数据分析领域已经形成了成熟的通用文本挖掘类算法，包括分词算法、关键词提取算法、词向量转换算法、词性标注算法、主题模型算法等。但在工业场景中，这些通用的文本分析算法因缺乏行业专有名词（专业术语、厂商、产品型号、量纲等）、语境上下文（包括典型工况描述、故障现象等）而分析效果欠佳。这就需要构建特定领域的行业知识图谱，即工业知识图谱，并将工业知识图谱与结构化数据图语义模型融合，实现更加灵活的查询和一定程度上的推理。

工业知识图谱要具备的能力包括知识构建能力、知识抽取能力以及知识辅助能力。其中：知识构建能力即知识图谱半自动构建能力，对应知识图谱管理系统；知识抽取能力即专家经验知识的自动抽取、回滚、沉淀能力,对应知识抽取系统;知识辅助能力即语义搜索、辅助推荐、智能助手能力,对应知识应用与可视化系统。

3) 多源数据融合分析技术

在企业生产经营、采购运输等环节中,会有大量的管理经营数据,例如来源于企业内部信息系统(如 CRM、MES、ERP、SEM)的生产数据、管理数据、销售数据等,来源于企业外部的物流数据、行业数据等。利用这些数据可实现价格预测、精准销售、产品追溯、质量管控等。对这些数据进行分析,能够极大地提高企业的生产加工能力、质量监控能力、企业运营能力、风险感知能力等。但多源数据也带来一定的技术挑战,不同数据源的数据质量和可信度存在差异,并且在不同业务场景下的表征能力不同。这就需要一些技术手段去有效融合多源数据。

多源数据融合分析技术主要包括:统计分析算法、深度学习算法、回归算法、分类算法、聚类算法、关联规则等。可以通过不同的算法对不同的数据源进行独立分析,并通过对多个分析结果的统计决策或人工辅助决策,实现多源融合分析;也可以从分析方法上实现融合。

多源数据融合分析技术的应用如图 2.14 所示。

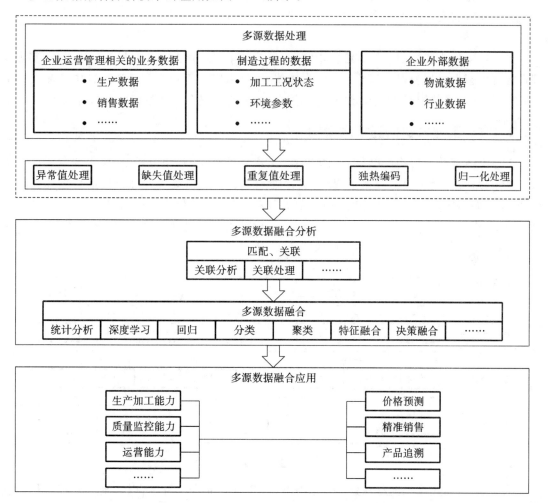

图 2.14　多源数据融合分析技术的应用

4. 工业大数据的前沿技术趋势

目前深度学习、工业知识图谱、虚拟现实等前沿技术已经在互联网环境中得到了广泛的应用,但是这些前沿技术如何在工业场景中发挥其价值,还需要进一步的探索。

1) 深度学习

在深度学习应用方面,利用深度学习算法在工业场景中开展图像和视频处理将成为重要发展方向。如管道焊缝 X 线片的缺陷识别,基于深度学习的 X 射线焊缝图像识别可以对缺陷的特征进行提取和自动研判;打造智能安全工厂,现有的生产工厂的安全生产监控系统中,人工监控容易疏忽,其仅用作事后取证的记录,没有发挥安全预警的价值,而基于视频跟踪的深度学习技术,能实时监控工厂安全状态,对不安全行为进行实时预警。

2) 工业知识图谱

在工业知识图谱方面,如何在工业生产过程中提取工业语义关键信息并关联形成具备专业特点的工业知识图谱是下一步探索重点。其中一个重要方向是围绕复杂装备运维服务阶段大量自然语言工单数据,利用复杂装备设计研发阶段形成的专业词库,提取面向复杂装备具有的工业语义关键信息,并自动将这些关键语义进行关联从而形成具有专业特点的工业知识图谱。其具体包括事件实体和类型提取、事件线索抽取,并将知识图谱与设备资产档案(时序数据)进行关联,实现工况上下文中的知识推理。

3) 虚拟现实

虚拟现实作为智能制造的核心技术之一,目前的主要探索方向是通过数字孪生体,实现物理世界到虚拟世界的映射。基于数字孪生体技术,可以实现工业生产制造过程中产品设计的协同化、远程运维的智能化、产品试验完全仿真化,大幅度提升工业生产效率和智能水平。

2.4.4 工业大数据的技术架构

工业大数据技术架构可以分为采集交换层、集成处理层、建模分析层、决策控制层四个方面。其中,采集交换层包括数据采集、清洗预处理、数据交换;集成处理层包括数据计算与查询、数据存储与管理、数据抽取转换加载、数据服务接口;建模分析层包括报表可视化、规则引擎、统计分析、知识库和机器学习;决策控制层包括描述类应用、诊断类应用、预测类应用、决策类应用以及控制类应用。具体的架构如图 2.15 所示。

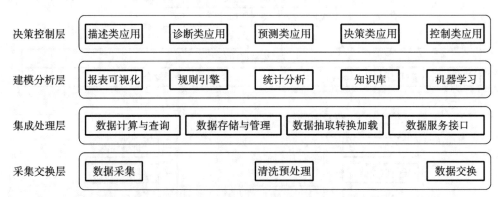

图 2.15 工业大数据技术架构

采集交换层:主要功能是从传感器、MES、ERP 等企业内部系统,以及企业外部数据源获取数据,并实现不同系统之间数据的交互。

集成处理层:从功能上,主要将物理系统实体抽象和虚拟化,建立产品、产线、供应链等各种主题数据库,将清洗转换后的数据与虚拟制造中的产品、设备、产线等实体相互关联起来。

从技术上,主要实现原始数据的清洗转换和存储管理,提供计算引擎服务,完成海量数据的交互查询、批量计算、流式计算和机器学习等计算任务,并为上层建模工具提供数据访问和计算接口。

建模分析层:从功能上,主要是在虚拟化的实体上构建仿真测试、流程分析、运营分析等分析模型,用于在原始数据中提取特定的模式和知识,为各类决策产生提供支持。从技术上,主要提供数据报表、可视化、知识库、机器学习、统计分析和规则引擎等数据分析工具。

决策控制层:基于数据分析结果,生成描述类、诊断类、预测类、决策类、控制类等不同应用,形成优化决策建议或产生直接控制指令,从而对工业系统施加影响,实现个性化定制、智能化生产、协同化组织和服务化制造等创新模式,最终构成从数据采集到设备、生产现场及企业运营管理优化的闭环。

1. 数据采集与交换

数据采集是指从传感器和其他待测设备等模拟和数字被测单元中自动采集非电量或者电量信号,并送到上位机中进行分析处理。数据采集技术广泛应用在各个领域。比如摄像头、麦克风,都是数据采集工具。数据采集系统是结合基于计算机或者其他专用测试平台的测量软硬件产品来实现灵活的、用户自定义测量的系统。数据采集系统一般包括数据采集器、微机接口电路、数模转换器等部分。

数据交换是指在多个数据终端设备之间,为任意两个终端设备建立数据通信临时互联通路的过程。数据交换可以分为电路交换、报文交换、分组交换和混合交换。在工业大数据领域内,数据交换是指工业大数据应用所需的数据在不同应用系统之间的传输与共享,通过建立数据交互规范,开发通用的数据交换接口,实现数据在不同系统与应用之间的交换与共享,消除"数据孤岛",并确保数据交换的一致性。

在工业系统中,数据采集与交换是工业系统运作的基底,从微观层每一个零部件信息,到宏观层整个生产流水线信息,如何基于各种网络链接实现数据从微观层到宏观层的流动,形成各个层、全方位数据链条,并保证多源数据在语义层面能够互通,降低数据交换的时延,以实现有效数据交换,技术上是一个比较大的挑战。

2. 数据集成与处理

数据集成是指把不同来源、格式、特点性质的数据在逻辑上或物理上有机地集中,从而为企业提供全面的数据共享。在企业数据集成领域,已经有了很多成熟的框架可以利用。目前通常采用联邦式、基于中间件模型和数据仓库等方法来构造集成的系统,这些技术在不同的着重点和应用上解决数据共享问题和为企业提供决策支持。工业大数据集成是指将工业产品全生命周期形成的许多个分散的工业数据源中的数据,逻辑地或物理地集成到统一的工业数据集合中。工业大数据集成的核心是要将互相关联的分布式异构工业数据源集成到一起,使用户能够以透明的方式访问这些工业数据源,达到保持工业数据源整体上的数据一致性、提高信息共享与利用效率的目的。工业大数据处理指利用数据库技术、数据清洗转换加载等多种工业大数据处理技术,如提取、转换和加载(ETL)技术、数据存储管理技术、数据查询与计算技术,以及相应的数据安全管理和数据质量管理等支撑技术,对集成的工业数据集合中大量的、杂乱无章的、难以理解的数据进行分析和加工,形成有价值、有意义的数据。其中,ETL技术、数据查询与计算技术等,与互联网大数据技术相似,而基于开源的Hadoop等技术将成为未来的发展趋势。

3. 数据建模与分析

数据建模是指根据工业实际元素与业务流程，在设备物联数据、生产经营过程数据、外部互联网数据等相关数据的基础上，构建供应商、用户、设备、产品、产线、工厂、工艺等数字模型，并结合数据分析提供诸如数据报表、可视化技术、知识库、数据分析工具及数据开放功能，为各类决策提供支持。工业大数据分析建模技术，已经形成了一些比较成熟稳定的模型算法，从大的方面可以分为基于知识驱动的方法和基于数据驱动的方法。有时候数据可视化技术本身也被称为一种数据分析方法。

4. 决策与控制应用

根据数据分析的结果产生决策，从而指导工业系统采取行动，是工业大数据应用的最终目的。工业大数据应用可以分为以下五大类。

（1）描述类（descriptive）应用：主要利用报表、可视化等技术，汇总展现工业互联网各个子系统的状态，使得操作管理人员可以在一个仪表盘上总览全局状态。此类应用一般不给出明确的决策建议，完全依靠人来做出决策。

（2）诊断类（diagnostic）应用：通过采集工业生产过程相关的设备物理参数、工作状态数据、性能数据及其环境数据等，评估工业系统生产设备的运行状态并预测其未来健康状况，主要利用规则引擎、归因分析等，对工业系统中的故障给出警告并提示故障可能的原因，辅助人工决策。

（3）预测类（predictive）应用：通过对系统历史数据的分析挖掘，预测系统的未来行为，主要利用逻辑回归、决策树等，预测未来系统状态，并给出建议。

（4）决策类（deceive）应用：通过对影响决策的数据进行分析与挖掘，发现决策相关的结构与规律，主要利用随机森林、决策树等方法，提出生产调度、经营管理与优化方面的决策建议。

（5）控制类（control）应用：根据高度确定的规则，直接通过数据分析产生行动指令，控制生产系统采取行动。

2.4.5 工业大数据的核心价值

1. 工业大数据是新工业革命的基础动力

信息技术特别是互联网技术正在给传统工业发展方式带来颠覆性、革命性的影响。世界正加速进入互联互通的时代，互联网对工业的影响越来越深刻，并成为引发新一轮工业革命的导火索。互联网技术全面深入发展，极大地促进了人和人互联、机器和机器互联、人和机器互联的程度，随着5G、量子通信等新一代通信技术的发展，世界将加速进入完全互联互通的状态。工业互联网也将随着机器的数字化、工业网络泛在化、云计算能力的提高而取得长足进步，海量工业大数据的产生将是必然结果，而基于工业大数据的创新是新工业革命的主要推动力。

对于新工业革命而言，工业大数据就像是21世纪的石油。美国通用电气公司的《工业互联网白皮书》中指出，工业互联网实现的三大要素是智能联网的机器、人与机器协同工作及先进的数据分析能力。工业互联网的核心是通过智能联网的机器感知机器本身状况、周边环境以及用户操作行为，并通过对这些数据的深入分析来提供诸如资产性能优化等制造服务。没有数据，新工业革命就是无源之水、无本之木。工业互联网所形成的产业和应用生态，是新工业革命与工业智能化发展的关键综合信息基础设施。其本质是以机器、原材料、控制系统、信息系统、产品以及人之间的网络互联为基础，通过对工业数据的全面深度感知、实时传输交换、快速计算处理和高级建模分析,实现智能控制、运营优化和生产组织方式的变革。

2. 工业大数据提升制造智能化水平,推动中国工业升级

大数据是提升产品质量和生产效率、降低能耗,转变高耗能、低效率、劳动密集、粗放型生产方式,提升制造智能化水平的必要手段。具有高度灵活性、高度自动化等特征的智能工厂是国际先进制造业的发展方向。广泛深入的数字化是智能工厂的基础。多维度的信息集成、CPS(信息物理系统)的广泛应用与工业大数据发展相辅相成。通过推进智能制造,实现去低端产能、去冗余库存、降低制造成本。结合数控机床、工业机器人等自动生产设备的使用,并建立从经营到生产系统贯通融合的数据流,做到数据全打通和数据流通不落地,可以提升企业整体生产效率,降低劳动力投入,有效管理并优化各种资源的流转与消耗。通过对设备和工厂进行智能化升级,加强对制造生产全过程的自动化控制和智能化控制,促进信息共享、系统整合和业务协同,实现制造过程的科学决策,最大限度地实现生产流程的自动化、个性化、柔性化和自我优化,实现提高精准制造、高端制造、敏捷制造的能力。大数据也是提升产品质量的有效手段。通过建立包括产品生产过程工艺数据、在线监测数据、使用过程数据等在内的产品全生命周期质量数据体系,可以有效追溯质量问题的产生原因,并持续提升生产过程的质量保障能力。通过关联企业内外部多数据源的大数据分析,可以挖掘发现复杂成因品质问题的根本原因。

3. 工业大数据支撑工业互联网发展,促进中国工业转型

工业大数据是制造业实现从要素驱动向创新驱动转型的关键要素与重要手段。大数据可以帮助企业更全面、深入、及时了解市场、用户和竞争态势的变化,以推出更有竞争力的产品和服务。对于新产品研发,大数据不仅可以支持企业内部的有效协同、知识重用,还能通过众包众智等手段利用企业外部资源。这些做法,不仅能够提高研发质量,还能够大大缩短研发周期。

大数据也是实现工业企业从制造向服务转型的关键支撑技术。通过产品的智能化,可以感知产品的工作状况、周边环境、用户操作的变化。在此基础上,可以提供在线健康检测、故障诊断预警等服务,以及支持在线租用、按使用付费等新的服务模型。通过对产品使用的实时工况数据、环境数据、既往故障数据、维修记录、零部件供应商数据进行整合,可以快速预判、实时掌握设备健康状况,缩短设备停机时间,削减现场服务人员;可以准确判断出现故障的潜在类型和原因,快速形成现场解决方案,缩短服务时间。

4. 工业大数据助力中国制造弯道取直

《中国制造 2025》中明确指出,工业大数据是我国制造业转型升级的重要战略资源。有效利用工业大数据推动工业升级,需要针对我国工业自身特点进行。一方面,我国是世界工厂,实体制造比重大;与此同时,技术含量低、研发能力弱、劳动密集、高资源消耗制造的问题相对突出,制造升级迫在眉睫。另一方面,我国互联网产业发展具有领先优势,过去十多年消费互联网的高速发展使互联网技术得到长足发展、全社会对互联网的重视度高。我们需要充分发挥这一优势并将之和制造业紧密结合,促进制造业升级和生产性服务业的发展。

目前,工业大数据已成为国际产业竞争和国家工业安全的基础要素,其相关技术与应用必将成为我国工业"由跟跑、并跑到领跑""弯道取直""跨越发展"的关键支撑。作为制造业大国,我国时刻产生着海量的工业数据。我们应该充分利用这一条件,创新管理思想,重构产业生态,提升中国制造在全球产业链分工中的地位。用工业大数据提高产品质量、管理水平,弥补在人员素质方面的差距,补齐落后的短板。在此基础上,推进智能制造和工业互联网的应用。

利用我国工业门类齐全、互联网和电子商务应用的比较优势,力争在新工业革命时代实现赶超。

5. 工业大数据在智能制造中的应用价值

1) 准确把握用户需求,推动产品创新

工业企业通过智能产品中的传感器等模块,实时采集、存储和传输用户使用和偏好的数据,利用挖掘、分析等技术手段,帮助企业及时改进产品功能,预先诊断产品故障,使客户在不知不觉中参与需求分析和产品设计等活动,甚至可以在满足用户个性化需求的前提下,通过规模化定制来构建新的商业形式,为企业创造新的价值。

2) 严格监控生产过程,实现科学管控

与其他行业大数据应用不同,工业大数据应用的最大价值就在于对企业生产制造和业务管理流程的智能优化。利用收集的温度、压力、热能、振动、噪声、材料、人员、产量等数据,对生产过程进行严格监控,并通过对设备诊断、用电量、能耗、质量事故(包括违反生产规定、零部件故障)、产能、人员技能、材料等方面的分析,改进生产工艺流程,优化生产过程,降低能源消耗,制定生产计划和下达生产任务。在提升效率和质量的基础上,重塑企业制造与业务流程,实现并行、实时、透明的生产管理,真正达到科学管控的目的。

3) 实时监控不确定因素,规避风险

企业在运行过程中存在诸多不确定因素。在互联网大潮中摸爬滚打的智能制造企业的不确定因素更是被无限放大。企业既要考虑如何避免产品缺陷、加工实效低、设备效率低、可靠性和安全性低等问题,还需关注设备的性能下降、零部件磨损、运行风险升高等问题。借助工业大数据可实现在功能退化的过程中发出信息,并进一步预测和预防潜在的故障,进而规避风险。

4) 切实增强用户黏性,提高营销精准度

传统营销体系往往是通过调研、采样、简单数据统计、调查消费者代表等方式来研究消费者行为,其最大的问题是缺乏精准性,并不能完全代表整个消费者需求。而工业大数据将用户与企业紧密关联起来,用户参与产品创新、设计等活动,企业可准确把握用户需求,不但增强了用户黏性,而且可以借此有效制定或调整产品策略、市场策略和渠道策略等,提高营销的精准度。同时,服务已经不是传统意义上的远程人工在线的应答式和售后产品服务的模式,而是更注重利用全产业链形成的大数据进行综合的数据分析与挖掘,针对全产业链各个环节的各级用户,面向其具体的活动需求提供定制化的、可以辅助其具体活动预测的信息。

5) 助推企业跨界融合,建立共赢生态圈

工业大数据不仅对工业企业生产经营具有持续改善作用,而且对工业企业上下游与行业内外同样有正向聚合效应。比如,互联网+汽车就是基于汽车生产企业的工业大数据,综合人、车、路、环境、社会之间的关系,实现汽车、保险、维修、零配件、交通等行业间的跨界融合与互动。

6. 工业大数据的典型应用场景

1) 智能化设计

工业大数据在设计环节的应用可以有效提高研发人员创新能力、研发效率和质量,推动协同设计。客户与工业企业之间的交互和交易行为将产生大量数据,挖掘和分析这些客户动态数据,能够帮助客户参与产品的需求分析和产品设计等创新活动,实现新型产品创新和协作的新模式。此外,传统的产品设计模式是基于设计师的灵感和经验,揣摩消费者的需求喜好,设计产品,针对性不强,不精确,工业大数据可以拉近消费者与设计师的距离,精准量化客户需求,指导设计过程,改变产品设计模式。通过将产品生命周期设计中各个环节所需要的知识资源有机地集成在一起,运用大数据相关技术,可以将产品生命周期设计所需大数据与各种设计过程集成,以高度有序化的方式展示产品生命周期大数据与设计的关系。

工业大数据使产品生命周期大数据在设计过程中得到有效的应用、评价和推荐。设计知识能够快速地推送给所需要的人,并方便地融合员工在设计中产生的新知识,进一步丰富产品设计大数据。

2)智能化生产

智能化生产是新一代智能制造的主线,通过智能系统及设备升级改造与融合,促进制造过程自动化、流程智能化。从数据采集开始,生产阶段工业大数据的驱动力体现在数据关联分析和数据反馈指导生产。在生产阶段,对所采集的数据进行清洗、筛选、关联、融合、索引、挖掘,构建应用分析模式,实现从数据到信息知识的有效转化。在制造阶段,通过对制造执行系统中所采集的生产单元分配、资源状态管理、产品跟踪管理等信息进行关联分析,为合理的库存管理、计划排程制定提供数据支撑;并且结合实时数据,对产品生产流程进行评估及预测,对生产过程进行实时监控、调整,并为发现的问题提供解决方案,实现全产业链的协同优化,完成数据由信息到价值的转变。工业大数据通过采集和汇聚设备运行数据、工艺参数、质量检测数据、物料配送数据和进度管理数据等生产现场数据,利用大数据技术对其进行分析并反馈结果,并在制造工艺、生产流程、质量管理、设备维护、能耗管理等具体场景中应用,实现生产过程的优化。

工业大数据助力解决生产过程复杂系统的精确建模、实时优化决策等关键问题,涌现的一批自学习、自感知、自适应、自控制的智能产线、智能车间和智能工厂,正在推动产品制造向高质、柔性、高效、安全与绿色方向发展,驱动生产过程的智能化升级。

3)网络化协同制造

工业互联网引发制造业产业链分工细化,参与企业需要根据自身优劣势对业务进行重新取舍。基于工业大数据,驱动制造全生命周期从设计、制造到交付、服务、回收各个环节的智能化升级,推动制造全产业链智能协同,优化生产要素配置和资源利用,消除低效中间环节,

整体提升制造业发展水平和世界竞争力。基于设计资源的社会化共享和参与,企业能够立足自身研发需求,开展众创、众包等研发新模式,提升企业利用社会化创新和资金资源能力。基于统一的设计平台与制造资源信息平台,产业链上下游企业可以实现多站点协同、多任务并行,加速新产品协同研发过程。对产品供应链的大数据进行分析,将带来仓储、配送、销售效率的大幅提升和成本的大幅下降。

4)智能化服务

现代制造企业不再仅仅是产品提供商,而是提供产品、服务、支持、自我服务和知识的"集合体"。工业大数据与新一代技术的融合应用,赋予市场、销售、运营维护等产品全生命周期服务全新的内容,不断催生制造业新模式、新业态,从大规模流水线生产转向规模化定制生产和从生产型制造向服务型制造转变,推动服务型制造业与生产性服务业大发展。

5)个性化定制

工业大数据技术及解决方案助力实现制造全流程数据集成贯通,构建千人千面的用户画像,并基于用户的动态需求,指导需求准确地转化为订单,满足用户的动态需求变化,最终形成基于数据驱动的工业大规模个性化定制新模式。

将工业大数据与大规模个性化定制模式结合,能够形成支持工业产品开发个性化、设备管理个性化、企业管理个性化、人员管理个性化、垂直行业个性化等一系列满足用户个性化需求的工业价值创造新模式,为工业企业显著降低成本,形成价值创造的新动能。

2.5 信息安全技术

2.5.1 信息安全技术概述

工业互联网以连接为本质,以人才为驱动,以智能科技为技术支撑,除了这些特点以外,还需要以安全为保障。近年来,以工业互联网为攻击目标的网络安全事件层出不穷,且危害严重,涉及政治、经济、军事、安全等社会生活的各个方面。工业互联网时代的到来也从侧面预示着工业病毒时代的到来。2017年关于信息安全数据显示,2017年新增信息安全漏洞4798个,其中工控系统新增351个,比2016年同期翻倍增长,新增漏洞的特点之一是针对能源、银行、交通等关键领域,是关系到国家经济命脉的产业行业的信息安全漏洞。基于以上论述,我们有必要对工业互联网信息安全进行研究。

2.5.2 工业互联网面临的信息安全风险

1. 风险构成

1)设备安全

所谓设备层的信息安全风险主要针对智能设备和智能产品而言,如芯片、嵌入式操作系统、编码功能等存在漏洞或缺陷。设备层的信息安全风险得不到治理,极可能会影响整个工业互联网的正常运行,不仅会威胁操作人员人身安全,而且会造成一定程度的经济损失,直接或间接限制了企业可持续发展,因此必须予以高度重视。

2)网络安全

工业企业现阶段的网络建设模式,使得网络拓扑结构越发复杂,变化多端,导致传统静态防护系统失效。另外,无线网络在制造业企业生产中的应用介入,满足了其对实时性、可靠性的要求,但也增加了信息安全防护难度,企业很容易遭受非法侵入、拒绝服务、信息盗取等攻击。

3)数据安全

基于工业互联网应用,企业信息数据处理更加便捷,并逐步实现了由内向外的双向共享流动,所涉及的数据处理环节增多,某种程度上产生了新的安全风险。

4)控制安全

工业互联网结构下,信息技术与运营技术的高度融合,在很大程度上破坏了传统安全可信的控制环境,网络攻击基于此种链接模式逐步由信息技术层向运营技术层渗透,影响范围更是从厂外向厂内扩展,进而导致工厂控制面临着严重的信息安全风险。

5)管理安全

当前阶段的互联网技术应用仍未完全成熟,很多情况下依旧需要人的管理维护介入,而人总会在"有意识"或"无意识"的状态下做出违反相关规范的行为。

2. 影响因素

1）人员

工业互联网的发展与应用，对企业管理结构形成了较大的挑战。很多企业对工业互联网信息安全的认知尚未达到相当高度，相关长效机制暂未形成，信息安全意识没有融入整个文化体系，导致员工主动意识薄弱，进而增加了工业互联网的信息安全风险。除此之外，工业互联网面临的信息安全风险种类多样，对专业技术人才提出了更高要求，需要完整的组织结构支撑。

2）技术

受制于技术水平，很多企业工控网络系统的安全防护等级较低，多数情况下只能选择被动应对，存在一定的滞后性。另外，工业互联网环境下，企业现代化生产对工控管理的要求越来越高，所涉及的理论、技术不断增多，并呈现出日益复杂化的趋势。单就目前工业企业网络安全防护系统建设而言，常规上都是采用分层分区隔离、边界防护的理念，更加偏重于功能安全，信息安全仍属薄弱环节，是未来必须解决的重点问题。

2.5.3 工业互联网主要的信息安全技术

工业互联网信息安全技术主要有工业防火墙技术、入侵检测技术以及基于特征选择、图像感知哈希特征体征提取、实验数据集等的新型入侵检测技术等。

1. 工业防火墙技术

工业防火墙技术是在原IT防火墙访问控制功能基础上加以改进的加强技术，能够对现场网络通信协议进行剖析，限制非法访问。

工业防火墙和传统防火墙因其所处的环境不同而有所区别，相较而言，传统防火墙没有以下所述的特性。

（1）传统防火墙未装载工业协议解析模块，不理解、不支持工业控制协议。工业网络采用的是专用工业协议，工业协议的类别很多，有基于工业以太网（基于二层和三层）的协议，有基于串行链路（RS232、RS485）的协议，这些协议都需要专门的工业协议解析模块来对其进行协议过滤和解析。传统防火墙只针对于ICT环境，无法完全支持对工业协议的无/有状态过滤，也无法对工业协议进行深度解析和控制。

（2）传统防火墙软硬件设计架构不适应工业网络实时性和生产环境的要求。首先，工业网络环境中工控设备对实时性传输反馈要求非常高，一个小问题就可能导致某个开关停止响应，这就要求接入的工控防火墙也必须满足工业网络的实时性要求。而一般的传统防火墙主要应用于传统的ICT环境，在软硬件架构设计之初就未考虑过工业网络的实时性，因此传统防火墙无法适应工业网络实时性要求。其次，工业生产对网络安全设备的环境适应性要求很高，很多工业现场甚至是无人值守的恶劣环境。因此工控防火墙必须具备对工业生产环境可预见的性能支持和抗干扰水平的支持能力。例如，一般部署在工业现场的防火墙以导轨式为主，该环境对防火墙的环境适应性要求就很高，产品往往要求无风扇、有宽温支持等。传统防火墙无法适应工业网络严苛复杂的生产环境。

2. 入侵检测技术

现阶段可以大规模应用于工业互联网领域的入侵检测技术主要包括机器学习、数据挖掘等，并且新方法和新技术更新较快。

机器学习是多领域交叉检测技术，涉及概率论、统计学、逼近论、凸分析、算法复杂度理论等多门学科。机器学习专门研究计算机怎样模拟或实现人类的学习行为,以获取新的知识或技能,重新组织已有的知识结构使之不断改善自身的性能。机器学习是人工智能的核心,可运用于优化和改善算法技术。

数据挖掘是从大量的数据中通过算法搜索隐藏于其中信息的过程。数据挖掘通常与计算机科学有关,并通过统计、在线分析处理、情报检索、机器学习、专家系统(依靠过去的经验法则)和模式识别等诸多方法来实现目标。因此数据挖掘也用于工业领域的数据检测。

3. 新型入侵检测技术

新型入侵检测技术主要包括特征选择技术、图像感知哈希特征提取技术、实验数据集研究方法等。

(1) 特征选择技术。特征选择技术是针对当前维度高的数据信息采用特征选择的方法进行数据集分析进而达到整体数据集降维,简约属性集合,进而提高入侵检测效率的技术。

(2) 图像感知哈希特征提取技术。图像感知哈希特征提取技术简单来说是以图像分析方法为基础的网络入侵检测技术。现有的图像感知哈希方法主要包括离散小波变换、局部二值模式、奇异值分解(SVD)、离散余弦变换(DCT)、非负矩阵分解(NMF)等。

(3) 实验数据集研究方法。实验数据集研究方法是工业互联网入侵检测技术在研究领域的基本研究方法,是从理论走向现实生活的必经途径。

2.5.4 工业互联网信息安全完善对策

1. 计算机网络防护技术层面的完善对策

1) 积极建设工业互联网信息安全平台

建设态势感知平台,结合工业企业自身网络的运行状况,在对企业各类网络安全风险、网络安全管理措施等相关因素进行综合分析的基础上,对当前的工业互联网信息安全防护水平、能力进行科学评估,以此来制定相应的完善措施。建设安全预警平台,通过对企业互联网中传输的各类信息数据的收集,对企业各类网络安全设备、控制管理等情况予以全面的了解。建设安全追溯平台,对工业互联网控制系统中存在安全隐患的网络行为进行回溯分析,包括事件追踪、秩序监控、行为监控、溯源分析等模块。建设大数据分析平台,在大数据分析整理功能的作用下,对与工业互联网相关的设备、控制、风险、应用数据、网络等数据进行系统分析。建设安全管理中心,积极响应安全预警平台的异常警告,在对各项网络信息安全数据进行分析的基础上制定最优决策。建设网络安全可视化平台,在以上平台的作用下,借助有效的网络安全防护技术,通过网络安全运行报告、表格等形式来全面展示工业互联网的运行过程,实现对企业网络的全过程监控与管理。

2) 引入区域链技术

可以尝试将区域链技术引入工业互联网系统,以其明显的去中心化特点,来提升工业互联网的隐私性、信息安全性,并在区域链强大的加密算法、共识机制、点对点传输、分布式数据存储等计算机技术的应用下,有效提升工业互联网安全问题的成功解决率。构建数据库,对工业互联网各类信息数据的完整性予以有效保护;在数据验证中导入密码学原理,以此来切实提升数据的安全性,保证数据不可被篡改;引入多私钥规则来进行网络权限管理,提升对网络访问的权限控制,将企业外部人员杜绝在工业互联网的访问范围之外。

2. 网络伦理建设层面的完善对策

1）工业互联网技术研发者

物质利益原则上强调对国家利益、集体利益以及个人利益的统筹兼顾,当不同利益面临冲突时,技术研发者需要具有优先维护国家利益、集体利益的觉悟。只有明确工业互联网技术研发者的责任,才能够依托自律与外部约束的结合,确保工业互联网技术研发者遵守职业技术规范,并在研发阶段为工业互联网信息安全构建保障。另外,工业互联网技术研发者还应当具备对工业互联网的发展趋势、可能面临的安全问题以及后果及其应对策略做出预测的能力,从而避免因为自身专业能力限制而导致工业互联网面临信息安全问题。

2）工业互联网技术使用者

在高度关注国内工业互联网信息安全防护技术的发展以及防护能力的提升的同时,也需要关注工业互联网技术使用者的伦理道德教育。

3. 防护环境保障层面的完善对策

1）成立专门的工业互联网信息安全管理部门

为有效推进工业互联网信息安全管理工作的深入开展,确保各项技术、政策、措施得以贯彻实施,我们需要在企业中成立专门的工业互联网信息安全管理部门,由企业各岗位主要负责人以及专业的计算机网络技术人员共同组成,负责企业各项工业互联网信息安全管理相关工作的实施、监督、管理。其主要职责范围包括:深入落实国家各项网络信息安全相关的法律法规,积极响应网络信息安全相关行业标准,深入开展工业互联网信息安全理论及实践方面的研究;结合工业企业自身生产管理特点,制定相应的企业网络安全管理规章制度,并对这些制度在企业各部门中的执行情况予以专业化指导和监督;根据企业工业发展需求对企业网络安全平台进行技术搭建;对企业日常工作中各部门的工业互联网应用安全情况进行常规监督、检查,并通过对网络安全异常信息的收集、整理、分析来积极构建工业互联网信息安全应急处置机制,以此来有效减少工业互联网信息安全事故所造成的不良影响;进行互联网信息安全环境治理工作,有效识别、治理各类信息安全风险,有效防止工业企业重要机密文件、信息、数据的外泄;与企业互联网信息技术部门共同进行工业互联网信息安全新技术、新方法、新思维的开发;负责工业互联网信息安全相关内容在整个企业中的宣传和培训工作。

2）从以往单一注重功能安全转移到功能安全、信息安全并重

工业系统管理人员要不断更新自身的安全防护理念,建立大局观,工作重心更要从以往单一对系统功能安全的重视逐渐转移到功能安全、信息安全并重,以此实现对来自系统外部的网络安全威胁予以及时、有效的处置。此外,面对来自互联网的各类未知威胁与新生病毒类型,工业互联网信息安全管理人员更要在针对已知威胁、病毒等建立的防护体系基础上,针对未知网络威胁构建具有快速检测、响应能力的工业互联网安全运行维护管理体系,以此实现及时减损,切实提升工业互联网的防护效果,减少未知网络攻击对工业互联网所造成的不良影响。

本 章 小 结

本章介绍了工业互联网基础技术,主要包括物联网技术、网络通信技术、云计算技术、工业大数据技术以及信息安全技术。首先介绍的是物联网技术,阐述了物联网的概念及其由来,以及具备感知技术的集合体、建立在互联网基础上、智能控制的特点,分析了国内外物联网技术的发展现状并提出了物联网发展展望,具体介绍了当前较为公认的包括感知层、网络层、应用

层的物联网基本架构和物联网核心技术中的物联网通信技术、传感器、射频识别技术,以及嵌入式系统,此外还阐述了物联网技术在物流供应、农业畜牧、医疗卫生领域、工业生产、环境保护方面的应用,以及物联网技术、政策、市场的发展优势。其次介绍了有线网络通信技术和无线网络通信技术两大类网络通信技术,详细阐述了有线连接的工业总线、以太网以及无线通信的 LTE 网络、5G 网络,介绍了工业互联网与室内定位技术、工业互联网与低功耗广域物联网络、时间敏感网络在工业互联网领域的应用。接着,介绍云计算技术,阐述了云计算的概念,以国外的谷歌、亚马逊和微软,国内的阿里巴巴为例,分析了云计算的发展现状;此外还论述了具有物理资源层、资源池层、管理中间件层和 SOA 构建层的云计算技术体系结构,以及云计算技术的技术特征和规模效应所带来的压倒性的性能价格比优势。接着介绍工业大数据技术,阐述了它的概念、主体来源,并从工业大数据采集技术、工业大数据存储与管理技术、工业大数据分析技术以及工业大数据的前沿技术趋势四个方面具体介绍了工业大数据的关键技术,介绍了分为采集交换层、集成处理层、建模分析层、决策控制层的工业大数据技术架构,阐述了工业大数据创造的价值以及它在智能化设计、智能化生产、网络化协同制造、智能化服务以及个性化定制方面的典型应用。最后介绍了信息安全技术,阐述了信息安全技术的概念、工业互联网面临的信息安全风险的构成以及影响因素,介绍了工业防火墙技术、入侵检测技术以及基于特征选择、图像感知哈希特征体征提取、实验数据集等的新型入侵检测技术等工业互联网信息安全技术,并从计算机网络防护技术、网络伦理建设、防护环境保障层面提出了完善对策,以使工业互联网信息更加安全。

本章习题

1. 物联网有哪些关键技术?
2. 谈谈你对未来物联网技术发展的认识与思考。
3. 什么是网络通信技术?工业互联通信连接技术包括哪两大类别?
4. 什么是现场总线?现场总线的本质是什么?
5. 无线网络通信技术应用于哪些领域?
6. 在性价比上,云计算相比于传统技术为什么有压倒性的优势?
7. 工业大数据的来源可以分为哪几类?
8. 请阐述工业大数据技术架构,并画出架构图。
9. 多源异构数据管理技术的关键技术有哪些?数据集成的核心任务有哪些?
10. 多模态数据集成技术在工业大数据中的应用目的是什么?
11. 工业知识图谱要具备哪些能力?多源数据融合分析技术应用的范围是什么?
12. 工业大数据是如何集成的?工业大数据应用可分为哪几类?
13. 工业互联网面临的信息安全风险由什么构成?
14. 工业互联网面临的信息安全风险的影响因素是什么?
15. 请简要介绍工业互联网信息安全技术主要有哪些。

第 3 章 工业互联网体系架构

从工业和互联网两个视角分析工业互联网的业务需求,得出工业互联网的核心是基于全面互联而形成数据驱动的智能,网络、数据、安全是工业和互联网两个视角的共性基础和支撑。

工业互联网的概念与内涵已获得各界广泛认同,其发展也正由理念与技术验证,走向规模化应用推广,工业互联网体系架构2.0基本确定。工业互联网体系架构2.0包括业务视图、功能架构、实施框架三大板块,形成以商业目标和业务需求为牵引,进而明确系统功能定义与实施部署方式的设计思路,自上层向下层细化和深入。

工业互联网是满足工业智能化发展需求的,具有低时延、高可靠、广覆盖特点的关键网络基础设施,网络体系由网络互联、数据互通和标识解析三部分组成。

工业互联网包括网络、平台、安全三大体系。其中,网络是基础,平台是核心,安全是保障。工业互联网技术也包括网络、平台与安全等三个部分,本书分别在第4章、第5章、第6章、第7章、第8章、第9章对工业互联网的核心技术进行了充分介绍。

3.1 工业互联网体系架构

3.1.1 工业互联网的业务需求

工业互联网的业务需求可从工业和互联网两个视角分析,如图 3.1 所示。

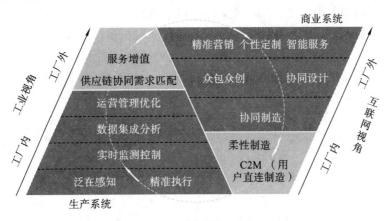

图 3.1 工业互联网业务视图

从工业视角看,工业互联网主要表现为从生产系统到商业系统的智能化,由内及外,生产体系自身通过采集信息通信技术,实现机器与机器之间、机器与系统之间、企业上下游之间的实时连接与智能交互,并带动商业活动优化。其业务需求包括面向工业体系各个层级的优化,如泛在感知、实时监测控制、精准执行、数据集成分析、运营管理优化、供应链协同、需求匹配、服务增值等业务需求。

从互联网视角看,工业互联网主要表现为商业系统变革牵引生产系统的智能化,由外及内,从营销、服务、设计环节的互联网新模式新业态带动生产组织和制造模式的智能化变革。其业务需求包括基于互联网平台实现的精准营销、个性定制、智能服务、众包众创、协同设计、协同制造、柔性制造等。

3.1.2 工业互联网体系架构1.0

工业互联网的核心是基于全面互联而形成数据驱动的智能,网络、数据、安全是工业和互联网两个视角的共性基础和支撑。

其中,网络是工业系统互联和工业数据传输交换的支撑基础,包括网络互联体系、标识解析体系和应用支撑体系,表现为通过泛在互联的网络基础设施、健全适用的标识解析体系、集中通用的应用支撑体系,实现信息数据在生产系统各单元之间、生产系统与商业系统各主体之间的无缝传递,从而构建新型的机器通信、设备有线与无线连接方式,支撑形成实时感知、协同交互的生产模式。

数据是工业智能化的核心驱动,包括数据采集交换、集成处理、建模分析、决策优化和反馈控制等功能模块,表现为通过海量数据的采集交换、异构数据的集成处理、机器数据的边缘计算、经验模型的固化迭代、基于云的大数据计算分析,实现对生产现场状况、协作企业信息、市场用户需求的精确计算和复杂分析,从而形成企业运营的管理决策以及机器运转的控制指令,驱动从机器设备、运营管理到商业活动的智能和优化。

安全是网络与数据在工业中应用的安全保障,包括设备安全、网络安全、控制安全、数据安全、应用安全和综合安全管理,表现为通过涵盖整个工业系统的安全管理体系,避免网络设施和软件系统受到内部和外部攻击,降低企业数据被未经授权访问的风险,确保数据传输与存储的安全性,实现对工业生产系统和商业系统的全方位保护。工业互联网体系架构1.0如图3.2所示。

基于工业互联网的网络、数据与安全,工业互联网将构建面向工业智能化发展的三大优化闭环。一是面向机器设备运行优化的闭环,核心是基于对机器操作数据、生产环境数据的实时感知和边缘计算,实现机器设备的动态优化调整,构建智能机器和柔性生产线;二是面向生产运营优化的闭环,核心是基于信息系统数据、制造执行系统数据、控制系统数据的集成处理和大数据建模分析,实现生产运营管理的动态优化调整,形成各种情景下的智能生产模式;三是面向企业协同、用户交互与产品服务优化的闭环,核心是基于供应链数据、用户需求数据、产品服务数据的综合集成与分析,实现企业资源组织和商业活动的创新,形成网络化协同、个性化定制、服务化延伸等新模式。

3.1.3 工业互联网体系架构2.0

1) 从1.0到2.0:工业互联网体系架构的演进

体系架构1.0发布三年多以来,工业互联网的概念与内涵已获得各界广泛认同,其发展也正由理念与技术验证走向规模化应用推广。在这一背景下,有必要对体系1.0进行升级,特别是强化其在技术解决方案开发与行业应用推广方面的实操指导性,以更好地支撑我国工业互联网下一阶段的发展。

具体来说,一是提供一套可供企业开展实践的方法论。重点是构建一套由"业务需求—功能定义—实施部署"构成的方法论,使企业能够结合自身业务特点,明确所需要的工业互联网核心功能,进而指导相应软硬件系统的设计、开发与部署。二是从战略层面为企业开展工业互

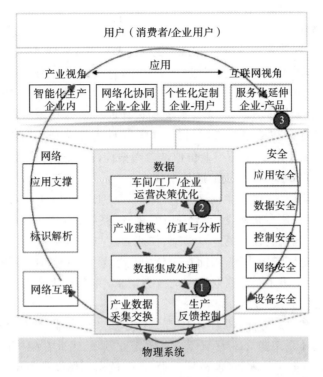

图 3.2 工业互联网体系架构 1.0

联网实践指明方向。重点是明确企业通过工业互联网实现数字化转型的核心方向与路径,结合企业基础确立商业战略与细分目标,充分发挥工业互联网实践价值,构建企业转型升级优势。三是结合规模化应用需求对功能架构进行升级和完善。重点是从企业工程化应用视角,参考领先企业实践经验与最新技术发展,对工业互联网功能原理进行明确与完善,形成一套实操性更强的网络、平台、安全功能体系。四是提出更易于企业应用部署的实施框架。重点是强化与现有制造系统的结合,明确各层级的工业互联网部署策略,以及所对应的具体功能、系统和部署方式,以便为企业实践提供更强参考作用。基于上述四方面考虑,工业互联网产业联盟组织研究提出了工业互联网体系架构 2.0,旨在构建一套更全面、更系统、更具体的总体指导性框架。

在发展和演进的同时,工业互联网体系架构 2.0 也充分继承了体系架构 1.0 的核心思想。一是体系架构 2.0 仍突出以数据作为核心要素。业务视图的数字化转型方向、路径与能力实质由数据所驱动,功能架构的网络、平台、安全服务于数据的采集、传输、集成、管理与分析,实施框架则核心回答了如何通过部署工业互联网,提升现有制造系统的数据利用能力。二是体系架构 2.0 仍强调数据智能化闭环的核心驱动及其在生产管理优化与组织模式变革方面的变革作用。基于体系架构 1.0 提出的三大智能化闭环,体现其在工业互联网系统中无处不在的特征。这一数据优化闭环既可以作用于企业现有生产和管理,使之更加精准智能,也可以作用于资源配置优化与生产方式重构,引发商业模式创新。三是体系架构 2.0 继承了三大功能体系。考虑到体系架构 1.0 中网络、数据、安全在数据功能上存在一定重叠,如网络体系包含数据传输与互通功能,安全体系包含数据安全功能,因此在体系架构 2.0 中以平台替代数据,重点体现体系架构 1.0 中数据的集成、管理与建模分析功能,形成网络、平台、安全三大体系,但功能内涵与体系架构 1.0 基本一致。

2) 体系架构设计方法论

工业互联网是借助新一代信息通信技术实现工业数字化转型的复杂系统工程,融合了工业、通信、计算机软件、数据科学等诸多领域的最新技术与产业实践,因此在体系架构2.0的研究设计中,一方面充分参考了主流的架构设计方法论,包括以 ISO/IEC/IEEE 42010 为代表的系统与软件工程架构方法论和以开放组体系结构框架(TOGAF)、美国国防部体系架构框架(DODAF)为代表的企业架构方法论,以提升架构设计的科学性和体系性;另一方面借鉴现有相关参考架构的设计理念与关键要素,包括以工业互联网参考架构(IIRA)为代表的软件架构、以工业4.0架构(RAMI 4.0)和工业价值链参考架构(IVRA)为代表的工业架构和以物联网参考架构(ISO/IEC 30141)为代表的通信架构。

在架构设计方法论层面,体系架构 2.0 以 ISO/IEC/IEEE 42010 系统与软件工程标准为主要方法,重点参考该方法在架构设计中对视图、需求、系统、环境、模型等各类架构要素及相互关系的阐述,以此明确研究设计的基本框架、描述方式与关键要素。考虑到体系架构2.0将对企业应用实践发挥重要指导作用,因此在设计中也参考了 TOGAF、DODAF 等企业架构设计方法,在业务视图中突出了企业商业愿景与业务需求,并借鉴从通用架构到行业架构、企业架构过程中的应用推广方法。

在架构设计内容和要素方面,体系架构 2.0 充分参考了工业、软件和通信等领域具有代表性的架构。考虑到体系架构 2.0 将重点服务于工业领域,因此在架构设计中参考了 RAMI 4.0 等典型架构对工业体系的理解,包括基于 ISA-95 的由现场设备到经营管理系统的层级划分,以及 IEC 62890 标准体现的从虚拟原型到实物制造的产品/资产全生命周期理念。此外,考虑到数据在工业互联网中的核心驱动要素作用,体系架构 2.0 也参考了 IIRA 以数据为牵引,定义控制、运营、信息、应用等功能域,描述信息流和决策流的功能架构设计理念,以及 ISO/IEC 30141 等通信典型架构对不同设备、系统之间互联互通的设计理念。

3) 工业互联网体系架构2.0

工业互联网体系架构 2.0(见图 3.3)包括业务视图、功能架构、实施框架三大板块,形成以商业目标和业务需求为牵引,进而明确系统功能定义与实施部署方式的设计思路,自上层向下层细化和深入。

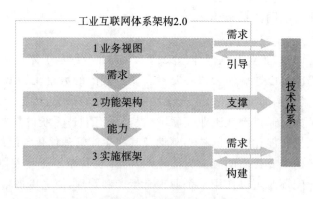

图 3.3 工业互联网体系架构 2.0

业务视图明确了企业应用工业互联网实现数字化转型的目标、方向、业务场景及相应的数字化能力。业务视图首先提出了工业互联网驱动的产业数字化转型的总体目标和方向,以及这一趋势下企业应用工业互联网构建数字化竞争力的愿景、路径和举措。这在企业内部将会进一步细化为若干具体业务的数字化转型策略,以及企业实现数字化转型所需的一系列关键能力。业务视图主要用于指导企业在商业层面明确工业互联网的定位和作用,所提出的业务需求和数字化能力需求对于后续功能架构设计是重要指引。

功能架构明确了企业支撑业务实现所需的核心功能、基本原理和关键要素。功能架构首先提出了以数据驱动的工业互联网功能原理总体视图,形成物理实体与数字空间的全面连接、精准映射与协同优化,并明确这一机理作用于从设备到产业等各层级,覆盖制造、医疗等多行业领域的智能分析与决策优化。进而细化分解为网络、平台、安全三大体系的子功能视图,描述构建三大体系所需的功能要素与关系。功能架构主要用于指导企业构建工业互联网的支撑能力与核心功能,并为后续工业互联网实施框架的制定提供参考。

实施框架描述了各项功能在企业落地实施的层级结构、软硬件系统和部署方式。实施框架结合当前制造系统与未来发展趋势,提出了由设备层、边缘层、企业层、产业层四层组成的实施框架层级划分,明确了各层级的网络、标识、平台、安全的系统架构、部署方式以及不同系统之间的关系。实施框架主要为企业提供工业互联网具体落地的统筹规划与建设方案,进一步可用于指导企业技术选型与系统搭建。

3.1.4 工业互联网的业务视图

1) 工业互联网的总体业务视图

工业互联网业务视图包括产业层、商业层、应用层、能力层四个层次,其中产业层主要定位于产业整体数字化转型的宏观视角,商业层、应用层和能力层则定位于企业数字化转型的微观视角。四个层次自上而下来看,实质是产业数字化转型大趋势下,企业如何把握发展机遇,实现自身业务的数字化发展并构建起关键数字化能力;自下而上来看,实际也反映了企业不断构建和强化的数字化能力将持续驱动其业务乃至整个企业的转型发展,并最终带来整个产业的数字化转型。工业互联网业务视图如图3.4所示。

2) 产业层

产业层主要阐释了工业互联网在促进产业发展方面的主要目标、实现路径与支撑基础。从发展目标看,工业互联网通过将自身的创新活力深刻融入各行业、各领域,最终将有力推进工业数字化转型与经济高质量发展。为实现这一目标,构建全要素、全产业链、全价值链全面连接的新基础是关键,这也是工业数字化、网络化、智能化发展的核心。全面连接显著提升了数据采集、集成管理与建模分析的水平,使各类生产经营决策更加精准和智能,同时也使各类商业和生产活动的网络化组织成为可能,大幅提高资源配置效率。基于这一新基础:一是一批以数据为核心,提供数据采集、网络传输、数据管理、建模分析、应用开发与安全保障等相关产品和解决方案的企业快速成长兴起,形成一个工业数字技术的新产业,并成为各行业数字化转型的关键支撑;二是各行业纷纷探索运用工业互联网提升现有业务水平,形成智能化生产、网络化协同、个性化定制、服务化延伸等一系列数字化转型的新模式,这之中既有数据智能对现有业务的优化提升,也有基于网络化组织的模式创新与重构;三是伴随产业数字化转型的深入,将在诸如网络众包众创、制造能力交易、产融结合等领域涌现一批服务企业,形成数字化创新的新业态。

新产业、新模式、新业态共同构成了产业高质量发展的新动能,同时也是工业互联网价值创造的关键路径。工业互联网业务视图产业层架构如图3.5所示。

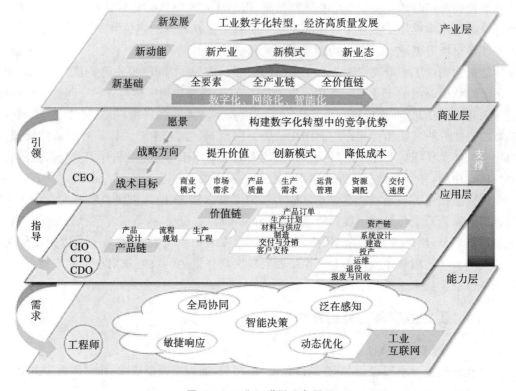

图 3.4 工业互联网业务视图

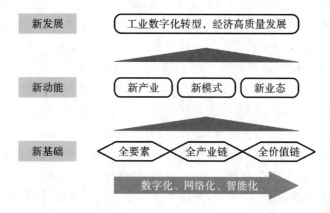

图 3.5 工业互联网业务视图产业层架构

3) 商业层

商业层主要明确了企业应用工业互联网构建数字化转型竞争力的愿景、战略方向和战术目标。商业层主要面向CEO(首席执行官)等企业高层决策者,用以明确在企业战略层面,如何通过工业互联网保持和强化企业的长期竞争优势。

从愿景来看,在数字化发展趋势下,企业应加快依托工业互联网来构建数字化转型中的竞争优势,形成以数据为核心驱动的新型生产运营方式、资源组织方式与商业模式,以支撑企业不断成长壮大。

为实现上述愿景,企业可通过工业互联网,从提升价值、创新模式和降低成本三大战略方向努力。例如,在提升价值方面,工业互联网可以帮助企业更好地对接客户,通过产品创新实现更高附加价值;在创新模式方面,工业互联网可以推动企业由卖产品走向卖服务,创造新的业务模式和收入来源,甚至进一步实现生产、服务与信贷、保险、物流等其他领域的创新融合,进一步释放数据价值红利;在降低成本方面,工业互联网通过数据驱动的智能,可以帮助企业在提高生产效率、减少停机与不良品、减少库存等一系列关键环节和场景中发挥作用。

上述三大战略方向可进一步分解和细化为若干战术目标,如商业模式、市场需求、产品质量、生产效率、运营管理、资源调配和交付速度等,这是工业互联网赋能于企业的具体途径。工业互联网实现企业各层级要素全面互联,对各类数据进行采集、传输、分析并形成智能反馈,助力企业生产效率、产品质量和运营管理水平提升,加快市场需求响应与交付速度,优化资源要素配置,强化商业模式创新,实现各类生产经营活动目标的提升优化。工业互联网业务视图商业层架构如图 3.6 所示。

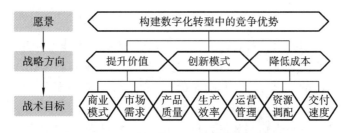

图 3.6 工业互联网业务视图商业层架构

4) 应用层

应用层主要明确了工业互联网赋能于企业业务转型的重点领域和具体场景。应用层主要面向企业 CIO(首席信息官)、CTO(首席技术官)、CDO(首席数据官)等信息化主管与核心业务管理人员,帮助其在企业各项生产经营业务中确定工业互联网的作用与应用模式。

产品链、价值链、资产链是工业企业最为关注的三个核心业务链条(包括这三者所交汇的生产环节),工业互联网赋能于三大链条的创新优化变革,推动企业业务层面数字化发展。一是工业互联网通过对产品全生命周期的连接与贯通,强化从产品设计、流程规划到生产工程的数据集成与智能分析,实现产品链的整体优化与深度协同。如通过工业互联网络互联实现项目人员异地远程在线协同,以及模型、机理等各类数据远程共享,企业可以低成本高效率地完成产品、工艺的协同研发和优化。二是工业互联网面向企业业务活动,一方面支撑计划、供应、生产、销售、服务等全流程全业务的互联互通,另一方面面向单环节重点场景开展深度数据分析优化,从而实现全价值链的效率提升与重点业务的价值挖掘。例如,企业可通过工业互联网实现生产过程数据实时采集与连通,叠加机器学习、边缘计算、工业大数据分析等技术,实现产品质量提升、能耗降低,提升生产制造环节价值。三是工业互联网将孤立的设备资产单元转化为整合互联的资产体系,支撑系统设计、建造、投产、运维、退役到报废与回收等设备全生命周期多个环节数据集成串联,这为设备管理难度大的企业,尤其是为重资产企业,提供了轻便化、灵活化、智能化的设备管理方式和产品后服务,实现资产链的全面运维保障与高质量服务。例如,企业可以通过工业互联网构建面向边缘设备的全面互联和感知能力,优化设备维护周期,预测关键设备的故障,并进行远程在线维护,从而提高资产资源的可靠性和资产管理的经济效益。工业互联网业务视图应用层架构如图 3.7 所示。

5) 能力层

能力层描述了企业通过工业互联网实现业务发展目标所需构建的核心数字化能力。能力

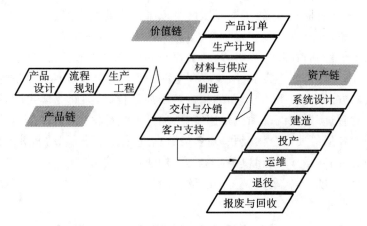

图 3.7 工业互联网业务视图应用层架构

层主要面向工程师等具体技术人员,帮助其定义企业所需的关键能力并开展实践。

按照上述工业互联网发展愿景、推进方向与业务需求,企业在数字化转型过程中需构建泛在感知、智能决策、敏捷响应、全局协同、动态优化五类工业互联网核心能力,以支撑企业在不同场景下的具体应用实践。具体来说:

一是通过广泛部署感知终端与数据采集设施,实现全要素、全产业链、全价值链状态信息的全面深度实时监测,打造企业泛在感知能力;

二是基于泛在感知形成的海量工业数据,通过工业模型与数据科学的融合开展分析优化,并作用于设备、产线、企业等各领域,形成企业智能决策能力;

三是基于信息数据的充分与高效集成,打通企业内、企业间以及企业与客户之间的关系,提升企业对市场变化和需求的响应速度和交付速度,形成企业敏捷响应的能力;

四是基于泛在感知、全面连接与深度集成,在企业内实现研发、生产、管理等不同业务的协同,探索企业运行效率最优方案,在企业外实现各类生产资源和社会资源的协同,探索产业配置效率最优方案,最终建立全局协同的能力;

五是通过对物理系统的精准描述与虚实联动,建立数字孪生,在监控物理系统的同时,能够在线实时对物理系统的运行进行分析优化,使企业始终在最优状态运行,形成动态优化的能力。

工业互联网业务视图能力层架构如图3.8所示。

图 3.8 工业互联网业务视图能力层架构

通过以上整体论述可以看出,传统的自动化和信息化是工业互联网的基础,同时工业互联网又是对传统自动化和信息化的升级拓展与变革创新。自动化和信息化本质是把生产操作和管理流程通过软硬件系统的方式予以固化,从而建立了垂直制造体系,实现业务流程抽象和基础数据积累,保证企业在结构化的框架下准确高效运行,由此也就奠定了工业互联网作用的基础环境。

同时,工业互联网从以下两个层面对传统自动化和信息化进行拓展创新:

一是工业互联网将管理知识、工艺机理等各种隐性的经验显性化,形成数据驱动的智能。无论是设备资产、生产过程、管理运营还是商业活动中,都存在大量未被挖掘利用的靠经验积累的知识、工艺、技术等,工业互联网将其转化为更精确的机理模型和数据模型,并通过平台等载体沉淀封装成可复用、可移植的微服务组件和工业 App 等,结合海量数据计算分析和决策优化,实现机理模型结合数据科学的智能化,这个过程突破了原有知识边界和封闭知识体系,带来了新的知识。

二是工业互联网推动商业模式和生产组织方式的变革甚至重构。工业互联网打通企业生产、销售、运营、供应、管理等各个业务环节和流程,通过全产业链、全价值链的资源要素连接,推动了跨领域资源灵活配置与内外部协同能力提升,并基于此形成了产融结合、平台经济、制造能力交易等商业模式的创新和生产组织方式的重构,驱动制造体系和产业生态向扁平化、开放化演进,这是传统自动化和信息化所无法达到的,也正是工业互联网发展的重要意义所在。

3.1.5 工业互联网功能原理

工业互联网的核心功能原理是基于数据驱动的物理系统与数字空间全面互联与深度协同,以及在此过程中的智能分析与决策优化。通过网络、平台、安全三大功能体系构建,工业互联网全面打通设备资产、生产系统、管理系统和供应链条,基于数据整合与分析实现 IT 与 OT 的融合和三大体系的贯通。工业互联网以数据为核心,数据功能体系主要包含感知控制、数字模型、决策优化三个基本层次,以及一个由自下而上的信息流和自上而下的决策流构成的工业数字化应用优化闭环。工业互联网功能原理如图 3.9 所示。

在工业互联网的数据功能实现中,数字孪生已经成为关键支撑,通过资产的数据采集、集成、分析和优化来满足业务需求,形成物理世界资产对象与数字空间业务应用的虚实映射,最终支撑各类业务应用的开发与实现。工业互联网的详细数据功能原理如图 3.10 所示。

在数据功能原理中,感知控制层构建工业数字化应用的底层"输入-输出"接口,包含感知、识别、控制和执行四类功能。感知功能利用各类软硬件方法采集蕴含了资产属性、状态及行为等特征的数据,例如用温度传感器采集电机运行中的温度变化数据。识别功能在数据与资产之间建立对应关系,明确数据所代表的对象,例如需要明确定义哪一个传感器所采集的数据代表了特定电机的温度信息。控制功能将预期目标转化为具体控制信号和指令,例如将工业机器人末端运动转化为各个关节处电机的转动角度指令信号。执行功能则按照控制信号和指令来改变物理世界中的资产状态,既包括工业设备机械、电气状态的改变,也包括人员、供应链等操作流程和组织形式的改变。

数字模型层强化数据、知识、资产等的虚拟映射与管理组织,提供支撑工业数字化应用的基础资源与关键工具,包含数据集成与管理、数据模型和工业模型构建、信息交互三类功能。数据集成与管理功能将原来分散、杂乱的海量多源异构数据整合成统一、有序的新数据源,为后续分析优化提供高质量数据资源,涉及数据库、数据湖、数据清洗、元数据等技术产品应用。数据模型和工业模型构建功能综合利用大数据、人工智能等数据方法和物理、化学、材料等各

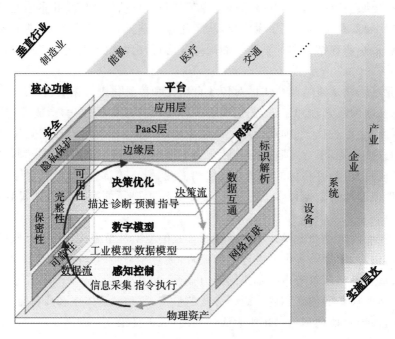

图 3.9 工业互联网功能原理

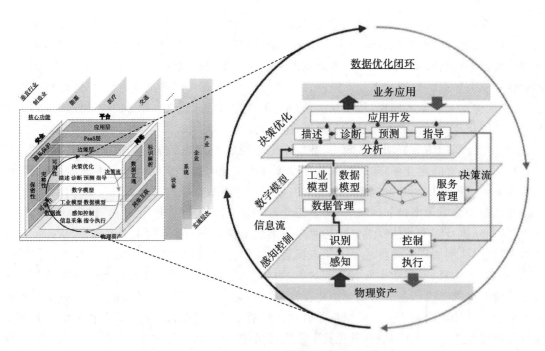

图 3.10 工业互联网的详细数据功能原理

类工业经验知识,对资产行为特征和因果关系进行抽象化描述,形成各类模型库和算法库。信息交互功能通过不同资产之间数据的互联互通和模型的交互协同,构建出覆盖范围更广、智能化程度更高的"系统之系统"。

决策优化层聚焦数据挖掘分析与价值转化,形成工业数字化应用核心功能,主要包括分析、描述、诊断、预测、指导及应用开发。分析功能借助各类模型和算法的支持将数据背后隐藏的规律显性化,为诊断、预测和指导功能的实现提供支撑,常用的数据分析方法包括统计数学、大数据、人工智能等。描述功能通过数据分析和对比形成对当前现状、存在问题等状态的基本展示,例如在数据异常的情况下向现场工作人员传递信息,帮助工作人员迅速了解问题类型和内容。诊断功能主要基于数据的分析对资产当前状态进行评估,及时发现问题并提供解决建议,例如能够在数控机床发生故障的第一时间报警,并提示运维人员维修。预测功能在数据分析的基础上预测资产未来的状态,在问题还未发生的时候就提前介入,例如预测风机核心零部件寿命,避免因为零部件老化而导致停机故障。指导功能则利用数据分析来发现并帮助改进资产运行中存在的不合理、低效率问题,例如分析高功耗设备运行数据,合理设置启停时间,降低能源消耗。同时,应用开发功能将基于数据分析的决策优化能力和企业业务需求进行结合,支撑构建工业软件、工业 App 等各类智能化应用服务。

自下而上的信息流和自上而下的决策流形成了工业数字化应用的优化闭环。其中,信息流从数据感知出发,通过数据的集成和建模分析,将物理空间中的资产信息和状态向上传递到虚拟空间,为决策优化提供依据。决策流则将虚拟空间中决策优化后所形成的指令信息向下反馈到控制与执行环节,用于改进和提升物理空间中资产的功能和性能。优化闭环就在信息流与决策流的双向作用下,连接底层资产与上层业务,以数据分析决策为核心,形成面向不同工业场景的智能化生产、网络化协同、个性化定制和服务化延伸等智能应用解决方案。

工业互联网功能体系是以 ISA-95 标准为代表的传统制造系统功能体系的升级和变革,其更加关注数据与模型在业务功能实现上的分层演进。一方面,工业互联网强调以数据为主线,简化制造层次结构,对功能层级进行了重新划分,垂直化的制造层级在数据作用下逐步走向扁平化,并以数据闭环贯穿始终;另一方面,工业互联网强调数字模型在制造体系中的作用,相比于传统制造体系,通过工业模型、数据模型与数据管理、服务管理的融合作用,对下支撑更广泛的感知控制,对上支撑更灵活深入的决策优化。

3.2 工业互联网的网络体系

工业互联网的网络体系由网络互联、数据互通和标识解析三部分组成,如图 3.11 所示。网络互联实现要素之间的数据传输,数据互通实现要素之间传输信息的相互理解,标识解析实现要素的标记、管理和定位。

3.2.1 网络互联

1)概念

网络互联,即通过有线、无线方式,将工业互联网体系相关的人、机、料、法、环,以及企业上下游、智能产品、用户等全要素连接起来,支撑业务发展的多要求数据转发,实现端到端数据传输。网络互联根据协议层次由底向上可以分为多方式接入、网络层转发和传输层传送三部分。多方式接入包括有线接入和无线接入,通过现场总线、工业以太网、工业 PON(无源光纤网络)、TSN 等有线方式,以及 5G/4G、Wi-Fi/Wi-Fi6、WIA、WirelessHART、ISA100.11a 等无线方式,将工厂内的各种要素接入工厂内网,包括人员(如生产人员、设计人员、外部人员)、机器(如装备、办公设备)、材料(如原材料、在制品、制成品)、环境(如仪表、监测设备)等;将工厂外的各要素接入工厂外网,包括用户、协作企业、智能产品、智能工厂,以及公共基础支撑的工业互联网平台、安全系统、标识系统等。网络层转发实现工业非实时数据转发、工业实时数据

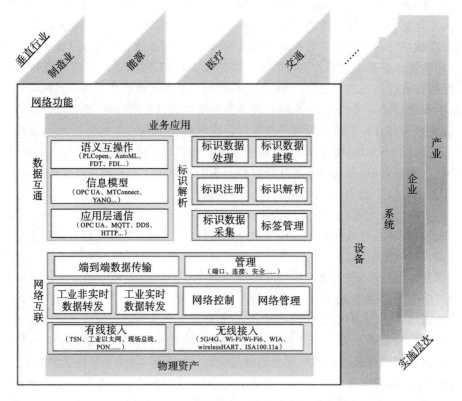

图 3.11 工业互联网的网络体系

转发、网络控制、网络管理等功能。工业非实时数据转发功能主要完成无时延同步要求的采集信息数据和管理数据的传输。工业实时数据转发功能主要传输生产控制过程中有实时性要求的控制信息和需要实时处理的采集信息。网络控制主要完成路由表/流表生成、路径选择、路由协议互通、ACL(访问控制列表)配置、QoS 配置等功能。网络管理功能包括层次化的 QoS、拓扑管理、接入管理、资源管理等功能。传输层传送实现端到端数据传输和管理功能,其中端到端数据传输功能实现基于 TCP(传输控制协议)、UDP(用户数据报协议)等实现设备到系统的数据传输,管理功能实现传输层的端口管理、端到端连接管理、安全管理等。

2) 发展现状与问题

从功能现状来看,传统工厂内网络在接入方式上主要以有线网络接入为主,只有少量的无线技术被用于仪表数据的采集;在数据转发方面,主要采用带宽较小的总线或 10/100 Mbit/s 的以太网,通过单独布线或专用信道来保障高可靠控制数据转发,大量的网络配置、管理、控制都靠人工完成,网络一旦建成,调整、重组、改造的难度和成本都较高。其中,用于连接现场传感器、执行器、控制器及监控系统的工业控制网络主要使用各种工业总线、工业以太网进行连接,涉及的技术标准众多,彼此互联性和兼容性差,限制了大规模网络互联。各办公、管理、运营和应用系统主要采用高速以太网和 TCP/IP 进行网络互联,但目前还难以满足一些应用系统对现场级数据的高实时、高可靠的直接采集要求。

工厂外网络目前仍以互联网建设为主,有着多种接入方式,但网络转发仍以"尽力而为"的方式为主,无法向大量客户提供低时延、高可靠、高灵活的转发服务。同时,由于工业不同行业和领域信息化发展水平不一,因此工业企业对工厂外网络的利用和业务开发程度也不尽相同,部分工业企业仅申请了普通的互联网接入,部分工业企业的不同区域之间仍存在"信息孤岛"的现象。

当前工业网络是围绕工业控制通信需求,随着自动化、信息化、数字化发展逐渐构成的。由于在设计建设之初并未考虑到整个体系的网络互联和数据互通,因此各层级网络的功能割裂难互通,网络能力单一难兼容,无法满足工业互联网业务发展的要求。主要体现在工业控制网络能力不强,无法支撑工业智能化发展所需的海量数据采集和生产环境无死角覆盖,大量的生产数据沉淀或消失在工业控制网络中;企业信息网络难以延伸到生产系统,限制了信息系统能力发挥;互联网未能充分发挥作用,仅用于基本商业信息交互,难以支持高质量的网络化协同和服务。

3) 发展趋势

工业互联网业务发展对网络基础设施提出了更高的要求和需求,网络呈现出融合、开放、灵活三大发展趋势。

(1) 网络架构将逐步融合。一是网络结构扁平化,工厂内网络的车间级和现场级将逐步融合(尤其在流程行业),IT 网络与 OT 网络逐步融合。二是高实时控制信息与非实时过程数据共网传输,新业务对数据的需求促使控制信息和过程数据的传输并重。三是有线与无线的协同,以 5G 为代表的无线网络将更为广泛地应用于工厂内,实现生产全流程、无死角的网络覆盖。

(2) 网络更加开放。一是技术开放,以时间敏感网络为代表的新型网络技术将打破传统工业网络众多制式间的技术壁垒,实现网络各层协议间的解耦合,推动工业互联网网络技术的开放。二是数据开放,工业互联网业务对数据的强烈需求,促使传统工业控制闭环中沉没或消失的数据开放出来,而生产全流程的数据将由更标准化的语法和数据模型开放给上层应用使用。

(3) 网络控制和网络管理将更为灵活友好。一是网络形态的灵活。未来工厂内网将能够根据智能化生产、个性化定制等业务灵活调整形态,快速构建出生产环境,工厂外网将能够为不同行业、企业提供定制化的网络切片,实现行业、企业的自治管理控制。二是网络管理的友好。随着网络在产研供销中发挥日益重要的作用,网络管理将变得复杂,软件定义技术应用将提供网络系统的可呈现度,网络管理界面将更为友好。三是网络的服务将更为精细。工厂内网将针对控制、监测等不同性能需求,提供不同的网络通道;工厂外网将针对海量设备广覆盖、企业上网、业务系统上云、公有云与私有云互通等不同场景,提供细分服务。

3.2.2 数据互通

1) 概念

数据互通,即实现数据和信息在各要素间、各系统间的无缝传递,使得异构系统在数据层面能相互"理解",从而实现数据互操作与信息集成。数据互通使得异构系统在数据层面能相互"理解",从而实现数据互操作与信息集成。数据互通包括应用层通信、信息模型和语义互操作等功能。应用层通信通过 OPC UA(开放通信平台-统一架构)、MQTT(消息队列遥测传输)、HTTP(超文本传输协议)等协议,实现数据信息传输安全通道的建立、维持、关闭,以及对支持工业数据资源模型的装备、传感器、远程终端单元、服务器等设备节点进行管理。信息模型通过 OPC UA、MTConnect、YANG 等协议,提供完备、统一的数据对象表达、描述和操作模型。语义互操作通过 OPC UA、PLCopen、AutoML 等协议,实现工业数据信息的发现、采集、查询、存储、交互等功能,以及对工业数据信息的请求、响应、发布、订阅等功能。

2) 发展现状与问题

据不完全统计,目前国际上现存的现场总线通信协议数量高达 40 余种,还存在一些自动化控制企业,直接采用私有协议实现全系列工业设备的信息交互。在这样的产业生态下,不同厂商、不同系统、不同设备的数据接口和互操作规程等各不相同,形成了一个个烟囱型的数据体系。这些自成体系、互不兼容的数据体系各有独立的一套应用层通信协议、数据模型和语义互操作规范,导致 MES、ERP、SCADA 等应用系统需要投入非常大的人力、物力来实现生产数据的采集;从不同设备、系统采集的异构数据无法兼容,难以实现数据的统一处理分析;跨厂商、跨系统的互操作仅能实现简单功能,无法实现高效、实时、全面的数据互通和互操作。

3) 发展趋势

人工智能、大数据的快速应用,使得工业企业对数据互通的需求越来越强烈,标准化、"上通下达"成为数据互通技术发展的趋势。一是实现信息标准化。与传统工业控制系统数据信息只会在固定的设备间流动不同,工业互联网对数据处理的主体更广泛,需要跨系统地对数据进行理解和集成,因此要求数据模型及数据的存储传输更加通用化与标准化。二是加强与云的连接。借助云平台和大数据,实现数据价值的深度挖掘和更大范围的数据互通。三是强调与现场级设备的互通。打通现场设备层,通过现场数据的实时采集,实现企业内资源的垂直整合。

3.2.3 标识解析

1) 概念

标识解析提供标识数据采集、标签管理、标识注册、标识解析、标识数据处理和标识数据建模功能。标识数据采集,主要定义了标识数据的采集和处理手段,包含标识读写和数据传输两个功能,负责标识的识读和数据预处理。标签管理主要定义了标识的载体形式和标识编码的存储形式,负责完成载体数据信息的存储、管理和控制,针对不同行业、企业需要,提供符合要求的标识编码形式。标识注册在信息系统中创建对象的标识注册数据,包括标识责任主体信息、解析服务寻址信息、对象应用数据信息等,并存储、管理、维护该注册数据。标识解析能够根据标识编码查询目标对象网络位置或者相关信息的系统装置,对机器和物品进行唯一性的定位和信息查询,是实现全球供应链系统和企业生产系统的精准对接、产品全生命周期管理和智能化服务的前提和基础。标识数据处理定义了对采集后的数据进行清洗、存储、检索、加工、变换和传输的过程,根据不同业务场景,依托数据模型来实现不同的数据处理过程。标识数据建模构建特定领域应用的标识数据服务模型,建立标识应用数据字典、知识图谱等,基于统一标识建立对象在不同信息系统之间的关联关系,提供对象信息服务。

2) 发展现状与问题

当前,制造业企业多采用企业自定义的私有标识体系,标识编码规则和标识数据模型均不统一,"信息孤岛"问题严重。当标识信息跨系统、跨企业、跨业务流动时,标识体系冲突将导致企业间无法进行有效的信息共享和数据交互,产业链上下游无法实现资源的高效协同。针对上述问题,工业互联网标识解析系统应运而生,依托建设各级标识解析节点,形成了稳定高效的工业互联网标识解析服务,国家顶级节点与 Handle、OID、GS1 等不同标识解析体系根节点实现对接,在全球范围内实现了标识解析服务的互联互通。但是在推动工业互联网标识解析的发展过程中,还存在着很多制约因素和挑战。

一是标识应用链条较为单一。标识解析技术在工业中应用广泛,但目前仍然停留在资产管理、物流管理、产品追溯等信息获取的浅层次应用上,并未渗透工业生产制造环节,深层次的创新应用还有待发展。由于工业软件复杂度高,且产业链条相对成熟,因此工业互联网标识解析与工业资源深度集成难度大。二是解析性能和安全保障能力不足。传统互联网中的域名标识编码主要是以"面向人为主",方便人来识读主机、电脑、网站等。而工业互联网标识编码,则扩展到"面向人、机、物"的三元世界,标识对象数据种类、数量大大丰富,且工业互联网接入数据敏感,应用场景复杂,对网络服务性能要求较高。目前的标识解析系统急需升级,在性能、功能、安全、管理等方面全面适配工业互联网的新需求,针对不同工业企业的不同需求提供与之匹配的服务。

3) 发展趋势

随着工业互联网创新发展战略的深入贯彻实施及工业互联网标识解析应用探索的不断深入,工业互联网标识解析体系将呈现如下发展趋势:一是基于标识解析的数据服务成为工业互联网应用的核心,闭环的私有标识及解析系统逐步向开环的公共标识及解析系统演进。产品全生命周期管理、跨企业产品信息交互等需求的增加,将推动企业私有标识解析系统与公共标识解析系统的对接,通过分层、分级模式,为柔性制造、供应链协同等具体行业应用提供规范的公共标识解析服务,并通过语义与标识解析的融合技术解决跨系统、跨企业多源异构数据互联互通的问题,提高工业互联网资源、信息模型、供应链参与方之间的协同能力,有利于数据的获取、集成和资源的发现。二是工业互联网标识解析安全机制成为工业互联网应用的基础,发展安全高效的标识解析服务成为共识。针对工业互联网标识解析网络架构和行业应用的安全,建立一套高效的公共服务基础设施和信息共享机制,通过建设各级节点来分散标识解析压力,降低查询延迟和网络负载,提高解析性能,实现本地解析时延达到毫秒级。同时,逐步建立综合性安全保障体系,支持对标识体系运行过程中产生的数字证书和加密管道进行创建、维护和管理及加密,支持对标识体系的数据备份、故障恢复以及应急响应的信息灾备,对业务处理实施身份认证和权限管理的访问控制,逐步形成安全高效标识解析服务能力。

3.3 工业互联网数据体系

从数据的来源看,工业大数据主要包括以下三类。

第一类是企业运营管理相关的业务数据。此类数据来自企业信息化范畴,包括企业资源计划(ERP)、产品生命周期管理(PLM)、供应链管理(SCM)、客户关系管理(CRM)和能耗管理系统(EMS)等。此类数据是工业企业传统意义上的数据资产。

第二类是制造过程数据。此类数据主要是指工业生产过程中,装备、物料及产品加工过程的工况状态参数、环境参数等生产情况数据,通过 MES 实时传递。目前,在智能装备大量应用的情况下,此类数据量增长最快。

第三类是企业外部数据。此类数据包括工业企业产品售出之后的使用、运营情况的数据,同时还包括大量客户名单、供应商名单、外部的互联网等数据。

3.4 工业互联网安全体系

3.4.1 工业互联网安全体系框架

工业互联网的安全需求可从工业和互联网两个视角分析。从工业视角看,安全的重点是保障智能化生产的连续性、可靠性,关注智能装备、工业控制设备及系统的安全;从互联网视角看,安全主要保障个性化定制、网络化协同以及服务化延伸等工业互联网应用的安全运行,以提供持续的服务能力,防止重要数据的泄露,重点关注工业应用安全、网络安全、工业数据安全以及智能产品的服务安全。因此,从构建工业互联网安全保障体系考虑,工业互联网安全体系框架主要包括五大重点,即设备安全、控制安全、网络安全、应用安全和数据安全,如图 3.12 所示。

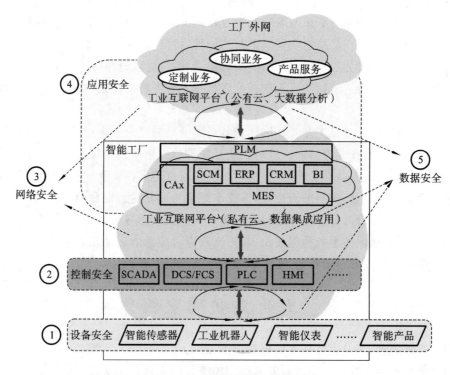

图 3.12 工业互联网安全体系框架

其中:设备安全是指工业智能装备和智能产品的安全,包括芯片安全、嵌入式操作系统安全、相关应用软件安全以及功能安全等;控制安全是指生产控制安全,包括控制协议安全、控制平台安全、控制软件安全等;网络安全是指工厂内有线网络、无线网络的安全,以及工厂外与用户、协作企业等实现互联的公共网络安全;应用安全是指支撑工业互联网业务运行的应用软件及平台的安全;数据安全是指工厂内部重要的生产管理数据、生产操作数据以及工厂外部数据(如用户数据)等各类数据的安全。

3.4.2 工业互联网安全现状

随着互联网与工业融合创新的不断推动,电力、交通、市政等大量关系国计民生的关键信息基础设施日益依赖于网络,并逐步与公共互联网连接,一旦其受到网络攻击,不仅会造成巨大的经济损失,而且可能导致环境灾难和人员伤亡,危及公众生活和国家安全,因此安全保障能力已成为影响工业互联网创新发展的关键因素。总的来看,由于信息化和自动化程度不同,因此工业细分行业的安全保障体系建设情况也各不相同,信息化、自动化程度越高的行业,开放程度也相对较高,面临的安全风险随之增大,对安全也更加重视,安全保障体系建设相对更完善。

目前,工业领域安全防护采用分层分域的隔离和边界防护思路。工厂内网与工厂外网之间通常部署隔离和边界防护措施,采用防火墙、VPN(虚拟专用网)、访问控制等边界防护措施保障工厂内网安全。工厂内网可进一步分为企业管理层和生产控制层。企业管理层主要包括企业管理相关的 ERP、CRM 等系统,与传统 IT 系统类似,主要关注信息安全的内容,采用权限管理、访问控制等传统信息系统安全防护措施,与生产控制层之间较多采用工业防火墙、网闸等隔离设备,一般通过白名单方式对工业协议如 OPC 等进行过滤,防止来自互联网的威胁渗透生产过程。生产控制层包括工程师站、操作员站等工作站,以及 PLC、DCS 等控制设备,与生产过程密切相关,对可靠性和实时性要求高,主要关注功能安全的问题。因此,尽管工程师站、操作员站等目前仍多采用 Windows2000/XP 等操作系统,但考虑到系统稳定性以及对功能安全的影响,也极少升级补丁,一般也不安装病毒防护软件等。同时,传统生产控制层以物理隔离为主,信息安全隐患低,工业私有协议应用较多,工业防火墙等隔离设备需针对专门协议设计,企业更关注生产过程的正常进行,一般较少在工作站和控制设备之间部署隔离设备以避免带来功能安全问题。此外,控制协议、控制软件在设计之初也缺少诸如认证、授权、加密等安全功能,生产控制层安全保障措施的缺失成为工业互联网演进过程中的重要安全问题。

总体来看,业界在积极推动工业防火墙、工业安全监测审计、安全管理等安全产品的应用,但整体对工业互联网安全的研究及产业支持还处于起步阶段,现有措施难以有效应对工业互联网发展过程中日益复杂的安全问题。从工业互联网未来演进看,工业网络基础设施、控制体系、工业数据和个人隐私、智能设备以及工业应用的安全保障是未来发展的重点。

3.4.3 工业互联网安全挑战与趋势

随着工业融合创新以及工业互联网的不断演进,工厂环境更加开放,未来工业互联网安全主要面临以下几方面的挑战。

一是设备安全挑战。传统生产设备以机械装备为主,重点关注物理和功能安全,未来生产装备和产品将越来越多地集成通用嵌入式操作系统及应用软件,海量设备将直接暴露在网络攻击之下,木马病毒在设备之间的传播扩散速度将呈指数级增长。

二是控制安全挑战。当前工厂控制安全主要关注控制过程的功能安全,信息安全防护能力不足。现有控制协议、控制软件等在设计之初主要基于 IT 和 OT 相对隔离以及 OT 环境相对可信这两个前提,同时由于工厂控制的实时性和可靠性要求高,诸如认证、授权和加密等需要附加开销的信息安全功能被舍弃。IT 和 OT 的融合打破了传统安全可信的控制环境,网络攻击从 IT 层渗透到 OT 层,从工厂外渗透到工厂内,但目前有效的 APT(高级持续性威胁)攻击检测和防护手段缺乏。

三是网络安全挑战。工厂网络向"三化(IP 化、扁平化、无线化)+灵活组网"方向发展,面临更多安全挑战。现有针对 TCP/IP 协议的攻击方法和手段成熟,可被直接利用以攻击工厂网络。灵活组网需求使网络拓扑的变化更加复杂,传统静态防护策略和安全域划分方法面临动态化、灵活化挑战。无线技术的应用需要满足工厂实时性、可靠性要求，难以实现复杂的安全机制，极易受到非法入侵、信息泄露、拒绝服务等攻击。

四是应用安全挑战。网络化协同、服务化延伸、个性化定制等新模式新业态的出现对传统公共互联网的安全能力提出了更高要求。工业应用复杂，安全需求多样，因此对网络安全隔离能力、网络安全保障能力的要求都将提高。

五是数据安全挑战。工业数据特点正在由少量、单一、单向向大量、多维、双向转变，具体表现为工业互联网数据体量大、种类多、结构复杂，并在IT层和OT层、工厂内外双向流动共享。工业领域业务应用复杂，数据种类和保护需求多样，数据流动方向和路径复杂，重要工业数据以及用户数据保护难度增大。

随着工业互联网的发展演进，以下将成为业界主要关注和推进的重点内容。

一是设备内嵌安全机制。生产装备由机械化向高度智能化转变，内嵌安全机制将成为未来设备安全保障的突破点，通过安全芯片、安全固件、可信计算等技术，提供内嵌的安全能力，防止设备被非授权控制或功能安全失效。

二是动态网络安全防御机制。针对工厂内灵活组网的安全防护需求，实现安全策略和安全域的动态调整，同时通过增加轻量级的认证、加密等安全机制保障无线网络的传输安全。

三是信息安全和功能安全融合机制。工厂控制环境由封闭到开放，信息安全威胁可能直接导致功能安全失效，功能安全和信息安全关联交织，未来工厂控制安全需综合考虑功能安全和信息安全的需求，形成综合安全保障能力。

四是面向工业应用的灵活安全保障能力。业务应用呈现多样化，未来需要针对不同业务的安全需求提供灵活的安全服务能力，提供统一灵活的认证、授权、审计等安全服务能力，同时支持百万级VPN隔离及用户量增长。建立工业数据以及用户数据分类分级保护机制，即对重要工业数据以及用户数据进行分类分级，并采用不同的技术进行分级保护，通过数据标签、签名等技术实现对数据流动过程的监控审计，实现工数据全生命周期的保护。

本 章 小 结

本章首先介绍的是工业互联网体系架构，从工业和互联网两个视角分析工业互联网的业务需求，从而引出工业互联网体系架构1.0。体系架构1.0发布后，工业互联网的概念与实质已获得各界广泛认同，其发展也正由理念与技术验证走向规模化应用推广，故有必要对体系1.0进行升级，从而得到工业互联网体系架构2.0。本章详细介绍了工业互联网体系架构从1.0到2.0的演进、体系架构设计方法论以及工业互联网体系架构2.0的具体内容，此外介绍了具有产业层、商业层、应用层、能力层的业务视图和基于数据驱动的物理系统与数字空间全面互联与深度协同，以及在此过程中的智能分析与决策优化的工业互联网的核心功能原理。其次，本章分别从网络互联、数据互通和标识解析的概念、发展现状与问题以及发展趋势来介绍工业互联网的网络体系。接着阐述工业互联网数据体系，从数据的来源看，工业大数据主要包括企业运营管理相关的业务数据、制造过程数据以及企业外部数据。最后介绍了工业互联网安全体系，阐述了工业互联网安全的体系框架和发展现状，论述了未来工业互联网安全主要面临的设备安全、控制安全、网络安全、应用安全、数据安全等问题，分析了工业互联网安全体系的发展趋势，设备内嵌安全机制、动态网络安全防御机制、信息安全和功能安全融合机制、面向工业应用的灵活安全保障能力等将成为业界主要关注和推进的重点内容。

本 章 习 题

1. 工业互联网的业务需求是什么？工业互联网的核心是什么？
2. 请阐述工业互联网的体系架构，并画出架构图。
3. 工业互联网体系架构 2.0 包括哪三大板块？这三大板块分别明确了什么内容？
4. 业务视图包括哪四个层次？这四个层次分别明确了什么内容？
5. 请阐述工业互联网业务视图产业层架构，并画出架构图。
6. 工业企业最为关注的三个核心业务链条是什么？工业互联网赋能于三大链条的创新优化变革是如何推动企业业务层面数字化发展的？
7. 为了支撑企业在不同场景下的具体应用实践，工业互联网具有的核心能力是什么？
8. 工业互联网如何对传统自动化和信息化进行拓展创新？
9. 网络体系由哪三部分组成？这三个组成部分有什么作用？
10. 工业互联网业务发展对网络基础设施提出了更高的要求和需求，网络呈现什么样的发展趋势？
11. 什么是数据互通？数据互通包括哪些功能？
12. 什么是标识解析？标识解析提供了哪些功能？
13. 在推动工业互联网标识解析的发展过程中，还存在着哪些制约因素和挑战？
14. 从数据的来源看，工业大数据主要包括哪三类？
15. 企业运营管理相关的业务数据是什么数据？
16. 制造过程数据包含什么样的数据？
17. 请简要介绍工业互联网安全体系框架主要包括哪几大重点。
18. 工业领域安全防护采用哪种思路？是如何进行防护的？
19. 未来工业互联网安全主要面临哪几方面的问题？
20. 工业互联网安全呈现什么样的发展趋势？

第4章 工业互联网的网络连接技术

在工业互联网体系架构中,网络是基础,为人、机、物全面互联提供基础设施,促进各种工业数据的充分流动和无缝集成。

工业互联网网络连接涉及工厂内外的多要素、多主体间的不同技术领域,影响范围大,可选技术多。工业领域内已广泛存在各种网络连接技术,这些技术是分别针对工业领域的特定场景设计的,并在特定场景下发挥巨大作用和性能优势,但在数据的互操作和无缝集成方面,往往不能满足工业互联网日益发展的需求。工业互联网网络连接的总体目标,是促进系统间的互联互通,从孤立的系统/网络中解锁数据,使得数据为行业内及跨行业的应用发挥更大价值。

4.1 工厂内外网络

4.1.1 工厂内网络

4.1.1.1 工厂内网络基本内涵

工业互联网网络连接框架(见图4.1)包括网络互联和数据互通两个层次。而网络互联又包括工厂内网络和工厂外网络。

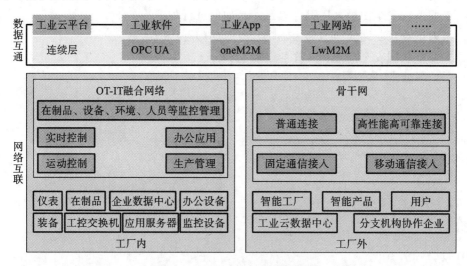

图4.1 工业互联网网络连接框架

工厂内网络用于连接工厂内的各种要素,包括人员(如生产人员、设计人员、外部人员)、机器(如装备、办公设备)、材料(如原材料、在制品、制成品)、环境(如仪表、监测设备)等。通过工厂内网络,工厂内各种要素与企业数据中心及应用服务器互联,支撑工厂内的业务应用。

传统的工厂内网络主要用于连接生产设备和办公设备,因此呈现为两层三级的结构,即

OT网络(又分为现场级和车间级)和IT网络,二者通过网关实现互联和安全隔离。

具体而言,工厂内网络需要解决的是怎么建、怎么管的问题。建立工厂内OT-IT融合网络,搭建网络互联架构,使得各业务网络与数据中心,及各业务网络间实现互联互通。

4.1.1.2 工厂内网络相关技术

在工厂内有IT网络和OT网络,IT网络为工厂级,OT网络有现场级和车间级,呈现为两层三级的结构(见图4.2)。要实现广泛互联,在工厂内希望有一个IT和OT完全融合的网络,所有的设备都能平等地连到这个网络上,所有的设备之间都能实现直接的互通互联,这个网络不光具备有线网络,还要有各种无线技术的接入。工厂内网络将向着IP化、无线化、扁平化、灵活化方向发展。

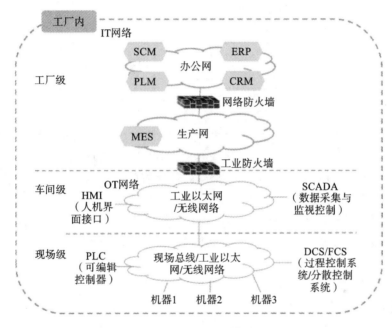

图4.2 典型工厂内网络示意图

1. 有线网络技术

有线网络是在工厂内应用最广泛的网络类型。近些年,随着工业互联网的需求日益剧增,在不同的协议层,各种针对有线网络的创新技术迅速发展。

按照协议层次划分:在物理层,主要有单对双绞线以太网和工业PON;在链路层,主要有时间敏感网络;在网络层,主要有确定性网络DetNet。这些工作在不同协议层的技术,可以单独或者联合使用,满足不同场景下的特定需求。

1) 单对双绞线以太网

技术介绍:一直以来,以太网技术朝着提供更高传输速度的方向演进,主要采用双绞线网线(内含四对双绞线)、光纤作为传输介质。随着物联网的广泛应用,采用单对双绞线作为传输介质,为低速应用提供传输功能更具成本效益,成为业界以太网技术发展方向之一。

当前,业界单对双绞线以太网技术有三个方向,具备不同技术特性,分别支持十兆、百兆和千兆速率。其中,10BASE-T1技术由ABB、Emerson、Endress+Hauser、Hirschmann、Pepperl+Fuchs、Rockwell、Schneider、Siemens等诸多工业自动化厂商联合推动和制定。10BASE-

T1技术面向工业制造场景,使用无屏蔽单对双绞线,同时实现 10 Mbit/s 传输速率以及供电,可支持最长 1000 m 传输及本质安全。1000 m 传输距离,可以满足工业现场当前绝大部分总线使用场景的需求。相比总线技术,10BASE-T1 技术还具备高速率、高可靠性的优势,且不会受到传输距离增加的影响。

此外,为满足单对双绞线提供更高速率的需求(典型的如车内通信),IEEE 的 100BASE-T1 技术和 1000BASE-T1 技术,采用无屏蔽单对双绞线,分别提供 100 Mbit/s 和 1 Gbit/s 传输速率。进一步地,这两项技术还可以与 IEEE 的 PoDL(数据线供电)技术联合使用,支持无屏蔽单对双绞线,在数据传输线上供电。

2) 工业 PON

技术介绍:目前主流的工业 PON 技术有 EPON 技术和 GPON 技术,分别由 IEEE 和 ITU 制定技术标准。EPON 和 GPON 的主要对比可参见表 4.1。

表 4.1 EPON 和 GPON 对比

技术名称	EPON	10G-EPON	GPON	XG-PON
国际标准	IEEE 802.3ah	IEEE 802.3av	ITU-TG.984	ITU-TG.987
单 PON 口上行速率	1 Gbit/s	1(Gbit/s)/10(Gbit/s)	1.25 Gbit/s	2.5(Gbit/s)/10(Gbit/s)
单 PON 口下行速率	1 Gbit/s	10 Gbit/s	2.5 Gbit/s	10 Gbit/s

EPON 和 GPON 的网络架构均为物理点对多点,均采用 TDM(时分复用)方式实现逻辑上的点对点连接。工业 PON 网络具有可靠性高、部署简单灵活、安全性高等优点。

3) 时间敏感网络

技术介绍:时间敏感网络(time-sensitive network,TSN)是面向工业智能化生产的新型网络技术,为工业生产环境提供了一种既支持高速率、大带宽的数据采集,又兼顾高实时控制信息传输的网络。

在传统工业生产环境中,大量工业应用(例如机器控制、流程控制、机器人控制等)对实时通信有着迫切需求,以保证高效和安全的生产流程。当前满足该要求的通常做法是,修改工厂内网络的以太网协议或者在关键生产流程部署独立的专用以太网。然而,这类方式的互通性、扩展性和兼容性不够的问题,在从传统工厂控制网络升级到工业互联网的过程中日益凸显。时间敏感网络为解决这个难题提供了一个有效的方案。

TSN 是一种具有有界传输时延、低传输抖动和极低数据丢失率特点的高质量实时传输网络。它基于标准以太网,凭借时间同步、数据调度、负载整形等多种优化机制,来保证对时间敏感数据的实时、高效、稳定、安全传输。简要地说,TSN 通过一个全局时钟和一个连接各网络组件的传输调度器,实现网络内的确定性实时通信。调度器依据相应调度策略,控制时间敏感数据流的实际传输时间和传输路径,以避免链路争抢所导致的传输性能下降和不可预测性,从而保证时间敏感应用的点对点实时通信。

当前,IEEE 802.1 正在推进 TSN 系列标准的制定,核心内容涵盖时间同步、数据帧控制、数据流调度、传输可靠性保障等多个协议。我国也在同步推进工业互联网 TSN 系列标准的研制。

4) 确定性网络 DetNet

技术介绍:确定性网络(deterministic networking,DetNet)是 IETF 正在制定的网络层标准,其通过提供有确定范围的时延、丢包和时延抖动参数的数据路径,为应用提供一个可靠的网络环境。

DetNet 主要采用资源预留、确定路径、无缝冗余三大技术，实现向用户提供拥塞控制、确定路径、确定性的延迟和抖动、多路径传输、分组编码保护等主要服务。DetNet 为 DetNet 流在路由路径的每个节点上预留足够的缓存和带宽资源，保证 DetNet 流不会因为缓存不够而出现丢包。DetNet 对 DetNet 流的传输路径计算采用相对固定的路由路径技术，一方面它为资源预留技术提供了基础的保障，另一方面路径的固定也为延迟的精确计算提供了可能，是保证确定性延迟和抖动的基础。同时，DetNet 通过无缝冗余技术，即多路径传输的方式，保证在工作路径发生故障时，依然有备份的数据流通过其他路径正确、实时地传输到目标节点。此外，DetNet 系列技术还包括排队整形技术和流标识技术。排队整形技术用于解决排队带来的时延问题，通过排队和传输选择算法，由中央控制器计算每个节点的时延，并计算它们对每个新增 DetNet 流提供的缓存容量，从而更好地调度和控制节点及终端系统。流标识技术用来区分网络中的确定性流和非确定性流，以及带有不同 QoS 标准的确定性流。

随着智能工厂的发展，远程控制的需求将逐渐显现，而目前的工作控制网络主要局限在局域网的范围，不能满足跨局域网的确定性业务传输需求，而 DetNet 则可以很好地解决跨域的问题。

2. 无线网络技术

在工厂内，采用无线网络，可以消除线缆对车间内人员的羁绊、缠绕等危险，使工厂内环境更安全、整洁，且具有低成本、易部署、易使用、灵活调整等优点。

目前，工业无线网络主要用于工厂内部信息化、设备信息采集以及部分非实时控制等，采用 Wi-Fi、ZigBee、WirelessHART、WIA-PA 等技术。这些技术主要基于短距（如 IEEE 802.11）或者近距（如 IEEE 802.15）标准，由于种种原因，尤其是在可靠性、数据传输速率、覆盖距离、移动性等方面的不足，而未能在工业领域广泛应用。未来工业互联网为满足工厂要素全面互联、生产灵活调配的需求，以及一些新的无人操作的诉求（如远程巡检等），对无线网络有更迫切的需求。工厂内无线网络将更多采用创新技术，在工业领域逐步渗透，呈现从信息采集到生产控制，从少量部署到广泛应用的发展趋势。

1) 用于免授权频段的蜂窝无线技术 MulteFire

技术介绍：2015 年 12 月，高通、诺基亚、爱立信、英特尔等公司，联合发起了 MulteFire 联盟，旨在发展和推广 4G LTE 技术在免授权频段独立应用。2017 年年底发布的 MulteFire 技术 Release1.1 版本，增加了覆盖增强特性和窄带物联特性，重点面向在行业领域的专网应用。

MulteFire 技术运行在免授权频谱（如全球 5GHz、2.4G、Sub-1G），实现将 LTE 的性能优势与 Wi-Fi 类似的简单性相结合，提供比 Wi-Fi 更好的网络覆盖（减少网络盲区）、更安全的认证机制以及更优异的网络性能，从而获得更好的用户体验，匹配各类工业无线互联业务的核心诉求。MulteFire 网络由终端 UE、基站 eNB 以及可选的核心网 EPC 组成，承载业务应用系统，如图 4.3 所示。

工厂内各种设备，通过集成 MulteFire 的模块，或通过以太网网线连接到支持 MulteFire 的 DAU 终端后，接入 MulteFire 网络。数据通过无线接口传递给基站，进而通过有线 IP 网络汇聚到核心网，最后转发到应用服务器，实现采集信息、监测数据的上报。业务应用系统生成的分析结果、控制命令等，通过反向数据流，传递到终端设备。

2) 5G 低时延高可靠技术 URLLC

技术介绍：5G URLLC 是 5G 技术方向之一，满足高可靠低时延需求。

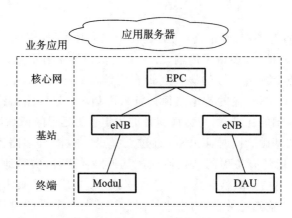

图 4.3 MulteFire 网络连接示意

5G URLLC 的特点是高可靠、低时延，具有极高的可用性，面向工业控制、工厂自动化、智能电网、设备、车联网通信、远程手术等场景。

5G URLLC 技术可实现基站与终端间上下行均为 0.5 ms 的用户面时延。该时延指成功传送应用层 IP 数据包/消息所花费的时间，具体是从发送方无线协议层入口点，经由无线传输，到接收方无线协议层出口点的时间。时延包含上行链路和下行链路两个方向，5G URLLC 实现低时延的主要技术包括：引入更小的时间资源单位，如 mini-slot；上行接入采用免调度许可的机制，终端可直接接入信道；支持异步过程，以节省上行时间同步开销；采用快速 HARQ（混合自动重传请求）和快速动态调度等。

3. 敏捷网络/工业 SDN

目前工厂内的信息网络（IT 网络）和控制网络（OT 网络）相互独立运行，网络拓扑刚性，跨网络的信息交互和管理十分困难。工业 SDN（software defined networking）就是借鉴了软件定义网络的思想，为实现 IT 网络与 OT 网络的深度融合，构建柔性、灵活和敏捷的工业网络而提出来的。

工业 SDN 由多种协议的终端设备、可编程的工业 SDN 交换机和集中式的工业 SDN 控制器构成。终端设备通过北向接口向工业 SDN 控制器提交数据的流量特征和传输需求，集中式的工业 SDN 控制器根据流量特征和传输需求，生成工业 SDN 的转发规则，通过标准化的南向接口下达至可编程的工业 SDN 交换机中并执行，如图 4.4 所示。

工业 SDN 的核心是通过软件定义的方式，对交换机等网络设备进行管理和配置，同样也可以支持面向未来的 TSN 网络设备。工业 SDN 能够支持 IT 设备和 OT 设备的统一接入和灵活组网，为 IT 业务提供高带宽的传输保障，并为 OT 业务提供端到端实时性保障。通过工业 SDN，可以对 IT 和 OT 设备及流量进行统一的监控与管理。

4.1.1.3 工厂内网络现状

当前，工厂内网络呈现两层三级的结构。两层是指存在工厂 IT 网络和工厂 OT 网络两层技术异构的网络；三级是指根据目前工厂管理层级的划分，网络也被分为现场级、车间级、工厂级/企业级三个层次，每层之间的网络配置和管理策略相互独立。

在现场级，工业现场总线被大量用于连接现场检测传感器、执行器与工业控制器，通信速率在数千比特每秒到数十千比特每秒。近年来，虽然已有部分支持工业以太网通信接口的现场设备，但仍有大量的现场设备依旧采用电气硬接线直连控制器的方式连接。在现场级，无线

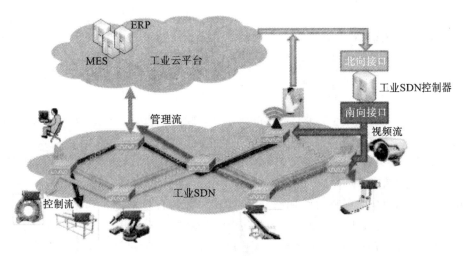

图 4.4 工厂内的软件定义网络

通信只在部分特殊场合应用,存量很低。这种现状造成工业系统在设计、集成和运维的各个阶段的效率都受到极大制约,进而阻碍着精细化控制和高等级工艺流程管理的实现。

车间级网络主要是完成控制器之间、控制器与本地或远程监控系统之间,以及控制器与运营级之间的通信连接。这部分主流是采用工业以太网通信方式,也有部分厂家采用自有通信协议进行本厂控制器和系统间的通信。当前已有的工业以太网,往往是在通用的 802.3 百兆以太网的基础上进行修改和扩展而来的,不同工业以太网协议间的互联性和兼容性限制了大规模网络互联。

工厂级/企业级 IT 网络通常采用高速以太网以及 TCP/IP 进行网络互联。工业互联网的智能工厂中,企业级 IT 管理运营系统对现场实时工艺过程数据和设备状态数据有着强烈需求。如何高效便捷部署现场设备的通信互联,以及如何利用先进的网络技术实现现场与管理级系统间高实时性、高可靠性数据通信,是目前工业网络系统技术领域普遍面临的焦点问题。

目前工业控制领域常用的通信协议分为三类:现场总线协议、工业以太网协议和工业无线网络协议。

现场总线协议主要提供现场传感器件到控制器、控制器到执行器或控制器与各输入输出控制分站间的数据通信支持。

目前市场上常见的现场总线技术有几十种之多,主要包括 PROFIBUS、Modbus、HART、CANopen、LonWorks、DeviceNet 等。工业以太网技术是随着以太网技术的不断成熟,将其优化后引入工业控制领域而产生的通信技术。目前众多工业以太网协议已经逐步进入各类工业控制系统中的控制通信应用,其低成本、高效通信能力以及良好的网络拓扑灵活扩展能力,为工业现场控制水平提升奠定了基础。当前主流的工业以太网技术包括 EtherNet/IP、PROFINET、Modbus TCP、Powerlink、EtherCAT 等。各种工业以太网技术的开放性和协议间的兼容性相较于现场总线有所提高,但由于其在链路层和应用层所采用的技术不同,因此互联互通性仍不尽如人意,这在一定程度上也影响了工业以太网协议应用向更广泛的领域拓展。工业无线技术在工厂内连接移动的设备,以及在线缆连接实现困难或无法实现的场合,具备很大的必要性。目前用于工业场景的主要的工业无线技术有 WLAN、Bluetooth、WirelessHART、WIA-PA、WIA-FA 等。在工厂应用中,信号传输的可靠性可能受到实际环境因素的影响,这对无线通信的应用产生了较大的阻力。工业无线技术主要的应用领域还是在非关键工业应用中,例如物料搬运、库存管理、巡检维护等。同时,由于不同国家和地区对无线通信频段的管制政策不同,这客观上也限制了工业无线技术的应用规模,因此目前工业无线技术的成熟度和发展速度都远不如有线通信技术。

4.1.1.4　工厂内网络应用案例

汽车零部件行业应用实例:基于用友精智工业互联网平台,为汽车零部件制造企业提供多系统集成互联的一体化服务,对外连接主机厂、供应商、物流商,对内实现多地点、多工厂互联互通,实现人、物料、设备、信息系统互联和协同,为企业数字化、网络化、智能化转型提供支持。

1. 工厂内网功能实现

通过对工厂内设备进行网络重构与升级,实时采集每台设备的工作信息,并与订单、工艺相关联,做工业大数据分析与挖掘,实现现场产线实时监控、实时报警;对于智能工厂的内网建设,我们需要通过网络拓扑结构设计来执行建设内容,一般智能工厂在建设网络过程中更注重的是结构建设,将工厂内部网络依据结构划分为控制中心核心层、生产线汇聚层、生产线接入层、生产管理区接入层和无线覆盖层。根据工厂需求制定严格网络设计,网络结构是星型环状拓扑结构,汇聚层网络采用千兆光纤冗余环网,实现了链路冗余,在接入网络时,需要采用星型拓扑结构。网络的拓扑结构是指用传输媒体互连各种设备的物理布局,简单地说是通过某种特殊的方法将各种设备与网络计算机连接在一起,这种常见的结构一般是星型结构、环状结构、总线结构等。对于汽车智能工厂来说,星型环拓扑结构是目前内网建设主流形式,在汇聚层形成一个环网,接入层以星型拓扑结构接入环中。这种新型结构不仅可提高网络安全性,还可以保证工厂内网响应的速度较快。

2. 技术创新

本解决方案采用视觉识别技术实现机器人同 AGV(自动导引车)交互,完成自动下料装箱。应用 OCR(光学字符识别)技术快速识别标签,通过唯一标识进行产品全生命周期追溯,实现产品信息一键查询。

3. 价值实现与意义

连接设备1800台,月均采集设备数据240亿条;实现与大众整车厂、26家设备供应商、99家散件供应商、15家劳务公司的在线协同,日均物料吞吐量约65万件;产量增加22%,人员减少31%,缺陷从3‰下降至1‰。

形成了适合汽车零部件行业的多系统集成互联的一体化解决方案,对外实现主机厂、供应商、物流商信息共享,对内实现多地点、多工厂互联互通,对汽车零部件行业具有重要意义和推广价值。

4.1.2　工厂外网络

4.1.2.1　工厂外网络基本内涵

工厂外网络用于连接智能工厂、分支机构/上下游协作企业、工业云数据中心、智能产品与用户等主体。智能工厂内的数据中心/应用服务器通过工厂外网络与工厂外的工业云数据中心互联。分支机构/上下游协作企业、用户、智能产品等也根据配置通过工厂外网络连接到工业云数据中心或者企业数据中心。

工厂外网络,从工业企业关注的角度看,主要包括智能工厂的三个专线,以及出厂产品的一个连接(见图 4.5)。

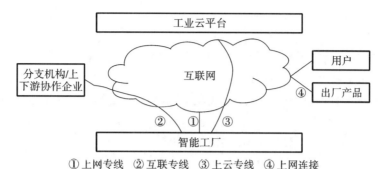

图 4.5 工业互联网工厂外网络实施参考

①上网专线:实现智能工厂连接到互联网。还可以接受用户或者出厂产品通过互联网对智能工厂的访问,这是工业企业基本的专线需求。

②互联专线:实现智能工厂与分支机构/上下游协作企业间安全可靠的互联。对于大中型企业,这是常见的专线需求。

③上云专线:实现智能工厂与位于公有云的工业云平台的互联。通常是企业到公有云服务提供商的专线,此类专线需求近年来发展迅速,尤其是随着国家推进"百万企业上云"工程,工业企业对此类专线的需求尤为强烈。

④上网连接:实现出厂产品到互联网的连接,进而与智能工厂或者工业云平台互联,这是工业企业实现制造服务化的基础。

4.1.2.2 工厂外网络相关技术

随着工业互联网的发展,工业生产过程已不仅仅局限在工厂内,工业生产开始逐步通过工厂外网络,与互联网业务模式、工厂和产品及客户进行深度融合。在一些生产过程中,工厂与厂外设备、传感器间的通信需求也大幅增长。这些场景中,移动通信网络由于具有覆盖广、速率高、网络可靠性高和产业链成熟等特点,已经越来越多地用于工业生产中,极大拓展了传统工业网络的内涵和外延,为工业互联网的发展提供了良好基础。

1. LTE

技术介绍:LTE 是新一代的宽带移动通信技术,提供了更高的带宽和更快的传输速率。LTE 网络可以保证各种业务服务质量,网络更加安全可靠。LTE 简化了网络架构,降低了系统复杂度,实现了全 IP 网络架构。

LTE 网络可以提供丰富的无线多媒体通信服务,包括语音、数据、视频等业务,让用户可以在任何时间、任何地点接入系统中,实现用户的永远在线。

以 LTE 网络为代表的移动通信网络,可满足工业互联网工厂外网络普遍覆盖和高速传输的需求,实现 IT 系统与互联网的融合、企业专网与互联网的融合等。LTE 网络可以提供高可靠性、大带宽、低时延的连接,满足工厂与公有云之间的数据传输,此外,工厂间的信息系统,如 CRM、ERP 等可以通过 LTE 网络实现互联。

2. NB-IoT

技术介绍:NB-IoT(窄带物联网)基于 LTE 核心网网络架构,通过 LTE 网络架构的优化满足了物联网应用中大连接、小数据、低功耗、低成本、深度覆盖等需求。为了提升小数据的传输效率,NB-IoT 系统对现有 LTE 处理流程进行了增强,支持两种优化的小数据传输方案,可以使用控制信令来传输 IP 数据或非 IP 数据,也可以通过简化信令过程快速重建连接来传输数据。

在工业互联网中,及时了解工厂外设备或者产品的运行情况至关重要。利用 NB-IoT 技术的低功耗和广覆盖特性,工厂可以收集工厂外设备或者产品全生命周期的操作情况、运行状态、工况状态、环境参数,通过进一步分析,实现对制造设备的实时监控、故障检测和诊断、预测性维护、整体设备效率检测、质量检测、能耗管理、人员安全监管等,从而可以对整个生产过程进行优化,还可以满足工厂对服务化转型升级的需求。

3. 5G

技术介绍:3GPP 的 5G 定义了三类应用场景:增强型移动宽带(eMBB)、海量机器类通信(mMTC)、低时延高可靠通信(URLLC)。其中,eMBB 场景可支撑工业互联网逐渐兴起的大流量业务,如虚拟工厂和高清视频远程维护等,海量机器类通信场景主要针对海量的现场设备通信。

5G 网络是控制和转发分离的网络,转发面更专注于业务数据的高效路由转发,具有简单、稳定和高性能等特性,以满足未来海量移动流量的转发需求。而控制面则采用逻辑集中的方式,实现统一的策略控制,保证灵活的流量调度和连接管理。集中部署的控制面通过移动流控制接口实现对转发面的可编程控制。

5G 核心网支持低时延、大容量和高速率的各种业务,核心网转发平面进一步简化下沉,同时将业务存储和计算能力从网络中心下移到网络边缘,以支持高流量和低时延的业务要求,以及灵活均衡的流量负载调度功能。

5G 网络将更好地支撑工业互联网逐渐兴起的大流量业务,如虚拟工厂和高清视频远程维护等业务。5G 网络还支持工厂内、外的大量设备监控,如各类设备的远程监控和控制、无线视频监控的远程控制,远程监测并上报环境参数和控制机械的数据,满足工业互联网应用需求。

4.1.2.3 工厂外网络现状

由于工业不同行业和领域信息化发展水平不一,对工业化数据信息开发利用的广度、深度不尽相同,因此存在着工厂外网络建设和发展不均衡,部分工业企业仅申请了普通的互联网接入,部分工业企业的不同区域之间仍存在"信息孤岛"的现象。

工厂外网络通常基于公众通信网络,工业企业面临的是怎么用的问题。随着工业互联网的发展,智能工厂与工厂外实体的联系日益密切,尤其是当工厂的部分业务系统上云后,工业企业应该对上云专线更加重视。

此外,出厂设备与工厂的连接是服务化转型的基础,当前的蜂窝移动技术已具备覆盖完善、产业链成熟等优点。

4.1.2.4 工厂外网络应用案例

滕州"机床云"生态:基于机床行业的设备及产品的联网和管理,实现产业聚集区的全自动化生产管理、物流服务、产品和零配件产品追溯,提供贯穿机床行业的设计、生产、销售、物流、后服务等全产业链条服务,构建机床行业产业生态圈。

1. 工厂外网功能实现

以机床生产设备和产品联网为基础,构建浪潮机床云及机床海淘网,通过采集机床设计、工艺、运行、状态、备品备件、物流、能耗管理等数据,研发三维协同设计、智慧机床管理系统、智慧能源管理系统、整机及备件物流、订单协同等云化软件和工业 App,帮助企业降本增效,推动机床智能化产业升级。针对机床产业资源不共享、信息不对称的问题,浪潮机床云打造了以备品备件供需对接为核心的"中国机床海淘网"。

围绕着机床的设计、生产、销售和后服务的全链条,聚合政府、企业、金融、物流等多方资源,贯通设备联网、能源管理、标识解析等领域,整合机床产业链,打造机床行业数字经济生态产业集。

2. 创新

技术创新:构建机床行业机理模型库,研制一批面向机床行业的设计、生产、销售、物流、后服务等应用的云化软件和工业 App。

模式创新:平台打通了政府、企业、金融、物流等多种行业和产业链角色,促进产业内数据和信息的流动,帮助产业链内实现产品和服务的融合,提升机床产业的整体竞争力。

3. 价值实现和意义

通过数据集成和全流程优化,生产运营效率提升10%以上,物流效率提升15%以上;通过对机床产品远程运维,提升售后服务水平,服务效率提升10%以上,利润率提升了5%以上。

在滕州范围内,帮助中小企业融资超千万元,新增纳税额上千万元。初步形成了机床云生态圈,助力滕州升级成"中国机床装备服务之都"。以数据和服务为核心的新型制造模式及政企合作、企业为主的本地运营落地模式通用性强,效果明显,可快速复制,为其他地区各类制造业提供了样板示范。

4.2 工业设备/产品接入与联网

4.2.1 工业设备/产品概述

在工业生产过程中,工业设备是工业生产活动中的基本物质条件之一,具体指工业生产部门实际用于工业生产过程的全部设备,例如生产车间、辅助车间、实验室的设备和服务于工业生产的主要交通工具等。而工业产品是工业生产过程中的直接有效成果,具体指由工业企业生产活动所创造的符合原定生产目的和用途的生产成果。按生产活动成果的形式,工业产品可分为物质产品和工业性作业。物质产品按其完成程度又可分为成品、半成品和在制品。工业设备/产品主要包括以下类型:

(1) 材料和部件(material and part):完全参与生产过程,其价值全部转移到最终产品的那些物品,又可以分为原材料以及半制成品和部件两大类。

(2) 资本项目(capital item):辅助生产进行,其实体不形成最终产品,价值通过折旧、摊销的方式部分转移到最终产品之中的那些物品,包括装备和附属设备。

(3) 供应品和服务(supplies and service):不形成最终产品,价值较低、消耗较快的那类物品。

为了更好地区分生产过程中的工业设备和工业产品,以机械零件(如曲轴)加工过程为例进行说明。在机械零件(如曲轴)加工过程中,数控车床、磨床、铣床等生产设备,运输设备、存储设备、包装设备、清洁设备等辅助设备都归为工业设备,而机械零件(曲轴)原材料、辅助材料等则属于工业产品。

4.2.2 工业设备分类

工业设备大致有三种不同的分类方式,分别是按接近生产过程程度分类、按工业设备在生产过程中的作用分类和按数据采集类型分类。

1. 按接近生产过程程度分类

为了反映设备数量利用情况,应将工业设备按接近生产过程的程度加以分类,一般可以分为以下四类。

(1)实有设备:工业企业实际拥有的,可供企业调配使用的全部设备。实有设备包括企业自有的、租用和借用的、已装置及未装置的设备,不包括已批准报废的设备、订购未运抵本企业的设备及租出或借出的设备。

(2)已安装设备:已安装完毕,经验收合格,可正式投入使用的设备。已安装设备包括正常开动及备用设备,由于故障不能开动而等待修理或正在修理改装中的设备,以及封存保管的已安装设备。一些不需要安装在一定基座上即可使用的设备,如煤炭工业中的刨煤机,森林工业中的电锯、运材汽车等,也应属于已安装设备。

(3)完好设备(可用设备):已安装设备中技术性能完好、配件齐全,不需要修理,随时可以开动的设备。完好设备包括正常开动的设备、备用设备、封存设备和因故停开的设备等。

(4)实际使用设备:在报告期内曾经使用过的设备。不论使用时间长短,一律应包括在内。

2. 按工业设备在生产过程中的作用分类

按照在生产过程中的作用,工业设备可分为生产设备和非生产设备。

(1)生产设备:劳动资料中直接作用于劳动对象,改变劳动对象的物质形态或化学成分,使之转化为一定工业产品的列入固定资产的机器设备。生产设备可分为主要生产设备和非主要生产设备。主要生产设备是指本企业生产中起主导作用并形成主要生产能力的设备,具体规定为复杂系数在5个及5个以上的各种生产设备,包括金属切削机床、锻压设备、起重运输设备、木工机械设备、铸造设备、动力设备、电气设备、冶炼及热处理炉、其他专用设备等。

(2)非生产设备:不直接用于产品生产的设备。如汽车中的大客车、旅行客车、轿车,工业企业的基建、文教、福利部门(如职工宿舍、食堂、浴室、俱乐部等)拥有的设备等,均属于非生产设备。

3. 按数据采集类型分类

按数据采集类型分类,工业设备可分为数控设备、自动控制设备、普通机加类设备和文档类型设备。

(1)数控设备:采用计算机实现数字程序控制技术的设备。数控技术也称计算机数控技术(computer numerical control,CNC),是采用计算机实现数字程序控制的技术。这种技术用计算机按事先存储的控制程序来执行对设备的运动轨迹和外设的操作时序逻辑控制功能。由于采用计算机替代原先用硬件逻辑电路组成的数控装置,因此输入操作指令的存储、处理、运算、逻辑判断等各种控制机能均可通过计算机软件来完成,处理生成的微观指令传送给伺服驱动装置,从而驱动电动机或液压执行元件带动设备运行。数控车床、数控磨床、数控钻床、数控镗床、数控线切割机床、数控电火花机床、三轴加工中心、四轴加工中心、五轴加工中心等具有数控控制系统的设备都是数控设备在工业中的典型例子。

（2）自动控制设备：没有连成自动化生产线或半自动化生产线，而是以单个自动化设备进行生产的设备。电气自动化就是机械设备在无人或者少人的情况下按照预先的计划和程序自动完成对产品的操作、控制及监控等工作。随着机械电子技术、微电子技术的快速发展，电气自动化控制被各个行业广泛运用，电气自动化提高了生产效率，提高了工作的可靠性，也提高了运行的经济性，保证了电能质量，大大改善了劳动条件，更为人们的生活提供了诸多便利。在自动控制装备中，可编程逻辑控制器（programmable logic controller，PLC）是其重点。PLC是一种数字运算操作的电子系统，专为在工业环境下应用而设计。它采用可编程序的存储器，用来在其内部存储执行逻辑运算、顺序控制、定时、计数和算术运算等操作的指令，并通过数字式、模拟式的输入和输出，控制各种类型的机械或生产过程。热处理炉、加热炉、压铸机、涂装线、抛丸机、拧紧机、装配线等具有PLC控制器的工控设备均为自动控制设备。

（3）普通机加类设备：可以改变工件的外形尺寸或性能，且没有控制系统的机械设备。普通车床、铣床、磨床、镗床、钻床、冲床、锻压机床等没有控制系统的设备均为传统的普通机加类设备。随着工业数字化进程推进，普通机加类设备已经逐渐被数控设备、自动控制设备等代替。

（4）文档类型设备：将数据文件存储在上位机的设备。如三坐标测量机、分析仪器、光谱仪、探伤设备等检测设备均属于文档类型设备。

4.2.3 工业设备接入

4.2.3.1 工业设备接入背景

随着工业4.0、工业互联网及互联网＋的提出，工业物联网是未来工业发展的必然趋势。当新产品/设备能够开发统一的通信接口，接入工业物联网，即可在狭义上称为智能产品/设备。

以前设备的售出便是产品价值的全部转移，厂家对售出设备也很少做统一的管理和后期的分析。如果设备可以通过无线或有线的方式连接到云平台，通过云平台可以对售出设备进行统一的管理及分析，比如记录设备的使用时间和地点，分析设备在使用过程中出现的故障、综合效率、设备的节能情况等，厂家可以利用这些数据有的放矢，在使用频率高的地区做集中营销、改进产品的性能、降低已有故障的发生率、改善设备的功耗等，同时也可以把客户想要了解的设备信息实时推送给客户。

通过物联网云平台，除了可以获取设备的基本信息，还可以对设备进行实时监测，并在之前设备测试及使用中故障数据的基础上进行数据分析及数学建模，通过机器学习预测设备在未来什么时间可能会出现什么故障，或者设备的某个易损零部件需要在什么时间进行更换。这样就可以减少售后人员或客户的维护人员的工作量。同时，根据故障维修数据库还可以判断哪些故障必须去现场解决，哪些故障可以在线解决，也可以通过和平台对接，更方便地获取及查看设备的工作状态及故障信息。

综上所述，工业设备接入在工业互联网、物联网等方面有着至关重要的作用。因此，对工业设备接入的研究也愈发关键。

4.2.3.2 工业设备接入概述

1. 工业设备接入方式

工业设备接入主要是指开发者实现工业设备与云平台进行连接、数据交互(上报、透传)、命令控制等活动的过程。目前,涉及的接入协议类型包括 TCP、MQTT、TCP 透传、HTTP 等,通信网络可以是常见的 3G/4G、Wi-Fi、以太网口等。工业设备接入方案如图 4.6 所示。从工业应用的角度来说,物联网最终要接入因特网,因此,物联网的工业设备接入如图 4.7 所示。

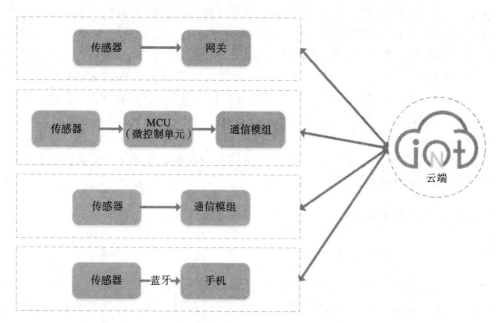

图 4.6 工业设备接入方案

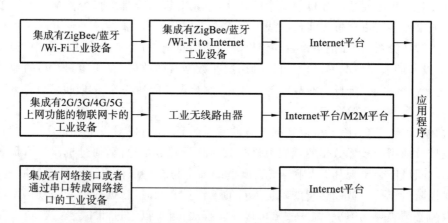

图 4.7 物联网的工业设备接入

2. 工业设备接入与边缘计算

工业设备接入是边缘计算提供的基础能力,设备接入模块在边缘计算中称为驱动或设备接入驱动。所有连接到边缘计算的设备都需要通过驱动实现接入。工业设备接入驱动在边缘计算框架中的位置如图 4.8 所示。

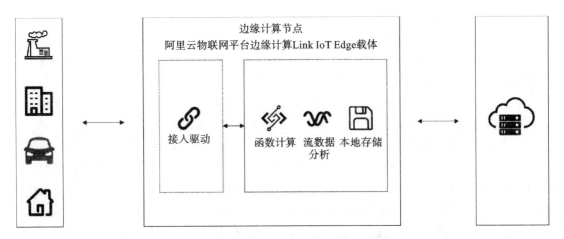

图 4.8　工业设备接入驱动在边缘计算框架中的位置

一个完整的驱动(设备接入模块)由设备的连接管理、设备的数据(协议)转换和设备的数据与命令处理三个模块组成,如图 4.9 所示。

(1) 设备的连接管理指设备与网关建立通信连接。边缘计算不限制建立通信连接的协议,可以根据业务需求灵活选择。

(2) 设备的数据转换指设备接入驱动将获取到的终端设备数据转换为符合模型规范的数据格式,并上报到云端。

(3) 设备的数据与命令处理指驱动可以处理云端对设备的操作请求,并完成对设备的服务调用和处理调用结果,最终将结果返回到物联网平台。

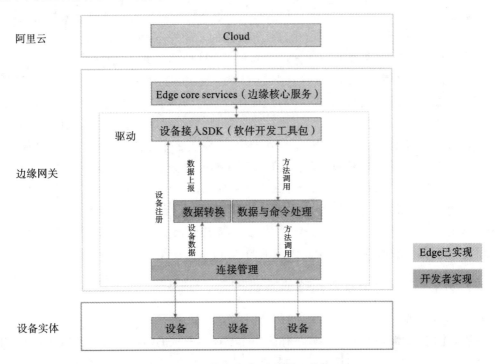

图 4.9　完整的驱动(设备接入模块)

4.2.3.3 工业设备接入现状

物联网主要实现"物"的接入,物联网下的"物"主要是指存在于现实环境中,能够被唯一标识的、具备环境感知或设备控制能力的任何设备和资源。小到一枚芯片,大到一座楼宇,都在物联网的接入范畴之内。围绕着如何实现这些"物"的物联网接入,国内外相关企业、机构和个人分别进行了不同方面和层次的研究工作,并取得了一定的研究成果。

物联网接入标准和体系是实现"物"的统一接入的关键所在,不同于众多的物联网体系架构,物联网接入标准和体系更多关注的是物联网底层接入领域,其主要涉及底层硬件接口、通信协议规范和服务发布接口等内容。目前,从功能层次上看,物联网接入领域主要存在两大类标准和体系:一类是将物理层的传感器、执行器连接到网络层,定义为通用性的设备接入接口标准,主要代表有 IEEE 1451 协议族和 RFID 标准化体系;另一类是在网络层直接处理各类传感器信息,定义为传感器 Web 网络框架协议,主要代表有 OGC SWE 体系。相关物联网接入标准和体系在应用领域、兼容性和复杂性等方面的区别如表 4.2 所示。

表 4.2 相关物联网接入标准和体系的区别

标准和体系	应用领域	兼容性	复杂性
IEEE 1451 协议族	传感器、执行器	标准内兼容	实现过程复杂,成本较高
RFID 标准化体系	物品编码和解析	标准间排斥	相对简单
SWE 体系	Web 传感器	标准内兼容	相对简单,缺乏底层标准

根据表 4.2,目前众多的接入标准和体系之所以在物联网接入领域缺乏大规模应用,主要是因为自身的应用领域限制、有限的兼容性和实现的复杂性等,具体如下:

首先,目前众多接入体系和方案大部分起源于专业应用领域,比如针对 RFID 的三大标准化体系和面向传统传感器的 IEEE 1451 协议族等。当面临物联网下各种各样的"物"时,这些接入标准和体系就不再适应或难以兼容,这就导致了物联网下"物"的接入范围受限,进而引起整个物联网的应用范围受限。其次,不论在接入接口、数据模型方面,还是在业务功能发布方面,各个接入标准和体系在实现过程中相互异构,严重缺乏兼容性,进而导致"信息孤岛"现象的产生。最后,部分接入体系和方案在实现过程中过于复杂,资源成本较高,这也导致了其难以大规模应用和推广。以上问题都会导致现有标准和体系不能直接应用到物联网接入领域,而相关机构也正在就此进行不同标准的制定和完善工作。我国也于 2010 年成立国家物联网基础标准工作组,推进相关标准的制定,并已出台具有概念指导性的标准 GB/T 33474—2016《物联网 参考体系结构》,指导后续具体标准的制定。

4.2.3.4 工业设备接入面临的问题

1. 感知层方面

在物联网三层体系架构中,感知层作为整个物联网系统的"神经末梢"和信息源头,担负着物联网感知识别、信息交互的任务,是物联网后续信息处理和应用服务的基础。因此,必须保证感知层各个设备的有效、稳定和可靠工作,从而保证整个物联网系统的正常运作。

物联网主要实现"物"的接入,在物联网三层体系架构中,这些"物"指的就是感知层的各个设备和资源,主要包含各类传感器、执行器、网关设备和智能设备等。对于物联网下的"物",如何实现其统一和规范的物联网接入是物联网发展面临的一个关键和重要问题。然而,在现实物联网环境中,这些"物"数量巨大,规模不断增加,相互之间异构,并且各个"物"自身在计算、存储、通信和电力等方面存在不同程度的资源受限问题,导致其在物联网接入的时候面临一系列问题,具体内容如图4.10所示。

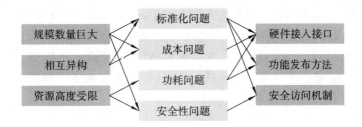

图 4.10 物联网接入面临的主要问题

1) 标准化问题

由于物联网下"物"的规模数量巨大、相互之间异构,因此物联网在接入各个"物"时面临一系列标准问题,包括接口标准、通信标准和应用标准等。而目前,无论是在国内还是在国外,物联网核心架构中每一层的技术接口、协议都不规范,与传统的互联网应用和相关规范相比,严重缺乏标准化。

尤其在物联网接入领域,由于缺乏统一的技术标准和协作平台,因此进入这个行业的企业各自开发出大量不能相互适配和联通的产品,形成典型的"信息孤岛"现象。为此,针对物联网接入领域,如何实现统一的硬件接入接口、功能发布方法、安全访问机制等相关标准是目前面临的一个关键问题。

2) 成本问题

海量异构设备的大规模接入导致高昂的开发成本,进而导致物联网技术很难推进到产业化发展和应用的良性循环轨道。另外,物联网的建设成本较高,所以在较短时间内,难以存在大规模的应用示范。因此,如何控制开发和建设成本,以较低资源代价实现海量"物"的广泛接入是实现物联网大规模应用的前提。这其中,适配各个"物"的硬件接入接口占有主要硬件资源和成本。因此,如何实现低成本、可扩展、便于维护的硬件接入接口是解决问题的关键所在。

3) 功耗问题

部分接入设备自身资源高度受限,尤其在电力供应方面。比如典型的可穿戴设备和无线传感器节点,通常依赖自身电池供电,在设计开发时,需要从每一个细节来考虑降低功率消耗,从而尽可能地延长电池使用时间。低功耗设计主要从硬件系统和软件系统两方面考虑,一方面在硬件设计(硬件接入接口等)时采用低功耗实现方案,另一方面需要在软件开发(功能发布方法等)时采用高效率、低复杂性的软件实现方案。

4) 安全性问题

传统互联网一直面对巨大的安全问题,而新兴的物联网更为黑客提供了广阔的攻击来源。2016年,物联网病毒Mirai攻击了数以万计的弱密码加密的脆弱物联网设备,被病毒感染的设备成为僵尸网络机器人,在黑客的命令下发动高强度僵尸网络攻击。物联网上包含各类社会活动、基础设施、公民信息等重要资源,一旦遭到攻击,人们的安全和隐私将面临巨大的威胁。

物联网接入领域由于设备接入数量巨大和设备自身资源高度受限,因此自身提供的保护机制相当受限,其安全重要性不言而喻。如何设计完善的安全访问机制以保证接入设备的安全性和隐私性,是整个物联网系统安全的前提和保障。

2. 数据传输方面

在数据传输方面,工业物联网通信主要存在如下问题:可靠性、负载不平衡和实时性等需求无法得到满足。因此,工业设备物联网所需提供的服务主要包括数据的实时、可靠以及稳定传输。基于高度异构的总线、以太网和无线传感器网络,以便诸多复杂、多源的感知数据集合,也为此后数据的处理、计算等奠定数据基础。所以,针对工业设备物联网现存的问题,实现通信策略的优化、改进,成为核心所在。

随着网络的发展,通信形式也越来越多样化,在诸多通信方式之下,设备之间的连接构建和网络接入等问题日益明显。物联网系统内存在诸多通信形式,因为组网较为便捷,而且布线条件不会对 Wi-Fi 产生任何限制,同时具备传输效率较高、大范围覆盖等优势,所以 Wi-Fi 等无线通信方式得到普遍应用,这均为硬件设备网络接入工作的完成奠定了重要而又坚实的基础。

但就物联网系统而言,诸多硬件设备节点都并未提供人机交互的接口,如显示器、键盘等,所以在将 Wi-Fi 接入设备,进行配置时,很难通过键盘等设备将接入账号信息等进行传输。基于这种情况,如何结合 Wi-Fi 网络,实现硬件设备、互联网的迅速连接,是接入物联网设备网络时亟待解决的关键性问题。就当前而言,可以运用 AP-STA 方式,即在 STA(站点)模式之下开展配置端工作,而在 AP(无线访问接入点)模式下,完成硬件工作。顺利连接以后,配置端向硬件设备直接发送接入信息,但是此种方式也存在工作效率不高、过程较为繁杂等问题。

3. 设备与协议方面

1) 主流设备接口类型不统一

按物理接口分类,目前主流工业控制自动化设备的接口类型可以分为串口和网口两大类。每种类型的接口又根据实际连接方式分为不同的种类,如串口设备有的使用 DB9 接口,有的使用接线端子,有的使用圆形 PS 接口。不论采用什么样的接口形式,串口和网口是目前工业控制自动化设备的主要接口类型,而主流设备接口类型不统一导致设备通信困难。

2) 通信协议的多样性

通信协议是设备与设备间进行数据交换的规范,属于协议层的定义,尽管目前的主流接口只有串口和网口两大类,但跑在这两类接口上的协议却非常多,同一个品牌不同型号的设备可能会使用完全不同的协议,除了通用串行协议 Modbus 外,各品牌几乎都使用自己的专用协议。协议的多样性,造成不同设备之间的协议难以统一,并且想使用一个设备同时跟不同的设备进行通信时,要根据不同的设备开发与其对接的专用协议,因此实际应用中,开发难度太大。

3) 现场协议不能用于联网接入

尽管每个厂家在力推自己的协议,但这些协议都属于现场协议的范畴,都不是通用于连接互联网的。现场协议只能用于现场设备与设备之间的短距离通信,虽然有的协议可以在光纤上传输,甚至使用中继的方式可以延长到几千米甚至几十千米的通信距离,但仍然无法与全球化的互联网相提并论。接入互联网并能够随时访问,需要真正的接入互联网,在标准的 TCP/IP 协议之上运行,才有可能实现最终的工业物联网。

4.3 工业互联网的标识解析

4.3.1 工业互联网标识解析基本内涵

1. 工业互联网标识解析的概述

工业互联网标识解析是指将产品、零部件、生产设备、生产过程、供应链等全生命周期各环节信息赋予唯一的标识,如同互联网域名服务体系,推动构建网络信息空间和连接访问,在更广泛的生产场景构建物理世界的数字对象互操作空间,让人们可以像在互联网上获取信息一样便捷地获取"生产力"。工业互联网标识解析系统与互联网域名服务系统对比如图4.11所示。

图 4.11 工业互联网标识解析与互联网域名服务系统的对比

工业互联网标识解析是工业互联网的关键基础设施,其核心内容包括标识编码以及标识解析两部分。其中标识编码是给产品、物品或者数据信息赋予唯一标识符,使其具有唯一性的过程;解析系统利用对标识的解析实现对产品、物品或者数据信息的定位与查询。在工业互联网中,用户可以根据标识信息来查询产品、机器或者原材料等物件的数据信息,并通过标识实现数据之间的关联关系,为企业的智能制造以及产品的全生命周期管理提供支持。

2. 工业互联网标识解析的整体架构

随着物联网、5G网络和工业技术的快速发展,智慧城市、虚拟现实、工业智能化生产等新型应用不断涌现,可穿戴设备、工业机器、传感器等的数量呈爆炸式增长,未来网络正由消费型向生产型转变。工业生产的特殊性要求工业网络能通过智能化手段对环境信息进行感知,支持大量异构设备接入,支持海量多源、多模态数据高速率传输,具备更强的安全性,从而为企业生产提供更好的服务,这给传统互联网在架构、安全、性能上带来了巨大的挑战。

为应对上述挑战,工业互联网研究应运而生。工业互联网通过连接智能机器、人、物、料,结合先进的网络、人工智能、云计算、大数据分析等技术,实现企业自动化决策,重构工业生产,已引起业界的广泛关注。工业互联网体系架构由网络连接、平台、安全体系以及标识解析系统四个部分组成。其中,网络用于实现人、机、物的泛在连接,是工业互联网的基础;平台旨在打通运营数据与互联网数据,整合资源,联合优化;安全体系负责提供安全防护和保障;标识解析系统是实现工业互联网的重要枢纽,负责对物品身份进行分发、注册、管理、解析和路由,支持工业互联网中设备、人、物、料的全生命周期管理,是打破信息孤岛、实现数据互操作、挖掘海量数据的基础,也是实现企业智能管理的必备条件。

与互联网不同,工业网络传输海量异构多源多模态数据,多协议、多种命名格式并存,传统的域名解析系统(DNS)的解析服务在标识主体、解析方式、安全性、服务质量等方面面临着严重挑战,无法满足工业网络需求,其主要原因可归结为以下四点。

(1) 标识主体改变。与传统互联网不同,工业互联网通信实体发生了重要演变,从以固定主机为中心演化至以人、机、物、服务、内容为中心,解析结果由 IP 地址转换为数字对象。然而,现有 DNS 解析服务单一,对资源描述能力不强,无法对物品、传感器、服务等进行标识,且解析结果僵化,只能是 IP 地址,无法满足工业互联网多样化、差异化需求。

(2) 海量数据与超低时延要求。未来工业标识数据量将大大超过现有互联网数据量,然而,现有 DNS 采用中心化、层级树状结构,面对海量数据时存在单点负载过重、服务拥塞的问题,无法满足工业互联网的海量数据超低时延解析要求。

(3) 安全与隐私保护。工业互联网连接产业上下游,打破了以往相对明晰的责任边界,产生更大范围、更复杂的影响,给安全防护带来了巨大挑战。此外,工业互联网服务与企业生产、人员安全密切相关,从而对安全有更高要求。然而,现有 DNS 协议在设计之初并未考虑太多安全因素,协议本身存在的脆弱性,使 DNS 面临各种威胁,如缓存投毒、中间人攻击等。并且如上文所述,工业互联网通信主体多样,许多传统 DNS 防护机制均采用基于 IP 地址的访问控制,无法满足工业互联网对隐私保护与安全的需求。

(4) 公平对等。工业互联网标识解析服务的提供应是公平对等的,即应为每一个用户都提供中立、同等的服务。然而,DNS 采用层次化树状结构,可能导致解析服务被非法控制而使企业遭受损失,无法满足构建公平对等良性解析生态的需求。

由于 DNS 的设计模式与工业互联网需求存在矛盾,仅依靠 DNS 不足以支持对海量、多样化通信主体进行对等、安全、低时延解析,因此,面向工业网络的标识解析体系研究已在全球范围内推进,并已取得部分成果。同时,由于工业互联网标识解析建设在产业界存在巨大商业前景,关系到各国核心利益,因此其已引起国家高度重视,并促进一系列项目和研究计划的启动。根据工业和信息化部《工业互联网发展行动计划(2018—2020 年)》所说,到 2020 年底,我国将初步建成工业互联网基础设施和产业体系,建设 5 个左右标识解析国家顶级节点,标识注册量超过 20 亿。根据规划,我国标识解析架构主要包括国际根节点、国家顶级节点、二级标识解析节点和公共递归解析节点四层,每层节点保存不同信息,如图 4.12 所示。其中,根节点归属管理层,负责保存最顶层信息;国家顶级节点部署在北京、上海、广州、武汉、重庆,负责对接国际根节点和对内统筹,兼容多种现存标识解析体系;二级标识解析节点负责面向行业提供标识注册和解析服务;公共递归解析节点负责通过缓存等手段提升解析网络服务性能。截至目前,5 个国家顶级节点均已上线,一批行业性二级标识解析节点正在各地快速建设和探索。

4.3.2 工业互联网标识解析的主流技术

1. 工业互联网标识解析系统设计原则

与消费互联网和传统物联网不同,工业互联网的通信主体多样、对性能要求更高,传统 DNS 解析服务无法满足其需求。为切合工业互联网特点与要求,其标识解析服务设计须遵循以下 5 项原则。

1) 支持多源异构通信主体

工业互联网的通信主体来自不同的国家和企业,数据所有者错综复杂且实时变化,同时涵

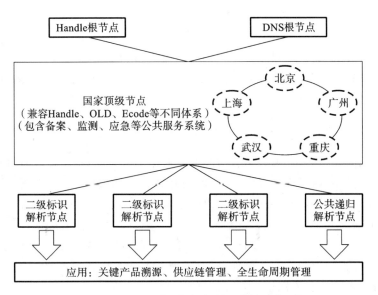

图 4.12 工业互联网标识解析系统的四个层级

盖范围广,包括物料、设备、网元、服务、操作员等,具有更大的复杂性和多源异构性;此外,目前工厂内多标准、多协议、多命名格式共存,给对象的检索与理解带来巨大挑战。所以,工业互联网标识解析体系应能支持多类型主体命名,兼容工厂内外现存的异构命名方式与解析方式,满足多源异构数据互联互通,保证多种命名格式与检索协议均能无缝加入该体系。

2) 复杂环境下标识解析服务安全保证

工业互联网背后连接着数以万计的资产,其服务的正常提供是工业生产与人员安全的基本前提,所以其对工业环境下多维度数据接入、时延、网络安全、高效传输、确定性等都提出了更高的要求。工业互联网标识解析体系应能保障服务提供者与用户的安全,包括身份认证、鉴权、隐私保护等,保证身份可信、操作可信、解析过程中商业信息不被暴露。

3) 多组织参与的公平对等保证

工业互联网标识解析服务应保证公平对等。传统的 DNS 架构采用层次树状结构,存在节点被非法控制、断网停服的风险。一旦解析服务无法正常提供,企业将面临停产等问题,造成巨额损失。所以,需设计对等、多利益主体共管的工业互联网标识解析系统,构建公平、良性的解析生态。

4) 多协议、高并发、差异化需求场景下有效性保证

工业互联网标识解析服务应具备有效性。一方面,工业网络对时延、效率等要求更高;另一方面,工业数据检索势必面临高并发、差异化需求,多命名格式映射,多协议转换等问题,可能会对检索服务性能产生影响。所以,需设计合理的标识方案与解析机制,保证标识与解析服务的高效提供。

5) 提供协议层面与系统层面的可扩展性

工业互联网标识解析服务应具备可扩展性,要求其架构在设计时具备一定的前瞻性,可根据实际需求进行扩充,保证该系统在未来海量数据及新增标识方案场景下依旧能满足需求。首先在协议层面,该系统应能无缝添加其他新型标识解析协议子域;其次在系统层面,须保证命名空间可容纳未来海量数据接入,并且保证系统扩展时,新增节点对现有服务没有影响或影响很小,即使进行大规模扩展,增加至成千上万个服务节点,该系统依然十分有效。

2. 工业互联网标识解析系统中的关键技术

根据上述设计原则,须提供多项关键技术为工业互联网标识解析系统进行技术支持,包括标识方案、标识分配机制、注册机制、解析机制、数据管理机制与安全防护方案等。然而,工业互联网标识解析系统研究尚不成熟,部分关键技术有待进一步研究。根据该领域服务需求与研究现状,本书将着重对标识方案、解析机制与安全防护这三个方面进行介绍,并对其支撑作用进行讨论。

1) 标识方案

工业互联网标识通过定义编码格式对工业生产中的人、物、料、工业设备进行唯一、无歧义命名,为感知物理世界、信息检索提供支持,助力开展各类相关应用。现有标识方案分为层次化标识与扁平标识两种。层次化标识往往由多个包含语义信息的字符串级联而成,具备全局性、可记忆性,但缺乏安全性,如域名方案。层次化标识自动支持内容分配、多播、移动性等,并且可充分利用长尾效应,实现请求聚合,从而减轻路由器负担。然而层次化标识的语义性在一定程度上限制了标识的生命周期。例如,现存的多个方案将资源所有者信息纳入其层次化标识,导致资源所有者更改时该标识失效。

扁平标识通常通过散列运算得到,由一系列无规律的数字或字符串组成,具备全局性、安全性,但缺乏语义信息。扁平标识具有较好的稳定性与唯一性,支持自我认证,且相对于层次化变长标识,该方案利用散列运算结果,其标识往往具有固定长度,在条目匹配时查询速度更快。扁平标识的缺陷在于命名空间有界,且难以实现名称聚合,映射表规模较大,从而制约其可扩展性。此外,扁平标识不具有可读性,不利于获取其背后的信息,且资源内容改变或散列算法升级均会导致原标识失效,进而影响内容的检索与查询。

2) 解析机制

解析机制负责定义资源的检索过程。根据解析架构的不同,现有解析方案可分为层次解析与扁平解析。层次解析采用树状结构,每个解析节点负责一个域,该结构简单,可扩展性强,利于部署;但缺陷在于各节点权限不同,根节点权限最高,父节点权限高于子节点权限,父节点可屏蔽所有子节点服务。

扁平解析往往采用分布式散列表(distributed hash table,DHT)技术实现,各解析节点进行 P2P 组网,解析条目根据 DHT 算法存储检索。该方案中每个解析节点的管理权限相同,各解析节点无权篡改和丢弃其他节点的解析请求,避免解析服务被非法控制,便于构建分权、对等的解析生态。然而,扁平解析的效率显著低于层次解析的效率,且其分布式解析架构不存在中心节点,不利于数据收集,难以对解析数据进行挖掘和分析。

3) 安全防护

安全防护负责解析过程中的隐私保护与安全保障,主要包括身份安全、数据安全与行为安全。其中,身份安全用于保证用户侧与服务侧身份真实性;数据安全一方面用于保证大量数据在公共网络的传输过程中不被窃取与篡改,另一方面用于保证数据存储安全,即数据不被暴露;行为安全通过各种访问控制技术保证对数据进行合法操作。

4.3.3 我国工业互联网标识解析发展现状

虽然目前国内外工业互联网标识解析技术已取得部分成果,但在架构、性能、安全等层面仍存在尚未解决的难题,有待进一步研究,具体如下。

1. 架构层面的挑战

1）多种标识解析方案兼容问题

工业互联网现存 Handle、OID、Ecode 等多种标识解析体系,给数据的互联互通和使用带来了巨大的挑战,所以如何构建异构兼容的标识解析体系,完成对多类业务、服务、数据的衔接与融合是亟须解决的问题。现存两种思路解决兼容问题。第一种是令原体系数据在新体系内重新注册,实现新体系兼容原体系。此类方案准确率较高但资源开销巨大。第二种是不进行重新注册,只在新体系入口处训练分类器,对体系类别进行智能识别。如 NIoT 在其系统中构建异构标识识别功能,通过识别算法确认输入标识对应的标识类型。此类方案开销较小,但对算法设计要求很高。

2）基于多标识解析系统的协同式服务

现存多种标识方案,包括条形码、二维码、RFID、URN(统一资源名称)、域名、IP 地址等,分别用于标识物料、传感器、工业设备、人员等,存在多个信息孤岛。为打破信息孤岛,实现生产信息的统一整合,如何基于多标识解析系统提供协同式服务是必须解决的问题。可根据以下两种思路进行解决:①利用各系统提供的服务接口,设计合理的信息交换机制,为用户提供跨应用、跨系统的服务;②对现有标识解析系统进行扩展,设计合理的架构和系统组成,实现各系统间数据和服务的互操作。

3）解析节点权限不对等

现有标识解析系统多采用单根树状结构,该结构带来的服务节点权限不对等问题可能导致解析服务被非法控制,解析服务无法提供。即使 Handle 系统在其顶层构建多根,但仍未在根本上改变解析架构。DHT 技术与区块链技术以其去中心化的分布式存储方式,有望成为解决该问题的备选方案。目前,已有学者尝试基于 DHT 技术或区块链技术构建去中心化、对等解析架构,保证各服务节点间权限相同,解决单根结构带来的安全问题与解析瓶颈问题等。

2. 性能层面的挑战

1）超低时延要求

工业网络对解析时延和准确性有更为敏感的要求,同时工业网络存在海量数据高并发接入、多命名格式与协议并存等现象,所以如何设计更有效的解析机制,保证在复杂工业环境下,实现快速的命名映射与协议转换,完成超低时延跨系统、跨协议的解析服务也是亟待解决的问题。

2）可扩展性要求

工业互联网标识解析系统在标识主体、命名空间和协议上均有可扩展性要求,为现有系统带来挑战。首先,如何设计合理的标识方案,保证标识主体可扩展,以满足未来多种主体标识需要是必须解决的问题;其次,如何保证命名空间足够大,以满足未来海量数据要求是亟须解决的问题;最后,如何设计合理的机制,保证设计的标识解析系统在协议层面可扩展,能无缝添加其他协议子域,实现未来其他协议和命名空间无障碍加入也值得进一步研究。

3. 安全层面的挑战

现有标识解析系统的安全与隐私保护方案不能满足工业需求。首先,基于改良路径的系统继承了 DNS 系统存在的一系列问题,包括架构脆弱、易被缓存投毒、存在单点故障风险等。同时,此类系统多依托于 DNS 安全保障措施,较少提出新的安全保障机制,而 DNS 安全防护方案并不完善,面临多种攻击风险,无法满足工业需求。其次,作为革新路径的代表,Handle 系统虽设计了一系列防护方案,但仅对用户设置了两级权限,数据权益保护粒度较粗,且同样无法解决缓存投毒、拒绝服务攻击等问题。此外,工业互联网标识解析服务存在大量跨信任域的访问控制,所以如何设计细粒度、动态化、轻量级、安全的跨域访问控制机制也是十分重要的研究内容。目前,已有学者开始尝试使用区块链技术解决标识解析系统存在的安全与隐私保护问题。

4. 其他挑战

1) 解析方式与结果僵化

现有系统解析方式与结果僵化,不能满足工业互联网需求,应从以下四个方面着手解决。第一,提供差异化解析服务。不同用户查询同一个标识,返回的结果应不同。第二,满足行业特殊需求。不同行业对解析服务要求存在差异,如交通行业对时延要求更高,农林业对成本更为敏感,解析系统应能针对不同行业提供不同性能的服务。第三,自定义映射数据与解析结果。不同应用对解析结果要求存在差异,解析结果可能需要是 URL(统一资源定位符)、IP 地址、商品简介等,工业互联网解析系统应允许用户自定义映射数据,支持差异化需求。第四,支持群组检索。现有解析技术只能根据标识进行粗粒度查询,无法根据对象属性或对象间相关性进行批量、群组检索。目前,已有学者提出面向工业互联网的信息聚合架构,以实现数据从多个分布式节点进行检索。

2) 标识失效

如何为对象设计永久标识是另一个需要解决的问题,永久标识是服务稳定提供的基础,现有的两种标识思路均难以保证永久性标识。一种思路是根据对象所有者、管理者或其他属性设计包含语义的标识。然而这种标识方案具备语义信息,对象所有者、管理者或其他属性等信息更改会导致标识失效。另一种思路是对资源内容做散列运算,并将散列运算结果作为标识描述对象。然而这种方案无法解决标识失效问题,资源更新后同样会导致标识失效。所以如何保证对象标识的永久性,从而提供稳定的网络服务,有待未来进一步研究。

由于我国工业互联网标识解析起步较晚,而作为工业互联网应用主体的制造企业对该项技术作为基础设施还是比较陌生的,需要时间去消化理解,因此,工业互联网标识解析系统的建设,应该以产业为主导,以政府政策和资金为引导,鼓励工业企业、信息化企业以及互联网企业相互合作,共同建立工业互联网二级标识解析节点,实施工业互联网标识解析系统与工业企业信息化系统的集成创新工程,促进企业使用标识解析实现产品追溯、异构数据共享以及全生命周期管理等应用。

针对现有的 5 个标识解析国家顶级节点以及 47 个行业节点的发展速度,后续标识解析的发展方向应该以构建高效、稳定、可靠的标识解析网络基础设施为核心,能够考虑到工业企业对低延时、高可靠的性能需求,并且具备较强的兼容性和扩展性;同时针对不同的企业、行业以及领域,标识解析系统应该能够实现跨行业、跨企业以及跨领域的数据共享以及数据互联互通;为了保证标识解析系统健康、平稳、有序发展,同时应该建立一套安全防护保障,为标识解析的发展保驾护航。

4.3.4 我国工业互联网标识解析应用案例

随着工业互联网的发展,万物互联的时代会真正到来,从而将人类的生产和生活带入数字世界,而标识解析体系的主要职能就是管理数字世界中的对象身份并促进彼此互联。在工业互联网的世界中,实体对象是否拥有标识,关系着它在数字空间中是否拥有被认可的身份,是否能被感知到,以此为基础,实体对象才能通过标识彼此连接,因此,标识解析系统对工业互联网世界的支持作用是非常基础性的。

我国正积极推进建设工业互联网标识解析系统。2017年11月，国务院发布的《关于深化"互联网＋先进制造业"发展工业互联网的指导意见》专门提出，到2020年，要"初步构建工业互联网标识解析系统"。2018年5月，工信部发布《工业互联网发展行动计划（2018—2020年）》，进一步对工业互联网标识解析系统建设的目标和任务做了分解，在各地发布的工业互联网发展行动计划中，也都对工业互联网标识解析系统进行了任务部署。当前，工信部也在通过专项的形式支持工业互联网标识解析相关项目建设、标准研制和集成应用。

下面基于航空产品全生命周期数据管理平台，介绍工业互联网标识解析系统的应用案例。

在航空领域，飞机设计制造一直都是一项非常复杂的工程，它需要多团队、多领域、多厂所共同参与开发，涉及大量的信息系统，并且需要在严格的流程管理控制下实现这些信息系统之间的交互和协作，以支持并行、协同的飞机设计与制造。对波音DCAC/MRM项目的调查表明，在其飞机研制过程中，共涉及800多个子系统、14种BOM表和30多种变更管理。要实现如此众多的系统、流程以及异构数据的集成，需要一个统一的管理平台和集成环境。而航空产品全生命周期数据管理平台的出现在一定程度上解决了复杂飞机研制过程中信息与流程的集成与管理问题，支持协同、并行的飞机产品研制过程。

按照长期的经验和实践积累，飞机产品生命周期数据管理主要涉及产品定义、生产制造、试验试飞、客户服务等方面，阐述了产品生命周期数据管理在整个信息化系统架构中的位置，如图4.13所示。

飞机研制是一个非常复杂的系统工程，按照项目研制统一过程定义，分成概念开发阶段、立项论证阶段、可行性论证阶段、初步设计阶段、详细设计阶段、全面试制阶段、试飞取证阶段、产品与服务验收阶段、客改货阶段和残值利用阶段。它是多个专业子系统综合和协调的结果。各子系统之间存在着复杂的信息传递和依赖关系。而全生命周期数据管理平台的核心就在于支持这些子系统之间信息的交互和连接，使它们可以集成和协调起来，共同完成飞机的研制工作。

在对飞机研制过程中不同阶段进行分析的基础上，我们进一步总结得到飞机不同研制阶段之间，以及各阶段内部不同活动和系统之间的信息传递情况。根据对航空产品研制过程中信息交互情况的分析，建立航空产品全生命周期模型，通过对航空产品全生命周期数据的综合分析，如何支持飞机产品全生命周期中不同阶段和不同领域之间信息交互和共享，以及如何保证整个飞机研制过程的协调进行就是数据管理平台所要完成的工作。

在传统的产品研制模式中，产品开发往往流于"各自为政"，无法达成信息即时流动的目标，而使产品研制效率无法提升。并行工程在研制模式上将串行的产品开发模型转变为并行的产品开发，在一定程度上解决了开发效率问题。然而，并行工程只是一种理念和方法，没有从根本上解决不同生命周期阶段和不同"信息孤岛"之间的信息交互和协同问题。目前的CAX、ERP、PDM、SCM、CRM、eBusiness等系统，主要是针对产品生命周期中某些阶段的解决方案，难以支持企业作为一个整体来获得更高的效率、取得更多的创新以及满足客户的特殊需求。面对这些挑战，企业迫切需要一种将这些单独的系统整合到一起的整体化企业解决方案，为上述分立的系统提供统一的支撑平台，打破以往的研制模式，建立以信息为核心的研制流程。经过多年信息化建设，中国商飞已经建成100余项各类应用系统，信息化在支撑型号研制、保障能力建设、夯实IT基础三条主线上取得了显著效果，建立了CPC(PLMV1.0)、IDEAL(PLMV2.0)以及VPM1.5产品生命周期数据管理平台，产品定义数据规范性、准确性

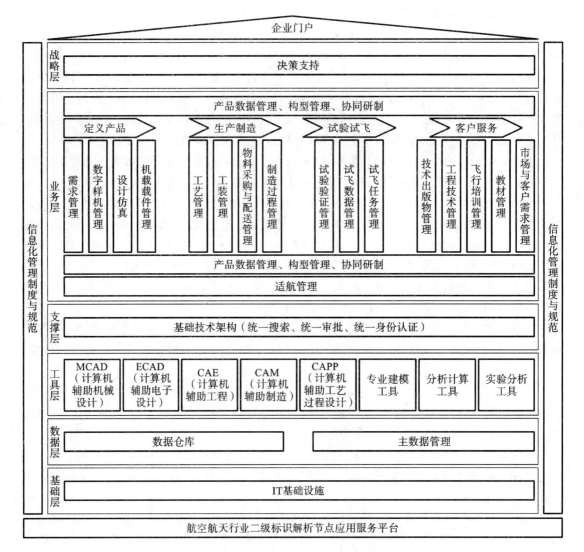

图 4.13 信息化架构图

得到提升,有力支撑了型号研制工作的开展。随着工业互联网的发展,以及大飞机全球研制的特性,为打破信息壁垒,使得产品设计、开发、制造、营销,以及售后服务等信息能更为高效、快速地流动,并且对产品开发各阶段不同信息能有效地加以管理,亟须建立基于工业互联网的标识解析系统。在此标识解析系统下,全生命周期数据管理平台的管理性能增强,进而使得产品开发时间大幅缩短,节省可观的资源,企业也能更紧密地结合上、中、下游各环节的研制系统,缩短反应时间,并有效控管生产资源,进而强化市场竞争力。

可制造性设计(design for manufacturing,DFM)主要研究产品本身的物理特征与制造系统各部分之间的相互关系,并把它用于产品设计,以便将整个制造系统融合在一起,从而进行总体优化,使之更规范,并能进一步降低成本,缩短生产时间,提高产品可制造性、质量及工作效率。

4.4 5G与工业互联网

4.4.1 国外5G工业互联网应用

诺基亚和高通联合建设了一个足以覆盖整个展厅区域的5G网络,从而实现各种5G应用的现场展示,比如基于5G的实时视频的自动导引车(AGV)应用,还有汽车工业的流程品质控制系统等。这是德国境内第一个覆盖5G网络的展厅。诺基亚还展示了其基于5G和物联网、机器人、AR/VR(增强现实/虚拟现实)技术的智能工厂Box2.0概念。

在汉诺威期间,爱立信在展区内运用5G技术支持六脚机械蜘蛛。蜘蛛的每只脚可视作一个机械臂,每个机械臂有3个关节,这些关节通过5G通信技术与总控制器无线互联。从控制器发出指令到6个机械臂的18个关节,再到这些关节向控制器给出反馈信号,全过程大约20 ms,延迟低于5 ms,这为机械蜘蛛的六条腿协同做高精度动作提供了基础。

爱立信携手瑞典工业巨头ABB共同签署了基于5G技术面向工厂自动化的谅解备忘录。两家公司此前在爱立信位于爱沙尼亚塔林的工厂已经合作实现了基于5G平台的工厂自动化,为产线提供了人工智能和机器学习能力。ABB将为5G射频设备的组装提供一套全自动的机器人解决方案。此前,爱立信还和瑞典运营商Telia以及沃尔沃建筑设备公司合作开发面向工业应用的5G网络,并用于沃尔沃在瑞典的研发中心。

德国大众公司展示了一条基于5G技术的微缩汽车组装流水线。每个零部件经过流水线时,经5G连接的传感器几乎能做到实时监测并传输数据。与现有的随机监测相比,这种生产方式的准确性和可靠性大幅提升。

4.4.2 国内5G工业互联网应用

制造业正在向数字化、柔性化等方向发展,促进生产效率和市场规模的不断提升。而设备的广泛连接是实现数字化和柔性化的重要一环。在传统模式下,制造商依靠有线技术来连接应用,但由于数据网络布线、设备移动性等限制,有线设备的连接数和场景具有局限性。

近些年无线解决方案逐渐增多,Wi-Fi、蓝牙等近距通信无线技术已经在制造车间立足,但随着连接需求的发展,这些无线解决方案在带宽、可靠性和安全性方面的限制难以适应更高要求的工业传输需求。

随着移动通信技术的发展,5G网络将从传统以人为中心的服务拓展至以物为中心的服务。根据不同的传输需求,5G定义了三大场景——增强型移动宽带(eMBB)、低时延高可靠通信(URLLC)和海量机器类通信(mMTC),适用于能源、车联网、工业控制等物联网行业的不同应用场景。聚焦到工业领域,5G致力于为工厂内从设备层到企业层的设备提供可靠、安全、可保障的通信机制。

4.4.3 基于5G的工业传输解决方案

5G蜂窝技术承载工业应用的业务数据,提供工厂全连接的无线网络,用以满足多种工业设备的入网和通信需求。同时,5G蜂窝技术和OPC UA相结合,能提供工厂内由上至下的工业通信解决方案,支持多种类型工业设备的互联互通。

5G蜂窝的解决方案能够促进工厂的智能化和数字化改造,使得生产制造系统具有高度灵活性；工厂车间的网络架构可以快速调整优化,有效提升网络化协同制造与管理水平。

基于 5G 蜂窝网络的工业传输解决方案是以 5G 蜂窝网络作为工业应用的传输承载网络,完成不同工业设备之间通信的解决方案。同时,基于 5G 蜂窝网络和 OPC UA 的结合,提供由工厂底层到高层不同层之间的通信以及同一层设备之间的通信,实现工厂内设备的全连接。

基于 5G 蜂窝网络的工业传输解决方案包含蜂窝网络设备以及工业终端设备。其中,蜂窝网络设备还包含蜂窝网络的基站设备和核心网设备。工业终端设备可以是 SCADA、PLC 以及各种工业输入输出设备。

工业数据通过蜂窝网络传输时,工业设备需要集成蜂窝模组,并实现工业应用和蜂窝模组的互通。基于 5G 蜂窝网络的工业传输解决方案中还包含边缘计算模块,基于该模块可以实现网络和应用的融合,获取应用的多样数据传输需求,同时应用的边缘部署实现了对工业数据的快速分析和超低时延响应。工业无线蜂窝网络部署如图 4.14 所示。

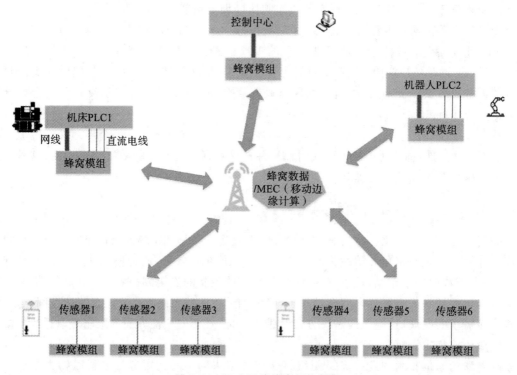

图 4.14 工业无线蜂窝网络部署

基于 5G 蜂窝技术的工业传输解决方案主要包含以下创新点。

1) 基于 5G 网络切片技术的数据传输机制

根据不同的工业应用数据传输需求,网络切片技术可提供不同的 QoS 连接,实现用一张智能化网络来提供差异化业务。5G 网络允许在每个网络切片中配置和重用网络元件功能以满足特定应用要求,且网络切片的每个片是隔离的,从而提高可靠性和安全性。5G 蜂窝网络既能保障传输的高确定性和可靠性,也能支持大量工业设备的连接场景。

2) 基于 OPC UA 的传输网络互连和传输控制机制

其主要包括基于 OPC UA 和蜂窝网络的映射,完成蜂窝网络对工业数据传输的支持,以及支持蜂窝网络和其他工业通信网络的互连,支持不同工业场景下传输资源的配置和对工业数据传输的控制;进一步支持工业应用在边缘侧的部署,作为网络和应用融合的平台,有效提高工厂的智能化水平。

4.4.4 基于5G和人工智能技术的产品质量实时检测和优化方案

基于5G和人工智能技术的产品质量实时检测和优化方案通过机器视觉、5G蜂窝无线、人工智能、边缘计算等技术的结合,实现了产品质量的实时高精度检测,通过工业云平台实现检测模型的迭代提高和共享。

当前,中国制造产品质量与国际品牌仍存在不小差距,其中一个主要因素就是中国工业产品的质检没有达到国际一流水平。我国现阶段工业品的质量检测基于传统人工检测手段,稍微先进一点的检测方法是将待检测产品与预定缺陷类型库进行比较,而上述方法的检测精度和检测效率均无法满足现阶段高质量生产的要求。例如,在汽车零部件中,齿轮轴和万向节的质量对车辆运行安全性和持久性有很大影响,当前检测技术主要依赖于将产品检测图像与预定义的缺陷类型库进行对比分析,缺乏一定的学习能力和检测弹性,从而导致检测精度和效率较低。

要改变这种现状,必须对现有检测模式进行升级,将智能化自动质检设备大面积运用在制造业产品检测中,提高检测效率和精度。

产品质量是企业的生命线,如何提高产品质量的检测效率和精度是企业一直关注的重点。本方案通过机器视觉、5G蜂窝无线、人工智能、边缘计算等新技术的有机结合,实现产品实时在线高精度检测,并通过工业云平台实现检测模型的迭代提高和共享。

本方案的优势体现在两个方面:① 采用5G边缘云对图像数据进行实时分析,与现有中心云技术相比,边缘云可以按需部署,可部署在汇聚、综合接入等边缘机房,实现业务本地化处理,在实时性、安全性方面更好地满足工业应用需要;② 采用5G技术,实现质量检测图像数据实时上传到云服务,云服务器端基于检测图像实时和历史数据的人工智能学习,实现算法自我进化。

本方案的整体架构如图4.15所示,共分为三层。

1) 设备层

设备层通过工业机器视觉实现产品质量的图像实时检测,并将实时图像数据传输至边缘层,进行智能分析决策,同时根据反馈结果实时操作。

2) 边缘层

边缘层接收工业视觉形成的产品图像数据,基于人工智能算法模型进行实时分析决策,同时将数据经过聚合后上传到中心云;同时接收经过训练的数据处理模型并进行更新,以提高检测精度。

3) 中心云

中心云接收来自边缘云聚合的数据信息、训练模型,将新模型的参数输出到边缘云端,完成数据的分析和处理,并根据周期数据流完成模型迭代。通过API(应用程序编程接口),中心云上的基于人工智能的检测模型可被第三方调用,实现模型的共享。

在本方案中,主要试验MEC边缘云与工控机的准实时性业务对接、与物联网设备管理平台的对接。为解决降低开销、降低时延、自适应响应等问题,需要一种新的网络资源模型,即为边缘节点配置计算和存储能力,让其在更接近高数量增长的终端设备的同时,降低云端的计算负载,降低服务延时,同时也降低整个网络的带宽开销。

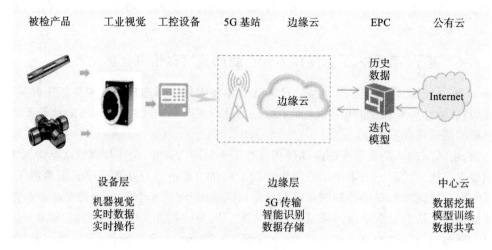

图 4.15 本方案的整体架构

5G 网络中，MEC 可作为独立设备进行灵活部署，可部署的位置（见图 4.16）包括边缘级、区域级、地区级。在实际部署中，需要根据业务类型、处理能力、网络规划等要求，将 MEC 部署于网络中的合适位置。本方案中，MEC 部署在接入级，位于接入机房，为客户提供业务本地处理能力。

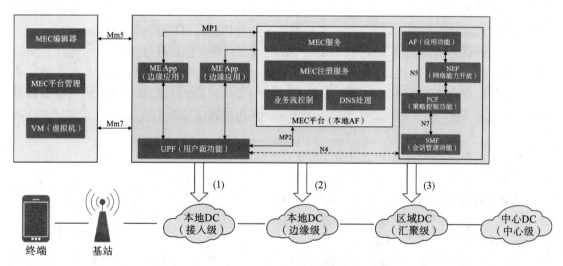

图 4.16 边缘云部署方案

从 5G 技术在智能制造中应用的角度而言，5G 在工业领域具有非常广阔的应用前景，5G 的三大场景 mMTC、URLLC、eMBB 将在工业领域助力实现全系统、全流程、全产业链、全生命周期的网络连接。本方案为 5G 在工业生产中应用的一次有益尝试，为未来 5G 大规模商用提供前期技术积累。

利用机器视觉技术实现产品质量检测精度和检测效率的大大提升，在降低生产成本的同时提高了产品质量，从而避免了产品质量问题带来的经济损失；同时利用机器视觉技术可对各类型的产品质量图像检测进行自主学习，大大提升了检测柔性，进一步提升了企业产品的市场竞争力，从而给企业带来巨大的经济效益。

边缘侧采用数据重构方法，支持异质型数据非透明设备的接入，可灵活配置支持多业务场景,包括设备厂商、终端工厂、设备租赁方、维修方、代理商等,让设备拥有者或者厂商可以远程管理自己销售出去的所有生产设备,实时获取设备运行数据和生产状态,从而基于设备的数据和统计,对设备生产的产品质量进行改进。

制造类企业客户可结合产品质量情况,同时利用车间中运行的所有机床设备及其运行状态、故障记录、产量、良品率、保养等生产因素,改善生产条件,改进工艺流程,让工厂设备可以完全智能化运转。

本章小结

本章主要介绍了工业互联网平台网络连接技术,分为四部分。第一部分介绍了工厂内外网络相关知识。首先介绍的是工厂内网络相关概念,工厂内网络需要解决的是怎么建、怎么管的问题,之后介绍了工厂外网络相关概念,工厂外网络需要解决的是怎么用的问题。第二部分主要从工业设备及产品概述、工业设备分类和工业设备接入三个方面介绍了工业设备接入知识,开发者实现工业设备与云平台进行连接、数据交互(上报、透传)、命令控制等活动。第三部分主要从整体架构、主流技术、发展现状和应用案例四个方面介绍了工业互联网标识解析。工业互联网标识解析是工业互联网的关键基础设施,其核心内容包括标识编码以及标识解析。第四部分主要从国内外 5G 工业互联网应用、基于 5G 的工业传输和基于 5G 与人工智能的相关技术介绍 5G 与工业互联网,通过 5G 蜂窝技术承载工业应用的业务数据,满足多种工业设备的入网和通信需求;同时,提供工厂内由上至下的工业通信解决方案,支持多种类型工业设备的互联互通。

本章习题

1. 简述工厂内网络连接内容。
2. 简述工厂外网络连接内容。
3. 工厂内网络和工厂外网络分别解决什么问题?
4. 工业设备的分类方式有哪些? 具体内容是什么?
5. 物联网的工业设备接入的方式是什么?
6. 边缘计算中完整的设备接入模块包括哪些部分?
7. 物联网接入领域的两大类标准和体系是什么?
8. 在数据传输方面工业设备接入面临哪些问题?
9. 现场协议能用于联网接入吗? 为什么?
10. 简述工业互联网标识解析的作用。
11. 工业互联网标识解析的主流技术有哪些?
12. 根据不同的传输需求,5G 定义了哪三大场景?
13. 基于 5G 蜂窝网络的工业传输解决方案是什么? 它包括了哪两种设备?
14. 基于 5G 蜂窝网络的工业传输解决方案主要包含哪些创新点?
15. 基于 5G 和人工智能技术的产品质量实时检测和优化方案有哪些优势?

第 5 章　工业互联网平台边缘层技术

本章分别介绍了工业互联网平台边缘层的边缘计算技术和工业大数据采集技术。物联网、大数据、云计算等技术的发展,给工业互联网产业带来了深刻的变革,同时也对计算模式提出了新的要求。传统的云计算模式难以实现实时高效的支持基于万物互联的应用服务程序,因此催生了边缘计算模式,将计算存储能力下移至网络边缘,面向用户和终端,就近提供边缘处理服务。而工业大数据采集则是边缘层另一核心任务,针对工业生产制造中产生的海量数据资料,将数据分为设备数据、生产周期数据、生产运营数据等不同类型,再基于传感器、监控设备等对数据进行采集。本章对边缘计算技术和工业大数据采集技术的基本概念、发展现状、关键技术等进行了详细介绍。

5.1　边缘计算

5.1.1　边缘计算及其对工业互联网的意义

5.1.1.1　边缘计算的概念

边缘计算是在靠近人、物或数据源头的网络边缘侧,融合网络、计算、存储、应用核心能力的新网络架构和开放平台。边缘计算将传统的集中式云计算处理的方式,改为将计算存储能力下移至网络边缘,面向用户和终端的方式,就近提供边缘处理服务。当前,边缘计算已经成为 5G 时代的重要技术,国内外组织与机构都对其进行了大量的研究,其中包括欧洲电信标准化协会(European Telecommunications Standards Institute,ETSI)、第三代合作伙伴计划(3rd generation partnership project,3GPP)、中国通信标准化协会(China Communications Standards Association,CCSA)等。

5.1.1.2　工业互联网对边缘计算的需求

随着工业互联网发展和建设的不断深入,在工业互联网典型场景中需要超低网络时延以及海量、异构、多样性的数据接入,对数据中心的处理能力提出了新挑战,只有依靠"边缘计算+云计算"的新型数据处理模式才能够有效应对。边缘计算在数据产生源的网络边缘处提供网络、计算、存储及应用能力的开放平台。部署边缘计算后,数据可在本地处理,并安全地传输到云端,不仅可减小云端计算压力和传输带宽负荷,而且能缩短数据传输时间及减少安全隐患,还能够大幅提升用户体验。针对工业互联网领域需求,开展高性能、高可靠性边缘计算关键技术研究已经刻不容缓。

(1) 面向"新基建"和工业互联网发展的重大需求,边缘计算可促进工业互联网与 5G 网络建设和融合。

伴随国家"新基建"战略的不断推进,工业互联网处于蓬勃发展时期,目前超过 80% 的工业制造公司正在使用或计划使用工业互联网。工业互联网将产生海量的数据,如何有效地传输和处理数据已成为制约工业互联网发展水平和运行效率的瓶颈问题。针对工业互联网业务的应用,5G 定义了海量机器类通信应用场景。由于 5G 具有广覆盖、大连接和安全性能上的明显优势,因此基于 5G 网络通信构建工业互联网边缘云网络集群,能够适应工业互联网应用场景大数据量和低时延的特性要求,促进工业互联网与 5G 网络架构深度融合发展。

(2) 面向工业互联网数据传输处理的瓶颈问题,通过边缘计算技术提升工业互联网的发展水平和运行效率。

边缘计算能够有效化解工业互联网所产生的海量、异构、多样性数据,其中工业互联网边缘计算主要用于汇聚生产线、机器人、传感器等终端信息,支撑一定区域范围内的信息分析、交互、处理,可部署在办公、工厂或家庭区域,其主要应用场景包括智慧工厂、智慧办公等。通过在终端侧和网络边缘侧设置边缘计算节点,可将海量数据进行本地化处理,一方面降低了网络传输消耗和云中心的计算压力,另一方面通过降低响应时延提升了业务处理效率。基于边缘计算实现关键技术,将全面促进工业互联网的发展水平和运行效率。

(3) 面向工业互联网应用开发部署发展水平受限的问题,提升信息整合水平和应用服务增值能力。

当前工业互联网应用开发水平较低,终端采集数据和相关信息开发利用不足,工业互联网整体增值应用服务提供能力欠缺。针对上述面向工业互联网应用开发部署发展水平受限的问题,将边缘计算设备部署在网络边缘,实时感知和收集包含网络信息、用户信息、终端信息在内的各类边缘信息,并将这些信息包装成不同的服务能力,再通过统一接口设计向上层应用开放,将有助于提升工业互联网应用开发部署水平,助力应用服务增值能力的提高。基于边缘计算,能够进一步扩展工业互联网技术的适用场景,拓展基于工业互联网技术的新产品、新业态和新模式。

(4) 面向边缘计算平台实现和集群构建技术及标准欠缺的问题,通过边缘计算设备和异构资源开发管理提升边缘计算落地实现能力。

近年来边缘计算在任务迁移、缓存策略、性能优化等理论研究方面已经开展了一系列研究,并取得了一定程度的成果。然而,在真正落地实现、提供服务能力方面,边缘计算还处于初级阶段。尤其是边缘计算设备的平台架构、集群构建实现方面,技术和标准欠缺,可实用的平台和设备尚未成熟和形成。边缘计算设备平台的体系架构设计、网络集群构建的实现方法、异构资源的统一开发环境和自适应管理方法,能够为工业互联网和边缘计算相关标准的形成提供有力支持。

5.1.2 工业互联网领域边缘计算发展现状

5.1.2.1 边缘计算平台发展现状

ETSI 将边缘计算架构分为系统层、主机层、网络层。其中,主机层包含边缘计算平台、虚拟化基础设施的实体和边缘 App。其中边缘计算平台与工业互联网的结合最为紧密,边缘计算平台可实现获取无线网络信息、定位和带宽管理等功能,是边缘计算在工业互联网场景下落地实现的重要支撑。

国外比较有代表性的边缘计算平台包括 ParaDrop 和 Cloudlet 等。无线网关可以在 ParaDrop 的支持下扩展为边缘计算平台,可以像普通服务器一样运行应用,可以作为物联网的智能网关平台。Cloudlet 是一个可信且资源丰富的主机或集群,Cloudlet 将"移动设备—

云"的两层架构变成了"移动设备－Cloudlet－云"的三层架构。

国内研究机构也对边缘计算进行了大量研究,设计了一些边缘计算平台,包括:①面向穿戴应用的边缘计算平台。通过边缘计算平台与云端的协调,解决在只使用云端资源时穿戴应用存在的延时与带宽限制,并基于边缘计算平台实现了一个战场态势感知应用,实现小组作战时的信息实时共享。②基于服务化架构的移动边缘计算平台。该平台与服务化架构具有统一的设计方式及协议,使用服务化接口作为网络功能的通信方式,将移动边缘计算的功能模块化并设计为网络功能,再进一步设计为网络功能服务。

5.1.2.2 工业互联网领域边缘计算平台发展现状

当前,工业互联网领域边缘计算平台还处于发展阶段,很多技术尚且不够成熟,边缘计算在组网、管理和资源方面都面临着技术挑战。

在组网方面,针对独立网络结构复杂、效率低下的问题,提出了多业务边缘计算的IP承载网络架构,网络采用SDN转控分离架构,由SDN编排控制器对网络QoS提供端到端保障;在管理方面,国内机构在面向移动边缘计算的场景中,考虑边缘服务器的广地域分布和处理能力异构性,针对普通应用的大规模边缘计算组网资源管理,提出了大规模边缘计算分布式资源管理和协作域划分方案;在资源方面,针对边缘计算中的数据中心资源部署问题,结合虚拟化技术将不同应用需求的服务资源抽象为不同的虚拟机进行部署与管理,通过建立数学模型将最小化系统中的资源总量的资源部署问题转化为混合整数线性模型,最终给出了资源部署策略的最优解。

5.1.2.3 边缘计算的安全可靠性研究现状

边缘计算弥补了云计算在实时性、带宽限制、高能耗等方面的缺点,提高了万物互联时代中对数据的处理效率,但与此同时,边缘计算中的隐私保护、数据安全以及可靠性问题也随之出现。

针对边缘计算在电信领域的安全问题,国内外学者提出应用隔离、可信计算、可信第三方应用程序和网络接口保护等多项安全措施。采用流量隔离、虚拟机隔离、访问控制、完整性保护和安全沙箱等技术实现应用程序隔离;建立可信计算平台,防止包括物理攻击在内的多种攻击方式;通过身份验证和授权、虚拟化技术、多种隔离技术相结合的方式构建可信的第三方应用程序平台。

5.1.2.4 边缘计算在物联网和工业互联网中的应用现状

物联网和工业互联网已进入快速发展阶段,目前经历着从互联向智能,从智能向自主的演进。在5G的万物互联时代,面对集中式的数据存储和处理模式所存在的难题,边缘计算应运而生,通过在网络边缘提供IT服务环境和计算能力,减少网络操作和服务交付的时延。

目前,各个工业强国均推出了云边一体化边缘计算平台,构建了集AI技术、模型训练、算法部署于一体的边缘平台,并部署在工业生产线上,以解决众多复杂的工业生产问题。九州云结合工业互联网、边缘计算、云计算和大数据等技术,根据重复型制造行业的典型需求,实现了基于工业互联网平台的边缘智能应用模式。九州云针对数控加工上下料自动化、设备联网化、过程无人化和运维智能预测化的需求,联合西格数据推出了基于StarlingX的刀具监测与寿命预测智能管理边缘计算平台。该方案基于StarlingX技术,以CNC机加工设备的物联为基础,对主轴负载数据进行采集与分析,实现边缘侧刀具在加工过程中的实时状态监测、寿命预测管理和数据信息可视化。边缘数据能够统一在核心云平台进行管理,集成了市场上约 85% 的不同品牌类型的 CNC 系统,可实现车间看板、PC 端、移动端同时在线监控和索引。

5.1.3 工业互联网边缘计算关键技术

在工业互联网中,可以 5G 网络作为通信手段,构建工业互联网边缘云网络集群,边缘云基于 5G 增强型移动宽带、低延迟高可靠通信、海量机器类通信的应用场景,结合 5G 网络保证本地流量导向边缘设备,其中流量分类是边缘应用部署的技术前提。工业互联网边缘设备平台架构拟采用边缘 CT 和边缘 IT 物理隔离的部署模式,搭建集群化的基础设备资源平台,为边缘应用提供计算、存储、网络、加速器等的统一资源池。工业互联网边缘设备采用统一的基础资源管理和统一运维管理,保证高效运维,提升资源利用率。工业互联网边缘应用要求边缘设备平台具有高性能、高可靠性、高可用性,因此其将基于多级容错重构技术,实现基础设施、虚拟化平台和应用的高可靠、可持续运行。以下从 6 个方面具体介绍工业互联网边缘计算关键技术。

5.1.3.1 基于 5G 的边缘云网络集群构建方法

边缘计算将高带宽、低时延、本地化业务下沉到网络边缘,部署边缘云集群,实现固定和移动终端通过 5G 空口低延时接入,在靠近移动和固网终端处设置边缘汇聚机房,加强云网协同质量保障,发挥低延时、大带宽、高可靠的接入网络的优势,搭建大算力、高转发电信级边缘云基础设施,建设专业高效的本地运维能力。边缘云基础设施实现与 5G 电信云基础设施共享,提高资源使用效率。边缘云集群基于云的快速开发和业务部署能力,实现标准接口软硬件、应用和平台的整合功能。

5.1.3.2 高性能边缘设备平台架构

图 5.1 为边缘设备平台架构设计图。边缘设备平台采用边缘 CT 能力平台和边缘 IT 能力平台硬件物理隔离的组成方式,在虚拟化平台部署应用系统 UPF 和 MEP;UPF 下沉于边缘,SMF 采用选择策略,MEP 作为边缘计算业务能力平台,提供无线网络信息服务(RNIS)、带宽管理、业务路由规则、无线室内定位等服务。这些服务通过网络能力开放框架,以 API 接口方式提供服务。边缘 IT 能力平台采用超融合架构和软件定义数据中心技术,将分布式块存储、虚拟化计算、数据保护、网络管理等 IT 基础服务充分整合与优化,实现敏捷、弹性、经济的边缘云数据中心,边缘 IT 平台部署边缘应用并对能力平台进行全生命周期管理。

1. 边缘 CT 能力平台

如图 5.2 所示,边缘 CT 能力平台可采取以 OpenStack 开源云管理平台为基础,并融合 NFV(网络功能虚拟化)架构,建立 IaaS 边缘云计算和管理平台。边缘 CT 能力平台通过共享存储、计算、通信、硬件及加速资源定义基础资源池,通过统一部署、统一安全认证实现统一资源管理,通过管理组件融合提升管理效率,支持容器、虚拟机资源统一调度管理,利用现有资源池,平滑引入容器而实现虚拟化层融合。

2. 边缘 IT 能力平台

如图 5.3 所示,边缘 IT 能力平台拟采用超融合架构,以软件定义的方式提供虚拟化、存储、虚拟网络等基础架构服务。

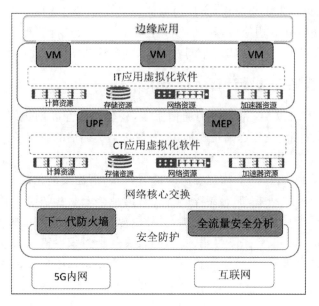

图 5.1　边缘设备平台架构设计图

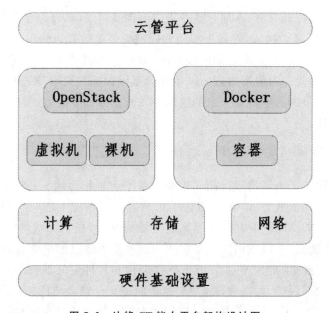

图 5.2　边缘 CT 能力平台架构设计图

边缘 IT 能力平台的核心服务包括虚拟机服务、块存储服务、运维服务、Web 控制台、双活集群、备份服务。其中,通过超融合操作系统虚拟机服务提供内置虚拟机服务;块存储服务为各种不同负载提供统一的存储服务;Web 控制台是包含基础架构管理及虚拟化运维和监控的统一管理平台。

5.1.3.3　边缘设备统一管理方法

边缘设备的统一管理如图 5.4 所示。

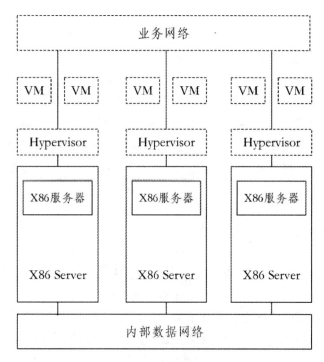

图 5.3 边缘 IT 能力平台架构设计图

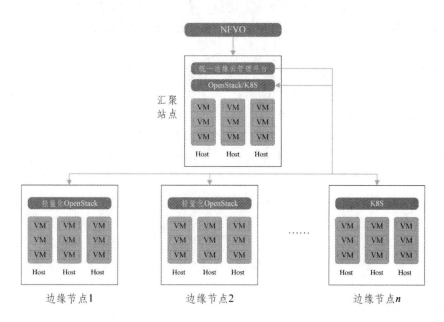

图 5.4 边缘设备的统一管理

1) 统一资源管理

对所有边缘节点上的资源池（计算、存储、网络等）进行统一管理和分配，提供统一的界面以集中监控各边缘节点上物理资源的拓扑、告警、性能、容量等信息，并为基础设施管理员提供日志和告警分析等故障定位手段。通过 NFVO（网络功能虚拟化编排器）部署直接对接统一边缘云管理平台，避免和所有边缘节点的资源池进行对接，对所有边缘节点上的虚拟机（VM）/容器进行统一编排和部署。

2)统一运维管理

为各边缘云内的 VIM(Unix 及类 Unix 系统文本编辑器)提供统一的运维管理,包括站点管理、用户/租户管理、功能配置、镜像分发、集中备份、升级/补丁管理、巡检、API 分发等;提供统一的 FCAPS(错误、配置、计账、性能和安全)管理,统一的告警、配置和性能统计;提供智能简便的自动化工具,快速实现安装和升级、快速巡检和开局检查、快速故障分析和定位、日志分析等,提升运维效率;提供完善的日志管理功能,能够对操作日志、系统日志以及数据库等第三方软件的日志进行集中管理,并可对日志进行自动分类和检查,能够快速从日志中获取需要的信息,协助进行故障定位以及操作审计。

5.1.3.4　高性能边缘计算平台设备

1. 轻量化 Openstack 组件

受限于边缘站点机房的环境,MEC 边缘云的部署规模通常较小,单站点部署的服务器数量较少,可提供的硬件资源有限,而传统安装 Openstack 等基础设施平台及管理模块的方式会占用大量资源,造成边缘云的资源浪费。因此需要实现轻量化部署,减少平台和管理部分占用的资源,提高边缘云的资源利用率。具体措施包括:

(1)通过对 Openstack 进行裁剪,只保留必要的组件,去掉多余组件,减少对边缘云上计算和存储资源的占用;

(2)采用虚拟机+容器双核方案实现上层应用的轻量化部署,便于快速部署和升级;

(3)支持包括 GPU(图形处理器)、FPGA(现场可编程逻辑门阵列)、AI 芯片、智能网卡等异构硬件加速器。

优化后的 Openstack 与边缘云上的计算节点合设,不独占物理资源,以减少控制部分的资源占用,不仅大大降低了边缘云的资源需求,也大大提高了 MEC 边缘云的管理效率。

2. SSD(固态硬盘)缓存加速存储

服务器 CPU 技术发展呈现多核、低能耗的趋势,以提升虚拟机密度的提供可能性。但传统架构中,由于随机 IO 能力比较有限,因此面对服务器虚拟化场景,IO 瓶颈往往成为阻碍虚拟机的密度提升的关键要素。

可使用高性能 SSD 作为缓存加速存储,每个节点都能获得极高的随机 IO 能力,大大提升虚拟机的密度;水平扩展及动态负载均衡技术,使得在超融合平台扩展的同时也能保证集群性能线性增加。存储模块实现了 SSD 和 HDD 的混合存储,兼顾 SSD 的性能及 HDD 的容量和价格,并且研究了 SSD 优化技术,包括冷热数据智能分层、写缓存 SSD 优化、数据预读取等。

3. 高性能数据优化技术

边缘计算平台所采用的高性能数据优化技术是分布式存储技术。分布式存储能够高效地管理读缓存和写缓存,并且支持自动的分级存储。分布式存储通过将热点区域内数据映射到高速存储中,来提高系统响应速度;一旦这些区域不再是热点,那么存储系统会将它们移出高速存储。而写缓存技术则可通过配合高速存储来明显改变整体存储的性能,按照一定的策略,先将数据写入高速存储,再在适当的时间进行同步落盘。在统一的平台上提供文件、对象、块存储,具有成本低、分布式扩展性好、无单点故障可靠性高、自动负载均衡、自动修复和自动检测等优点。

4. 虚拟机性能优化

支持虚拟机的 vCPU（虚拟处理器）与物理机的 CPU 核绑定，保证虚拟机的 vCPU 资源不被其他虚拟机所抢占，从而保证关键应用的性能和实时性。在为虚拟机分配 vCPU 和内存时，应考虑处理器的非统一内存访问特性，使虚拟机访问内存性能达到最优，提高业务性能。对于支持巨页的处理器，支持进行巨页设置，使虚拟机能使用巨页，提高内存访问性能。对基于内核的虚拟机进行实时性增强，减少主机中断、内核同页合并，以及 VM-Entry 和 VM-Exit 等操作对虚拟机的影响，可提升虚拟机的性能和实时性。

5.1.3.5 应用业务开发部署方法

边缘设备可实时感知和收集网络信息，并将这些信息开放给第三方应用，优化业务应用，提升用户体验，实现网络和业务的深度融合。

在边缘云架构中引入边缘计算能力平台（MEP），通过 MEP 南向接口获取下层网络的相关信息（实时位置、链路质量、漫游状态等），并将这些信息包装成不同的服务能力，如 LBS（基于位置服务）能力、无线网络信息服务能力、QoS 能力、带宽能力等，再通过北向统一 API 接口开放给上层第三方应用，从而提供更多的增值服务或提升服务质量。同时 MEP 也可以将感知的上层应用服务相关信息，比如业务时长、业务周期、移动模式等反馈给下层网络，下层网络通过分析这些信息，进一步优化资源配置与会话管理。

1. 无线室内定位

通过融合室内基站、蓝牙等多种定位技术，提供室内定位能力，同时还可以通过物联网管理平台与地磁、消防喷头、火灾报警器等无线传感器等进行联动管理。可通过 API 方式开放给应用，提供室内导航、智能停车等业务应用，从而在现有通信能力的网络基础上叠加提供位置服务能力。

2. 业务规则管理配置

提供业务规则管理配置功能，边缘应用可以通过相关的业务规则配置接口动态改变本地分流策略，实现按域名、IP 五元组、用户、基站位置等多种方式来对本地业务进行灵活控制。

3. DPI/TCP 优化

以优化网络性能、提升用户 QoE（体验质量）为主要目标，基于 DPI（深度报文解析）功能实现深度报文识别，把识别结果通过随路报文传送至基站，基站按照设定的策略实现对特定业务类型的差异化调度算法保障，从而获得更好的业务体验。

TCP 优化方案将主要采用无线网络特有的 TCP 空口优化与有线侧的 TCP 拥塞优化结合，通过 HTTP 分片代理、TCP 透明代理、TCP 拥塞控制、无线资源调度优化等功能来提升 TCP 业务的性能。

4. 无线网络信息服务

无线网络信息服务（radio network information services，RNIS）向边缘应用和边缘平台提供无线网络相关的服务信息，通过这些信息可以优化现有服务。RNIS 能够提供如小区 ID、无线信道质量、小区负荷和吞吐量等信息，后续随着 AI 等人工智能分析推理能力的引入，可以实现业务 QoS 从用户级向流级、报文级的更细粒度发展，提供位置感知、链路质量预测等创新能力。

5.1.3.6 边缘系统多级容错重构技术

为保证边缘应用的高可用性，无论是控制器还是磁盘发生故障都不会影响数据的可用性，可通过如下具体技术实现。

1. 硬盘级数据块校验

通过数据校验(data checksum)方式,应对静默数据损坏。

2. 节点级保护与自动数据恢复

节点间通过多副本机制进行数据保护;部件或节点故障时,自动利用已有空间,多节点并发数据恢复,时刻确保数据冗余度符合预期。在存储数据之前,分布式存储对数据进行了分片,分片后的数据按照一定的规则保存在集群节点上。为了保证多个数据副本之间的一致性,分布式存储通常采用的是一个副本写入,多个副本读取的强一致性技术,使用镜像、条带、分布式校验等方式满足不同的可靠性需求。在读取数据失败的时候,系统可以通过从其他副本读取数据并重新写入该副本进行恢复,从而保证副本的总数固定;当数据长时间处于不一致状态时,系统会自动进行数据重建恢复,同时可设定数据恢复的带宽规则,最小化对业务的影响。

3. 机架级别保护

通过机架拓扑配置自动将副本放置到不同机架上,防止单个机架掉电或故障而引发集群无法访问的情况,进一步提高存储的可靠性。机架级别保护还支持虚拟机的异地重生,即系统会主动检测物理机异常,并且在检测到物理机异常后,能够将该物理机上的虚拟机在其他物理机上重新启动,以减少业务损失。

4. 快照保护

通过为存储生成快照,可将数据快速恢复至快照时的状态,保障数据安全。多时间点快照技术支持同时提取多个时间点样本并同时恢复,这对于很多逻辑错误的灾难定位十分有用。多台服务器或虚拟机可以通过比照和分析,快速找到哪个时间点才是需要恢复的时间点,降低了故障定位的难度,缩短了定位时间,有利于进行故障重现,从而进行分析和研究,避免灾难在未来再次发生。多副本技术、数据条带化放置、多时间点快照和周期增量复制等技术为分布式存储的高可靠性提供了保障。

5.2 工业大数据采集

5.2.1 数据采集的概念

数据采集是使用智能采集设备,结合相应采集技术,获取物理世界对象信息的过程。数据采集是物理世界与信息世界交互的重要环节,采集设备是实现这一环节的关键。通常,采集设备有较高的实时性,能够利用自身的感知机制实现现场信息的即时采集,通过显示接口将数据展现给用户,可以存储传输采集的记录,通过一定的数据预处理分析功能减少后续的计算量。数据采集技术广泛应用在各个领域。比如摄像头、麦克风,都是数据采集工具。

被采集数据是已被转换为电信号的各种物理量,如温度、水位、风速、压力等,可以是模拟量,也可以是数字量。采集一般使用采样方式,即隔一定时间(称为采样周期)对同一点数据重复采集。采集的数据大多是瞬时值,也可是某段时间内的一个特征值。准确的数据测量是数据采集的基础。数据测量方法有接触式和非接触式之分,检测元件多种多样。不论哪种方法和元件,均以不影响被测对象状态和测量环境为前提,以保证数据的正确性。数据采集含义很广,包括对连续物理量的采集。在计算机辅助制图、测图、设计中,图形或图像数字化过程也可称为数据采集,此时被采集的是几何量(或包括物理量,如灰度)数据。

5.2.1.1 传统工业数据采集

数据采集系统影响各行各业的产业,发展到现在有着广泛的用途,包括监控竞争对手最新信息、发现和收集潜在客户信息等。

数据采集系统起始于20世纪50年代,首先研究了用在军事上的测试系统,目标是在测试中不依靠相关的测试文件。20世纪70年代中后期,随着微型机的发展,采集器、仪表同计算机融为一体的数据采集系统诞生了。这种数据采集系统由于性能优良,超过了传统的自动检测仪表和专用数据采集系统,因此获得了惊人的发展。从20世纪70年代起,数据采集系统在发展过程中逐渐分为两类,一类是实验室数据采集系统,另一类是工业现场数据采集系统。就使用的总线而言,实验室数据采集系统多采用并行总线,工业现场数据采集系统多采用串行数据总线。

串行总线数据采集系统逐渐向分布式系统结构和智能化方向发展,可靠性不断提高。数据采集系统的物理层通信由于采用RS485、双绞线、电力载波、无线和光纤,所以其技术得到了不断发展和完善。其在工业现场数据采集和控制等众多领域得到了广泛的应用。随着目前局域网技术的发展,一个工厂管理层的局域网、车间层的局域网和底层的设备网已经可以有效地连接在一起,可以有效地把多台数据采集设备连在一起,以实现生产环节的在线实时数据采集与监控。

随着计算机技术的飞速发展和普及,数据采集系统也迅速得到应用。在生产过程中,应用数据采集系统可对生产现场的工艺参数进行采集、监视和记录,为提高产品质量、降低成本提供信息和手段。在科学研究中,应用数据采集系统获得的大量动态信息,是研究瞬间物理过程的有力工具,也是获取科学奥秘的重要手段。总之,不论在哪个应用领域中,数据采集与处理越及时,工作效率就越高,取得的经济效益就越好。

数据采集系统的任务,具体地说,就是采集传感器输出的模拟信号并将其转换成计算机能识别的数字信号,然后送入计算机,根据不同的需要由计算机进行相应的计算和处理,得出所需的数据。与此同时,可将计算得到的数据进行显示或打印,以便实现对某些物理量的监视,其中一部分数据还将被生产过程中的计算机控制系统用来控制某些物理量。

5.2.1.2 工业大数据采集

尽管工业大数据有所创新发展,工业数据的采集已不存在问题,但对工业大数据的分析利用明显落后于对互联网大数据的分析利用。

工业大数据即工业领域数据及相关技术和应用的总和,其内核是生产业务、设备物联和外部跨界数据,同时又外延至相关技术及应用。就工业大数据本身而言,其横向跨越产品需求、设计、研发、工艺、制造、供应、库存、服务和运维、报废或回收再制造等全生命周期各个环节,纵向涉及企业、供应链、产业链和生态链,行业管理和宏观经济三个层面的内容。而工业大数据技术及应用指的是结合特定工业场景,通过数据采集、整合、存储、挖掘、可视化等一系列技术方法,将工业大数据中包含的价值信息释放出来,以提升生产运作和经营管理水平,促进产品及商业模式的创新。与传统大数据相比,工业大数据还具备以下特点。

(1) 容量大。数据的大小决定了所考虑的数据价值和潜在信息。工业数据体量比较大,大量机器设备的高频数据和互联网数据持续涌入,大型工业企业的数据集规模将达到PB级别甚至EB级别。因此,海量数据存储系统也一定要有相应等级的扩展能力。与此同时,存储系统的扩展一定要简便，可以通过增加模块或磁盘柜来增加容量，甚至不需要停机。

（2）多样。工业数据类型具有多样性，来源广泛。工业数据广泛分布于机器设备、工业产品、管理系统、互联网等各个环节。数据结构复杂，既有结构化和半结构化的传感数据，也有非结构化数据。

（3）快速。获得和处理数据的速度快。工业数据处理速度需求多样，生产现场级要求时限时间分析达到毫秒级，管理与决策应用需要支持交互式或批量数据分析。这是大数据区别于传统数据的显著特征。

（4）价值密度低。工业大数据更强调用户价值驱动和数据本身的可用性，包括提升创新能力和生产经营效率，促进个性化定制、服务化转型等智能制造新模式变革。传统数据基本都是结构化数据，每个字段都是有用的，价值密度非常高。而越来越多的工业大数据都是半结构化和非结构化数据，里面大量内容都是没价值的，真正有价值的比较少，虽然数据量比以前大了许多倍，但价值密度确实低了很多。即使有海量的结构化数据，也需要大数据技术才能处理。

（5）时序性。工业大数据具有较强的时序性，如订单、设备状态数据等。时序数据是工作和生活中常见的一类数据，它是经过一定的采集技术、按照一定的时间间隔收集到的不同时刻上的观测值的数据集合，所以时序数据中往往每个观测结果均带有时间戳。在计算机技术和存储能力不断提高的今天，设备可以将诸多的时序数据存储下来。时序数据广泛出现并存在于各个行业或领域，比如商业活动中，商场的POS（销售终端）或摄像系统中收集了大量的销售信息；在大型金融中心和众多证券公司中，数据存储部门积累了大量的股票信息。因此，对时序数据的研究存在于各行各业。

（6）强关联性。一方面，产品生命周期同一阶段的数据具有强关联性，如产品零部件组成、工况、设备状态、维修情况、零部件补充采购等；另一方面，产品生命周期的研发设计、生产、服务等不同环节的数据之间需要进行关联。例如汽车行业大数据应用强关联性实现高效售后服务。

（7）准确性。准确性主要指数据的真实性、完整性和可靠性，更加关注数据质量，以及处理、分析技术和方法的可靠性。对数据分析的置信度要求较高，仅依靠统计相关性分析不足以支撑故障诊断、预测预警等工业应用，需要将物理模型与数据模型相结合，挖掘因果关系。

（8）闭环性。闭环性包括产品全生命周期横向过程中数据链条的封闭性和关联性，以及智能制造纵向数据采集和处理过程中，需要支撑状态感知、分析、反馈、控制等闭环场景下的动态持续调整和优化。

5.2.1.3 工业大数据采集与传统工业数据采集的区别

工业大数据的优势：首先，对于一般的工业而言，大数据的作用主要表现在两个方面，分别是数据的分析使用和二次利用。大数据的运用不仅标志着时代的进步，同时还激励着人们进行更深领域的探究。其次，大数据可以提高数据的可用性，大数据需要尖端的可视化数据工具，以把所有的数字和数据点转化成一些更具体的数据。这将增加数据整体的可用性，以便企业自己或他们的用户使用。最后，大量的云服务器支撑，7×24 h不间断运行，可实现定时采集，无须人员值守，灵活契合业务场景，提升采集效率，保障数据时效性。工业数据采集满足数据来源多、数据采集量大、实时性高的需求，同时具有较高的可扩展性，能够提供定制服务。以下详细比较了传统工业数据采集和工业大数据采集技术上的不同。

1. 传统工业数据采集

数据产生方式：被动采集数据。例如页面数据、交互数据、表单数据、会话数据，只能通过行为产生并且记录。

数据采集密度：因为受限于数据的产生方式，所以采样的密度较低，采样的数据有限。

数据源：数据源获取较为孤立，不同数据之间添加的数据整合难度较大。例如，数据来源不同，数据内部结构差异很大，要整合不同源的数据是很困难的。

数据处理方式：大多采用离线处理方式，对生成的数据集中分析处理，不对实时产生的数据进行分析。

2. 工业大数据采集

数据产生方式：主动生成数据。例如商业数据、互联网数据、传感器数据，往往数据的产生伴随着行为的过程，在过程中就已经产生数据。

数据采集密度：利用大数据平台，可对需要分析事件的数据进行密度采样，精确获取事件全局数据。

数据源：利用大数据技术，通过分布式技术、分布式文件系统、分布式数据库等技术对多个数据源获取的数据进行整合处理。

数据处理方式：较大的数据源、响应时间要求低的应用可以采取批处理方式集中计算；响应时间要求高的实时数据处理采用流处理的方式进行实时计算，并通过对历史数据的分析进行预测分析。

5.2.2 工业大数据的数据类型

工业大数据，即制造车间生产过程中和管理过程中海量资料的数字化结果。要进行工业大数据分析，最基础的工作是采集数据，采集的主体包括各类传感器、监控设备、生产设备和生产人员等。根据数据产生过程和主体的不同，工业大数据可分为设备数据、生产数据、运营数据和环境数据。

5.2.2.1 设备数据

设备数据是指数控装备等物理设备自身在工作中产生的数据，比如智能停车用的车位检测器的数据。这些数据一般被嵌在生产设备中的传感器、摄像机和 RFID 读取器等采集器采集。美国提出的信息物理系统（CPS）将物理设备接入互联网并建立了传输通道，使得物理设备产生的结构复杂且可能包含新类型的数据可以被源源不断地采集。

除了 CPS 外，基于互联网云中的大数据处理和分析系统可收集和分析来自支持 IoT 设备的数据。这些数据处理方案都可以将数据转化为有价值的信息，用于帮助生产人员或智能机器做出更具相关性和指导性的决策。

5.2.2.2 生产数据

生产数据包括产品和机器设计的数据，制造过程的成本和操作数据，以及经营、设备调试和维护等这些生产过程中产生的数据。利用这些数据，可以对生产对象的生产过程进行管理。如企业在产品由原材料到成品的各个环节可以产生大量的贸易和消费数据，通过数据挖掘和分析，可以帮助企业进行需求分析和成分控制。

对于后期服务，分析生产数据，可以将产品设计缺陷和生产加工过程的缺陷挖掘出来，从而更早地发现问题。

5.2.2.3 运营数据

车间生产的产品在运营过程产生的数据有成本、产品可用率、产品维修率、反馈的数据和建议等。从更大的方面讲,运营数据包括组织结构、生产系统、设备系统和质量控制等方面的数据。数字化车间正常运行也需要深度分析产品的产后使用故障率等数据,这些数据可以更好地提高数字化车间的生产质量。

大数据技术及车间采集和通信技术等的发展使得通过数据挖掘和知识发现为数字化车间等制造主体提供全面系统的信息成为可能。例如,数据挖掘可以发现设备设计缺陷、产品设计缺陷、设备健康状况以及生产加工缺陷等信息,当然这也只是工业大数据中可提取信息的冰山一角。

5.2.2.4 环境数据

环境数据指运行设备周围环境所包含的信息数据,主要包括布置在机床上的设备诊断系统的数据,库房、车间的温湿度数据,以及能耗数据、废水废气的排放数据等。这些数据对工业生产过程有约束作用,所以,对环境数据的利用、分析也可具有对设备的正常工作进行正反馈的作用。

5.2.3 工业大数据采集技术

大数据采集技术就是对数据进行提取(extract)、转换(transform)、加载(load)操作,简称为ETL操作,挖掘数据的潜在价值,给用户提供解决方案或者决策参考的技术。数据从数据来源端经过提取、转换、加载后到目的端,然后进行处理分析。用户从数据源提取所需的数据,经过数据清洗,最终按照预先定义好的数据模型,将数据加载到数据仓库中去,最后对数据仓库中的数据进行数据分析和处理。数据采集是数据分析生命周期中的重要一环,它从传感器、社交网络、移动互联网等数据来源端获得各种类型的结构化、半结构化及非结构化的海量数据。由于采集的数据种类错综复杂,因此必须通过提取技术对这些不同种类的数据进行数据分析。从数据原始格式中提取出需要的数据,此阶段可以丢弃一些不重要的字段。对于提取后的数据,由于数据源头的采集可能不准确,所以必须进行数据清洗,对那些不正确的数据进行过滤、剔除。针对不同的应用场景,对数据进行分析的工具或者系统不同,还需要对数据进行转换操作,将数据转换成不同的数据格式,最终按照预先定义好的数据模型,将数据加载到数据仓库中去。

5.2.3.1 基于传感器网络的数据采集技术

生产线自动运转主要是通过可编程序控制器来控制完成的。一般说来,可编程序控制器由三部分组成:一是输入部分,收集并保存被控制对象实际运行的数据和信息;二是逻辑部分,处理由输入部分所取得的信息,并判断哪些功能需要输出;三是输出部分,提供正在被控的许多装置中,哪几个需要实时操作处理。

传感器应用广泛,既可以作为微控制器的一部分使用,也可以单独作为嵌入式系统使用。

传感器是一种检测装置,能感受到被测量的信息,并能将检测感受到的信息按一定规律变换成为电信号或其他所需形式的信息输出,以满足信息的传输、处理、存储、显示、记录和控制等要求。在生产车间中一般存在许多传感节点,它们24 h监控整个生产过程,当发现异常时可迅速反馈至上位机,可以算得上是数据采集的感官接受系统,属于数据采集的底层环节。传感器在采集数据过程中的主要特性是其输入与输出的关系。

传感器的特点包括微型化、数字化、智能化、多功能化、系统化、网络化。它是实现自动检测和自动控制的首要环节。传感器的存在和发展,让物体有了"触觉""味觉"和"嗅觉"等感官,让物体慢慢变得"活了"起来。传感器元件通常根据其基本感知功能分为热敏元件、光敏元件、气敏元件、力敏元件、磁敏元件、湿敏元件、声敏元件、放射线敏感元件、色敏元件和味敏元件等十大类。

传感器静态特性反映了其在被测量各个值处于稳定状态时的输入与输出关系,这意味着当输入为常量或变化极慢时,输入与输出关系就称为静态特性。我们总是希望传感器的输入与输出成唯一的对照关系,最好是线性关系。

一般情况下,输入与输出不会符合所要求的线性关系,同时由于存在迟滞、蠕变等因素的影响,输入与输出关系的唯一性也不能实现。因此我们不能忽视工厂中的外界影响,其影响程度取决于传感器本身,可通过传感器本身的改善加以抑制,有时也可以对外界条件加以限制。

在数控机床、工业机器人、PLC等数控设备上外加传感器,设置接口或附加智能采集硬件,在车间或工厂构建传感器网络,可通过OPC配置实现对工况状态、环境参数等设备及产品运行数据的采集。

5.2.3.2 基于自动识别感知的数据采集技术

随着经济全球化的发展和互联网的兴起,全球物流服务业、制造加工业加速发展。全球经济一体化的发展使得企业的采购、生产、仓储、销售、配送等协作关系日趋复杂,企业间的竞争已不仅是产品性能和质量的竞争,更是各方面多维的竞争。

射频识别(radio frequency identification,RFID)技术与MES等软件的结合应用,可大大减少浪费,节约时间和费用,从而实现供应链的无缝对接和整合。采用信息化管理手段对企业的生产、仓储、物流信息等进行一体化管理,可促进数据共享,提高货物和资金的周转率,提高工作效率。

RFID技术是一种非接触式的自动识别技术,通过射频信号自动识别目标对象并获取相关的数据信息,利用射频方式进行非接触双向通信,达到识别目的并交换数据。RFID技术可识别高速运动物体,并可同时识别多个标签,操作快捷方便。在工作时,RFID读写器通过天线发送出一定频率的脉冲信号,当RFID标签进入磁场时,凭借感应电流所获得的能量发送出存储在芯片中的产品信息,即passive tag(无源标签或被动标签),或者主动发送某一频率的信号,即active tag(有源标签或主动标签);阅读器对接收的信号进行解调和解码,然后将其送到后台主系统进行相关处理;主系统根据逻辑运算判断该信号的合法性,针对不同的设定做出相应的处理和控制,发出指令信号控制执行机构动作。

条码技术是实现POS系统、EDI(电子数据交换)、电子商务、供应链管理的技术基础,是物流管理现代化的重要技术手段。条码技术包括条码的编码技术、条码标识符号的设计技术、快速识别技术和计算机管理技术,它是实现计算机管理和电子数据交换不可缺少的前端采集技术。二维条码是用某种特定的几何图案按一定规律在平面分布的黑白相间的图形中记录数据符号信息的,在代码编制上巧妙地运用了计算机内部逻辑基础的"0""1"概念,使用若干个与二进制相对应的几何形体来表示文字数值信息,通过图像输入设备或光电扫描设备自动识读以实现信息自动处理。二维条码具有条码技术的一些共性：每个码制有其特定的字符集，每个字符占有一定的宽度，具有一定的校验功能等。同时，二维条码还对不同行的信息具有自动识别功能与处理图形旋转变化等特定功能。

5.2.3.3 基于数字化集成的数据采集技术

采用 WebService、数据仓库技术、可扩展标记语言（XML）等数字化集成工具及技术集成 CAPP、MES、ERP、PDM 等企业信息化系统，可实现对现有系统中积累的产品设计数据、生产计划信息、制造资源及物流供应等数据的采集和获取。这些数据主要包括以下两种类型。

1. 必须录入的数据

必须录入的数据指系统必须直接从外部获得的数据。系统可以通过规格基础定义功能以及过程数据基础定义功能完全自行建立属于企业自己的数据收集项目库，包括产品的编码、产品流程、工序名称、工艺条件目标等。

2. 系统自动生成的数据

生产过程中部分由事件触发的数据可以由系统在过程中自动收集，主要包括工序开始操作的时间、工序结束时间、设备状态等。这一类数据可在时间触发之后，根据原本设定的基础数据，由系统自动收集。

对于 MES，监控从原材料进厂到产品入库的全部生产制造过程，记录生产过程产品所使用的材料、设备，产品检测的数据和结果以及产品在每个工序上生产的时间、人员等信息。MES 收集信息并加以分析，以报表形式呈现生产车间的生产进度、目标达成状况、产品品质状况，以及生产的人、机、料的利用状况，使整个生产车间的生产流程完全透明化。生产的管理人员、总部的决策者亦能通过 MES 获取信息，运筹帷幄，而客户也可以通过 MES 知道订单进度、产品品质。

5.2.3.4 基于无线传感的数据采集技术

20 世纪末，随着信息技术与现代网络的发展、无线通信技术的日益成熟和嵌入式技术的广泛应用，传感技术逐渐发展了起来。各种具有感知、存储、传输功能的传感节点被研制出来，并逐渐向智能微型的方向发展。无线传感网络是通过组网技术将分散在各区域内的传感节点连接起来而形成的一种网络。无线传感网络具有感知、探测、采集感知范围内观测对象信息的能力，获取对象信息并预处理后，传输到上位机供用户使用。无线传感网络改变了信息采集的方式，在物联网应用中具有至关重要的作用，已经引起国内外各领域的重视。

5.2.3.5 基于工业计算机的数据采集技术

工业计算机首选嵌入式工控机。由于工控机经常会在比较恶劣的环境下运行，对数据的安全性要求也更高，是能够适应特殊、恶劣环境而工作的一种工业计算机，所以工控机通常具有加固、防尘、防潮、防腐蚀、防辐射等能力。同时，工业计算机对系统支持较好，可以运行 Windows、Linux 等系统。这种方式的开放性更强。

工业数据采集网关的特点如下。

（1）接口丰富：具有 RS485、RS232、CAN、ADC 等常见的工业端口，方便现场设备接入。

（2）协议转换：支持 Modbus、CAN、OPC 等现场总线协议，实现数据格式转换和统一；支持 MQTT、Json、212 协议，与云端平台快速对接。

(3) 边缘计算：基于 ARM 架构，工业级高性能处理器在数据源头的网络边缘侧进行数据预处理、存储以及智能分析应用，提升操作响应灵敏度，消除网络堵塞，并与云端数据分析形成协同。

(4) 数据同步：利用 5G/4G 高速率通信，数据可 12 个中心同步传输，管理协同更高效。

(5) 数据加密：采用 SM 国密加密通信，实现数据加密传输，防止数据泄漏、被侦听或篡改，保障数据采集和传输过程中的安全。

运用工业数据采集网关，可以快速实现数控机床设备状态数据接入、机床设备状态远程监测，进行集中一体化监控，对告警与控制设备进行联动。

工业数据采集网关应用如图 5.5 所示。

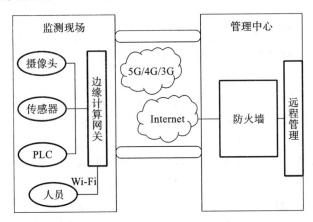

图 5.5　工业数据采集网关应用

5.2.3.6　基于 PLC 的数据采集技术

自动化系统中，可编程逻辑控制器（programmable logic controller，PLC）是数据采集与处理的核心模块。

PLC 实时数据采集系统的难点在于数据采集的高速实时性与上位机非实时操作系统数据处理之间存在时间差，此时间差容易造成数据丢失。要想解决此问题，要求采集硬件具有数据缓存的功能。要在非常短的采样周期内完成数据采集、缓存、打包发送等功能，对采集硬件的高速处理能力和软件处理的效率都提出了非常高的要求。

目前，PLC 在处理模拟量、数字运算、人机接口和网络的各方面能力都已大幅提高，成为工业控制领域的主流控制设备，在各行各业发挥着越来越大的作用。PLC 在国内外已广泛应用于钢铁、石油、化工、电力、建材、机械制造、汽车、轻纺、交通运输、环保及文化娱乐等各个行业，使用情况主要分为如下几类。

(1) 开关量逻辑控制：取代传统的继电器电路，实现逻辑控制、顺序控制，既可用于单台设备的控制，也可用于多机群及自动化流水线控制，如注塑机、印刷机、订书机械、组合机床、磨床、包装生产线、电镀流水线等。

(2) 工业过程控制：在工业生产过程当中，存在一些如温度、压力、流量、液位和速度等连续变化的量，即模拟量，PLC 采用相应的 A/D（模拟/数字）和 D/A（数字/模拟）转换模块及各种各样的控制算法程序来处理模拟量，完成闭环控制。PID 调节是一般闭环控制系统中用得较多的一种调节方法。工业过程控制在冶金、化工、热处理、锅炉控制等场合有非常广泛的应用。

（3）运动控制：PLC可以用于圆周运动或直线运动的控制。一般使用专用的运动控制模块，如可驱动步进电动机或伺服电动机的单轴或多轴位置控制模块，广泛用于各种机械、机床、机器人、电梯等。

（4）数据处理：PLC具有数学运算（含矩阵运算、函数运算、逻辑运算）、数据传送、数据转换、排序、查表、位操作等功能，可以完成数据的采集、分析及处理。数据处理一般用于如造纸、冶金、食品工业中的一些大型控制系统。

（5）通信及联网：PLC通信含PLC间的通信及PLC与其他智能设备间的通信。随着工厂自动化网络的发展，现在的PLC都具有通信接口，通信非常方便。

5.2.4 工业大数据采集技术应用

以风洞健康管理系统的数据采集系统为例，说明工业大数据采集技术的应用。

1. 已知条件

风洞实验室以人工的方式产生并且控制气流，来模拟飞行器或实体周围气体的流动情况。实验时，常将模型或实物固定在风洞中进行反复吹风，通过测控仪器和设备获得实验数据。

2. 设计思路

数据采集部分由传感器、数据采集器、数据采集网络组成，主要测点分布如图5.6所示。

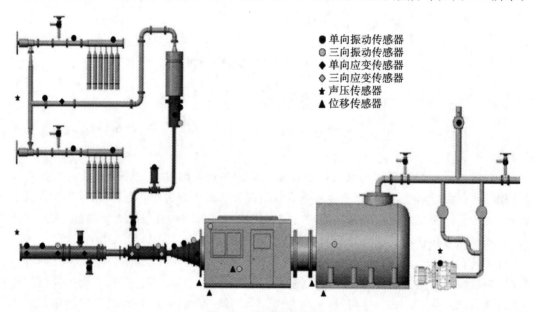

图5.6 主要测点分布

主要实验位置包括富氧空气管、氧气和氢气快速阀、氧气和氢气开阀、喷管、稳压供氢装置、试验舱段、真空罐、真空机组等。

实验方法：风洞正常运行，在不同测试对象下，利用各类传感器实时测量各部段的应变、振幅、噪声等数据，并对数据进行分析，找出边界物理量并做好记录，便于后期在线监测实验时使用。

3. 结果体现

实现风洞运行监测、诊断预测、健康管理、维护维修等多种功能一体化。

本 章 小 结

本章主要介绍了工业互联网平台边缘层技术,可分为两部分。第一部分介绍了边缘计算相关知识,首先介绍的是边缘计算相关概念和工业互联网领域对边缘计算的需求,之后介绍了边缘计算在工业互联网领域的发展现状,阐述了边缘计算在面对大数据时代时展现出的优势,即弥补了云计算在实时性、带宽限制、高能耗等方面的缺点。最后详细介绍了工业互联网边缘计算的关键技术——基于 5G 的边缘云网络集群构建、边缘设备平台架构的构建、设备的统一管理等,通过相关技术推动边缘计算在工业互联网方面的应用。第二部分主要从数据采集概念、数据类型、采集技术和应用实例四个方面介绍了工业大数据采集的相关知识。首先以传统工业数据的概念和采集方式为基础,简述了工业大数据时代背景下,工业大数据采集技术的不断发展和完善。其次介绍了不同数据类型的工业大数据,并展示了工业大数据对工业生产的重要性,从而显示了发展工业大数据采集技术的必要性。接着详细阐述了工业大数据的采集技术,针对不同工业场景,采用不同的数据采集技术对工业生产中产生的海量数据进行采集。最后以风洞数据采集系统为例,展现了工业大数据采集技术在健康管理方面的应用。

本 章 习 题

1. 什么是边缘计算?
2. 简述边缘计算和集中式云计算的区别和联系。
3. 边缘计算对工业互联网的作用有哪些?
4. 简述边缘计算的架构。
5. 当前的边缘计算平台主要有哪些?分别应用在哪些场景?
6. 边缘计算的关键技术包括哪些?
7. 5G 的边缘云网络集群的优点有哪些?
8. 边缘计算中,应用业务开发部署方法有哪些?
9. 边缘系统多级容错技术分为哪几级?并进行简要说明。
10. 简述边缘计算的应用场景及其未来的发展方向。
11. 工业大数据中的生产数据一般包含哪些部分?
12. 常用的数据采集技术有哪些?
13. 简述如何对数据进行 ETL 操作。
14. 基于传感器网络的数据采集技术具有哪些特点?
15. 简述 RFID 技术及其应用场景。
16. 基于数字化集成的数据采集技术有哪些常见的采集方式?
17. 简述工业数据采集网关的特点。
18. 基于 PLC 的数据采集技术按使用情况可分为哪几类?

第6章 工业互联网平台数据层技术

近年来,大数据的重要性凸显,世界上的许多国家都把大数据上升到国家战略的高度。实施大数据战略,离不开大数据技术的研究。回顾信息技术的发展历史,数据管理技术是信息应用技术的基础。与其他计算机学科相比,数据管理是整个领域为数不多的既有基础理论研究,又有系统软件研制,还有产业支撑的学科。专门从事数据管理系统软件和应用软件研制的甲骨文公司于 2013 年超越 IBM,成为继微软公司之后的全球第二大软件公司。如今,历史似乎又正在重演,大数据管理在大数据技术中表现得越来越重要。

6.1 工业互联网大数据管理

6.1.1 工业互联网大数据管理技术

大数据管理系统正在经历以软件为中心到以数据为中心的计算平台的变迁。计算机的研制最初是为了满足军事和科学计算的需要,应用软件的开发和系统软件的研制均以硬件为中心开展,且依赖于特定的计算机硬件环境。自微软公司 1980 年推出 MS-DOS(Microsoft disk operating system,微软磁盘操作系统)以来,MS-DOS 作为当时 IBM 的个人计算机和兼容机的基本软件,成为了个人计算机中最普遍的操作系统。随后,微软推出的首个带有图形界面的个人计算机操作系统 Windows1.0,逐渐成为个人计算机的预装软件。微软操作系统成功推动了底层要素的标准化,即底层硬件的可替代性。具体来说,操作系统统一将硬件标准化为设备,使用同样的接口,这样操作系统就可以运行在不同的硬件平台,使得底层硬件的可替代性得到了增强。与此同时,微软操作系统也成为新的中心,即应用软件的开发和系统软件的研制此后均以操作系统软件为中心展开。

大数据管理系统正在经历的另一个趋势是基础设施化。基础设施是指人们生活中不可或缺的设施服务,例如水电等公共服务、飞机公路等交通设施等。基础设施必须具备三个基本特征:第一,基础性,即社会运行不可缺少的东西;第二,规模性,只有达到了与社会经济状况相适应的规模才能提供有效的服务;第三,可靠性,不能经常出错,要能提供持续稳定的服务。我们正在步入数字经济和数字社会时代,软件作为一种使能技术,在数字社会中具有不可替代的作用,软件基础设施化的趋势也越来越明显,并具有其独特的表现:第一,基础性,计算作为数字社会中最重要、最基础的服务,需要通过软件来提供,计算能力通过软件的定义,可以呈现为丰富多彩的服务形态;第二,规模性,整个社会的计算能力或通过软件重定义的服务能力,必须互联互通,作为一个整体,才能成为社会的基础设施;第三,可靠性,基础设施化的软件必须能够提供稳定的、持续的、高效的在线服务。大数据管理系统正在经历软件的基础设施化进程。软件服务的种类很多,其中最重要的服务就是数据服务。云计算不仅是计算资源的汇聚,更是数据资源的汇聚。这些数据资源之间通过数据库软件实现互联互通,并向公众提供数据的存储与组织,以及查询、分析、维护、安全性等管理服务。这样的数据库软件,我们称其为大数据管理系统。大数据时代要求我们根据软件的基础设施化去开发大数据管理系统和相应的应用系统。

结合上述两个趋势特征，我们首先回顾数据管理技术的发展历史。之后，从数据存储、组织模型、计算模式和分析引擎等维度深入剖析大数据管理系统的现状，并指出大数据管理系统应具备的数据特征、系统特征和应用特征。

自20世纪70年代起，关系数据库由于具备严格的关系理论以辅助数据建模，数据独立性高，查询优化技术实现突破，因此逐渐成为数据管理中的主流技术。时至今日，关系数据库仍然是数据管理，特别是涉及人、财、物等需要精细管理应用的主流技术。关系数据库信守的原则是"one-size-fits-all"，即认为所有有关数据管理的任务都应该交由关系数据库来解决。进入大数据时代，大数据的许多应用，特别是互联网的应用，比如社交网络、知识图谱、搜索引擎、阿里的"双十一"等数据管理问题，使用传统的关系数据库已经无法满足应用处理的要求，所以人们开始尝试研制适合自己应用场景的大数据系统。谷歌三件套，包括GFS、MapReduce计算框架以及BigTable的提出，以及以Hadoop为核心的开源生态系统的形成，使人们意识到"one-size-does-not-fit-all"，即无法使用单一的数据管理系统来解决所有大数据应用的问题。在经历相当长的一段时间的探索之后，人们对数据库系统的各个模块，包括存储系统、数据组织模型、查询处理引擎、查询接口等，依托谷歌管理和分析大数据的设计思路进行了解耦，并从模型、可靠性、可伸缩性、性能等方面对各个模块进行了重新的设计，可以发现：现阶段主流的大数据管理系统有了明显的分层结构，自底向上分别为大数据存储系统、NoSQL（非关系型数据库）系统、大数据计算系统、大数据查询处理引擎。各类系统独立发展，并根据大数据应用的实际需要，采用松耦合的方式进行组装，构建为完整的大数据管理系统，支撑各类大数据查询、分析与类人智能应用。这实际上就是"one-size-fits-a-bunch"的设计理念。正如周傲英教授指出的："如果说在数据库时期，解决数据管理问题需要'削足适履'来使用数据库系统，那么到了大数据时代，人们开始根据每个不同的应用度身定制自己的系统，也就是'量足制鞋'。"

作为大数据管理的核心，大数据管理系统是一套面向大容量、多类型、快变化、低质量数据管理的系统软件。该系统以量质融合的知识管理为中心，支持结构化、半结构化、非结构化等多类型数据的组织、存储和管理，具备高可用和分布式可扩展的系统架构特征和不同级别的事务特征，提供类SQL（结构化查询语言）的定义、操纵、控制、可视化数据，支持快速的应用开发和系统运维。AsterixDB是由学术界和工业界联合开发的，探索面向大数据管理的一套开源系统。与NoSQL相比，AsterixDB提供了一套较为完整的类SQL语言来定义和操纵数据。但该系统目前只支持单记录的事务，无法提供不同级别的事务一致性，系统的设计也不是面向知识管理的，因此，该系统距理想中的大数据管理系统还有很长的一段路要走。

我们通常使用数据库来管理数据，在大数据中也一样。与传统数据管理不一样的地方在于，传统数据多是结构化的数据，使用普通的关系数据库管理就可以。而在大数据中出现了大量半结构化和非结构化的数据，使用传统的关系数据库无法很好地管理所有数据，所以在大数据的数据管理中，我们通常使用非关系型数据库，其中最常用的就是HBase。

HBase采用了列族存储。列族存储来源于Google的BigTable论文，本质上就是一个按列存储的大表。列式存储与行式存储如图6.1所示。

行式存储按行存储数据，这样一张表的数据都是在一起的，如果只需要查少数几列的数据，则查询会进行大量的IO，浪费大量时间和资源。

而列式存储中，数据是按相同字段存储在一起的，每一列单独存放，不同的列对应不同的属性，属性也可以根据需求动态增加。这样就可以只查询相关的列，减少了系统的IO。

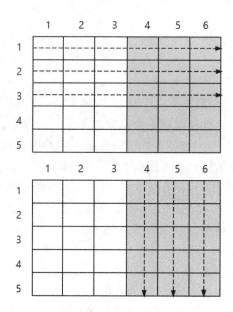

图 6.1　列式存储与行式存储

HBase 的逻辑模型如图 6.2 所示。其中：RowKey 是表的行号，也是每条记录的主键；Column Family 是列族，包含一个或多个列；Column 是列，代表一个记录的一个属性；Version 1、Version 2、Version 3 是版本号，默认为系统时间；Data 是存储的数据。

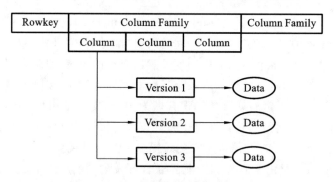

图 6.2　HBase 的逻辑模型

图 6.3 所示是 HBase 的物理模型，一个大表中的数据按照 RowKey 排序，然后按行切割成 Region，当表不够大时只有一个 Region，当表越来越大时会形成多个 Region。Region 是 HBase 中分布式存储的最小单元，不同的 Region 分布在不同的 Region Server 上。一个 Region 又会分成一个或者多个 Store，一个 Store 又可以分成一个或者多个 StoreFile，每一个 StoreFile 中有一个 HFile。HFile 是存储的最小单元，它们都存放在 HDFS（Hadoop 分布式文件系统）上。对于每一个 Store，都有一个 MemStore 的写入缓冲区，对 Region 进行写数据之前会检查 MemStore，如果 MemStore 中已经缓存了写入数据则直接返回，如果 MemStore 中没有缓存则需要先写入 HLog，再写入 MemStore。HLog 是用来记录操作的日志，虽然写 HLog 会在一定程度上影响性能，但是 HLog 可以用来提高可靠性，以便在系统故障时恢复数据。

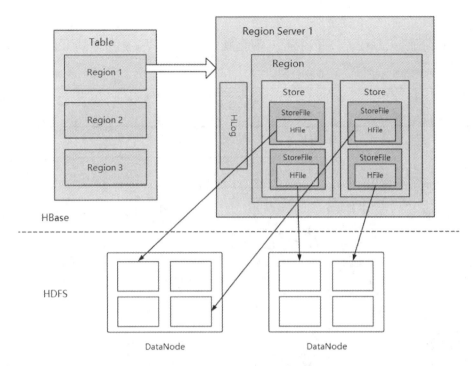

图 6.3 HBase 的物理模型

6.1.2 工业互联网大数据平台架构

工业互联网平台是面向制造业数字化、网络化、智能化需求，构建基于海量数据采集、汇聚、分析的服务体系，支撑制造资源泛在连接、弹性供给、高效配置的工业云平台，包括边缘、平台（工业 PaaS）、应用三大核心层级。可以认为，工业互联网平台是工业云平台的延伸发展，其本质是在传统云平台的基础上叠加物联网、大数据、人工智能等新兴技术，构建更精准、实时、高效的数据采集体系，建设包括存储、集成、访问、分析、管理功能的使能平台，实现工业技术、经验、知识模型化、软件化、复用化，以工业 App 的形式为制造企业提供各类创新应用，最终形成资源富集、多方参与、合作共赢、协同演进的制造业生态。大数据平台体系架构如图 6.4 所示。

大数据平台体系架构分为三个层次。

1. 数据源

通过大范围、深层次的数据采集，以及异构数据的协议转换与边缘处理，构建工业互联网平台的数据基础。一是通过各类通信手段接入不同设备、系统和产品，采集海量数据；二是依托协议转换技术实现多源异构数据的归一化和边缘集成；三是利用边缘计算设备实现底层数据的汇聚处理，并实现数据向云端平台的集成。收集行业相关数据，包括设备状态、工业参数、环境数据、能耗数据、人员数据、动态业务数据、静态主数据和人机交互数据等，这些数据具有来源多样、结构复杂、异构等特点，为大数据分析提供数据来源。

2. 大数据平台

针对不同的应用场景，大数据平台利用异构多源数据进行大数据分析，提供大数据分布式存储、大数据实时数据流处理、业务建模、数据建模、分析建模、算法库、模型库、知识库及服务封装等建模与分析功能。

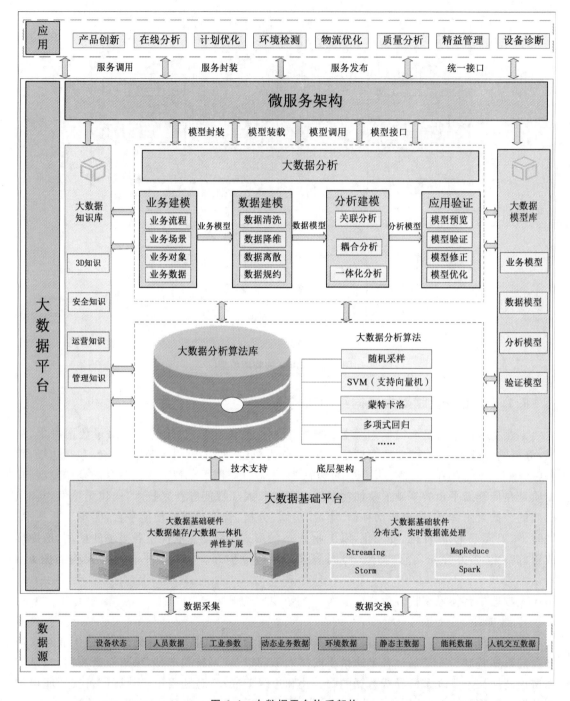

图 6.4 大数据平台体系架构

（1）大数据基础硬件提供弹性扩展存储节点功能，可以根据数据量、数据类型的变化，动态扩展数据存储节点，确保当业务发生扩展时，能够提供可靠的数据分布式存储。

（2）大数据基础软件可根据不同的业务需求和策略处理数据，通过在应用服务器中监控当前实时数据，快速部署计算资源，以满足业务扩展对分析计算资源的要求。

（3）通过对业务模型、数据模型、分析模型的封装，形成大数据分析服务，可以满足不同应用场景的分析需求,同时根据应用场景的变化,动态调整分析服务,提高大数据平台的适应性。

(4) 大数据分析算法库内包含多种大数据分析算法,为大数据分析提供算法支撑。其内含算法有随机采样、蒙特卡洛、多项式回归、神经网络、SVM、多学科优化、数据挖掘、方差分析、遗传算法等。

(5) 大数据模型库内包含多种大数据分析模型,为大数据分析提供模型支撑。其内含模型有业务模型、数据模型、分析模型、验证模型等。

(6) 大数据知识库内包含多种大数据分析知识,为大数据分析提供知识支撑。其内含知识有3D知识、安全知识、运营知识、管理知识等。

3. 应用

大数据平台最终形成满足不同行业、不同场景需求的工业 SaaS 和工业 App,体现工业互联网平台的最终价值。一是提供了设计、生产、管理、服务等一系列创新性业务应用。二是构建了良好的工业 App 创新环境,使开发者基于平台数据及微服务功能实现应用创新。

除此之外,工业互联网平台还包括 IaaS 基础设施,以及涵盖整个工业系统的安全管理体系,这些构成了工业互联网平台的基础支撑和重要保障。泛在连接、云化服务、知识积累、应用创新是辨识工业互联网平台的四大特征。一是泛在连接,具备对设备、软件、人员等各类生产要素数据的全面采集能力。二是云化服务,实现基于云计算架构的海量数据存储、管理和计算。三是知识积累,能够提供基于工业知识机理的数据分析能力,并实现知识的固化、积累和复用。四是应用创新,能够调用平台功能及资源,提供开放的工业 App 开发环境,实现工业App 创新应用。

利用大数据分析平台提供的大数据建模分析功能,可实现不同场景的应用,包括产品创新、在线分析、计划优化、环境检测、物流优化、质量分析、精益管理、设备诊断等。

6.1.3 工业互联网大数据管理系统功能

结合大数据管理系统正在经历以软件为中心到以数据为中心的计算平台的变迁以及软件基础设施化的大数据时代特征,本节从数据模型、计算模式、系统架构、新硬件、自适应调优这5个方面讲述工业互联网大数据管理系统的功能。

1. 多数据模型并存

大数据应用的鲜明特征之一就是数据的多样性,既有结构化的关系数据、图数据、轨迹数据,也有非结构化的文本数据、图片数据,甚至是视频数据。工业互联网大数据管理系统的一个基本要求就是能够支持结构化、半结构化、非结构化等多种数据类型的组织、存储和管理,形成以量质相融合的知识管理为中心并以此提供面向知识服务的快速应用开发接口。纵观现有的大数据系统,特别是以 NoSQL 为主的大数据系统,走的仍然是一种数据模型解决一类数据问题的传统道路。虽然这也符合"one-size-fits-a-bunch"的设计理念,但应用的要求仍然希望这里的"bunch"尽可能地接近"all"。具体来说,图数据库支撑的是类似于社交网络、知识图谱、语义网等强关联数据的管理;关系数据库支撑的是人、财、物等需要精细数据管理的应用;键值对数据库适合非结构化或宽表这类无须定义数据模式或模式高度变化的数据管理。在新型大数据应用背景下,把多种类型的数据用同一个大数据管理系统组织、存储和管理起来,并提供统一的访问接口,这是工业互联网大数据管理系统的一条必经之路。

多数据模型并存下的数据管理会存在很多的技术挑战,具体如下。

(1) 关系数据库具有严格的关系数据理论,并从降低数据冗余度和数据异常两个维度辅助数据建模。而在新的数据模型下,甚至是多数据模型下,如何进行数据建模是一个值得探索的课题。

(2)数据的访问要求系统提供统一的用户接口。多模型之间的数据如何交互和协同,以及如何提供与存储层和计算层的统一交互接口。

(3)如何对多数据模型混合的数据处理提供执行优化,通过统一的资源管理优化任务调度,通过性能预估优化计算和通信等。

2. 多计算模式互相融合

未来的工业互联网大数据管理系统具有多计算模式并存的特点。目前,Hadoop、Spark及Flink等主流大数据系统具有不同的计算模式,系统通常会偏重于批任务模式或流任务模式中的一种,这些系统提供的用户接口也不统一。然而在实际应用中,经常存在同时需要批任务、流任务处理的需求,例如淘宝的"双十一"就是批流融合的典型应用。因此,未来的大数据管理系统需要对批、流计算模式进行统一设计,实现统一的能够进行批流融合的计算引擎。同时,需要设计能够屏蔽底层不同计算模式差异的用户接口,方便使用。

机器学习是大数据管理中另一类重要的计算模式。目前,学术界、工业界广泛使用TensorFlow、Spark MLlib、Caffe等系统处理相应机器学习任务。TensorFlow能够以数据流图作为表示形式,在参数服务器中开发、执行机器学习任务;Spark MLlib基于MapReduce模型接口完成对大量数据的训练。这些系统仅关注机器学习中的算法训练,而实际应用中存在多种计算模式混合的情况,且参数模型可达百亿维度,现有系统均无法解决。因此,能够兼容高维机器学习计算模式,也是未来大数据管理系统的重要目标。

大数据管理系统也应兼容交互式计算模式,满足日益增长的对交互式大数据分析应用的需求。现今,Hive等主流分析工具在易用性方面有较大的提升空间,目前主要由专业人员使用,普通分析人员较难掌握。同时,这些交互式系统在与操作人员交互的过程中还存在操作延迟长等问题,更高效的智能交互计算模式也是未来大数据管理系统需要考虑的方向之一。总之,大数据存在对批计算、流计算、机器学习、交互式计算等多种计算模式的需求。同时,数据存储量大,无法对任一计算模式均保留一份数据,未来的大数据系统需要在同样存储数据的基础上支持多种计算模式。目前主流的大数据系统均基于开源软件,各层开源软件可相互兼容。未来的大数据管理系统需要兼容这些主流的大数据系统,同时,将存储、通用计算、专用计算分层,明确各层的接口,并在各层设计、实现兼容多种计算模式,降低系统耦合性。

3. 可伸缩调整的系统架构

在软件基础设施化的大数据时代特征背景下,未来的工业互联网大数据管理系统应以云计算为平台,具有更好的分布可扩展、可伸缩调整特点,能够实现跨域的无缝融合。未来的工业互联网大数据管理系统通过高速网络将不同的硬件资源连接构成一个计算系统整体,互相配合,为终端用户服务。云平台上可以运行多类应用,不同的应用需要不同的服务资源,因此系统配有多种存储与数据组织模块,可满足不同上层任务负载和计算模式的需求。系统面向多类终端用户,用户可以根据需求选择、配置合适的存储架构和数据组织方式,针对特定应用,选择、组装对应的功能模块,并可根据任务负载的强弱实时调整系统的规模和负载的分配策略。同时,针对不同用户的需求,对应用进行深入理解,提取特征进行模型构建,实现弹性可伸缩调整是未来工业互联网大数据管理系统的核心技术之一。

目前的工业互联网大数据管理系统通常使用分布式文件系统(例如HDFS和Ceph)或者直通式键值系统管理数据的存储,并在此基础上对键值、文档、图等进行组织,构成NoSQL系统,为用户提供服务。NoSQL 系统提供了更灵活的数据模型,但相较于传统 SQL 技术不具有强一致性,且通常只用于执行简单的分析任务。

而未来的工业互联网大数据管理系统应具有 NewSQL 特性,可实现传统 SQL 和 NoSQL 间的平衡,具体包括:

(1) 具有传统关系数据模型和传统数据库的事务 ACID 一致性,用户可以使用 SQL 语句对系统进行操作;

(2) 具有 NoSQL 可扩展等灵活特性,能够利用高速网络和内存计算,实现对海量数据的存储管理和分析等功能,系统可伸缩调整。

4. 新硬件驱动

工业互联网大数据管理系统由硬件和软件两方面构成,软件技术可受益于硬件技术的发展,同时也受硬件技术体系结构特征和局限性的约束。通过对不同硬件设计合适的数据结构和算法可提升硬件效率。目前,硬件体系结构正在经历巨大变革,在向专用硬件的方向发展。同时,各类新型存储、高速互联设备的出现也正在改变以往工业互联网大数据管理系统中的设计与底层支持。近些年,以 GPU 为代表的加速器件得到了迅猛发展,也有越来越多的大数据系统使用 GPU、Xeon Phi、FPGA 等新硬件加速工业互联网大数据管理任务。相对于传统管理系统,新硬件驱动的工业互联网大数据管理系统可提供更快的负载处理速度和更好的实时可视化及处理效果。

虽然新硬件驱动为工业互联网大数据管理系统提供了新思路,但也带来了一系列需要解决的挑战,具体如下。

(1) 新硬件分配任务。不同种类的加速设备具有完全不同的体系结构特征,它们适合处理的任务特征不同,因此在未来的大数据管理系统中,需要尽可能地使各加速设备处理合适的负载。

(2) 数据传输。由于各设备可能独立接入系统,处理负载时需从主存复制数据到设备。因此,在进行任务分配时,应充分考虑数据传输时间。

(3) 新硬件下的数据结构和算法。传统系统中适合 x86 架构处理器的数据结构可能不适合 GPU、FPGA 等新硬件,需要考虑新硬件的执行特点,有针对性地设计新的数据结构和算法。

在存储和数据传输方面,新硬件也可发挥新的作用。以非易失存储器(non-volatile memory)为代表的新介质可进一步加速数据处理过程,如在故障恢复时缩短恢复时间等。在工业互联网大数据管理系统的存储层级,可能会有多种存储类型,如何设计合适的数据存储也是新硬件驱动下系统设计重要的考虑因素。在分布式系统中,网络传输可能是性能瓶颈,更快速的数据传输和新的网络技术,如 RDMA、Infiniband 等,可以缓解以往分布式系统中的数据传输瓶颈,如何利用这些新技术也是未来工业互联网大数据管理系统设计的重要内容。

5. 自适应调优

目前,工业互联网大数据管理系统通常采用分布式文件系统和直通式键值存储等开源存储系统,并在这些开源系统的基础上构建以键值对、文档等为主要数据组织的 NoSQL 系统。虽然目前的系统能够为大数据提供存储服务,且能够进行系统扩展,但系统功能相对单一,面向复杂的计算模型和负载任务时通常显得自适应能力不足,缺少必要的可伸缩调整特性。开发新型的能够自适应多种计算模型和任务的可伸缩调优技术,是未来工业互联网大数据管理系统的发展方向。未来工业互联网大数据管理系统的存储需要支持具有不同访问特征的计算模型和任务,如何针对不同模型自适应地调整内部模块,选择合适的存储,以及如何对不同任务按需分配不同的存储资源以进行自适应的弹性调优(例如,通过分析系统日志来优化软件系统配置的方法),是未来工业互联网大数据管理系统在数据存储方面需要重点考虑的内容。

未来的工业互联网大数据管理系统应能够基于不同的存储介质和存储架构有效地对数据进行组织,并根据上层计算模型的访问模式自适应地选择合适的模块,同时能够做到根据不同任务需求分配资源,具体可包括:

(1) 支持多种类型存储,如具有高并发、低延迟特性的直通式键值存储和分布式存储等;

(2) 支持主流数据模型,能够对数据进行高效组织,如对关系模型和图模型的数据提供统一访问接口,同时采用合适的数据划分策略,通过预估减少系统在存储层和计算层间的数据传输量;

(3) 支持多种计算模式和混合任务的自适应调优,通过对不同存储类型和数据类型进行组织,针对混合计算模型和任务构建性能模型,自动选择合适的存储模块并进行调优;

(4) 支持大数据存储的可伸缩调整和容错,能够根据数据和任务类型提升不同类型存储的效率,并能面向不同任务准确地分配合适的资源。

6.2 工业互联网大数据分析

工业互联网(industrial internet)——开放、全球化的网络,将人、数据和机器连接起来,属于泛互联网的目录分类。它是全球工业系统与高级计算、分析、传感技术及互联网的高度融合。

工业互联网的本质和核心是通过工业互联网平台把设备、生产线、工厂、供应商、产品和客户紧密地连接融合起来,可以帮助制造业拉长产业链,形成跨设备、跨系统、跨厂区、跨地区的互联互通,从而提高效率,推动整个制造服务体系智能化,还有利于推动制造业融通发展,实现制造业和服务业之间的跨越发展,使各种要素资源能够高效共享。

工业互联网数据有三个特性:①重要性。数据是实现数字化、网络化、智能化的基础,没有数据的采集、流通、汇聚、计算、分析,各类新模式就是无源之水,数字化转型也就成为无本之木。②专业性。工业互联网数据的价值在于分析利用,而分析利用必须依赖行业知识和工业机理。制造业千行百业千差万别,每个模型、算法背后都需要长期积累和专业队伍,只有深耕细作才能发挥数据价值。③复杂性。工业互联网运用的数据来源于"研产供销服"各环节、"人机料法环"各要素及ERP、MES、PLC等各系统,面临采集困难、格式各异、分析复杂等挑战。

6.2.1 工业互联网大数据分析的概念

工业互联网大数据分析是利用统计学分析技术、机器学习技术、信号处理技术等技术手段,结合业务知识对工业过程中产生的数据进行处理、计算、分析并提取其中有价值的信息、规律的过程。大数据分析工作应本着需求牵引、技术驱动的原则开展。在实际操作过程中,要以明确用户需求为前提,以数据现状为基础,以业务价值为标尺,以分析技术为手段,针对特定的业务问题,制定个性化的数据分析解决方案。

工业互联网大数据分析的直接目的是获得业务活动所需的各种知识,贯通大数据技术与大数据应用之间的桥梁,支撑企业生产、经营、研发、服务等各项活动的精细化开展,促进企业转型升级。

工业互联网大数据分析要求用数理逻辑去严格地定义业务问题。由于工业生产过程本身受到各种机理约束条件的限制,利用历史过程数据定义问题边界往往达不到工业的生产要求,因此需要采用数据驱动+模型驱动的双轮驱动方式,实现数据和机理的深度融合,以尽可能地解决实际的工业问题。

6.2.2 工业互联网大数据系统框架

工业互联网大数据系统框架如图 6.5 所示。

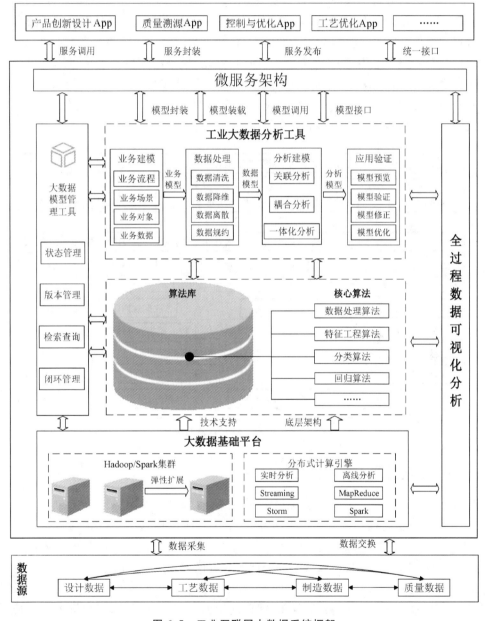

图 6.5 工业互联网大数据系统框架

最底层能够接入各类信息化系统数据、传感器数据、设备 PLC 数据等,构成包含设计数据、工艺数据、制造数据、质量数据等的产品全周期数据源。数据进入能够进行分布式计算的大数据基础平台和包含各类机器学习算法的算法库,其中算法可细分为数据处理算法、特征工程算法、分类算法、回归算法等,在此基础上能够支持业务建模、数据处理、分析建模、应用验证等,形成各类分析模型,并能够利用微服务架构进行封装,进而形成各类工业 App。

6.2.3 工业互联网大数据分析过程

工业互联网大数据分析架构如图 6.6 所示。其主要包括业务建模、数据建模、分析建模、应用建模、运营建模五个层次。业务建模的目的是帮助分析人员快速了解业务相关信息,以便从中找出业务痛点,分析出业务问题,主要包括确定问题域及问题类型、确定业务过程及场景、数据资源初步分析、固化专家知识与经验、确定分析目标(问题)等;数据建模包括数据收集与管理,数据预处理,数据包构建,数据深度处理,特征提取、变换等,涵盖了数据产生、处理、应用的整个过程;分析建模包括影响因素分析、预测、优化、模型的评价与验证、计算模型、知识模型、决策模型等;应用建模主要包括模型部署、模型调整、模型的改进、(各类模型的)接口方案等;运营建模主要包含了应用场景发生变化后的模型调整、数据资源情况变化后的模型调整、建模方法变化、模型持续运营方案的设计等。

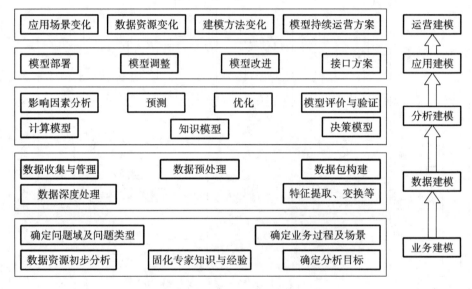

图 6.6 工业互联网大数据分析架构

6.2.4 工业互联网大数据分析类型

根据业务目标的不同,工业互联网大数据分析可以分成四种类型。

(1) 描述型分析。描述型分析用来回答"发生了什么"、体现"是什么"的知识。工业企业总的周报、月报、商务智能(BI)分析等,就是典型的描述型分析。描述型分析一般通过计算数据的各种统计特征,把各种数据以便于人们理解的可视化方式表达出来。

(2) 诊断型分析。诊断型分析用来回答"为什么会发生这样的事情"。针对生产、销售、管理、设备运行等过程中出现的问题和异常,找出问题的原因所在,诊断型分析的关键是剔除非本质的随机关联和各种假象。

(3) 预测型分析。预测型分析用来回答"将要发生什么"。针对生产、经营中的各种问题,根据现在可见的因素,预测未来可能发生的结果。

(4) 处方型(指导型)分析。处方型(指导型)分析用来回答"怎么办"的问题。针对已经和将要发生的问题,找出适当的行动方案,有效解决存在的问题或把工作做得更好。

业务目标不同,所需要的条件、对数据分析的要求和难度就不一样。大体上说,四种类型的难度是递增的:描述型分析的目标只是便于人们理解;诊断型分析有明确的目标和对错;预测型分析不仅有明确的目标和对错,还要区分因果和相关关系;而处方型(指导型)分析则往往要进一步与实施手段和流程的创新相结合。

同一个业务目标可以有不同的实现路径,还可以转化成不同的数学问题。比如,处方型分析可以用回归、聚类等多种办法来实现,每种方法所采用的变量也可以不同,故而得到的知识也不一样,这就要求要对实际的业务问题有深刻的理解,并采用合适的数理逻辑关系去描述。

6.2.5 工业互联网大数据分析价值

工业互联网大数据分析的根本目标是创造价值。工业对象的规模和尺度不同,价值点也有所不同,数据分析工作者往往要学会帮助用户寻找价值。价值寻找遵循这样一个原则:一个体系的价值,取决于包含这个体系的更大体系。所以,确定工作的价值时,应该从更大的尺度上看问题。对象不同,隐藏价值的地方往往也不尽相同。下面是常见的价值点。

1. 设备尺度的价值点

诸如船舶、飞机、汽车、风车、发动机、轧机等设备,在其投入使用之后,首先面对的问题就是如何使用,包括如何使用才能有更好的性能或更低的消耗、如何避免可能造成损失的操作;其次是如何保证正常使用,也就是如何更好更快更高效地解决设备维修、维护、故障预防等问题。除此之外,从设备类的生命周期看问题,分析下一代设备的设计优化、更方便使用等问题。

2. 车间尺度的价值点

按照精益生产的观点,车间里面常见的问题可以划分为七种浪费:等待的浪费、搬运的浪费、不良品的浪费、动作的浪费、加工的浪费、库存的浪费、制造过多(早)的浪费。数据分析的潜在价值,也可以归结到对应这七种浪费的价值。一般来说,这七种浪费的可能性是人发现的,处理问题的思路是人类专家给出的。人们可以用数据来确定是否存在浪费、浪费有多少,并进一步确定有效的改进方法。

3. 企业尺度的价值点

除了生产过程,工业企业的业务还包括研发设计(创新)、采购销售、生产组织、售后服务等多方面的工作。相关工作的价值,多与跨越时空的协同、共享、优化有关。比如,把设计、生产、服务的信息集成起来;加强上下级之间的协同,减少管理上的黑洞;把历史数据记录下来,对工业和产品设计进行优化;把企业、车间计划和设备控制、反馈结合起来;等等。随着企业进入智能制造时代,这一方面的价值将会越来越大。然而,问题越复杂,落实阶段的困难就越大,应在价值大小和价值落地之间取得平衡。

4. 跨越企业的价值点

跨越企业的价值点包括供应链、企业生态、区域经济、社会尺度的价值。这些价值往往涉及企业之间的分工、协作,以及企业业务跨界重新定义等问题,是面向工业互联网的新增长点。

6.2.6 工业互联网大数据分析创新

一般来说,工业互联网大数据分析服务于现有业务,但越来越多的企业开始把这一工作作为业务创新、转型升级的手段。两类工作的性质不同,前者重点在如何进行数据分析,后者重点是如何应用数据分析。

支撑企业的转型升级、业务创新是工业互联网大数据最重要的用途之一,但是从转型升级的尺度看问题,工业互联网大数据分析只是一种技术支撑手段,利用该技术手段之前,需要梳理清楚数据分析技术和目标之间的关系。首先要关注的是业务需求什么,而不是能从数据中得到什么,否则,思维就会受到较大的局限,甚至南辕北辙。

用大数据推动业务创新时,需要确认几个问题:想做什么(业务目标)、为什么这么做(价值存在性)、打算怎么做(技术线路、业务路径)、需要知道什么(信息和知识,数据分析的目标)、怎么才能知道(数据分析过程)。由此观之,推动企业的业务创新和优化(做什么、怎么做)是个大目标,而具体的数据分析则只是一个子目标(怎么才能知道)。两类目标之间的尺度是不一样的。对于具体的问题,数据分析不仅要关注如何得到小目标,还要结合业务需求,将大目标分解成子目标,也就是确定"需要知道什么"。从数据分析的过程来说,子目标的实现是战术问题,子目标的设定则是战略问题。它们都是数据分析团队需要面对的难点。

如前所述,数据分析是个探索的过程。而数据分析的子目标(需要知道什么)能否实现取决于数据的条件,数据条件不满足时,有些子目标是无法实现的。而数据条件是否满足,往往需要在探索的过程中才能确定下来。同时,如果子目标无法实现,人们可能需要围绕业务需求,重新设置数据分析的子目标,甚至重新设置业务子目标,如此会降低数据分析的效率。

工业互联网大数据分析要从数据角度、业务角度多方面看问题,才能找准定位。以上论述可以用图 6.7 来表示。

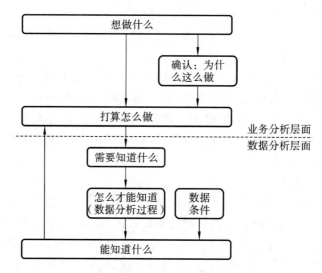

图 6.7　工业互联网大数据价值创造的基本过程

本章小结

本章主要介绍了工业互联网平台数据层技术。本章分为两部分,第一部分介绍了工业互联网大数据管理相关知识。首先介绍的是工业互联网大数据管理技术相关概念,之后介绍了工业互联网大数据平台架构,阐述了大数据平台体系架构分为数据源、大数据平台和应用三个层次,然后从多数据模型并存、多计算模式互相融合、可伸缩调整的系统架构、新硬件驱动、自适应调优这五个方面讲述工业互联网大数据管理系统的功能,指出数据管理技术是信息应用技术的基础。第二部分主要介绍了工业互联网大数据分析,从工业互联网大数据分析的概念、系统框架、过程、类型、价值和创新六个部分介绍了工业互联网大数据分析的知识。首先以明确用户需求为前提,以数据现状为基础,以业务价值为标尺,以分析技术为手段,明确了工业互联网大数据分析的概念、目的及要求;其次介绍了工业互联网大数据系统框架以及工业互联网大数据分析架构和具体步骤;然后根据业务目标的不同介绍了四种类型的数据分析;接着从设备尺度、车间尺度、企业尺度及跨越企业四个方面叙述了常见的价值点;最后以工业互联网大数据分析与业务创新的关系指明了企业在业务创新、转型升级过程中需要考虑的问题。

本章习题

1. 工业互联网大数据管理技术包括哪些?
2. 简述工业互联网大数据平台架构。
3. 简述工业互联网大数据管理系统的功能。
4. 未来的工业互联网大数据管理系统可以实现哪些功能?
5. 简述工业互联网大数据分析的概念。
6. 工业互联网大数据分析和其他大数据分析有哪些不同?
7. 工业互联网大数据分析的相关技术有哪些?并简述两种关键技术。
8. 简述工业互联网大数据分析的基本过程。
9. 工业互联网大数据分析的类型有哪些?并针对每种类型试举例。
10. 试分析工业互联网大数据在不同领域的价值点。
11. 用大数据推动业务创新时,需要确认哪些问题?

第7章　工业互联网平台融合层技术

数字孪生可以应用在产品的整个生命周期,以提高产品设计准确性、降低产品成本、提高用户体验等,而信息物理系统(CPS)的泛在连接和实时在线,让全过程、全要素、全参与方的人、事、物都以数字孪生的形态出现。所以本章针对数字孪生和 CPS 介绍了工业互联网平台下数字孪生与信息物理系统的定义、框架、技术及实例。

7.1　数字孪生

7.1.1　数字孪生定义

7.1.1.1　数字孪生起源和发展

随着技术发展,人们提出了希望数字虚体空间中的虚拟事物与物理实体空间中的实体事物之间具有可以连接通道、可以相互传输数据和指令的交互关系之后,数字孪生的概念就成形了。数字孪生作为智能制造中的一个基本要素,逐渐走进了人们的视野。

根据目前的资料,数字孪生这一术语由迈克尔·格里夫教授在美国密歇根大学任教时首先提出。2002 年 12 月 3 日,他在该校"PLM 开发联盟"成立时的讲稿中首次以图示方式提出数字孪生的概念内涵;2003 年,他在讲授 PLM 课程时使用了"digital twin(数字孪生)";2014 年,他在所撰写的《数字孪生:通过虚拟工厂复制实现卓越制造》(Digital twin: manufacturing excellence through virtual factory replication)文章中进行了较为详细的阐述,奠定了数字孪生的基本内涵。

航天领域和工业界较早开始使用数字孪生术语。2009 年,美国空军实验室提出了"机身数字孪生(airframe digital twin)"的概念。2010 年,NASA 也开始在技术路线图中使用"数字孪生(digital twin)"术语。大约从 2014 年开始,西门子、达索、PTC、ANSYS 等知名工业软件公司,都在市场宣传中使用"digital twin"术语,并陆续在技术构建、概念内涵上做了很多深入研究和拓展。

7.1.1.2　国内外数字孪生定义

数字孪生尚无业界公认的标准定义,概念还在发展与演变中。国内外的组织或机构针对数字孪生定义有着不同的认识。国外相关学者认为:数字孪生是充分利用物理模型、传感器更新、运行历史等数据,集成多学科、多物理量、多尺度的仿真过程,在虚拟空间中完成对物理实体的映射,从而反映物理实体的全生命周期过程。而国内相关学者对数字孪生的认识是:从本质上看,数字孪生是一个对物理实体或流程的数字化镜像。创建数字孪生的过程,集成了人工智能、机器学习和传感器数据,以建立一个可以实时更新的、现场感极强的"真实"模型,用来支撑物理产品生命周期各项活动的决策。

7.1.2 数字主线

1. 数字主线的定义

数字主线是一种可扩展、可配置的企业级分析框架,在整个系统的生命周期中,通过提供访问、整合以及将不同和分散的数据转换为可操作的信息等功能,从而通知决策制定者。数字主线是一个允许可连接数据流的通信框架,并提供了一个包含生命周期各阶段孤立功能视图的集成视图。它为在正确的时间将正确的信息传递到正确的地方提供了条件,使得产品生命周期各环节的模型能够及时进行关键数据的双向同步和沟通,实现模型在各阶段的流动、重用与反馈。

2. 数字主线的过程

在数字主线运行过程中,从数字主线各个环节中所收集的有关产品的数据,构成了产品实体的数字模型,即数字孪生。

在数字化研制过程中,数字孪生是对象、模型和数据,数字主线是方法、通道、链接和接口。数字主线为产品数字孪生提供了访问、整合和转换能力,其目标是贯通产品生命周期和价值链。通过数字主线可实现产品生命周期阶段间的模型和关键数据双向交互,使产品生命周期各阶段的模型保持一致,最终实现闭环的产品全生命周期数据管理和模型管理。

3. 数字主线的特征

为了建立数字主线,需要形成一种以 3D 模型定义为基础,为整个企业所共享的、全面集成和协同制造的环境。在企业或供应链中,无论何处的数据生产者和数据消费者,在制造过程的任何点上,都将连接到一个共同的数字的数据源上。数据标准将从设计阶段开始,延伸到制造阶段,继而到最后的装配阶段。数字主线的核心就是如何搭建一个涵盖产品研制全过程的协同环境,使统一的模型在产品研制的各个阶段实现数据的双向流动、重用和不断丰富的过程。

数字主线具有以下四个主要特征。

(1) 在整个生命周期内,各环节的模型都能够及时进行关键数据的双向同步和沟通。基于这些在整个生命周期内形成的状态统一、数据一致的模型,可以动态、实时评估系统的当前和未来的功能和性能。

(2) 在数字主线中,统一的全数字化模型贯穿始终。所有的环节都具备一个信息完整丰富、按照统一的开放标准建立的规范和语义化的数字化模型,并且可被机器(或系统)稳定无歧义地读取。

(3) 在产品研制过程中,数字主线建立在产品通用数据库和物理模型的基础之上。数字主线依托于工业互联网,基于产品通用数据库和物理模型,产品设计端借助于数字主线可根据工厂的具体情况进行优化。

(4) 数字主线是制造商、供应商、运维服务商和终端用户之间的强有力的协作纽带,满足制造业的敏捷性和自适应性的需求,能够加速新产品的开发和部署,同时也能够降低风险。

4. 数字主线的意义

传统的数字化制造数据是由产品模型向数字化生产线单向传递的,而且不同环节之间尚未有效集成。数字主线则统一了数据源,与产品有关的数字化模型采用标准开放的描述,可以逐级向下不失真传递和回溯。数字主线的意义如下。

(1) 数字主线是基于模型的系统工程分析框架。数字主线旨在通过先进的建模与仿真工具建立一种技术流程,使工业部门能够基于高逼真度的系统模型,充分利用各类技术数据、信息和工程知识的无缝交互与集成分析,完成对项目成本、进度、性能和风险的实时分析与动态评估。数字主线的特点是"全部元素建模定义、全部数据采集分析、全部决策仿真评估",能够量化并减少系统寿命周期中的各种不确定性,实现需求的自动跟踪、设计的快速迭代、生产的稳定控制和维护的实时管理。

(2) 数字主线将变革传统研制模式与产品寿命周期管理。数字主线的应用,将大大提高基于模型系统工程的实施水平,颠覆传统"设计→制造→试验"这一模式,实现向"设计→虚拟综合→数字制造→物理制造"的新模式转变。数字主线的应用,可为每个物理实体创建出相应的数字孪生模型,将使装备实现个体化、综合化、可预测和预防性的"使用前保障"。

(3) 数字主线是基于数字化方式的优化决策信息。数字主线的建立使产品的加工及装配状态和运行状态能够实时、精确地反映在虚拟空间中。同时基于数字化方式形成优化决策信息,通过数字主线技术传递到产品生产现场,实现了信息的双向流动,可利用信息的反馈机制对产品制造进行精确控制。数字主线能够实现产品业务流程的全程可视化,产品数字主线的实现为虚拟空间和实体空间深度融合、平行发展和平行控制提供了实施途径。

5. 数字主线的作用

在装备制造业中,装备系统的复杂性与日俱增,而数字主线承载了贯穿系统价值链的任务,将相关信息进行无缝集成,从最初规划、分析,到产品的设计、制造、测试,直至产品的运营维护、退役阶段。数字主线的作用如下。

1) 管控物理产品在现实环境中的形成过程和行为

(1) 监控和诊断能力。

在产品制造过程中,相应数据会实时地反映在产品数字主线中。通过产品数字主线可以实现对物理产品制造过程的动态实时可视化监控,并基于所得的实测监控数据和历史数据实现对物理产品的故障诊断、故障定位等。

(2) 预测能力。

通过构建的产品数字主线,可以在虚拟空间中对产品的制造过程、功能和性能测试过程进行集成的模拟、仿真和验证,预测潜在的产品设计缺陷、功能缺陷和性能缺陷。针对这些缺陷,支持产品数字主线中对应参数的修改,在此基础上对产品的制造过程、功能和性能测试过程再次进行仿真,直至问题得到解决。借助于产品数字主线,企业相关人员能够通过对产品设计的不断修改、完善和验证来避免和预防产品在制造或使用过程中可能会遇到的问题。

(3) 控制能力。

在产品制造过程中,通过分析实时的制造过程数据,实现对产品质量和生产进度的控制,通过分析实时的服务数据实现对物理产品自身状态和行为的控制,包括外部使用环境的变更、产品运行参数的改变等。

2) 推进产品全生命周期各阶段的高效协同

通过数字主线技术,在产品全生命周期各阶段,将产品开发、产品制造、产品服务等各个环节数据在产品数字主线中进行关联映射,在此基础上以产品数字主线为单一产品数据源,实现产品全生命周期各阶段的高效协同,最终实现虚拟空间向物理空间的决策控制,以及数字产品到物理产品的转变。另外,基于统一的产品数字主线,通过分析产品制造数据和产品服务数据,不仅能够实现对现实世界物理产品状态的实时监控,为用户提供及时的检查、维护和维修服务,还可以通过对客户需求和偏好的预测、对产品损坏原因的分析等,为设计人员改善和优化产品设计提供依据。同时,基于数字主线技术,可实现对产品设计数据、产品制造数据和产品服务数据等产品全生命周期数据的可视化统一管理。

3) 奠定全过程质量追溯和产品研发的持续改进数据基础

产品数字主线是产品全生命周期的数据中心,记录了产品从概念设计直至报废的所有模型和数据,是物理产品在全生命周期的数字化档案,反映了产品在全生命周期各阶段的形成过程、状态和行为。数字主线通过使用数字孪生实时记录了产品从出生到消亡的全过程,并在产品所处的任何阶段都能调用该阶段以前所有的模型和数据,产品在任何时刻、任何地点和任何阶段都是状态可视、行为可控、质量可追溯的。

4) 串联智能制造价值链的重要抓手

工业4.0实施过程中的一个重要组成部分是价值链上下游企业间的数据集成以及价值链端到端的集成,本质是全价值链的协同。产品数字孪生体作为全价值链的数据中心,其目标是实现全价值链的协同。产品数字孪生体不仅要实现上下游企业间的数据集成和数据共享,也要实现上下游企业间的产品协同开发、协同制造和协同运维等。而数字主线则不仅把知识产权链各个环节打通,而且贯通价值链和资产链的环节,全面收集产品的设计、制造和运维数据,建立产品的数据孪生模型。

7.1.3 数字孪生框架

7.1.3.1 数字孪生系统通用架构

基于数字孪生体的概念模型,并参考 GB/T 33474—2016 和 ISO/IEC 30141:2018 两个物联网参考架构标准以及 ISO 23247(面向制造的数字孪生系统框架)标准草案,图 7.1 给出了数字孪生系统的通用参考架构。一个典型的数字孪生系统包括用户域、数字孪生体、测量与控制实体、现实物理域和跨域功能实体共五个层次。

第一层(最上层)是使用数字孪生体的用户域,包括人、人机接口、应用软件,以及其他相关数字孪生体(本书称之为共智数字孪生体,可简称共智孪生体)。

第二层是与物理实体目标对象对应的数字孪生体。它是反映物理对象某一视角特征的数字模型,并提供建模管理、仿真服务和孪生共智三类功能。建模管理涉及物理对象的数字建模、模型展示、模型同步和运行管理。仿真服务包括模型仿真、报告生成、分析服务和平台支持。孪生共智涉及共智孪生体等资源的接口、互操作、安全访问和在线插拔。建模管理、仿真服务和孪生共智之间传递实现物理对象的状态感知、诊断和预测所需的信息。

第三层是处于测量控制域、连接数字孪生体和物理实体的测量与控制实体,实现物理对象的状态测量感知和控制功能。

第四层是与数字孪生体对应的物理实体目标对象所处的现实物理域。测量与控制实体和现实物理域之间有测量数据流和控制信息流的传递。

测量与控制实体、数字孪生体以及用户域之间数据流和信息流的传递,需要信息交换、数据保证、安全保障等跨域功能实体的支持。信息交换通过适当的协议实现数字孪生体之间的信息交换。安全保障负责数字孪生系统安保相关的认证授权、保密和完整性。数据保证与安全保障一起负责数字孪生系统数据的准确性和完整性。

7.1.3.2 数字孪生系统的技术架构

数字孪生系统的技术架构,从企业的物理空间、虚拟空间以及物理与虚拟空间之间交互映

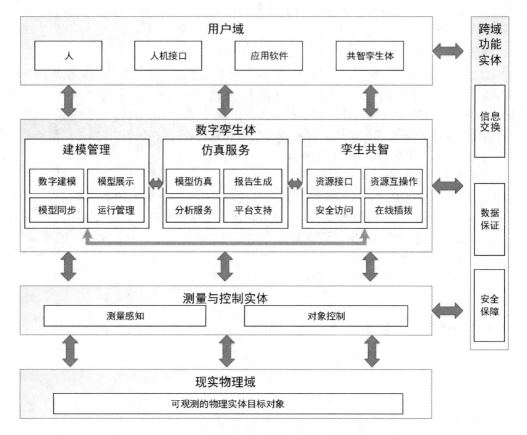

图 7.1 数字孪生系统的通用参考架构

射,涵盖了物理实体模型层、数字虚体模型层、物理空间与虚拟空间交互映射层、数字孪生壳体层、数字孪生模型层、数字孪生分析层以及数字孪生应用层七个层级(见图 7.2)。

(1) 物理实体模型层:对需求分析、研发设计、制造测试、试验评价以及运维服务等产品全生命周期的场景、流程、对象、问题和知识等进行抽取和表达,构建产品全生命周期业务链。

(2) 数字虚体模型层:通过数据采集、通信、数字化集成等技术实现生产制造全流程中的人、设备、物料、环境等全要素信息显性化,构建产品全生命周期数据链。

(3) 物理空间与虚拟空间交互映射层:通过集成先进的感知、计算、通信、控制等信息技术和自动控制技术,实现物理空间与虚拟空间中人、机、物、环境、信息等要素相互映射、适时交互和高效协同;通过实体虚体化和虚体实体化过程实现按需响应、快速迭代、动态优化。

(4) 数字孪生壳体层:基于数字链设计与构建技术对业务链和数据链进行集成,形成数字链;基于数字链设计多维融合数字孪生框架、接口与互操作规范,方便对其进行识别、配置与管理。

(5) 数字孪生模型层:构建数字孪生统一建模方法,对机理、数据、知识多模态模型的深度融合提出需求,基于虚实同步建模技术实现虚实交换、虚实对比、虚实融合、虚实反演以及闭环控制。

(6) 数字孪生分析层:基于工业大数据智能分析算法库,以大数据分析模型为核心,融入机理模型、知识模型,实现多模态大数据分析建模;结合具体的设计、工艺、生产、质量、能耗、运维等业务需求,基于多任务自适应分析策略,实现离散行业全周期耦合关联虚实融合分析。

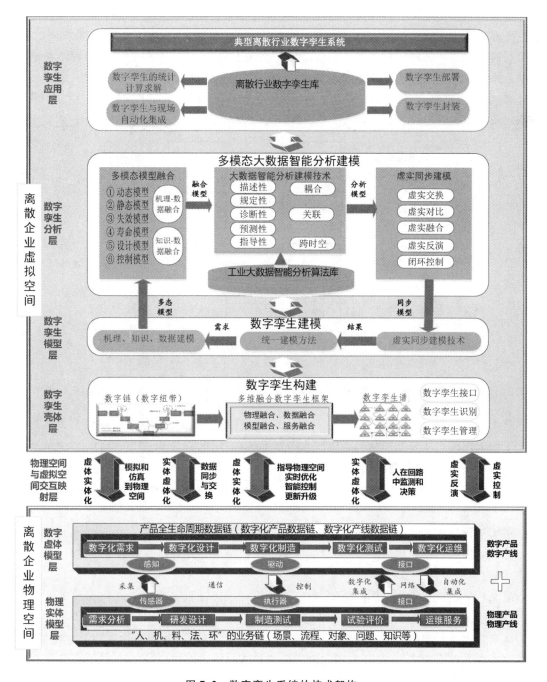

图 7.2 数字孪生系统的技术架构

(7) 数字孪生应用层：结合具体业务需求，基于数字孪生构建技术形成数字孪生库，基于现场自动化集成、统计计算求解以及虚实同步与闭环控制技术对数字孪生进行封装和部署，形成离散行业数字孪生系统。

7.1.4 数字孪生体构建技术

数字孪生技术的发展，按照技术整合的层级，可以分为虚实连接、虚实融合及虚实共生三个阶段，如图 7.3 所示。在虚实连接阶段，数字孪生以数字模型的形式出现，模型与物理实体间的数据交换均手动进行,该阶段模型多以设计阶段的产品原型出现。虚实融合阶段的数字孪生更多地被称为数字阴影(digital shadow),它利用物联网、大数据分析等数据采集技术,使虚拟的模型参数能够对应物理实体的实时状态而动态更新,但虚拟端无法向物理端主动传输数据。第三阶段为数字孪生的高阶形态,即虚实共生,能够完成数据的双向流动,通过虚实交互反馈、多维数据融合分析及决策迭代等方式优化物理实体,从根本上推进现实活动中各阶段的高效协同。

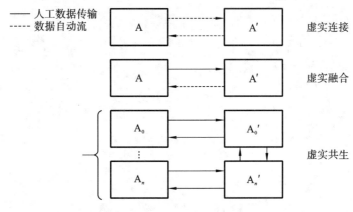

图 7.3 数字孪生技术发展阶段

7.1.4.1 基于模型的系统工程

基于模型的系统工程(MBSE)是一种形式化的建模方法学,是为了应对基于文档的传统系统工程工作模式在复杂产品和系统研发时所面临的挑战,以逻辑连贯一致的多视角通用系统模型为桥梁和框架,实现跨领域模型的可追踪、可验证和全生命期内的动态关联,进而驱动贯穿于从概念方案、工程研制、使用维护到报废更新的人工系统全生命期内的系统工程过程和活动。

系统工程(systems engineering)和体系工程(systems of systems engineering)的建模、仿真方法和流程可以作为顶层框架,分别指导系统级数字孪生体和体系级数字孪生体(如共智孪生体)的构建和运行。

MBSE 是创建数字孪生体的框架,数字孪生体可以通过数字主线集成到 MBSE 工具套件中,进而成为 MBSE 框架下的核心元素(见图 7.4)。

从系统生存周期的角度,MBSE 可以作为数字主线的起点,使用从物联网收集的数据,运行系统仿真来探索故障模式,从而随着时间的推移逐步改进系统设计。

7.1.4.2 信息建模技术

数字孪生体的本质是通过数字化和模型化,用信息换能量,以更少的能量消除各种物理实体特别是复杂系统的不确定性。所以建立物理实体的数字化模型或信息建模技术是创建数字孪生体、实现数字孪生的源头和核心技术,也是"数化"阶段的核心。

我们将建模分为基于机理模型建模、基于数据模型建模、基于仿真模型建模三种。

1. 基于机理模型建模

根据系统的机理(如物理或化学的变化规律)建立系统模型的方法称为机理建模方法,建

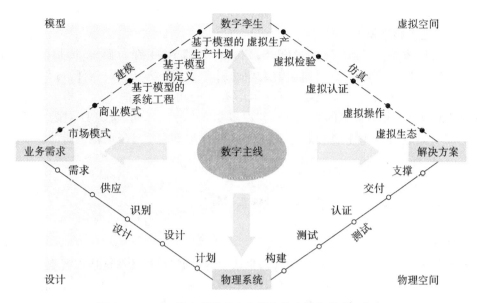

图 7.4 MBSE 是实现数字孪生体和数字线程的顶层框架

模的过程称为机理建模,所建模型称为机理模型。机理模型的优点是参数具有非常明确的物理意义,模型参数易于调整,所得的模型具有很强的适应性。其缺点是对于某些对象,人们还难以写出它的数学表达式,或者表达式中的某些系数还难以确定时,模型就不能适用。机理模型往往需要大量的参数,这些参数如果不能很好地获取,也会影响到模型的模拟效果。

工业中机理模型常用于表达零件的物理状态,预测其失效机理等。例如针对高速滚动轴承,建立一种高速滚动轴承力学模型,可以预测滚动体与内圈、外圈之间的接触角、接触变形以及接触载荷等参数,并计算轴承刚度。在该轴承力学模型的基础上,研究静载荷、动载荷及高转速等工况下滚动轴承内部接触载荷、接触位置的变化规律,并基于材料疲劳失效理论对轴承的损伤机理和早期损伤部位进行分析,为高速滚动轴承的损伤识别和故障诊断提供理论依据。

2. 基于数据模型建模

数据建模的步骤一般为如下五步:选择模型,训练模型,评估模型,应用模型,优化模型。但通常情况下,构建模型的这五个步骤,并不是单向的,而是一个循环的过程。当发现模型不佳时,就需要优化,就有可能回到最开始的地方重新开始思考。即使模型可用,也需要定期对模型进行维护和优化,以便让模型能够继续适用于新的业务场景。

基于数据的建模广泛应用在机器学习、人工智能等领域中,例如通过机器学习对降雨量进行预测,具体采用 BP 神经网络和卷积神经网络降雨量预测模型,可以较可靠地对降水量进行预测。

3. 基于仿真模型建模

从技术角度看,建模和仿真是一对伴生体:如果说建模是模型化我们对物理世界或问题的理解,那么仿真就是验证和确认这种理解的正确性和有效性。所以,数字化模型的仿真技术是创建和运行数字孪生体、保证数字孪生体与对应物理实体实现有效闭环的核心技术。

仿真是将包含了确定性规律和完整机理的模型转化成软件的方式来模拟物理世界的一种技术。只要模型正确,并拥有了完整的输入信息和环境数据,就可以基本正确地反映物理世界的特性和参数。

仿真模型是被仿真对象的相似物或其结构形式，它可以是物理模型或数学模型，但并不是所有对象都能建立物理模型。

在仿真软件方面，ANSYS、ABAQUS、Fluent等都在目前的研究中占有重要地位。ANSYS软件是美国ANSYS公司研制的大型通用有限元分析(FEA)软件，可以用来求解结构、流体、电力、电磁场及碰撞等问题；ABAQUS是一套功能强大的工程模拟的有限元软件，其解决问题的范围为相对简单的线性分析到许多复杂的非线性问题；CFD(计算流体力学)商业软件Fluent是通用CFD软件包，用来模拟从不可压缩到高度可压缩范围内的复杂流动。

7.1.4.3　VR、AR与MR

虚拟现实(VR)、增强现实(AR)及混合现实(MR)等技术在近几年发展迅速，而且在各个工业场景中都有重要应用价值。

1. 虚拟现实

虚拟现实(virtual reality, VR)利用现实生活中的数据，通过计算机技术产生的电子信号，将其与各种输出设备结合使其转化为能够让人们感受到的现象，这些现象可以是现实中真真切切的物体，也可以是我们肉眼所看不到的物质，通过三维模型表现出来。因为这些现象不是我们直接能看到的，而是通过计算机技术模拟出来的现实中的世界，故称为虚拟现实。

虚拟现实技术是20世纪末逐渐兴起的一项综合性信息技术，融合了数字图像处理、计算机图形学、人工智能、多媒体、传感器、网络以及并行处理等多个信息技术分支的最新发展成果。

虚拟现实利用计算机生成逼真的三维视觉、听觉、嗅觉等感觉，使人作为参与者通过适当装置自然地对虚拟世界进行体验和交互作用。使用者进行位置移动时，计算机可以立即进行复杂运算，将精确的3D世界影像传回，从而产生临场感，使人在操作过程中，可以随意操作并且得到环境最真实的反馈。正是虚拟现实技术的存在性、多感知性、交互性等特征使它受到了许多人的喜爱。

虚拟现实技术的研究内容大体上可分为虚拟现实技术本身的研究和虚拟现实技术应用的研究两大类。根据虚拟现实所倾向的特征的不同，目前虚拟现实系统主要划分为四个层次，即桌面式、增强式、沉浸式和网络分布式虚拟现实。虚拟现实技术的实质是构建一种人能够与之进行自由交互的"世界"，在这个"世界"中参与者可以实时地探索或移动其中的对象。

2. 增强现实

增强现实(augmented reality, AR)也被称为扩增现实，是虚拟现实的发展。它能促使真实世界信息和虚拟世界信息内容之间的综合。增强现实在计算机科学技术等的基础上，对原本在现实世界的空间范围中比较难以体验的实体信息实施模拟仿真处理，将虚拟信息内容叠加在真实世界中，并且能够被人类感官所感知，从而实现超越现实的感官体验。真实环境和虚拟物体之间叠加之后，能够在同一个画面以及空间中同时存在。增强现实技术的应用目标是使虚拟世界的相关内容在真实世界中得到叠加处理，在算法程序的应用基础上，促使物体动感操作有效实现。

3. 混合现实

混合现实(mixed reality, MR)技术通过在虚拟环境中引入现实场景信息，在虚拟世界、现实世界和用户之间搭起一个交互反馈的信息回路，以增强用户体验的真实感。混合现实是一组技术的组合，不仅提供新的观看方法，还提供新的输入方法，而且所有方法相互结合，从而推动创新。

无论是虚拟现实、增强现实还是混合现实,在数字孪生体的各个场景中都有巨大的应用潜力。人类通过屏幕与数字世界交互不仅不直观、不真实,而且交互深度受到巨大限制。这三种技术提供的深度沉浸的交互方式让人类与数字世界的交互方式类似于人类与物理世界的交互方式,使数字化的世界在感官和操作体验上更加接近物理世界,让"孪生"一词变得更为精妙。

7.1.5 工程机械数字孪生应用实例

7.1.5.1 应用简介

工程机械健康管理与运维过程中,由于物理模型机理复杂、参数类型多样、工况多变,因此传统理论公式难以面向实际工程环境进行有效应用,不能满足多工况、多机种、高性能施工要求;现有数据模型存在数据来源多、数据质量较差等缺点,同时计算能力要求较高,难以建立单一稳定的大数据模拟和分析模型,不能有效利用人-机-环境信息对工程机械装备状态进行描述和分析。面向工程机械的数字孪生解决了传统物理模型不能满足多工况、多机种需求问题和数据模型不能有效利用人-机-环境信息问题,可实现动力与液压系统精准建模和全局动力匹配及优化。

7.1.5.2 技术路线

数字孪生构建包含数字主线构建、数字孪生统一框架、孪生体更迭、管理工具四个部分。

数字主线针对业务问题对采集的数据进行分析处理,建立知识图谱,将数据与数据之间的关系进行梳理,提供数字孪生统一建模所需要的数据。

数字孪生统一框架针对业务问题进行分析,使用数字主线提供的数据,构建相应的基础模型,从而解决并验证相应的业务问题。

孪生体更迭对数字孪生体进行测试、修正、优化以及对数字孪生模型进行封装。

管理工具针对可视化、模型修正、模型调用、交互、接口等模块打造数字孪生管理工具。

数字孪生方案如图 7.5 所示。

1. 数字主线构建

针对工程机械全周期数据资源,建立面向个性化、智能化及服务化业务需求驱动的大数据统一描述体系,形成统一数字主线建模框架。

采用规则库和运算模型实现对多源异构信息的组合、归纳和演绎,采用机器学习、概率统计、回归分析等数据融合方法对多源异构信息进行整合,构建基于数字孪生的工程机械状态动态模型。通过形成的数据演化规律及动态融合方法,建立时空多尺度转化与集成机制以及数据关联关系构建机制,实现多尺度的工程机械状态数据快速索引方法,形成以主题仓库为工程机械状态主线的运行数字主线,为数字孪生统一框架的构建奠定数据基础。

2. 数字孪生统一框架

基于工程机械状态运行数字主线,结合核心装备中发动机、泵和油缸等设备及各个设备中零部件等单体数字孪生虚体模型,提出数据及模型语义的统一描述形式,采用形式化描述和多图谱关联结合的方式,构建多时空尺度、层次性、集成性工程机械整机运维数字孪生统一框架,实现对多维模型数字孪生的协同集成。

通过分析不同模型在几何、参数、功能上的关联关系以及不同模型的性能之间的关联和影

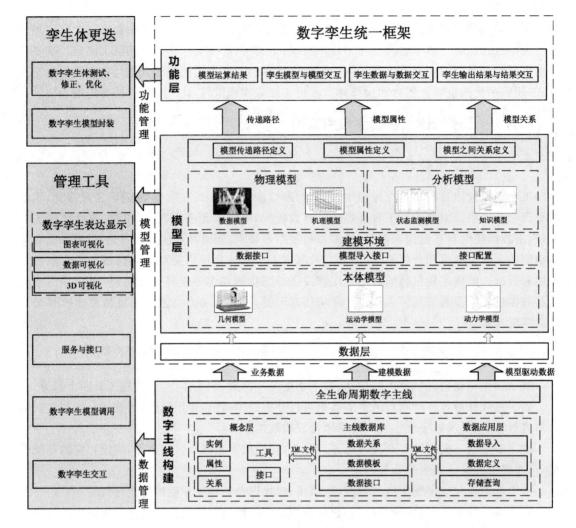

图 7.5 数字孪生方案

响,实现对数据关联关系和功能关联关系的抽取。并结合工业现场中智能设备及零部件等虚体模型,基于语义、映射、本体等技术对工业现场业务场景、工艺流程、对象、问题及可视化模型对象的特征、行为、形成过程、状态和性能等进行抽取、表达,提出数据及模型语义的统一描述形式,通过模型耦合和综合建模,构建层次性、集成性面向工业现场的数字孪生统一框架。

3. 孪生体更迭

1) 数字孪生体测试、修正、优化模块

模型测试是指从模型预期用途的角度来测试模型对真实世界表达的准确程度。目前并没有统一的模型测试方法,但是模型测试是一个必不可少的过程,它不仅仅是评估模型准确性的过程,而且还有助于根据验证结果改进模型。

数字孪生模型中往往带有一定的参数,通过调节这些参数,可使该模型的准确性提高。而模型修正与优化策略就是为了调节这些参数。模型修正与优化可以视为一个过程,它根据模型运行结果,通过数学方法不断地调节模型参数,改进模型,直到更新后的模型满足要求或者资源耗尽。

2）数字孪生模型封装模块

该模块采用模型预测标记语言对模型进行封装，形成模型库，进一步提升数字孪生模型的规范性、通用性、独立性和平台无关性，实现将训练好的模型有效地应用于工业场景的过程。基于数据建模，对数据进行数据抽取、数据描述、数据关联和数据转换，构建统一的数据孪生体，在此基础上和业务知识进行模型融合，封装构建成各类数字孪生库。

4. 管理工具

数字孪生管理工具主要包括根据各个领域知识定义模型之间的连接关系、拓扑结构、模型传递路径等的交互模块；数字孪生体内部和外部的服务与接口模块；通过模型存取管理、运行管理和建模管理对模型的建立、运行和维护进行集中控制而形成的孪生模型调用模块；针对数字孪生可视化功能开发的可视化模块。

7.1.5.3 结果体现

图 7.6 所示为悬臂式掘进机远程可视化示例。通过塔力科技超融合智慧数字孪生平台开发远程虚拟控制数字孪生，远程控制时通过虚拟控制面板的按钮下发控制指令，感知系统获得掘进头实时姿态数据，驱动虚拟掘进机与实体掘进机同步运动。虚拟现实交互平台通过切换相机视角，从多角度观测掘进机工作状态。

图 7.6 悬臂式掘进机远程可视化示例

悬臂式掘进机远程智能虚拟操控系统借助捷联惯导、图像测量等多传感器融合获得掘进机机身和截割头的位置和姿态，在本地控制端建立多源异构数据融合矩阵，利用 TCP/IP 网络进行远程控制与数据传输，在远程控制端建立数字孪生体，实现虚拟掘进机与真实掘进机的有效结合，完成了可视化截割、远程控制与虚拟监控等功能。

7.2 工业互联网与数字孪生

7.2.1 数字孪生的应用窗口

1. 产品的设计阶段

数字孪生应用在产品的设计阶段，可以提高设计的准确性，并验证产品在真实环境中的性能。

(1) 数字模型设计：使用 CAD（计算机辅助设计）工具开发出满足技术规格的产品虚拟原型，精确地记录产品的各种物理参数，以可视化的方式展示出来，并通过一系列的验证手段来检验设计的精准程度。

(2) 模拟和仿真：通过一系列可重复、可变参数、可加速的仿真实验，来验证产品在不同外部环境下的性能和表现，在设计阶段就验证产品的适应性。

2. 产品的制造阶段

数字孪生应用在产品的制造阶段，可以缩短产品导入的时间，提高产品设计的质量，降低产品的生产成本和提高产品的交付速度。

(1) 生产过程仿真：在产品生产之前，就可以通过虚拟生产的方式来模拟在不同产品、不同参数、不同外部条件下的生产过程，实现对产能、效率以及可能出现的生产瓶颈等问题的预判，加速新产品导入的过程。

(2) 数字化产线：将生产阶段的各种要素，如原材料、设备、工艺配方和工序要求，通过数字化的手段集成在一个紧密协作的生产过程中，并根据既定的规则，自动完成在不同条件组合下的操作，实现自动化的生产过程；同时记录生产过程中的各类数据，为后续的分析和优化提供依据。

(3) 关键指标监控和过程能力评估：通过采集生产线上的各种生产设备的实时运行数据，实现全部生产过程的可视化监控，并且通过经验或者机器学习建立关键设备参数、检验指标的监控策略，对违背策略的异常情况进行及时处理和调整，实现稳定并不断优化的生产过程。

3. 服务阶段

数字孪生应用在服务阶段，随着物联网技术的成熟和传感器成本的下降，很多工业产品，从大型装备到消费级产品，都使用了大量的传感器来采集产品运行阶段的环境和工作状态数据，并通过数据分析和优化来避免产品的故障，改善用户对产品的使用体验。

(1) 远程监控和预测性维修：通过读取智能工业产品的传感器或者控制系统的各种实时参数，构建可视化的远程监控，并给予采集的历史数据，构建层次化的部件、子系统乃至整个设备的健康指标体系，并使用人工智能实现趋势预测；基于预测的结果，对维修策略以及备品备件的管理策略进行优化，降低和避免非计划停机带来的损失。

(2) 优化客户的生产指标：对于很多需要依赖工业装备来实现生产的工业客户，工业装备参数设置的合理性以及在不同生产条件下的适应性，往往决定了客户产品的质量和交付周期。而工业装备厂商可以通过海量采集的数据，构建针对不同应用场景、不同生产过程的经验模型，帮助其客户优化参数配置，以改善客户的产品质量和生产效率。

(3) 产品使用反馈：通过采集智能工业产品的实时运行数据，工业产品制造商可以洞悉客户对产品的真实需求，不仅能够帮助客户加速对新产品的导入、避免产品错误使用导致的故障、提高产品参数配置的准确性，更能够精确地把握客户的需求，避免研发决策失误。

7.2.2 数字孪生与虚实映射

《数字建筑白皮书》指出，数字建筑是虚实映射的"数字孪生"，通过基于"人、机、物"的信息物理系统（CPS）的泛在连接和实时在线，让全过程、全要素、全参与方都以数字孪生的形态出现，形成虚实映射与实时交互的融合机制。

国家大力建设新型智慧城市的当下，数字孪生在城市的规划、建设、管理等方面也将发挥巨大的价值。在数字虚拟世界上构建城市虚拟映像,叠加在城市物理空间上,可以形成整个城市的虚实相生、同生共存。在规划阶段洞悉全局,尽可能规避"规划打架""马路拉链""城市看海"等问题;在建设阶段实时在线,可提高沟通效率,多方协同,保证工程进度,保障质量安全等;在管理阶段也将实现城市的实时感知、智慧运维和精细化管理,让城市运行更加便捷、高效、绿色、智慧。

7.2.3 工业互联网为数字孪生提供平台

数字孪生是工业互联网的参考架构和重要组成,是解决工业机理模型和工业 App 碎片化问题的关键技术,是构建工业互联网平台的关键元素。自工业互联网出现以来,网络的联通效用使得各个数字孪生设备在资产管理、产品生命周期管理和制造流程管理中开始发生关联并相互补充。工业互联网平台激活了数字孪生的生命,随着制造业不断发展,数字孪生尽管尚未成为主流,却成为每一个数字化企业都要关注的技术。数字孪生的核心是模型和数据,但虚拟模型创建和数据分析需要专业的知识,对于不具备相关知识的人员,构建和使用数字孪生任重道远。工业互联网可以解决以上问题,通过平台实现数据分析外包、模型共享等业务。具体来说,物理实体的各种数据收集、交换,都要借助工业互联网来实现,利用平台所具有的资源聚合、动态配置、需求对接等优势,整合并利用各类资源,赋能数字孪生。

7.2.4 数字孪生促进工业互联网

数字孪生作为边缘侧技术,可以有效连接设备层和网络层,成为工业互联网平台的知识萃取工具,不断将工业系统的碎片化知识传输到工业互联网平台。不同成熟度的数字孪生体,将不同颗粒度的工业知识重新集成整合,通过工业 App 进行调用。数字孪生是工业互联网平台的重要场景,工业互联网可以实现信息流、指令流、操作流一体化,实现物质生产价值链各环节的在线远程控制,逐步实现工业数字孪生、社会数字孪生乃至整个数字孪生的世界。工业互联网能够将全社会生产资源、生产过程、生产能力放置在互联网上,实现大规模海量协同的长尾效应,也服务于生产行为习惯的逐级优化、高速迭代。

7.3 信息物理系统(CPS)

7.3.1 CPS 来源与定义

7.3.1.1 CPS 的来源

信息物理系统(cyber-physical systems,CPS)这一术语,最早由美国国家航空航天局(NASA)于 1992 年提出。信息物理系统是控制系统、嵌入式系统的扩展与延伸,其涉及的相关底层理论技术源于对嵌入式技术的应用与提升。然而,随着信息化和工业化的深度融合发展,传统嵌入式系统中解决物理系统相关问题所采用的单点解决方案已不能适应新一代生产装备信息化和网络化的需求,急需对计算、感知、通信、控制等技术进行更为深度的融合。因此,在云计算、新型传感、通信、智能控制等新一代信息技术的迅速发展与推动下,信息物理系统顺势出现。

7.3.1.2 CPS的定义

CPS是多领域、跨学科不同技术融合发展的结果。尽管CPS已经引起了国内外的广泛关注,但CPS发展时间相对较短,不同国家或机构的专家学者对CPS理解侧重点也各不相同。国外相关学者给出的定义为:CPS是通过计算核心(嵌入式系统)实现感知、控制、集成的物理、生物和工程系统。在系统中,计算被"深深嵌入"每一个相互连通的物理组件中,甚至可能嵌入物料中。CPS的功能由计算和物理过程交互实现。国内相关学者给出的定义为:CPS从广义上理解,就是一个在环境感知的基础上,深度融合了计算、通信和控制能力的可控可信可扩展的网络化物理设备系统,它通过计算进程和物理进程相互影响的反馈循环实现深度融合和实时交互,以增加或扩展新的功能,以安全、可靠、高效和实时的方式监测或者控制一个物理实体。

7.3.2 CPS的体系

本书将CPS从单元级CPS体系逐级扩展,依次给出系统级和SoS级两个层级的体系,供读者学习参考。

7.3.2.1 单元级

单元级CPS是具有不可分割性的CPS最小单元,其本质是通过软件对物理实体及环境进行状态感知、计算分析,并最终控制物理实体,构建最基本的数据自动流动的闭环,形成物理世界和信息世界的融合交互。同时,为了与外界进行交互,单元级CPS应具有通信功能。单元级CPS是具备可感知、可计算、可交互、可延展、自决策功能的CPS最小单元,一个智能部件、一个工业机器人或一个智能机床都可能是一个CPS最小单元,其体系架构如图7.7所示。

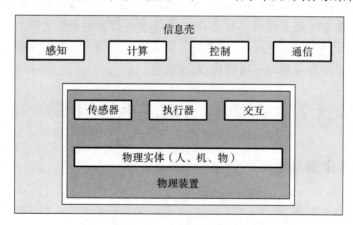

图7.7 单元级CPS体系架构

1) 物理装置

物理装置主要包括人、机、物等物理实体和传感器、执行器、与外界进行交互的装置等,是物理过程的实际操作部分。物理装置通过传感器能够监测、感知外界的信号、物理条件(如光、热)或化学组成(如烟雾)等,同时经过执行器能够接收控制指令并对物理实体施加控制作用。

2) 信息壳

信息壳主要包括感知、计算、控制和通信等功能,是物理世界中物理装置与信息世界之间交互的接口。物理装置通过信息壳实现物理实体的"数字化",信息世界可以通过信息壳对物理实体"以虚控实"。信息壳是物理装置对外进行信息交互的桥梁,信息壳将物理装置与信息世界联系在一起,使物理空间和信息空间走向融合。

7.3.2.2 系统级

在实际运行中,任何活动都是多个人、机、物共同参与完成的,例如在制造业中,实际生产过程中冲压可能是由传送带进行传送、工业机器人进行调整,然后由冲压机床完成,是多个智能产品共同活动的结果,这些智能产品一起形成了一个系统。通过 CPS 总线形成的系统级 CPS 体系架构如图 7.8 所示。

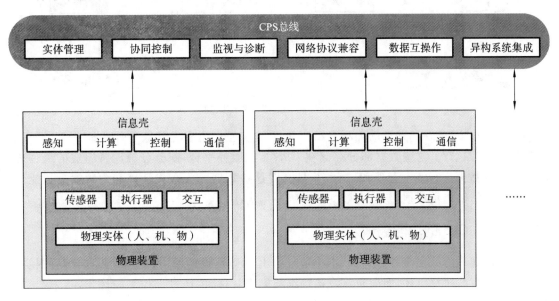

图 7.8 系统级 CPS 体系架构

系统级 CPS 基于多个单元级 CPS 的状态感知、信息交互、实时分析,实现了局部制造资源的自组织、自配置、自决策、自优化。在单元级 CPS 功能的基础上,系统级 CPS 还主要包含互联互通、即插即用、边缘网关、数据互操作、协同控制、监视与诊断等功能。其中互联互通、边缘网关和数据互操作主要实现单元级 CPS 的异构集成;即插即用主要在系统级 CPS 实现组件(单元级 CPS)管理,包括组件的识别、配置、更新和删除等功能;协同控制是指对多个单元级 CPS 的联动和协同控制等;监视与诊断主要是对单元级 CPS 的状态进行实时监控和诊断其是否具备应有的能力。

7.3.2.3 SOS 级

多个系统级 CPS 的有机组合构成 SOS 级 CPS。例如多个工序(系统级 CPS)形成一个车间级的 CPS,或者形成整个工厂的 CPS。单元级 CPS 和系统级 CPS 混合形成的 SOS 级 CPS 体系架构如图 7.9 所示。

SOS 级 CPS 主要实现数据的汇聚,从而对内进行资产的优化和对外形成运营优化服务。其主要功能包括:数据存储、数据融合、分布式计算、大数据分析、数据服务,并在数据服务的基础上形成了资产性能管理和运营优化服务。

SOS 级 CPS 可以通过大数据平台,实现跨系统、跨平台的互联互通和互操作,促成了多源

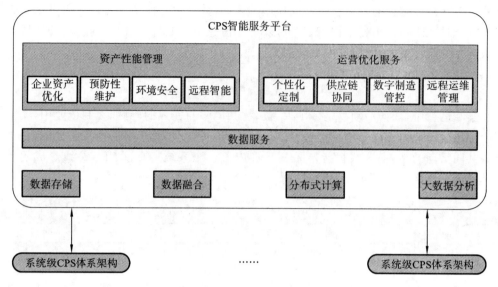

图 7.9 SOS 级 CPS 体系架构

异构数据的集成、交换和共享的闭环自动流动,在全局范围内实现信息全面感知、深度分析、科学决策和精准执行。这些数据部分存储在 CPS 智能服务平台,部分分散在各组成的组件内。CPS 对这些数据进行统一管理和融合,并具有对这些数据的分布式计算和大数据分析能力,是这些数据能够提供数据服务、有效支撑高级应用的基础。

7.3.3 CPS 的功能架构

CPS 的实现方式是多种多样的,本小节仅给出 CPS 建设的通用功能架构。CPS 应围绕感知、分析、决策与执行闭环,面向企业设备运维与健康管理、生产过程控制与优化,基于产品或生产过程的服务化延伸需求来建设,并基于企业自身的投入选择数据采集与处理、工业网络互联、软硬件集成等技术方案。

总的来说,功能架构由业务域、融合域、支撑域和安全域构成,业务域是 CPS 建设的出发点,融合域是解决物理空间和信息空间交互的核心,支撑域提供技术方案,安全域为建设 CPS 的保障,如图 7.10 所示。

1) 业务域

业务域是驱动企业建设 CPS 的关键所在。业务域覆盖企业研发设计、生产制造、运维服务、经营管理、产业链协同等全过程,企业可根据面临的挑战,按业务或按场景梳理分析创值点。

2) 融合域

融合域是企业建设 CPS 的核心,由物理空间、信息空间和两个空间之间的交互对接构成。物理空间应包括传感器、执行器,以及制造全流程中人、设备、物料、工艺过程/方法、环境等物理实体,是完成制造任务的关键组成要素。

3) 支撑域

数据包括数据的采集、存储和处理,企业在建设 CPS 前应面向价值需求,规划采集数据的范围、类型、格式、频率、方式等,避免不同解决方案供应商的"模板式"业务系统采集无用数据,导致存储资源浪费、同一数据多次采集等窘境。网络为数据在 CPS 中的传输提供通信基础设

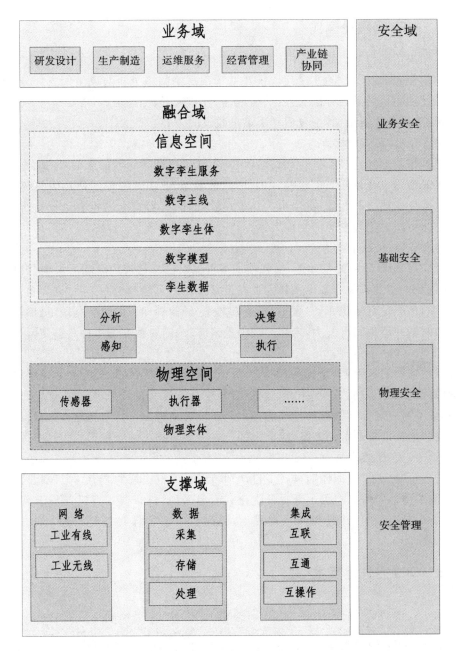

图 7.10 CPS 功能架构

施,企业应基于需求,选择主流的现场总线、工业无线等协议。企业 CPS 的建设离不开硬件与硬件、硬件与软件、软件与软件之间的集成,集成方式并无优劣之别,企业可根据规模、复杂度、业务实时性需求等选择适宜的集成技术。

4) 安全域

企业建设 CPS 时应考虑数据的保密与安全,可从业务安全、基础安全、物理安全和安全管理等方面出发,分析面临的威胁和挑战,实施安全措施。

7.3.4 CPS的建设模式

基于认知决策的控制机制是CPS的核心,即信息空间是CPS建设的核心,认知决策是为了更精准的控制,因此CPS的4个建设模式基于信息空间中分析与决策能力划分,按照其核心"认知决策"能力从低到高分别为人智、辅智、混智和机智,循序渐进,层层递进。感知、分析、决策、执行是建设的方法论,其中分析和决策是建设的核心。

1)人智——信息展示能力

人智是具备了感知、控制、执行和反馈闭环,实现了物理空间和信息空间的联通的模式,其分析和决策的能力主要依靠人的经验。因此,人智是具有CPS特征的最初级系统,对不确定性问题以及多变的环境和任务,主要由人基于经验处理,机器按人的指令执行动作,信息空间的数字孪生体可映射物理空间的物理实体。

2)辅智——知识应用能力

在人智实现CPS闭环的基础上,辅智增加了机器对已知已解决问题的识别与决策控制能力,该类问题及配套的解决方案由操作人员在日常工作中总结归纳而来,可称为企业的核心竞争力。辅智的核心是对知识库、专家库、解决方案库、经验等知识的封装利用,机器基于已有知识解决已知问题并避免其再发生,未知问题由人来解决,同时数字孪生体具备逻辑分析能力。

3)混智——认知决策能力

混智是在辅智的基础上,通过互联网、大数据、人工智能等技术,提升整个系统的智能化水平,构建具有认知和学习能力的CPS。智能CPS建立在已知的复杂算法模型基础上,通过前期训练,具备了对一定未知问题的处理能力。该系统已经可以对已知问题进行分析和决策,并针对具体问题给出推荐的解决方案,能解决部分人类尚未解决的问题。

4)机智——适应创造能力

机智使系统变成了"智能体",具备了自认知、自执行、自决策的能力,并且随着其认知水平的提升,系统整体能力可以得到不断提升优化。简单来说,机智模式下机器基于自决策、自执行等活动解决未知问题,并避免其再次发生,同时数字孪生体具备与物理空间实时交互的能力。

7.3.5 CPS的关键技术

7.3.5.1 面向产品复杂度的CPS关键技术

产品复杂度的问题主要依靠CPS综合技术体系中的仿真技术来解决。产品机理建模是构建数字模型的过程,结果是在信息空间中形成物理等价物。仿真技术伴随着建模的整个过程,包括单学科物理场的仿真、多物理场仿真及系统仿真等,以构建数字孪生模型。图7.11所示为面向产品复杂度的CPS关键技术。针对产品不同的复杂度,产品机理建模和仿真可从部件级、子系统级和系统级逐层进行,最后形成以数字孪生为特征的虚拟数字模型。数字孪生模型和仿真求解器可部署到CPS中。

部件级的建模和仿真主要是为了对单个部件具体的功能和性能进行设计和验证。针对部件具体的功能,需要对部件的某些物理场进行仿真,包括结构仿真、流体仿真、热仿真、电磁仿真、流-固仿真、机-电仿真、结构-热仿真、热-电仿真等。

子系统级的建模和仿真主要是为了对某一子系统的功能和性能进行设计和验证。某一子系统要实现的功能，可能涉及几个学科之间的模型联合仿真。典型的子系统仿真有机电系统仿真、控制系统仿真、液压系统仿真、伺服系统仿真、动力系统仿真、作动系统仿真等。

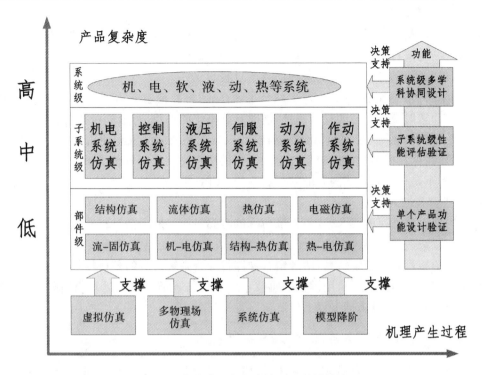

图 7.11 面向产品复杂度的 CPS 关键技术

系统级的建模和仿真主要是为了对整个系统的功能和性能进行协同设计和整体验证，并对整个系统性能进行优化。根据系统功能的不同，构建包括机械、电子电气、软件、液压、动力、热等不同学科的集成模型，并进行协同仿真和参数优化。此外，在系统级的仿真过程中，如果所采用的单学科仿真模型呈现三维状态，分析时则需要在保证高保真度的基础上采用降阶技术对模型进行简化处理，然后再使用降阶后的模型来构建系统模型。

利用上述关键技术，面对产品复杂且机理产生难、建模过程复杂且计算困难等情况，能够更好地实现机理与数据、知识的融合，支撑产品功能性能指标，验证模型设计的准确性，并对参数进行优化，为产品的虚实融合提供有力支撑，满足环境适应性要求。

1. 虚拟仿真技术

虚拟仿真依靠电子计算机，结合有限元或有限体积的概念，通过数值计算和图像显示的方法进行结构、流体、电磁、热等单物理场的数值模拟，达到对工程问题、物理问题乃至自然界各类问题进行数值分析和机理研究的目的。

虚拟仿真技术一直被用于设计或改进物理产品或流程，借助虚拟仿真可以直观地展示产品结构中不易被观测到的现象，使人容易理解和分析，还可以展示发生在结构内部的一些物理现象，便于在构建物理原型之前就对各种备选设计方案进行评估。

2. 多物理场仿真技术

多物理场仿真解决的是流、固、电、磁、热等单物理场相互叠加、相互影响的多物理场耦合问题。在现实世界中，产品往往同时受到多个物理领域的影响，为了应对复杂产品在复杂环境中应用的挑战，需要研究多物理场的交互影响，以及多物理场交互影响产生的机理。在单物理场虚拟仿真技术基础上进行多物理场耦合仿真,可更准确地评估这些复杂的物理现象和相关机理。常见的多物理场耦合包括流-固耦合、流-固-热耦合、电-热-结构耦合等。

3. 系统仿真技术

系统仿真就是根据系统分析的目的,在分析系统各要素性质及其相互关系的基础上,建立能描述系统结构或行为过程的且具有一定逻辑关系或数量关系的仿真模型,进行仿真分析或定量分析,以获得正确决策所需的各种信息的过程。

CPS 是在环境感知的基础上,深度融合了计算、通信和控制能力,具有信息空间和物理空间深度融合和实时交互功能的复杂系统,同时具备系统的可控、可信和可拓展能力。具有更高仿真精度的 3D 物理系统建模和仿真在智能化、电气化产品的开发和使用中尤为重要,利用虚拟系统技术,高保真模型内的权威系统定义能帮助用户完整理解各种子系统之间的依赖性、数据和接口,而不是一系列传统静态的基于文本的设计文档。

4. 模型降阶技术

系统仿真对仿真速度要求较高,系统仿真的时间量级一般为微秒级和毫秒级,但三维虚拟仿真的时间量级一般为小时级或天级。将系统仿真与三维仿真直接连接进行耦合计算时,整体计算速度的瓶颈在于三维仿真,两者耦合计算将导致系统仿真的整体计算时间很长,难以匹配工程上的需求。因此需要采用模型降阶技术对三维仿真模型进行处理,在保证一定精度的情况下,缩短仿真时间以满足工程上的要求。

7.3.5.2 面向应用复杂度的 CPS 关键技术

CPS 应用的本质是实现数据在设计、采购、仓储、生产、管理、配送和服务等环节自动流动,以数据流带动资金流、物流和人才流,进而不断地优化流程,提高制造资源配置效率。以数据的采集、传输和计算分析技术驱动,打通每一个业务环节,有效支撑 CPS 在各类应用场景下实现价值。

在制造企业中 CPS 的应用有多种情境和方式,总体来说可以分为单元级应用、系统级应用和 SoS 级应用。为了应对更加复杂的应用场景和应用环境,保证数据的采集、传输、计算和使用更加智能,需要异构协议兼容、大规模实时数据传输、边缘计算、AR/VR、智能控制等多种技术协同,如图 7.12 所示。

通过上述关键技术,在高端装备或复杂的工厂环境下,CPS 可实现异构数据实时感知、数据高效稳定传输,实现信息挖掘、有效控制,支撑人与系统的完美交互,构建 SoS 级 CPS 系统,从而实现多个系统级 CPS 状态的统一监测、实时分析、集中管控。

1. 异构协议兼容技术

数据是支撑 CPS 进行建模、仿真、优化、控制的基础,CPS 的价值创造在很大程度上取决于采集数据的数量和质量。但是 CPS 具有泛在连接、异质同构的属性,系统采集数据的来源很多,可以是物料、生产设备、产品、装备等物理实体,也可以是各类信息化系统。即便同一种设备也存在设备厂商不同、开放程度不一样、接口形式不统一、协议繁杂等问题,设备之间在协议适配、协议解析和数据互联互通方面困难重重。因此,为了实现互联互通,需要采用异构协议兼容技术实现多种硬件接口、通信协议数据包的安全转换和转发功能,保证 CPS 的根基稳固。

2. 5G 技术

5G 与云计算、大数据、AR/VR、人工智能等技术深度融合,成为 CPS 应用的关键基础

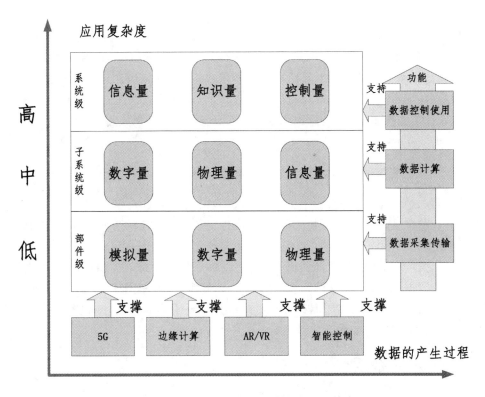

图 7.12 面向应用复杂度的 CPS 关键技术

设施。

5G 三大应用场景是增强型移动宽带（eMBB）、海量机器类通信（mMTC）和低时延高可靠通信（URLLC）。其中，eMBB 可以解决对带宽有极高需求的数据传输工作，如图像和高清视频数据的回传、自动控制或自动驾驶中的 VR（虚拟现实）和 AR（增强现实）等，满足 CPS 中数据传输的需求；mMTC 聚焦对连接密度要求较高的业务，可以解决多类型、大批量的传感器布置问题，满足 CPS 末端节点互联、全面感知的需求；URLLC 聚焦对时延极其敏感的业务，满足 CPS 中的数字孪生和实时控制的需求。

3. 边缘计算技术

边缘计算是在靠近物或数据源头的网络边缘侧，融合网络、计算、存储、应用核心能力的分布式开放平台，就近提供边缘智能服务，满足行业数字化在敏捷连接、实时业务、数据优化、应用智能、安全与隐私保护等方面的关键需求。因此，边缘计算技术是实现物理空间与信息空间连接的桥梁，将大规模节点运算处理放到 CPS 节点端进行，减轻中央处理运算负荷，使工业过程响应更为实时。企业通过边缘计算设备将物理空间工业现场 PLC 设备和数控系统连入信息空间。现阶段，边缘计算技术的实现应用难点主要集中在边缘操作系统、OPC UA、算法模型和协议适配等方面。

4. 智能控制技术

智能控制技术是控制论的技术实现应用，通过具有一定控制功能的自动控制系统，来完成某种控制任务，保证某个过程按照预想的情况进行，或者实现某个预设的目标。智能控制是实现 CPS 虚实融合的主要技术手段。智能控制的主要关键技术包括无线控制技术、模糊控制技术、神经网络控制技术、学习控制技术、可编程控制技术、液压传动控制技术等。

5. AR/VR 技术

物理世界的实体是可见可触的,可以简单直观地与人进行交互。而虚拟世界传递给人的多为屏幕上的几行数字或一些图表,这大大增加了相关人员操作 CPS 的难度,而使用增强式交互技术表达数字孪生体可以大大降低人员的使用成本。虚拟现实(VR)技术主要包含计算机图形技术、立体显示技术、视觉跟踪和视点感应技术、语音输入输出技术、听觉、力觉和触觉感知技术等 5 种关键技术。增强现实(VR)技术主要包含跟踪注册技术、显示技术和智能交互技术等。

7.3.5.3 面向业务复杂度的 CPS 关键技术

CPS 在研发设计、工艺管理、生产制造、测试试验以及运维服务等业务环节的应用具有耦合性、关联性和跨时空系统性等特点,根据涉及业务场景和复杂度的不同可以将其划分为单场景、跨场景和全场景应用,不同场景、跨场景、全周期场景等对知识体系要求不一。

CPS 针对上述不同场景分别提供耦合分析、关联分析以及跨时空协同分析等功能,以实现"原始数据—数据处理—知识加工—知识管理—认知服务"的知识产生与应用过程。为支撑不同场景下的数据分析需求以及知识的产生与应用,需要工业大数据、知识图谱、工业智能和智能决策优化等关键技术,如图 7.13 所示。

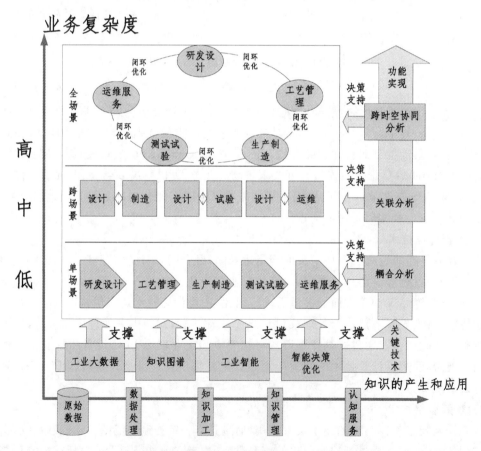

图 7.13 面向业务复杂度的 CPS 关键技术

通过上述关键技术,CPS 实现了"数据—信息—知识"的高效转化,加速了信息空间与物理空间之间的交互联动；可以实现数据与机理融入知识产生与分析挖掘，更好地实现决策优化机制，支撑 CPS 应用服务转化。

1. 工业大数据技术

工业大数据是工业企业自身及生态系统产生或使用的数据的总和。从产品的全生命周期来看，工业大数据贯穿于产品研发设计、工艺管理、生产制造、测试试验和运维服务等各个环节，其价值属性实质上是基于工业大数据分析深入挖掘产品全生命周期数据的内在知识价值，并融合工业机理模型，以"数据驱动+机理驱动"的双驱动模式来进行工业大数据的分析，为工业生产、运维、服务等单场景，跨业务场景以及全业务场景提供科学的认知决策。

2. 知识图谱技术

随着大数据时代的到来，工业生产过程中积累了海量数据，知识图谱技术为工业领域提供了一种便捷的知识表达、积累和沉淀方式，为行业大数据的理解和洞察提供了丰富的背景知识。将 CPS 作为实现企业智能化升级的系统支撑，知识图谱技术的应用是支撑其进一步满足智能化诉求的手段之一。行业智能化升级的实现过程中，迫切需要行业知识赋能，将知识赋予机器并让机器具备一定程度的认知能力。

3. 工业智能技术

工业智能技术是人工智能技术在工业领域融合应用的系统技术与方法，包括机器学习、深度学习、自然语言处理、计算机视觉、认知与推理等技术，将传统依靠人类经验的传承方式转向通过数据分析、智能建模等手段挖掘数据的隐形线索，将知识转为模型，使得行业知识能够高效和自发产生、利用和传承的方式。工业智能为处理海量工业图像、工业视频、工业声音等非结构化数据以及工业时序数据提供了技术支持，支撑了 CPS 的挖掘、分析、诊断与预测能力，解决了工业领域碎片化知识处理与挖掘难题。工业智能技术既能提升知识的产生、利用和传承过程的效率和规模，又能重新优化生产组织要素的价值链关系，以最优的方式支撑 CPS 实现服务最终用户实现各项业务的发展和价值。

4. 智能决策优化技术

智能决策优化技术是 CPS 的核心关键技术，从工业数据中发现可供迭代利用的知识，并能够基于推理与优化算法生成指导管理与控制活动的策略，是实现基于数据自动流动的闭环赋能体系、资源优化、价值提升的重要抓手。工业场景下通过建立工业大数据和知识驱动的流程工业智能优化决策机制和系统体系结构，以及工业大数据驱动的领域知识挖掘、推理与重组、多源异构多尺度生产指标构建，形成基于大数据和知识驱动的生产指标决策、优化运行与控制一体化的工业智能决策优化新模式，实现基于 CPS 工业生产的绿色化、智能化和高效化。

综上所述，工业大数据技术、知识图谱技术、工业智能技术、智能决策优化技术支撑 CPS 从对数据的洞察挖掘到支持决策的知识的萃取，实现了"数据—信息—知识"的高效转化，加速了信息空间与物理空间之间的交互联动。

7.3.6 白车身产线 CPS 应用实例

7.3.6.1 应用简介

本应用在分析人、机、料、法、环等要素对生产过程状态影响的基础上，利用数字孪生、云平台、人工智能等先进技术，构建跨行业生产现场 CPS 平台工业软件，通过建立面向 CPS 的关键生产设备数据采集及优化分析系统、生产过程管控与综合分析优化系统、生产现场设备诊断与管理系统等三个系统的方式,实现同时支持流程行业与离散行业产品全生命周期及产业链上下游资源及信息协同。基于CPS平台利用实时监测实时/历史数据进行综合分析,可提供生产过程协同、异常状态预测和诊断、运维决策优化等服务,对制造企业提升设计水平、提高产品制造能力和生产质量、优化运维决策具有重要意义。

7.3.6.2 技术路线

如图7.14所示,首先研究跨行业生产现场CPS平台体系架构与建模技术,为模型构建、生产管控、诊断决策以及平台构建提供基础;进一步研究关键生产要素数据采集及优化分析系统,高效率高质量采集相关数据;研究生产过程管控与综合分析优化技术,实现生产过程高精度生产现场调度以及多维数据优化分析;研究生产现场设备状态诊断与管理系统,实现智能化

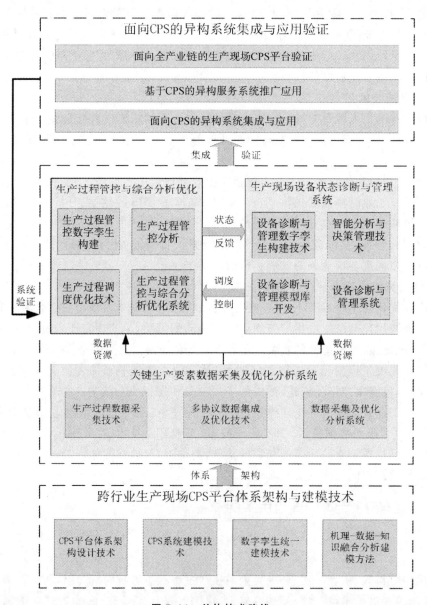

图7.14 总体技术路线

的生产现场设备状态诊断与管理;进而研究面向 CPS 的异构系统集成与应用验证,构建跨行业生产现场信息物理平台,实现生产过程管控与综合分析优化系统、关键生产要素的数据采集及优化分析系统和生产现场设备状态诊断与管理系统的快速集成和应用。

1. 跨行业生产现场 CPS 平台体系架构与建模技术

跨行业生产现场 CPS 平台体系架构与建模技术从跨行业 CPS 平台体系架构设计技术、生产现场 CPS 系统建模技术、生产流程数字孪生统一建模技术和机理-数据-知识融合分析建模方法四方面开展。

2. 关键生产要素数据采集及优化分析系统

关键生产要素数据采集及优化分析系统从面向数字孪生构建的生产过程数据采集、多协议数据集成及优化和面向 CPS 的关键生产设备数据采集及优化分析系统构建三方面开展。

3. 生产过程管控与综合分析优化系统

生产过程管控与综合分析优化系统从生产过程管控数字孪生构建、基于数字孪生的生产过程管控分析、面向 CPS 的生产过程调度优化技术和面向 CPS 的生产过程管控与综合分析优化系统构建四方面开展。

4. 生产现场设备状态诊断与管理系统

生产现场设备状态诊断与管理系统从生产现场设备诊断与管理数字孪生构建技术、基于数字孪生的关键设备智能分析与决策管理技术、基于多维信息融合的高性能设备诊断与管理模型库开发和面向 CPS 的生产现场设备诊断与管理系统开发四方面开展。

5. 面向 CPS 的异构系统集成与应用验证

面向 CPS 的异构系统集成与应用验证从面向 CPS 的异构系统集成与应用、面向全产业链的生产现场 CPS 平台验证和基于 CPS 的异构服务系统推广应用三方面开展。

7.3.6.3 结果体现

结果体现:满足面向制造业数字化、网络化、智能化生产现场管控和运维服务需求,解决缺乏针对高端装备制造业的大数据采集、汇聚、分析服务体系的问题,实现运行生产和运维资源泛在连接、弹性供给、高效配置。推动智能装备的快速、智能、高效运行,提升高端装备行业生产现场管控和运维服务能力,促进工业互联网在传统制造业落地示范,为跨行业应用推广提供重要参考。将有效解决生产现场"人、机、料、法、环"各类数据采集不完整、分析不深入,产线及设备深层次质量缺陷难以发现,企业计划资源、运营管理等数据未打通等问题,不断提高生产效率及产品质量,降低企业运营成本。CPS 实现的白车身数字化产线如图 7.15 所示。

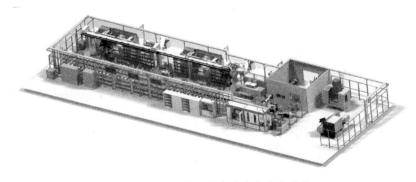

图 7.15 CPS 实现的白车身数字化产线

本章小结

本章主要介绍了工业互联网平台核心技术的融合层。本章分为两个部分，分别阐述了数字孪生和信息物理融合系统的概念、框架、关键技术和应用。第一部分依次介绍了数字孪生的来源和定义、数字主线、数字孪生框架和数字孪生体构建技术，最后介绍基于数字孪生挖掘机孪生体；第二部分依次介绍了 CPS 来源和定义、CPS 的体系、通用架构、关键技术和四个核心技术要素，最后介绍 CPS 实现的白车身生产线应用实例。本章内容为后续应用层技术实现奠定了基础。

本章习题

1. 简述数字孪生的起源和发展。
2. 根据自己的理解给出数字孪生的定义。
3. 简述数字主线的定义。
4. 数字孪生框架具备几个层次？分别是什么？具备什么功能？
5. 简述建模的发展历程，并简述本章将建模分为哪三类。
6. 简述什么是 VR、AR、MR。
7. 根据整合层级可将数字孪生技术分为哪些阶段？它们之间有什么联系？
8. 简述虚实同步仿真中技术的演变。
9. 聚焦制造领域，与制造相关的数字孪生体关键技术包括什么？
10. 简述数字孪生体发展历程的四个阶段。
11. 简述信息物理系统的五条建设思路。
12. 简述 CPS 的基本建设模型。
13. CPS 通用架构由哪几个域组成？基本内容是什么？
14. 数字孪生的通用架构和技术架构之间有什么区别和联系？
15. 数字孪生体的基本构建技术有哪些？
16. 简述 CPS 的体系结构中单元级、系统级、SoS 级之间的关系。

第 8 章　工业互联网平台应用层技术

工业互联网平台应用层针对特定的工业场景，通过调用边缘层和平台层的微服务，推动工业技术、经验、知识和最佳实践的模型化、软件化和再封装，从而形成满足不同行业、不同场景需求的工业 App，形成工业互联网平台的最终使用价值。

方面，应用层可以提供设计、生产、管理、服务等一系列创新性业务应用；另一方面，应用层可以构建良好的工业 App 创新环境，使开发者基于平台数据及工业 PaaS 层和边缘层提供的微服务功能实现快速应用创新。

8.1　工业应用开发技术

8.1.1　工业应用开发背景

1. 移动互联网的饱和与物联网的兴起

在移动互联网时代，海量 App 作为"平台（iOS 和 Android）+App"模式的重要组成，既推动了移动互联网爆发式发展，也成为衡量移动互联网成熟度与活跃度的重要标志。

相较于移动互联网，物联网的体量更大。这一点从两者的连接数和 App 需求量就能窥见一斑，移动互联网的连接对象主要是人与 PC、手机等终端，连接数量大约为 35 亿。物联网的连接对象则包括人、设备、软件、工厂、产品及各类生产要素，其潜在的连接数量可达几百亿。从对国民经济发展的影响来看，物联网的意义比移动互联网更为重大。移动互联网化影响需求侧，物联网可直接影响供给侧。移动互联网是 to C（面向普通用户）的，物联网是 to B（面向企业用户）的。

相比之下，物联网对工业生产的影响则更为直接，也更为明显。借力互联网，应用大数据、云计算、人工智能等技术，传统企业可以更好地设计满足消费者需求的产品，更有效地组织生产，更快捷地实现产品的流通和销售，从整体上优化组织结构，提升生产效率。这对于促进新旧动能转换、实现产业优化升级、提升产业的国际竞争力都十分重要的意义。

2. 5G 时代的到来

5G 究竟能干什么？将来 20% 左右的 5G 设施用于人和人之间的通信，80% 则用于物与物、物与人之间，也就是物联网。

随着 5G 技术到来，5G 将为工业互联网提供丰富的场景，加强工业终端与网络之间的智慧。一方面，5G 网络能够提供工业机器人所需的 AI 技术，助推自动化、智能化，包括赋予云端智能和边缘化智能；另一方面，5G 网络超低时延的数据传输以及超高的连接密度能够提供智能工厂远程操控大量的工业机器人所需要的高精准、高强度交互，促进云和机器人之间的交互性以及人对机器人的远程操控灵敏性。5G 之于物联网，就像 4G 之于移动互联网。5G 时代更高的带宽、低时延通信以及大容量的连接，都将比过去提供更好的基础设施。

3. 物联网应用软件

我们已进入了技术赋能业务的时代，App 开发并不局限于移动互联网，所有 App 编程技术其实都可以融入物联网的开发体系中，要打好基础，放眼更广阔的未来。

8.1.2 工业应用开发技术

工业互联网平台 App 开发需要解决多类工业设备接入、多源工业数据集成、海量数据管理与处理、工业数据建模分析、工业应用创新与集成、工业知识积累迭代实现等一系列问题，涉及七大类关键技术，分别为数据集成与边缘处理技术、IaaS 技术、平台使能技术、数据管理技术、应用开发和微服务技术、工业数据建模与分析技术、安全技术。

1. 数据集成与边缘处理技术

设备接入：基于工业以太网、工业总线等工业通信协议，以太网、光纤等通用协议，3G/4G、NB-IoT 等无线协议，将工业现场设备接入平台边缘层。

协议转换：一方面运用协议解析、中间件等技术兼容 ModBus、OPC、CAN、Profibus 等各类工业通信协议和软件通信接口，实现数据格式转换和统一；另一方面利用 HTTP、MQTT 等方式从边缘侧将采集到的数据传输到云端，实现数据的远程接入。

边缘数据处理：基于高性能计算芯片、实时操作系统、边缘分析算法等技术，在靠近设备或数据源头的网络边缘侧进行数据预处理、存储以及智能分析应用，提升操作响应灵敏度，消除网络堵塞，并与云端分析形成协同。

2. IaaS 技术

基于虚拟化、分布式存储、并行计算、负载调度等技术，实现网络、计算、存储等计算机资源的池化管理，根据需求进行弹性分配，并确保资源使用的安全与隔离，为用户提供完善的云基础设施服务。

3. 平台使能技术

资源调度：通过实时监控云端应用的业务量动态变化，结合相应的调度算法为应用程序分配相应的底层资源，从而使云端应用可以自动适应业务量的变化。

多租户管理：通过虚拟化、数据库隔离、容器等技术实现不同租户应用和服务的隔离，保护其隐私与安全。

4. 数据管理技术

数据处理框架：借助 Hadoop、Spark、Storm 等分布式处理架构，满足海量数据的批处理和流处理计算需求。

数据预处理：运用数据冗余剔除、异常检测、归一化等方法对原始数据进行清洗，为后续存储、管理与分析提供高质量数据。

数据存储与管理：通过分布式文件系统、NoSQL、关系数据库、时序数据库等不同的数据管理引擎实现海量工业数据的分区选择、存储、编目与索引等。

5. 应用开发和微服务技术

多语言与工具支持：支持 Java、Ruby 和 PHP 等多种语言编译环境，并提供 Eclipse integration、JBoss Developer Studio、git 和 Jenkins 等各类开发工具，构建高效便捷的集成开发环境。

微服务架构：提供涵盖服务注册、发现、通信、调用的管理机制和运行环境，支撑基于微型服务单元集成的"松耦合"应用开发和部署。

图形化编程：通过类似 Labview 的图形化编程工具，简化开发流程，支持用户采用拖拽方式进行应用创建、测试、扩展等。

6. 工业数据建模与分析技术

数据分析算法：运用数学统计、机器学习及最新的人工智能算法实现面向历史数据、实时数据、时序数据的聚类、关联和预测分析。

机理建模：利用机械、电子、物理、化学等领域专业知识，结合工业生产实践经验，基于已知工业机理构建各类模型，实现分析应用。

7. 安全技术

数据接入安全：通过工业防火墙技术、工业网闸技术、加密隧道传输技术，防止数据泄漏、被侦听或篡改，保障数据在源头和传输过程中的安全。

平台安全：通过平台入侵实时检测、网络安全防御系统、恶意代码防护、网站威胁防护、网页防篡改等技术实现工业互联网平台的代码安全、应用安全、数据安全、网站安全。

访问安全：通过建立统一的访问机制，限制用户的访问权限和所能使用的计算资源和网络资源，实现对云平台重要资源的访问控制和管理，防止非法访问。

在上述七大类技术中，数据集成与边缘处理技术、平台使能技术、应用开发和微服务技术、工业数据建模与分析技术正快速发展，对工业互联网平台的构建和发展产生深远影响。在平台层，PaaS技术、新型集成技术和容器技术正加速改变信息系统的构建和组织方式。在边缘层，边缘计算技术极大地拓展了平台收集和管理数据的范围和能力。在应用层，微服务等新型开发框架驱动工业软件开发方式不断变革，而工业机理与数据科学深度融合则正在引发工业应用的创新浪潮。

8.1.3 工业应用软件开发

1. 工业应用软件概述

工业应用软件，全称工业互联网应用软件，是基于工业互联网承载工业知识和经验，满足特定需求的工业应用软件，是工业技术软件化的重要成果。工业应用软件是面向工业产品全生命周期相关业务（设计、生产、试验、使用、保障、交易、服务等）的场景需求，把工业产品及相关技术过程中的知识、最佳实践及技术诀窍封装而成的应用软件。其本质是企业知识和技术诀窍的模型化、模块化、标准化和软件化，能够有效促进知识的显性化、公有化、组织化、系统化，极大地便利了知识的应用和复用。相对于传统工业软件，工业应用软件具有轻量化、定制化、专用化、灵活和复用的特点。用户复用工业应用软件而被快速赋能，机器复用工业应用软件而快速优化，工业企业复用工业应用软件以实现对制造资源的优化配置，从而创造和保持竞争优势。

2. 工业应用软件的价值

当你乘坐波音787感受飞行的便利时，你可以惊叹波音787在研制过程中使用了超过8000款工业软件。但你可知道，在这些工业软件中，只有1000多款软件为商业软件，另有7000多款为波音自主研发、非商业化的工业应用软件。波音几十年积累下来的各种飞机设计、优化以及工艺的工业技术和工程经验都集中在这7000多款工业应用软件中，这些成为了波音的核心竞争能力。"你可以花钱买到波音公司研制飞机用的各种商业软件，但是你却买不来波音公司几十年积攒下来的工业知识（know-how）和经验。所以我们目前研制不出来像波音那样高水平的飞机。"中国工业技术软件化产业联盟总体组副组长、北京索为系统公司副总裁何强的这席话体现了工业知识和经验的重要性。工业应用软件恰恰可以将工业知识和经验进行封装，实现规模化复用，从而提高企业智能制造水平。

3. 工业应用软件的操作系统

目前，手机应用软件有两大主流操作系统：Android 和 iOS。同样，工业应用软件也需要运行在特定的操作系统中，那就是工业互联网平台。工业互联网平台定位于工业操作系统，是工业应用软件的重要载体，工业应用软件的存在支撑了工业互联网平台的智能化应用，可以说，工业互联网平台的能力决定了工业应用软件的能力。

工业互联网平台通过构建应用开发环境，借助微服务组件和工业应用开发工具，帮助用户快速构建定制化的工业应用软件。工业应用软件在工业互联网平台上运行，产生了大数据，随后对大数据进行机器学习和深度学习，最后经过提炼、抽取、处理、归纳而形成数字化的工业知识，数字化的工业知识最终进一步完善工业应用软件。工业应用软件是实现工业互联网平台价值的最终出口。面向特定工业应用场景，激发全社会资源形成生态，推动工业技术、经验、知识和最佳实践的模型化、软件化和封装，形成海量工业应用软件；用户通过对工业应用软件的调用实现对特定资源的优化配置。工业应用软件基于工业互联网平台，进行共建、共享和网络化运营，支撑制造业智能研发、智能生产和智能服务。

工业互联网平台是一个承上启下的载体，对下要连接设备、机器和资源的边缘层，对内要运行基础的 IaaS 层和核心位置的工业 PaaS 层，而工业应用软件是工业 PaaS 层平台之上的内容，是工业互联网平台接触用户的主要方式。

通过工业互联网平台，一方面传统架构的工业软件拆解成独立的功能模块，解构成工业微服务；另一方面工业知识形成工业微服务。工业 PaaS 实质上则成为一个富含各类功能与服务的工业微服务组件池，这些微服务成为不透明的知识"积木"，面向应用服务开放 API，支持无专业知识的开发者按照实际需求以"搭积木"的形式进行调用，高效地开发出面向特定行业、特定场景的工业应用软件。

此外，工业互联网平台支持多种开发工具和编程语言，如图形拖拽开发、API 高级开发等。这些为不会写代码的工程师快速开发出人机交互的高端工业软件，为欠缺工业理论和工业数据资产的 IT 人提供高效复用专业算法模型提供了可能；让原本封闭的企业专业化开发转化为社会通用化共享，知识得到传播，能力得到复制与推广，极大地降低了工业应用软件的开发难度和成本，提高开发效率，为个性化开发与社会化众包开发奠定了基础。

工业软件未来的开发和部署将围绕工业互联网平台体系架构，以工业应用软件的形态呈现，不需要每个开发者都具备驾驭庞大架构的能力，但依托底层平台架构的支持，众多的小型工业应用软件组合在一起，就能够组织起一个个庞大的场景。这就好比一支可以打败大象的蚂蚁军团，从而能够颠覆性地化解传统工业软件因架构庞大而给企业带来实施门槛和部署难度的难题。

4. 工业应用软件的开发生态

工业应用软件的开发涉及制造业企业、平台运营商、第三方开发者，通过构建开发者社区，形成工业应用软件开发生态。

（1）制造业企业。信息化水平高的制造业龙头企业自主开发工业应用软件，以此作为工业应用软件开发生态的原始驱动，用示范效应和龙头企业本身强大的生态资源聚集能力来吸引用户和数据资源，提高工业应用软件的供给能力。

（2）平台运营商。工业互联网平台运营商基于自身平台开发工业应用软件，同时开放共享算法工具、开发工具等共性组件，扩展开发伙伴圈，引导第三方开发者开发面向重点行业的新型工业应用软件，宣传并奖励优秀第三方开发者基于平台开发的工业应用软件。

(3) 第三方开发者。第三方开发者既包括专业的软件开发企业，也包括专业工程师、行业专家、学生、创客等海量的个体开发者。第三方开发者将是工业应用软件开发的主力军。由此建立开源的开发者社区，形成创新生态圈。仿效开源软件社区的建设过程，营造良好的技术分享和交流的社区氛围，打造完整的工业应用软件与微服务开发环境及技术分享社区。

工业应用软件的开发需要构建更多主体参与的开放生态，围绕多行业、多领域、多场景的应用需求，开发者通过对微服务的调用、组合、封装和二次开发，将工业技术、工艺知识和制造方法固化和软件化，开发形成工业应用软件。通过应用与应用、需求与需求之间的双向促进和迭代，逐渐形成开放共享的工业生态。基于这样的生态体系，制造业体系将发生革命性变革，工业企业不再全程参与应用开发，而是专注于自身特长领域，第三方开发者与信息技术提供商专注为工业企业开发工业应用软件，通过平台合作机制实现价值共创。

8.2 微服务技术

8.2.1 微服务技术产生背景

随着云计算、物联网、服务计算等技术快速发展，社会生产生活对软件系统的需求量与日俱增，用户需求的多样性、个性化趋势日趋凸显。为了满足不断演化的用户需求，许多软件企业开放其软件产品线，允许上下游相关企业、外部开发者甚至用户参与软件开发维护工作，进而有效加快软件产业的垂直分工和水平整合，促进了软件生态系统的丰富和完善。

随着软件功能不断扩展、用户负载量逐渐增长等发展问题的出现，软件生态系统中模块与组件之间的调用依赖关系也变得越来越复杂。在这种背景下，新组件的引入与迭代、数据的快速更新，无疑会造成软件生态系统的不稳定、不平衡。为了确保系统满足高可用、高并发的要求，系统架构需要根据用户需求合理配置资源，以保证资源利用率最大化。从系统集成的角度，软件生态系统的演化过程可以大致分为 3 个阶段，如图 8.1 所示。

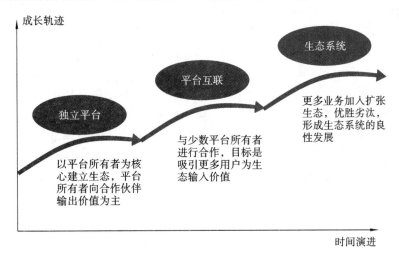

图 8.1 软件生态系统集成进化图

1. 点对点集成

点对点集成阶段通常产生在系统发展初期，其演化和扩展的方式为 1 对 1 集成。在企业应用系统个数较少的场景下，系统通过提供的对应接口，实现系统间的数据传输。当应用系统达到一定数量时，系统间的接口众多，会导致大量重复开发和联调工作，接口的开发困难程度和维护成本会随之增加。因此，整个软件生态系统的扩展能力较弱，其演化方式也显得笨重且僵硬。在此种情况下，面向服务体系架构（service-oriented architecture，SOA）的集成理念应运而生。

2. 平台集成

SOA 是一种软件系统的设计方法，以松耦合的方式，将应用系统的不同服务功能进行拆分，通过服务之间定义良好的接口实现服务集成。SOA 理念的出现使企业开始从整体角度看待 IT 架构的建设，更加强调自上至下的整体架构。同时，企业服务总线（enterprise service bus，ESB）的兴起，能够为服务整合提供行之有效的解决方案，ESB 在数据集成、应用集成、流程集成、门户集成等方面具有独特的优势，可以有效地简化 IT 系统结构，提高系统的灵活性和可扩展能力。

3. 互联网集成

随着移动互联网与互联网＋的发展，原有的 SOA 体系架构遇到了 4 个问题：①缺乏有效的服务治理，服务资产混杂不清，没有有效的服务管控手段；②业务支撑响应慢，系统尾大不掉，无法做到实时更新和模块化发布；③系统可用性差，无法做到 7×24 h 无间断提供服务；④创新业务难以支撑，特别是带有互联网特点的创新业务。

基于此，开发人员以体系结构优化为出发点，提出了基于微服务的 SOA 体系架构。其核心理念是将复杂的应用系统以独立业务单元的形式分解为多个服务，每个服务可以采用不同的实现技术，以轻量级、更灵活的模式进行独立设计、开发、部署，运行于独立的进程中，形成高度内聚的自治单元。

具体而言，SOA 把系统划分成不同的服务，使用接口进行数据交互，服务之间通过相互依赖、有效整合，以实现系统的整体功能。而在体系架构方面，微服务架构是基于 SOA 架构基础的改进，并且融入了组件化思想与领域建模思想。首先，系统被拆分为多个微服务，以松耦合的方式被独立部署。其次，每个微服务仅需高质量地完成本身任务，且每个任务代表着一项细粒度业务能力。由此，各项业务被彻底组件化和服务化。最后，提供领域服务能力的模块在底层微服务架构中实现服务的组合和组装。如图 8.2 所示，整体架构将所有软件功能放在一个进程中，由多个服务器共同支持运行计算任务，最后将运行结果返还给用户；而微服务架构将软件整体功能分解成多个服务，分别由不同类别的服务器进行支持；然后，将数据反馈给数据库，用户可以从数据库中获取数据，这样既加快了系统的整体响应速度，又满足了互联网化环境下前后端分离的业务需求。由此可见，微服务架构的优势主要体现在分布式（物理部署、服务部署、数据存储）、高可用（分布式架构、集群化部署、服务自动注册）、可伸缩（按需分配资源）、运维智能化等方面。

随着软件系统功能的日益扩展复杂化，基于微服务的 SOA 架构日益兴起。具体而言，微服务在前台支撑业务的快速响应与个性化，是面向服务的开发（service-oriented development，SOD），具有开发快速、响应及时、易于实现等特点；ESB 作为后端支撑各系统、技术、平台的集成，是面向服务的基础设施（service-oriented infrastructure，SOI），具有稳定、高度集成等特点。微服务技术与 ESB 技术二者相辅相成，分别在 SOA 架构中发挥不同的核心作用，以期达到软件系统的自服务效果。

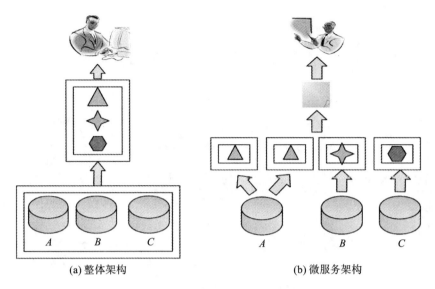

图 8.2 整体架构与微服务架构

8.2.2 微服务技术的介绍

从字面去理解微服务,即什么是"微"、什么是"服务"。"微"从狭义上来讲就是体积小、架构小;而"服务",区别于整体系统的概念,是一个或者一组相对较小且独立的功能单元,是用户可以感知到的最小功能集。每个微服务具有自己的轻量处理和通信机制,并且自动化部署在单个或多个服务器上。其中,微服务概念来源于领域驱动设计(domain-driven design,DDD),即一种基于模型的开发方法,由有限组织环境和持续软件集成等原则进行指导。该设计统一了分析和设计编程,使得软件能够更灵活快速地跟随需求变化,解决了分布式 Web 规模应用程序中存在的挑战以及大型科技公司面临的组织问题。

微服务为分布式软件系统提供了良好的解决方案。与传统面向服务体系架构的实施方案相比,微服务体系架构除了提供服务注册与发现、服务组合等基本组件外,还加入了负载均衡、服务网关和容错机制等,同时对已有模块进行了扩展和优化。图 8.3 是对微服务框架相关元素及其内容的具体展示。结合图 8.3,以下从五个方面介绍微服务核心组件。

1. 服务发现机制与注册中心

微服务遵循轻量级通信原则,单个微服务一般部署在轻量级容器如 Docker 中。然而,在运行过程中,服务实例随时可能被销毁、克隆或者重新定位;由此,服务实例在动态变化中,创建一种服务发现机制,有利于服务之间感知彼此的存在。其中,服务注册中心是服务发现机制中重要的一环,即服务启动时会将自身的网络地址与数据提交到注册中心,并订阅自己需要消费的服务。

服务注册中心是服务发现的核心,必须具有高可用性和实时更新功能;主要存储服务提供者和消费者的统一资源定位器(uniform resource locator,URL)地址及路由转发信息;实现服务注册、发布、健康检查和故障检测等功能。

2. 负载均衡

为了保证服务具有高度可用性,微服务需要部署多个服务实例来提供业务支持;当请求面对同一服务的多个实例时,如何合理选择服务实例以减少业务等待时间成为一个亟待解决的

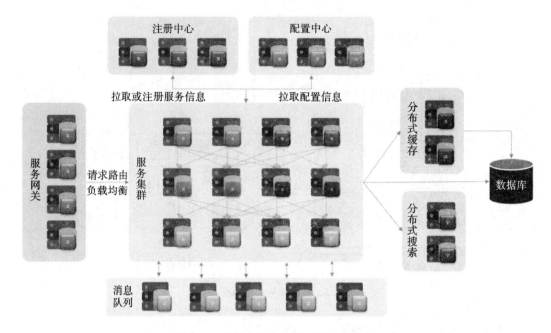

图 8.3 微服务框架相关元素及其内容

问题。由此,负载均衡可以分为客户端负载均衡与服务端负载均衡,以选择合理的服务负载均衡策略。

与传统整体架构使用负载均衡器分发高并发的网络请求不同的是,在微服务架构中,服务端的软件模块维护一个可用的服务端清单,客户端节点也需维护本身所访问的服务端清单,而这份服务端清单来自于服务注册中心(微服务架构中独有),例如 Eureka 服务注册中心;同时,客户端需要维护服务端清单的健康性,也需与服务注册中心配合完成。其中,Spring cloud Ribbon 是微服务架构中基于客户端的负载均衡工具,将面向服务的 REST(representation state transfer)模板请求自动转换成客户端负载均衡的微服务调用。

此外,微服务架构支持的负载均衡算法还包括随机分配服务器算法、生成请求源 IPHash 方式、精确找到服务器的 IPHash 算法等。

3. 服务容错

容错,即将系统错误产生的影响限制在一定边界内。在微服务体系结构中调用集群服务时,若单个微服务调用异常,产生如连接超时、请求失败、流量突增或负载过高等问题,则需要制定容错策略进行容错处理,使微服务具有自我恢复功能。

服务容错分为两种情况:①若产生超时异常,可采用超时重试机制,通过设置服务请求超时响应时间或者服务的响应时间和次数,进而决定是否采用超时重试机制。②若服务因负载过高引起异常,可采用限流和熔断器两种容错策略。其中,限流是以限制服务的最大访问量或者访问速率的方式,对服务进行容错处理;熔断器会记录和监测服务执行情况,若监测到某个服务实例超过阈值,可拒绝接收服务请求并将其直接返回。目前,微服务框架支持的容错策略还有控制并发、线程隔离等策略;如果连续失败多次则直接熔断,不再发起调用,避免单个服务异常影响系统中整体服务的运行。

4. 服务网关

服务网关作为微服务架构中的重要组件,其关键思想是将轻量级网关作为所有客户端/消费者的主要入口点,并在网关级别实现常见的非功能需求。服务网关的基本功能有统一接入、安全防护、协议适配、流量管控、长短链接支持、系统容错能力等。目前已有许多成功的应用案例。例如,由 Netflix 公司开发的 Netflix Zuul 是目前较通用的服务网关组件,其主要作用是协调客户端与微服务的中间层,提供权限验证、压力测试、负载分配、审查监控等较为全面的服务网关功能。其中,Zuul 主要负责处理 RESTful 的服务请求及调用。然而,在部分微服务业务场景下,仍存在外部客户端是 RESTful 的接口请求,而内部服务之间却是 RPC(远程过程调用)通信的情况。因此,产生同一系统具有两套不同类型的 API 接口,无疑增加了通信的复杂度。由此,GRPC Gateway 通过读取 GRPC 服务请求并为其生成反向代理服务器,将 RESTful 的 HTTP/JSON API 接口转化为内部 GRPC 的形式,从而解决了服务内外接口不兼容这一问题。

5. 微服务部署和服务通信

作为微服务框架核心部件之一,微服务部署和服务通信具有至关重要的作用。微服务部署中关键问题之一是如何做到独立于其他微服务部署,使每个微服务级别都可以进行部署与扩展,从而在单个微服务的故障不影响任何其他服务前提下,快速构建和部署微服务。Docker 作为一种开源应用容器引擎,以打包应用以及依赖包到一个可移植容器中的方式,实现上述功能需求。其具体理念是:将每个服务实例部署为容器,微服务作为 Docker 容器镜像打包,根据容器实例数量变化进行缩放。在 Docker 容器部署过程中,使用 Kubernetes 应用平台组件,将一组 Linux 容器作为单个系统进行管理,在多个主机上管理和运行 Docker 容器;根据容器的部署位置,进行服务发现和复制控制等机制,以期对 Docker 功能进行扩展与伸缩。基于此种方式,构建、部署和启动微服务的速度将会大大提升。其中,Kubernets 技术为 Docker 容器部署微服务提供了强有力的支持。

服务通信是指网络传输过程中,服务之间进行信息交互或消息传递。其关键是保证具有良好的通信机制,实现准确、高效的信息交换。在微服务框架中,微服务通信方式分为同步和异步两种模式。在同步通信模式下,客户端发出请求,服务器即时响应。这种通信模式实现较为简单,没有中间件做代理,一般采用 REST 和 Thrift 两种协议。其缺点是通信机制较为单一,制约了进程的速度,在一定程度上降低了系统的可用性。在异步通信模式下,客户端请求不会阻塞进程,服务端中响应可以是非即时的。其优点是实现了客户端与服务器之间的松耦合,通过中间件进行消息缓冲,实现灵活交互,提高了系统可用性;缺点是基于请求/响应交互模式的复杂性大大提高,为开发人员带来大量额外工作。在主流系统框架中,一般采用同步、异步混合通信模式以提高系统可伸缩性以及系统可用性。

8.2.3 微服务架构的发展

在工业应用中,一个完整的微服务架构由多个元素构成,它具有独立的生态圈;不但需要基础设施配合,还需生产环节部门共同协作;不但在系统运行时进行管理控制,而且还要具有安全保障的服务治理。其中,微服务治理从四个步骤进行:①请求网关,常用的有 Zuul、Spring cloud Gateway 等组件。②信息采集,具有服务注册发现、服务日志、链路追踪等功能。③信息分析,具有时序性统计、监控平台以及监控报警等功能。④治理策略,具有负载均衡、请求限流、服务容错与服务配置等功能。在传统微服务架构中,可能需要链接不同的容器和主机,以使多个微服务共同协作完成一项业务。在此种架构中,若使用传统的日志定位出现问题的容器和主机,不仅会耗费大量的人力与物力,而且可能导致系统运行失误。

在此种情境下,需要在技术层面提供分布式调用链跟踪能力,以能够快速定位出现问题的节点。同样,在微服务架构中,原来整体式系统分解成多个微服务,在此种情况下,传统的逐步式部署方式已不再适合。自动化部署方式成为软件系统所面临的必然选择。此外,出于服务治理和系统安全考虑,需要对分散的微服务进行集中管控。因此,服务网关也是必不可少的组件。这些组件构成是由微服务特点所决定的。具体而言,微服务架构生态图如图8.4所示。同时,微服务相关技术逐步发展,这些技术革新的影响在微服务应用程序架构发展中有明显体现。

第4代微服务体系架构旨在将微服务应用程序引入一个全新的应用领域,图8.4所示基本是最新的FaaS(函数即服务)技术和无中断计算技术,简化微服务底层开发和持续交付操作。这种无服务器架构的基本思想是将微服务应用程序变成"短暂"函数的集合,每个函数根据特定需求,进行快速创建、更新、替换和删除等操作,从而极大地提高微服务的运行、部署等操作效率。当然,这种无服务器架构仍然需要以通信为中心的技术,例如边车技术和服务网格。现有FaaS平台并未提供融合两种技术的通信和流量管理功能。因此,若在无服务器应用程序中创建函数到函数的交互,一个具有更全面控制功能的服务(或功能)网格应被创建,以便监控和管理这些边车功能的行为。

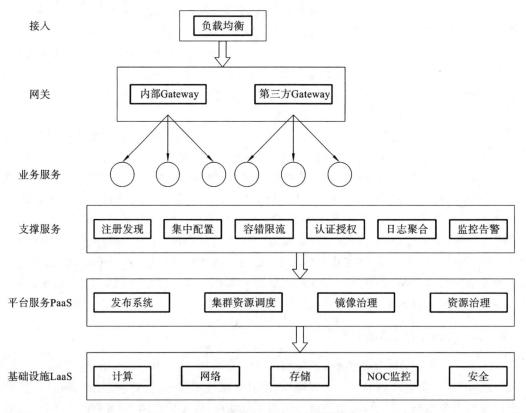

图8.4 第4代微服务体系架构

8.2.4 微服务应用实例

在现代企业中,微服务所具有的高可用性、容错性、可管理性、可替代性等优点,满足企业用户的主要业务诉求;由此,越来越多的软件架构采用微服务架构。基于微服务关键技术,以

"数据驱动的制造企业智能决策技术与系统"项目和"城市地下空间工程大数据智能分析与公共服务平台建设及示范应用"项目部分功能为案例,讲解微服务技术架构的具体应用。

1. 数据驱动的制造企业智能决策技术与系统

针对面向核电等行业不同场景的应用需求,研究基于微服务架构的智能决策工具开发方法,形成支持制造企业智能决策的工具集。

项目采用 Spring cloud 进行微服务框架的搭建(见图 8.5),根据不同的应用场景,对每个应用场景所需的工具集和构件进行分类管理,搭建该应用场景所需的场景微服务架构,实现微服务基础组件与场景微服务组件的交互。

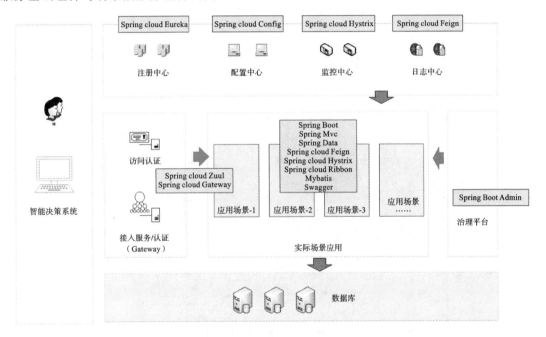

图 8.5 微服务基础组件场景应用架构

在微服务架构方面,Spring cloud 是一系列框架的有序集合,包括具有服务发现与注册功能的 Netflix Eureka、具有客服端负载均衡功能的 Netflix Ribbon、具有服务网关功能的 Netflix Zuul 与具有分布式配置功能的 Spring cloud Config 等核心组件。

微服务开发流程图如图 8.6 所示。

Eureka:各个服务启动时,Eureka-client 都会将服务注册到 Eureka Server,并且 Eureka-client 还可以反过来从 Eureka Server 拉取注册表,从而知道其他服务在哪里。

Ribbon:服务间发起请求的时候,基于 Ribbon 做负载均衡,从一个服务的多台机器中选择一台。

Feign:基于 Feign 的动态代理机制,根据注解和选择的机器,拼接请求 URL 地址,发起请求。

Hystrix:发起请求是通过 Hystrix 的线程池来走的,不同的服务走不同的线程池,实现了不同服务调用的隔离,避免了"服务雪崩"的问题。

Gateway:如果前端、移动端要调用后端系统,统一从 Gateway 网关进入,由 Gateway 网关转发请求给对应的服务。

网站中的服务网关采用具有易于认证、易于监控特点的 Netflix Zuul 组件。如图 8.7 所

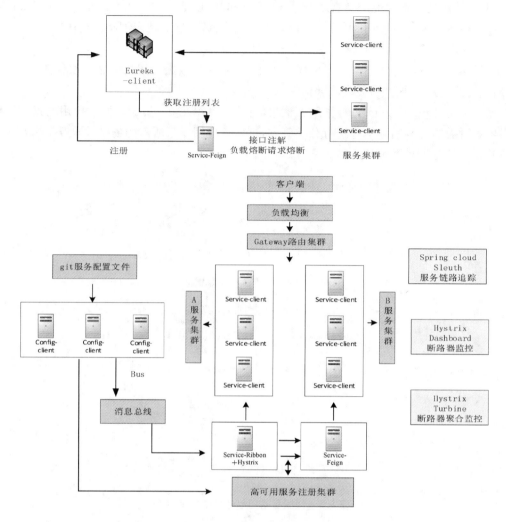

图 8.6 微服务开发流程图

示,客户端请求服务调用,通过 API Gateway,转发到后端微服务的 REST API,以期调用网站中各个微服务;每个微服务具有独立的数据库,进而查询每个微服务的基本信息,实现用户所需功能。

2. 城市地下空间工程大数据智能分析与公共服务平台建设及示范应用

1)服务封装

服务封装将模型、数据与计算过程拆分为相互独立又相互联系的松耦合个体,将复杂业务模块化,降低应用复杂度,有利于快速实现大数据分析应用,降低维护成本。

针对多用户在不同应用中创建的分析任务进行统一调度、资源分配、管理和处理。将不同模型(算法程序和数据源)封装成不同的服务,可以部署于不同于 Web 平台的集群其他节点独立运行,通过封装好的任务管理接口进行任务创建、任务状态查看、任务管理以及结果获取。另外还可以在任务执行过程中查看任务执行实时日志,或者在任务执行结束后查看完整的执行日志。

各服务封装后的微服务程序的配置参数遵循统一配置规则,无论微服务实例部署运行在哪个位置,都从配置中心服务获取配置运行参数,并且在配置中心内参数变更时可以及时分发

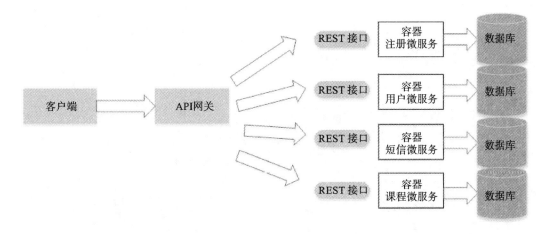

图 8.7 Netflix Zuul 服务网关

到各微服务运行实例。

微服务注册中心逻辑关系如图 8.8 所示。服务提供者可以提供微服务,在服务注册中心进行注册,服务消费者可以在服务注册中心查找服务并进行调用。

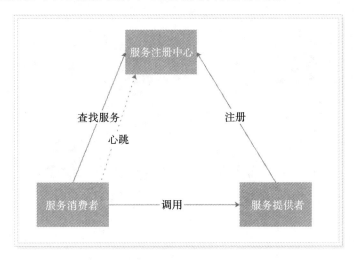

图 8.8 微服务注册中心逻辑关系

微服务路由流程如图 8.9 所示。

微服务封装统一配置分发工作流程如图 8.10 所示。

2) 服务路由执行器管理

为了建立服务注册,首先需要管理可用的服务路由执行器,并且可以查看和编辑每种服务路由执行器的许可 IP 和端口,建立执行器和服务地址的映射关系,查看当前有哪些许可的服务地址自动登记上来且是活跃可用的。

3) 服务注册

建立服务注册表,将大数据分析服务的 IP、端口等信息在服务注册表中进行注册,建立服务和服务地址的映射关系。服务注册查询界面如图 8.11 所示。

4) 服务调用

统一使用 HTTP 调用的方式,以 Json 实现数据传输,微服务间松耦合,应用服务请求以

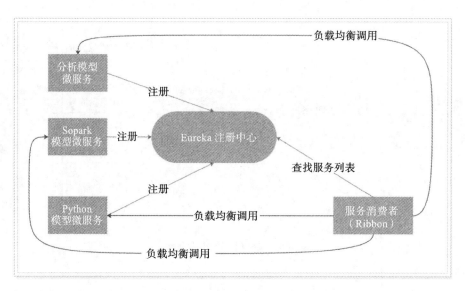

图 8.9　微服务路由流程

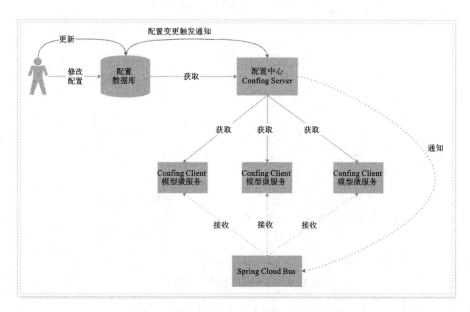

图 8.10　微服务封装统一配置分发工作流程

API 网关作为唯一入口,通过 HTTP 或消息队列的形式路由到合适的服务上。

HTTP 请求执行流程如图 8.12 所示。

5) 服务发布

使用单体打包技术将微服务打包生成文件单体封装可执行包。通过启动单体可执行包实例的方式实现微服务的启用,通过改变实例的数量达到微服务扩容需求,通过部署多个功能相同的微服务实现负载平衡和功能备份,完成大数据分析服务的部署和发布。

6) 服务配置

根据大数据分析服务的负载状况,动态配置注册服务池实例启用数量或者熔断阈值,使得大数据分析服务能够适应不同的分析环境。

图 8.11　服务注册查询界面

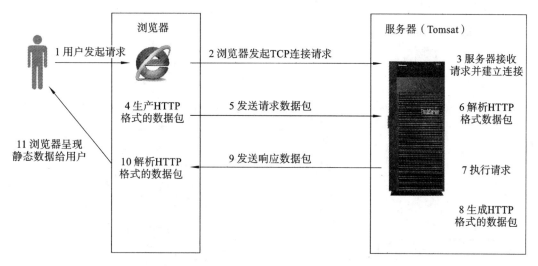

图 8.12　HTTP 请求执行流程

可以限制每个服务调用同时运行的服务调用数,一个激活的注册服务实例池中有多少个激活的服务实例就代表有多少个并发,更多的调用将会排队等待;熔断阈值配置采用无界面配置,直接在配置文件中配置和分发,启动前生效。

7) 服务监控

从数据维度、资源维度、性能维度对大数据分析服务状态进行监控,建立网络、主机、存储、虚拟机、服务间调用等多方面的服务监控指标。其中资源类监控界面如图 8.13 所示。

8) 接口设计

(1) 内部接口设计。

平台对内提供调用 Spark 任务的接口,供平台内部各模块调用。内部封装调用接口主要遵循 Apache Livy 的事实标准,Livy 支持 jar 包方式提交、支持 yarn cluster 模式、支持代码段提交、支持 SparkContext 的重用和管理、支持运行在不同 JVM、Restful 接口友好,而其缺陷是不支持提交 sql。

封装的 Spark 任务接口提供三套管理任务的接口,分别是:

①使用 Using the Programmatic API,通过程序接口提交作业;

②使用 RestAPI 的 session 接口提交代码段方式运行;

③使用 RestAPI 的 batch 接口提交 jar 包方式运行。

Livy 架构如图 8.14 所示。

图 8.13 资源类监控界面

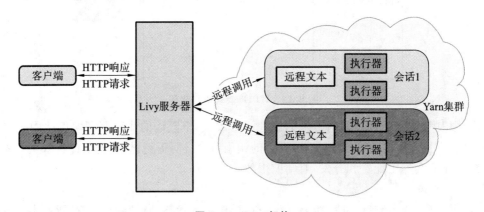

图 8.14 Livy 架构

用户可以采用 REST 请求的方式,通过 Restful 内部接口启动一个新的 Spark 集群,通过 Livy 将每一个启动的 Spark 集群称之为一个会话(session),一个会话是由一个完整的 Spark 集群所构成的,并且通过 RPC 协议在 Spark 集群和 Livy 服务端之间进行通信。

(2) 外部接口设计。

统一使用 HTTP 调用的方式,以 Json 实现数据传输,微服务间松耦合,应用服务请求以 API 网关作为唯一入口,通过 http 或消息队列的形式路由到合适的服务上。

本章小结

本章首先介绍了工业应用开发,阐述了移动互联网的饱和与物联网的兴起、5G 时代的到来、物联网应用软件的进步为工业应用开发带来的发展;从物联网应用的制造业版本——工业应用开发、工业 App 的概述、工业 App 的价值、工业 App 的操作系统、工业互联网平台、工业 App 的开发生态等方面介绍了工业应用开发；介绍微服务技术，阐述了微服务技术产生的背景、概念以及框架，详细地介绍微服务技术的核心组件（即服务发现机制与注册中心、负载均衡、服务容错、服务网关、服务部署和服务通信），不仅从第 1 代微服务体系架构阐述到第 4 代微服务体系架构，以说明微服务架构的发展，还以城市地下空间工程大数据智能分析的部分功能为案例来讲解微服务技术架构的具体应用。

本 章 习 题

1. 什么是工业 App？它的本质是什么？有什么特点？
2. 工业 App 的操作系统是什么？
3. 工业互联网平台与工业 App 有什么关系？
4. 工业 App 开发生态是如何形成的？
5. 我国工业 App 发展存在哪些问题？
6. 从系统集成的角度，软件生态系统的演化过程可以大致分为哪三个阶段？各阶段特点是什么？
7. 随着移动互联网与互联网＋的发展，原有的 SOA 体系架构遇到了哪四个问题？开发人员以体系结构优化为出发点，提出了什么样的架构？其核心理念是什么？
8. 微服务体系架构的优势是什么？
9. 什么是微服务？
10. 微服务的作用是什么？
11. 微服务治理是如何进行的？

第9章 工业互联网的安全技术

安全的本质是"没有不可接受的风险"。在工业领域,风险总是伴随着技术的发展进步而不断出现。人类有意识的风险防范可以追溯到中世纪时代。17世纪后半叶,蒸汽机的发明使生产进入机械化时代,生产中的风险问题随之而来,机械伤人损物事故频繁出现;19世纪末,电的发明推进了电气时代的到来,电气的巨大能量一旦应用失误或控制不力,就会转化成极具破坏的力量。在沉痛的代价下,风险防范技术不断发展进步。

工业互联网打破了过去人机物之间、工厂与工厂之间、企业上下游之间彼此相对独立、纯物理隔离状态,构建起开放而全球化的工业网络。互联网为工业带来便利之时,也带来了严峻风险问题。尤其是网络安全和工业自动化控制系统信息安全问题引发的事故案例正快速增加。传统的工业安全保障措施已经不能适应网络融合趋势下的风险控制要求,转型升级需求迫切。

9.1 接入安全技术

工业互联网平台接口包括以下几类:模型类接口;数据类接口;服务类接口;应用管理类接口;安全类接口;标识类接口;运行类接口;事件类接口;控制类接口。

9.1.1 功能说明

1. 工业应用接入接口

1)模型类接口

模型类接口应能实现流程、仿真等模型的运行。

流程模型类接口应包含流程运行类、流程定义类、流程监控类等接口类型。其中:流程运行类接口至少包含流程实例启动、流程实例跳转、流程实例执行、流程实例结束、流程执行调度等接口。流程定义类接口至少包含流程实例创建、获取流程实例、设置流程参量、流程实例删除等接口。流程监控类接口至少包含获取流程实例状态、获取待办任务状态等接口。

仿真模型类接口应包含仿真定义类、仿真运行类、仿真监控类等接口类型。其中:仿真定义类接口至少包含仿真模型实例创建、仿真模型实例删除等接口。仿真运行类接口至少包含仿真执行、获取仿真模型状态、仿真模型创建、仿真模型删除等接口。仿真监控类接口至少包含获取仿真模型实例状态等接口。

2)数据类接口

数据类接口应包含数据获取类、数据分析类、数据处理类、数据存储类等类型接口。其中:数据获取类接口至少包含获取企业设备/产品/服务、获取设备/设备实例、获取实例网关、获取采集点等接口。数据分析类接口至少包含设备综合效率(OEE)分析、产品制程能力指数(CPK)分析、设备状态分析、设备故障率分析、设备停机率分析等接口。数据处理类接口至少包含数据清洗、数据交换等接口。数据存储类接口至少包含获取数据源、数据存储等接口。

3）服务类接口

服务类接口应包含统一消息类、统一缓存类、统一搜索类、服务注册类、服务编排类、服务监控类、服务治理类等类型接口。服务类接口根据要求还可提供人工智能类接口。其中：统一消息类接口至少包含消息订阅、消息发布、消息监控、消息管理等接口。统一缓存类接口至少包含缓存数据存储、获取缓存数据、缓存数据过期设置等接口。统一搜索类接口至少包含数据源设置、索引创建、分类查询等接口。服务注册类接口至少包含服务实例注册、服务实例心跳发送等接口。服务编排类接口至少包含获取服务实例、服务实例调度等接口。服务监控类接口至少包含获取服务实例状态、服务实例注销、获取服务调用链等接口。服务治理类接口至少包含服务降级、服务熔断等接口。人工智能类接口至少包含文字识别、图像识别、语音识别等接口。

4）应用管理类接口

应用管理类接口应包含部署发布类、监控管理类、中间件接入类、持续迭代类等类型接口。其中：部署发布类接口至少包含应用创建、应用上传、服务绑定、服务解绑定、应用启动、应用实例数设置、应用动态伸缩设置、应用停止、获取域名详情、绑定域名、解绑域名、应用销毁等接口。监控管理类接口至少包含查看应用流量、查看应用访问量、查看应用CPU、查看应用内存、监控报警设置等接口。中间件接入类接口至少包含服务接入、创建服务实例、服务实例配置、获取环境变量、删除服务实例、获取服务实例状态等接口。持续迭代类接口至少包含版本库创建、代码上传、代码下载、获取代码分支、持续迭代设置、创建版本等接口。

5）安全类接口

安全类接口应包含身份认证类、权限管理类、访问控制类、密钥管理类、数据加解密类等类型接口。其中：身份认证类接口至少包含获取认证信息、上传认证信息等接口。权限管理类接口至少包含获取权限、授予权限、删除权限等接口。访问控制类接口至少包含获取权限资源等接口。密钥管理类接口至少包含密钥上传、密钥删除等接口。数据加解密类接口至少包含数据加密、数据解密等接口。

2. 设备/产品/服务接入接口

1）标识类接口

标识类接口应包含设备/产品标识类、网关标识类、数据采集点标识类等类型接口。其中：设备/产品标识类接口至少包含获取设备/产品信息等接口。网关标识类接口至少包含获取网关信息等接口。数据采集点标识类接口至少包含获取设备/产品数据采集点信息、获取网关数据采集点信息等接口。

2）运行类接口

运行类接口应包含设备/产品状态类、设备/产品运行类、设备/产品能耗类等类型接口。其中：设备/产品状态类接口至少包含开机时长数据采集、关机时长数据采集、获取当前状态等接口。设备/产品运行类接口至少包含运行数据采集等接口。设备/产品能耗类接口至少包含能耗数据采集等接口。

3）事件类接口

事件类接口应包含消息事件类、报警事件类等接口。其中：消息事件类接口至少包含消息事件创建、消息事件设置、获取消息事件、消息事件删除等接口。报警事件类接口至少包含报警事件创建、报警事件设置、获取报警事件、报警事件删除、报警事件触发等接口。

4）控制类接口

控制类接口应包含状态控制类、事件控制类等类型接口。其中：状态控制类接口至少包含设备/产品开机、设备/产品关机、设备/产品命令下发等接口。事件控制类接口至少包含报警设置等接口。

5）安全类接口

安全类接口应包含设备/产品认证类等类型接口。其中：设备/产品认证类接口至少包含获取认证信息、删除认证信息、验证认证信息等接口。

9.1.2 传统的网络接入控制技术

传统的网络接入控制技术，大都基于"扫描—发现—阻断"的工作模式，通过网络接入控制系统的管理中心，对网络进行不断的扫描，并对扫描的计算机进行合法性检查，判断该终端是否为合法终端。当发现该终端为不合法终端时，与交换机联动或采用 ARP（地址解析协议）欺骗等方式，阻断该终端接入网络。但采用这种原理实现的网络接入控制系统存在如下的技术缺陷。

1. 非法终端能在网上存活一段时间

由于需要对全网所有地址进行扫描，对每个地址有一定的扫描间隔周期，因此，这段时间内非法接入终端能在网络中存活一定时间，而在这段时间内，攻击者有可能已经完成部分攻击行为。而且随着网络规模的扩大，每次扫描的时间间隔延长，而非法终端在网络上存活的时间越长，对于网络的威胁就越大。

2. 在某些情况下，系统不能发现接入的非法终端

（1）由于需要指定扫描的网络范围，当非法接入终端使用的地址在指定的扫描范围之外时，系统无法发现接入的非法终端。

（2）当系统使用 PING（因特网包探索器）、TCP（传输控制协议）连接等方式检测时，如果非法接入终端安装了个人防火墙，并且启用了对应的安全防护规则，则系统无法发现接入的非法终端。

（3）非法接入终端可以通过修改自身的 IP 地址和 MAC 地址，假冒合法终端接入网络，而系统无法发现此假冒行为。

3. 消耗宝贵的网络资源

接入控制系统需要对网络进行不断的扫描，以期发现非法接入的终端，这会消耗大量宝贵的网络资源，尤其在大型网络中，这个问题更加突出。

9.1.3 目前主流的网络接入控制技术

针对传统网络接入控制技术的不足，目前新型的网络接入控制技术将控制目标转向了计算机终端，从终端着手，通过管理员指定的安全策略，对接入内部网络的主机进行安全性检测，自动拒绝不安全的计算机接入内部网络，直到这些计算机符合网络内的安全策略为止。目前，比较好的几种安全网络接入控制技术包括思科的 NAC 技术、微软的 NAP 技术、可信计算组（TCG）的 TNC 技术、瞻博（Juniper）网络的 UAC 技术等。下面将分别对这几种技术进行介绍。

1. NAC 技术

网络接入控制（network access control，NAC）技术是由思科（Cisco）主导的产业级协同研究成果,可以协助保证每一个终端在进入网络前均符合网络安全策略。

NAC 技术可以提供保证端点设备在接入网络前完全遵循本地网络内需要的安全策略,并可保证不符合安全策略的设备无法接入该网络,以及设置可补救的隔离区供端点修正网络策略,或者限制其可访问的资源。

NAC 主要由以下部分组成。

(1) 客户端软件(AV 防毒软件,Cisco Security Agent)与思科可信代理(Cisco trust agent,CTA):CTA 可以从多个安全软件组成的客户端防御体系收集安全状态信息,例如防毒软件、操作系统更新版本、信任关系等,然后将这些信息传送到相连的网络中,在这里实施准入控制策略。

(2) 网络接入设备:包括路由器、交换机、防火墙以及无线 AP(无线访问接入点)等。这些设备接受终端计算机请求信息,然后将信息传送到策略服务器,由策略服务器决定是否采取授权及采取什么样的授权。网络将按照客户制定的策略实施相应的准入控制决策,包括允许、拒绝、隔离或限制等。

(3) 策略服务器:负责评估来自网络设备的端点安全信息,比如利用 Cisco Secure ACS 服务器(认证+授权+审计)配合防病毒服务器使用,提供更强的委托审核功能。

(4) 管理服务器:负责监控和生成管理报告。

2. NAP 技术

网络访问保护(network access protection,NAP)技术是微软为下一代操作系统 Windows Vista 和 Windows Server Longhorn 设计的新一套操作系统组件,它可以在访问私有网络时提供系统平台健康校验。NAP 平台提供了一套完整性校验方法来判断接入网络的客户端的健康状态,对不符合健康策略要求的客户端将限制其网络访问权限。

NAP 主要由以下部分组成:

(1) 适用于动态主机配置协议和 VPN(虚拟专用网络)、IPSec(互联网安全协议)的 NAP 客户端计算机。

(2) Windows Longhorn Server (NAP Server):对不符合当前系统运行状况要求的计算机进行强制受限网络访问,同时运行 Internet 身份验证服务(IAS),支持系统策略配置和 NAP 客户端的运行状况验证协调。

(3) 策略服务器:为 IAS 服务器提供当前系统运行情况,并包含可供 NAP 客户端访问以纠正其非正常运行状态所需的修补程序、配置和应用程序。策略服务器还包括防病毒隔离和软件更新服务器。

(4) 证书服务器:向基于 IPSec 的 NAP 客户端颁发运行状况证书。

3. TNC 技术

可信网络连接(trusted network connection,TNC)技术是建立在基于主机的可信计算技术之上的,其主要目的在于通过使用可信主机提供的终端技术,实现网络访问控制的协同工作。TNC 的权限控制策略采用终端的完整性校验来检查终端的"健康度"。TNC 结合已存在的网络访问控制策略,例如 802.1x(访问控制和认证协议)、IKE(网络密钥交换协议)、RADIUS 协议(远程用户拨号认证服务协议)等,实现访问控制功能。

TNC 的架构分为三类实体:请求访问者(access requestor,AR)、策略执行者(policy enforcement point,PEP)、策略定义者(policy decision point,PDP)。这些实体都是逻辑实体,可以分布在任意位置。TNC 将传统的"先连接,后安全评估"接入方式转变为"先安全评估,后连接"的方式,能大大增强网络接入的安全性。

TNC 技术架构分为以下三层。

（1）网络访问层：属于传统的网络互联和安全层,支持现有的如 VPN 和 802.1x 等技术。这一层包括 NAR(网络访问请求)、PEP(策略执行)和 NAA(网络访问授权)三个组件。

（2）完整性评估层：这一层依据一定的安全策略评估 AR 的完整性状况。

（3）完整性测量层：这一层负责搜集和验证 AR 的完整性信息。在完整性测量层中,客户端建立网络接入之前,TNC 客户端需要准备好所需要的完整性信息,交给完整性收集端(IMC)。在一个拥有 TPM(可信平台模块)的终端里面,要将网络策略所需信息经散列后存入 PCRs(TPM 平台配置寄存器),TPM 服务端需要预先制定完整性的要求,并交给完整性验证者(IMV),它的核心组件是 Infranet 控制器。

4. UAC 技术

UAC 是瞻博(Juniper)网络公司提出来的统一接入控制解决方案。

UAC 由多个单元组成,包括用作集中策略管理器的 Infranet 控制器、客户端代理软件 UAC 代理(对于不支持下载的客户端,如外部人员的设备,可使用无代理模式),以及多种不同形式的 UAC 执行点,包括 Juniper 防火墙以及能支持第三方的 802.1x 协议的交换机及/或无线接入点等。

（1）Infranet 控制器：Infranet 控制器是 UAC 的核心组件。其主要功能是将 UAC 代理应用到用户的终端计算机中,以便收集用户验证、端点安全状态和设备位置等信息或者在无代理模式中收集相同的信息,并将此类信息与策略相结合,以控制网络、资源和应用接入。随后,Infranet 控制器在分配 IP 地址前在网络边缘通过 802.1x 或在网络核心通过防火墙将这个策略传递给 UAC 执行点。

（2）UAC 代理：UAC 代理部署在客户端,允许动态下载。UAC 代理提供的主机检查器功能允许管理员扫描端点并了解各种安全应用/状态,包括但不限于防病毒、防恶意软件和个人防火墙等；UAC 代理可通过预定义的主机检查策略以及防病毒签名文件的自动监控功能来评估最新定义文件的安全状态；UAC 代理还允许执行定制检查任务,如对注册表和端口状态进行检查,并可执行 MD5 校验和检查,以验证应用是否有效。

（3）UAC 执行点：UAC 执行点包括 802.1x 交换机/无线接入点或者 Juniper 网络公司防火墙/VPN 平台。

根据以上的分析我们可以看出,NAC、NAP、TNC 和 UAC 技术的目标和实现技术具有很大相似性。

首先,其目标都是保证主机的安全接入,即当 PC 或笔记本接入本地网络时,通过特殊的协议对其进行校验,除了验证用户名密码、用户证书等用户身份信息外,还验证终端是否符合管理员制定好的安全策略,如操作系统补丁、病毒库版本等信息；并分别制定了各自的隔离策略,通过接入设备(防火墙、交换机、路由器等),强制将不符合要求的终端设备隔离在一个指定区域,只允许其访问补丁服务器、病毒库服务器等,在验证终端主机没有安全问题后,再允许其接入被保护的网络。

其次,这四种技术的实现思路也比较相似,都分为客户端、策略服务以及接入控制三个主要层次。但另一方面,由于这四种技术的发布者自身的背景不同,因此这四种技术又存在不同的偏重性。NAC 由于是思科发布的,所以其构架中接入设备的位置占了很大的比例,或者说 NAC 自身就是围绕着思科的设备而设计的；UAC 与思科类似,也是围绕着 Juniper 的设备而设计的,但在接入服务方面选择遵循802.1x这种标准协议;NAP偏重在终端agent以及接入服务(VPN、DHCP、802.1x、IPSec组件),这与微软自身的技术背景也有很大的关联;而TNC技术重点则放在与TPM绑定的主机身份认证与主机完整性验证,或者说TNC的目的是给TCG发布的TPM提供一种应用支持。

9.2 平台安全技术

9.2.1 平台体系是工业互联网的核心

工业互联网平台是面向制造业数字化、网络化、智能化需求,构建基于海量数据采集、汇聚、分析的服务体系,是支撑制造资源泛在连接、弹性供给、高效配置的载体。其中平台技术是核心,承载于平台之上的工业App技术是关键。安全体系是工业互联网的保障,通过构建涵盖工业全系统的安全防护体系,增强设备、网络、控制、应用和数据的安全保障能力,识别和抵御安全威胁,化解各种安全风险,构建工业智能化发展的安全可信环境,保障工业智能化的实现。工业互联网安全标准化工作应紧密围绕工业互联网各安全防护对象,从防护对象、防护措施和防护管理三个维度来开展。目前在工业互联网安全方面,联盟依托产业发展现状,在联盟标准的制定与实施层面持续开展工作,目前已发布《工业互联网安全总体要求》和《工业互联网平台安全防护要求》两项联盟标准,并依据上述标准开展试点应用与培训宣贯工作,促进产业对工业互联网的安全防护意识与防护水平不断提升。工业互联网安全标准主要包括设备安全标准、控制系统安全标准、网络安全标准、数据安全标准、平台安全标准、应用程序安全标准、安全管理标准等。

(1)设备安全标准:主要规范工业互联网中各类终端设备,包括数据采集类设备、智能装备类设备(如可编程逻辑控制器(PLC)、智能电子设备(IED)等)等,在设计、研发、生产制造以及运行过程中的安全防护、检测及其他技术要求。对于每一类终端设备,设备安全标准均包括但不限于设计规范、防护要求(或基线配置要求)、检测要求等标准。

(2)控制系统安全标准:主要规范工业互联网中各类控制系统,包括数据采集与监视控制系统(SCADA)、集散控制系统(DCS)、现场总线控制系统(FCS)中的控制软件与控制协议的安全防护、检测及其他技术要求。

(3)网络安全标准:主要规范承载工业智能生产和应用的通信网络与标识解析系统的安全防护、检测及其他技术要求,以及相关网络安全产品的技术要求。

(4)数据安全标准:主要规范工业互联网数据相关的安全防护、检测及其他技术要求,包括工业大数据、用户个人信息等数据安全技术要求,数据安全管理规范等标准。

(5)平台安全标准:主要规范工业互联网平台的安全防护、检测、病毒防护及其他技术要求,包括边缘计算能力、工业云基础设施(包括服务器、数据库、虚拟化资源等)、平台应用开发环境、微服务组件等安全标准。

(6)应用程序安全标准:主要规范用于支撑工业互联网智能化生产、网络化协同、个性化定制、服务化延伸等服务的应用程序的安全防护与检测要求,包括支撑各种应用的软件、App、Web系统等。

(7)安全管理标准:主要规范工业互联网相关的安全管理及服务要求,包括安全管理要求、安全责任管理、安全能力评估、安全评测、应急响应等标准。

云计算和大数据是工业互联网平台的重要能力要素，我国已经形成一定的基础，出现了一批研发、服务和系统解决方案供应商。目前，工业互联网平台正在成为构建产业生态的关键，但整体上尚处于发展初期，工业大数据集成、处理、分析与应用软件有待加快发展，工业互联网平台部署应用亟须推进。此外，边缘计算正在逐步兴起，通过与工业互联网平台协同，将逐步构建新型云端协同数据处理分析体系。

9.2.2 平台安全防护关键技术

网络安全分析与监控平台通过收集各种网络安全设备的安全策略、事件信息、日志信息等数据，以对其进行综合分析、实时监控和统一管理，因此其安全性至关重要。针对该平台的安全防护技术包括管理员身份鉴别、访问控制、通信安全、安全审计、关键数据备份等。

通过单一的登录口令或生物特征进行身份鉴别，其安全强度较低，而且不能满足机密性、完整性、不可否认性等安全需求。而采用数字证书的方式，不但能够实现管理员高强度身份鉴别，还能实现关键数据完整性保护、操作行为不可否认性以及密钥协商等功能。为了实现对平台管理员的身份鉴别，需要建立一个CA数字认证系统。该系统支持SM2国产椭圆曲线密码算法，负责为平台的各类管理员生成非对称密钥对并颁发数字证书，每名管理员使用一个USB（通用串行总线）接口的智能密钥作为私钥和数字证书的载体，每一次签名运算都在智能密钥内部生成，以保证其安全性。关于CA数字认证系统的建设和数字证书的使用，该平台采用SM2国产椭圆曲线密码算法实现数字签名和密钥协商功能，并采用SM3密码杂凑算法作为哈希运算算法，以及采用SM4分组密码算法作为数据加密算法。

9.2.3 工业互联网平台安全的要求

工业互联网实现了设备、工厂、人、产品的全方位连接，因此工业互联网安全建设必须从综合安全防护体系的视角进行统筹规划。从工业互联网的整体架构来看，应该在各个层面实施相应的安全防护措施，并通过入侵检测、边界防护、协议分析、行为分析、安全审计、容灾备份、态势感知等各种安全技术与安全管理相结合的方式实现工业互联网的安全防护，形成对工业互联网安全的"监测、报警、处置、溯源、恢复、检查"工作闭环。工业互联网的安全防护措施如图9.1所示。

9.2.4 工业互联网的安全防护计划

工业互联网平台应在云基础设施、平台基础能力、基础应用能力的安全可信方面制定五个基本计划活动（见图9.2）。

（1）识别（identify）：识别和管理系统、资产、数据和功能的安全风险。

（2）检测（detect）：对平台使用、维护、管理过程实施适当的持续性监视和检测活动，以识别安全事件的发生。

（3）防护（protect）：对平台实施安全保障措施，确保工业互联网平台能够提供服务。

（4）响应（respond）：对平台使用、维护、管理过程制定和实施适当的应对计划，对检测到的安全事件采取行动。

（5）恢复（recover）：对平台使用、维护、管理过程制定和实施适当的活动及维护恢复计划，以恢复由于安全事件而受损的任何能力或服务。

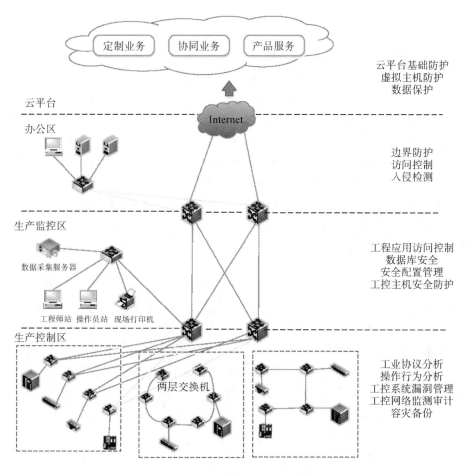

图 9.1 工业互联网的安全防护措施

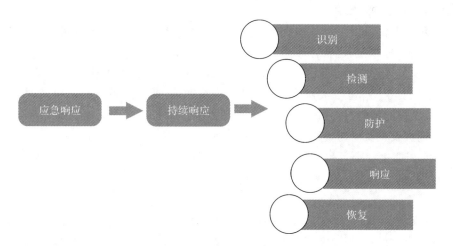

图 9.2 安全可信方面制定的五个基本计划活动

9.2.5 工业互联网的安全防护能力

当前的信息安全处于持续攻击的时代,需要完成对安全思维的根本性切换,即应该充分意识到安全防护是一项持续的处理过程,即从"应急响应"到"持续响应"。基于这一思路,工业互联网平台应在安全方面制定五个基本计划活动,分别是识别、检测、防护、响应与恢复,其安全防护能力主要体现在以下方面。

(1) 安全风险识别:安全风险识别是总体设计的基础,通过对整个系统进行详细分析,识别出各个部分的安全隐患,之后根据实际情况制定明确的设计方案。

(2) 安全职责划分:安全职责划分是整体方案的基础,需理清工业云各方安全责任边界,对整个活动中的安全事件进行详细的责任划分设计。

(3) 分区分域分级设计:工业云平台环境相对复杂,涉及多类业务、多类系统,因此在安全防护上需要进一步细化安全域的划分以及进行不同安全域、不同安全级别的访问控制设计。

(4) 云安全防御:防御能力指一系列策略、产品和服务,可以用于防御攻击。云安全防御的关键目标是通过减少被攻击面来提升攻击门槛,并在受影响前拦截攻击动作。

(5) 云安全检测:检测能力用于发现那些逃过防御网络的攻击。云安全检测的关键目标是缩短威胁造成的"停摆时间"以及减少其他潜在的损失。检测能力非常关键,因为安全管理人员应该假设自己已处在被攻击状态中。

(6) 云安全运维与安全管理:实现安全运维操作的分级管理,对不同级别的用户予以符合其安全职责划分的操作或审计权限,实现安全运维。坚持日常安全运营与应急响应相结合,以数据为驱动力,以安全分析为工作重点。

(7) 云安全响应:响应能力用于高效调查和补救被检测分析所发现的安全问题,提供入侵取证分析和根本原因分析,并产生新的防护措施以避免未来出现安全事件。

(8) 云安全恢复:与通常IT环境下的云相比,工业互联网云平台更加重视恢复能力,一旦监测到系统遭受攻击,云安全响应中心应立即开启系统恢复功能,防止数据丢失、应用错误,减少攻击给工业系统带来的损失。

9.2.6 工业互联网的管理机制

1. 身份鉴别与访问控制

工业互联网平台采用三级管理机制,包括超级管理员、管理员和审计员,以实现不同管理权限的分割与访问控制。超级管理员负责对管理员与审计员账号进行设置,不负责平台具体日常操作;管理员负责平台日常管理和监控操作,包括对各种网络安全设备的实时监控、策略备份恢复、事件分析等,每一次操作都记入日志,并进行数字签名;审计员负责对平台进行审计,同时对管理员的操作行为日志进行安全审计。

平台管理员设置及身份鉴别工作流程描述如下。

(1) 系统初始化。平台初始化时,首先生成超级管理员,为超级管理员生成 SM2 非对称密钥对和数字证书,并导入智能密钥。超级管理员需要设置口令,作为使用智能密钥的认证凭证。

(2) 生成管理员和审计员。超级管理员在平台插入智能密钥,输入口令成功登录后,可以生成管理员和审计员,并为每个管理员和审计员生成 SM2 非对称密钥对、数字证书和相应的智能密钥。根据平台使用情况,可以生成 3 个以上的管理员,每个管理员都拥有自己的智能密钥和数字证书。

(3) 管理员登录与操作。当管理员登录时,需要插入智能密钥并输入正确口令才能成功登录,在平台进行的每一次操作都要用自己的私钥进行签名,以保证每一次操作的不可否认性。

(4) 审计员登录与审计操作。审计员插入智能密钥、输入口令登录平台后,对平台的日志记录和管理员操作活动进行审计。管理员活动包括对平台上的信息进行查看、修改、备份、恢复等操作。日志信息包括使用资源、使用时间、执行操作等。超级管理员、管理员和审计员的登录过程是一个以"挑战—应答"协议为基础的身份鉴别过程,其具体实现流程如下:①登录者发起身份鉴别请求。管理员(或超级管理员、审计员)登录时,首先向平台发起身份鉴别请求。②平台发送挑战码。平台接收到请求后,产生一个随机数R,并发送给登录者。③登录者发回签名作为响应。登录者收到随机数R后,对随机数R及其他相关信息(例如时间戳、双方数字证书等)进行签名,将签名结果发回平台。④平台验证签名。平台收到登录者签名后,采用登录者公钥验证签名正确性,如验证通过则登录成功,否则拒绝登录请求。

2. 数据采集与通信网络

安全分析与监控平台的数据采集功能将获取防火墙、入侵检测系统等网络安全设备的配置信息、安全策略、网络日志等信息,并将其记录到平台中。因此,要保证相关数据在网络传输中的机密性与完整性。不同网络安全设备可能使用不同的管理配置或日志记录接口,常见协议包括SNMP(简单网络管理协议)、SSH(安全外壳协议)、Syslog(系统日志)等。SNMP V3和SSH等协议本身都支持数据加密功能,因此可以直接配置加密传输,即可保证数据传输的机密性。Syslog协议本身不支持加密功能,但可以采用SSL/TLS(安全套接字协议/传输层安全)协议,以实现对Syslog数据传输的加密保护。

对于某些特殊的网络安全设备,如果允许安装采集客户端软件,并分别为平台和采集客户端生成数字证书和SM2非对称密钥对,用于双方的身份鉴别和安全通信,则具体通信流程如下:①发送采集指令。平台向网络安全设备的采集客户端发送数据收集指令。②启动密钥协商。采集客户端收到指令后,向平台发起SM2密钥协商协议。③生成对称密钥。平台和网络安全设备之间经过若干轮的密钥协商交互协议,完成SM2密钥协商过程,产生一个双方共享的SM4密码算法对称密钥Session_Key。④加密传输。网络安全设备的采集客户端使用SM4密码算法(密钥为Session_Key)对相应的配置、策略、日志等信息加密后,将密文传输给平台。⑤数据解密。平台利用SM4密码算法(密钥为Session_Key)将密文解密后,将数据存入平台,并采用平台私钥对数据进行数字签名,以保证数据完整性,防止非法篡改。

3. 关键数据存储与备份

网络安全分析与监控平台还具有对安全策略等关键数据的备份和恢复功能,即可以将安全策略等关键数据加密后存储到平台外,需要时再进行解密并导入平台中。

为了保障关键数据的机密性和完整性,可采用秘密共享和数字签名技术实现对关键数据的加密与签名,以防止数据泄露与非法篡改,具体备份流程如下。

(1) 对关键数据进行签名。设需要备份的安全策略等关键数据信息为Data,首先用平台私钥对数据Data进行数字签名,得到签名值Sig(Data)。

(2) 对数据进行加密。生成一个随机对称密钥Key,对关键数据Data和签名值Sig(Data)进行加密,即计算密文Cipher-text=Encrypt_Key(Data,Sig(Data))。

(3) 对密钥Key的秘密共享。随机生成一个素数p和一个小于p的整数a_1,得到一个模p的多项式$y=a_1x+\text{Key} \bmod p$。随机选择3个整数$x_0$、$x_1$、$x_2$,分别计算多项式的值$y_0$、$y_1$、$y_2$,并分别将$(x_0,y_0)$、$(x_1,y_1)$、$(x_2,y_2)$存入三名管理员的智能密钥中。

(4) 密文存储:密文文件Cipher-text存储在平台外的U盘或硬盘中,将三个智能密钥分别交给三名管理员保存。关键数据恢复流程描述如下:①导入密文数据。读取密文文件

Cipher-text,并存储到平台中。②恢复密钥 Key。两名持有备份智能密码钥匙的管理员(可以是三名管理员中的任意两名)先后成功登录平台,并分别插入自己持有的智能密码钥匙。由于有(x_0,y_0)、(x_1,y_1)、(x_2,y_2)中的两对值,因此可以求解 $y=a_1x+\text{Key mod }p$ 的参数 a_1 和 Key。③解密密文。用密钥 Key 解密密文 Cipher-text,得到关键数据 Data 和签名值 Sig(Data)。④验证签名。用平台公钥验证关键数据 Data 的签名值 Sig(Data),如果验证通过,则关键数据 Data 未被篡改,将 Data 导入平台中。

9.2.7 平台安全性分析

1. 身份鉴别与访问控制安全性

本平台的身份鉴别采用双因子认证的智能密钥,在智能密钥内置数字证书和密钥对,并通过口令进行登录认证,以保证管理员身份鉴别时的安全性。

每一次管理员登录时,都由平台发送随机数作为挑战码,由管理员对随机数进行数字签名,平台通过验证签名防止消息重放攻击。超级管理员、管理员和审计员分别具有不同操作权限,每一次操作都进行数字签名并记录日志,可用于日后追溯与审计,实现每一次操作都具有不可否认性。

2. 远程认证与通信安全性

本平台与每一台网络安全设备都具有自己的数字证书和非对称密钥对,用于彼此之间的身份鉴别与通信。网络安全设备采用的 SSL/TLS、SSH、SNMP V3 等安全协议以及本章给出的安全通信协议,都是基于数字证书与 Diffie-Hellman(迪菲-赫尔曼)密钥协商机制的安全通信协议。首先通过双方的数字证书进行双向认证,然后通过密钥协商协议生成对称秘钥 Key,之后的数据传输都采用密钥 Key 进行加密传输,密钥 Key 在一定时间之后通过重新协商进行更新。因此,整个通信过程实现了平台与网络安全设备之间的双向认证,能够保证数据的机密性和完整性。

3. 关键数据备份与恢复安全性

对于本平台安全策略等关键数据的备份,必须对数据进行加密后才能导出平台,因此加密关键数据的密钥保护至关重要。本章采用 Shamir 的 (t,n) 门限方案,将密钥通过多项式插值分为三个密钥因子,由三名管理员分别保存,因而具有更高的安全性。

当需要将关键数据恢复到平台时,需要三名管理员中的两名同时登录,才能重构密钥,将密文关键数据解密后导入平台。而且在导出关键数据时,用平台私钥对数据进行签名,恢复数据时则需要验证签名,以防数据被篡改。

9.3 访问安全技术

9.3.1 工业互联网安全防护范围

工业互联网的防护对象可分为现场设备、工业控制系统、网络基础设施、工业互联网应用、工业数据五个层级,各层所包含对象均纳入工业互联网安全防护范围。

工业互联网安全防护场景如图 9.3 所示。

设备安全:指工业智能装备和智能产品的安全,包括操作系统与相关应用软件安全以及硬件安全等。

控制安全：指生产控制安全，包括控制协议安全与控制软件安全等。

网络安全：指工厂内有线网络、无线网络的安全，以及工厂外与用户、协作企业等实现互联的公共网络安全。

应用安全：指支撑工业互联网业务运行的平台安全及应用程序安全等。

数据安全：指工厂内部重要的生产管理数据、生产操作数据以及工厂外部数据（如用户数据）等各类数据的安全。

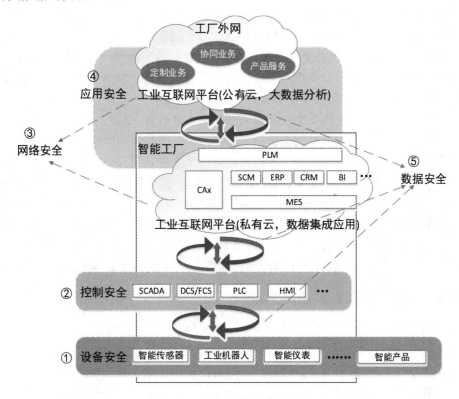

图 9.3 工业互联网安全防护场景

9.3.2 工业互联网安全防护内容

工业互联网安全防护旨在加强工业互联网各层防护对象安全水平，保障系统网络安全运营，防范网络攻击。工业互联网安全防护内容具体包括以下方面。

设备安全：包括设备及运维用户的身份鉴别、访问控制，以及设备的入侵防范、安全审计等。

控制安全：包括控制协议的完整性保护、控制软件的身份鉴别、访问控制、入侵防范、安全审计等。

网络安全：包括网络与边界的划分隔离、访问控制、机密性与完整性保护、异常监测、入侵防范、安全审计等。

应用安全：包括工业互联网平台及工业应用程序的访问控制、攻击防范、入侵防范、行为管控、来源控制等。

数据安全：包括数据机密性保护、完整性保护、数据备份恢复、数据安全销毁等。

9.3.3 工业互联网防护技术

工业互联网主要的防护技术包括三类。

（1）主机防护技术。对工业设备和工控系统安全威胁最大的是专门针对工业主机（指工业控制系统上位机，如操作员站、工程师站、历史数据库、实时数据库、MES服务器、人机接口等）的勒索病毒和网络攻击，基于白名单的主机防护技术在业界得到普遍应用。

（2）边界防护技术。OT边界安全通常由部署在OT网络和IT网络之间控制区内的防火墙、入侵检测、单向网关等设备或采用软件定义的方式实现。

（3）态势感知技术。通过对企业流量日志、安全数据的采集和分析，对工业互联网平台、工业互联网应用设备和系统、企业内外网等的安全运行情况进行监测与感知，同步构建技术手段以汇集来自各方的工业互联网安全态势信息。

当前，加快开展工业互联网安全技术研究和相关产品研发，加强工业生产、主机、智能终端等设备安全接入和防护，强化控制网络协议、装置装备、工业软件等安全保障，是国内外相关企业的研发重点，呈现以下趋势。一是从外围防护向内生安全转变。安全可编程逻辑控制器、安全工控系统等理念得到重视，工业设备、控制、数据、平台等安全防护技术，逐步从外围式防护向基于密码应用等的内生安全防御转变。二是从被动防护向主动感知转变。基于大数据、人工智能的安全态势感知技术蓬勃发展，工业互联网安全从传统事件响应向智能感知转变。三是从单体防护向联动响应转变。国家、地方、企业平台之间，实现系统对接、数据共享、业务协作，打造整体安全态势感知、信息共享和应急协同能力，共同应对工业互联网安全威胁。

9.3.4 工业互联网安全技术创新

1. 密码技术

利用标识密码技术对工业互联网设备进行加密认证，确认身份后建立数据加密通道，同时研究密码的轻量级实现，减少设备身份认证的时间消耗。针对工业互联网的体系架构，通过统一可信的密钥安全管理中间服务层，实现与应用系统或第三方认证服务的无缝集成。

2. 人工智能

利用人工智能技术进行状态检测与报警、故障诊断及远程运维、预测性维护等设备安全管理；进行身份识别、安全穿戴、行为识别等员工安全管理；进行异常预警、事故预测等设备安全管理；进行危险源识别、环境监测等环境安全管理。人工智能赋能工业互联网安全，助力制造业转型升级。

3. 区块链

区块链技术可利用去中心化存储策略，将设备安全信息存放到网络节点中，同时将流程管理信息以云端开放的方式分而治之，将工业软件与云平台结合，依托云平台实现端到端直连、网络节点互联、数据互为备份，避免工业数据被恶意篡改，从而有效控制产品质量。利用区块链的加密技术、共识算法、可信身份认证技术、P2P（点对点）技术，有效保障工业设备终端安全、数据安全和网络安全。

4. 隐私保护

利用隐私保护技术，加强对工业设备数据的防护，实现对工业设备数据的脱敏与混淆，防止隐私泄露引发的恶意攻击、网络犯罪，保证工业互联网的数据安全。技术方案上可以采用安全多方计算（SMC）、分布式匿名化数据加密技术在数据挖掘过程中隐藏敏感数据；采用限制发布的技术有选择地发布原始数据、不发布或者发布精度较低的敏感数据,保证对敏感数据及隐私的披露风险在可容忍范围内;采用差分隐私方法量化和评估隐私保护水平。

5. 数据驱动安全

利用工业设备传感器等大量采集工控设备数据。利用大数据平台,构建工业设备的威胁感知中心、智慧分析系统。采集内部的各类数据和日志,收集外部的各类威胁情报,将其相互关联,运用大数据和人工智能技术,从多维度中分析、发现、判断、挖掘潜在的安全问题和风险,实现工业设备的系统安全。

9.4 工业互联网与区块链

区块链开创了一种在不可信的竞争环境中低成本建立信任的新型计算范式和协作模式,凭借其独有的信任建立机制,实现了穿透式监管和信任逐级传递,正在改变诸多行业的应用场景和运行规则。区块链具有去中心化、共同维护、分布式记账、不可篡改、不可删除等特性,可以与工业互联网深度融合,解决工业互联网发展中存在的安全问题。区块链在工业互联网领域的应用前景非常广阔。

区块链可保障工业互联网数据安全。数据是工业互联网体系的核心资源,工业控制系统采用中心化的管理模式,生产和维护记录都存储在单个隔离的系统中,一旦数据文件出现错误、被盗或者被篡改,将影响整个系统。随着海量数据的产生、存储和数据分析,各中心服务器的负担会加重,个别设备将发生数据丢失的风险,更加难以保障数据安全。要保障工业互联网数据安全,首先要从数据的源头入手。在工业数据采集方面,在设备管理中引入区块链技术,利用区块链的身份权限功能,为采集数据的终端设备设置身份证明,并在数据采集的过程中,将设备的身份地址与身份证明进行校对,此举可杜绝终端设备随意接入或恶意破坏;使用区块链系统的 SDK(软件开发工具包)接口实现对缓存的数据进行加密,通过打包签名,提高终端接入设备的安全,有效控制数据泄露;在服务器节点共识时,应用区块链的重要特性共识算法,考虑到工业互联网的特殊性,采用容错类或者排序类的共识算法;采用区块链中的分布式存储技术来存储数据,每个服务器节点都会有数据备份,当系统受到攻击的时候,可通过全节点备份中存储的数据进行恢复,采用区块链技术可降低攻击、灾害的影响程度,避免造成大量数据泄露,保证核心数据的完整性,提升工业互联网攻击恢复能力。区块链的共识机制也使得控制层中传输的数据本身具有了不可篡改和透明的特性,一旦发生单个节点的内容被篡改,刷新数据时就会立刻发现并予以告警或进行应急处置。

区块链可实现工业互联网的数据可信共享。工业互联网要对各类数据进行采集、传输、分析,将人、机、物进行全面互联,推动工业经济全要素、全产业链、全价值链的数据流通共享,实现对工业领域各类资源的统筹管理和调配。区块链技术可以有针对性地解决工业互联网平台数据中存在的数据主导权不清晰、隐私保护难、数据确权难等问题。一是区块链分布式账本技术构建的共享、复制和同步的数据库,让参与各方共同维护账本、记录数据,一个节点的缺失或损坏不会影响到整个系统的运转,可确保工业互联网系统及数据共享的稳定性。二是区块链使用各种常用密码学算法、零知识证明、多方安全计算、同台加密等隐私保护技术对工业互联网数据在交易、储存、处理过程中全程加密保护,防止非法攻击。三是区块链具有去中心化、共享账本、不可篡改、可溯源等特点,可以帮助工业互联网平台更方便地管理共享的流程,从而进行有效的数据确权。

区块链可以实现对工业互联网企业运营的柔性监管。区块链特有的"物理分布式、逻辑多中心、监管强中心"的多层次架构设计，能够为政府监管部门和工业企业相互之间提供一种"松耦合"的连接方式。区块链技术能将ERP系统、传感器数据、控制模块、通信网络等系统连入统一的账本基础设施，让企业、设备厂商和安全生产监管部门等共同参与，可在区块链网络中接入监管节点，监管机构以区块链节点的身份参与到基于区块链的工业互联网基础设施中，合规科技监管机构可以调用智能合约的方式获取企业的可信生产和交易数据并进行合规性审查。

区块链可促进互联网安全事件快速整体响应。依托区块链可以将工业互联网运行中的安全信息和安全事件登记上链，并进行信息共享、攻击溯源、事件关联分析，通过智能合约设计安全风险的识别和响应策略，能够实现全网快速的安全信息更新和安全事件的响应，提高了自动化响应效率。

区块链满足工业互联网场景下建立标识解析体系的需求。区块链具有去中心化、算法可信任、共享账本、不可篡改的优点，可将统一的标识解析体系看作一个账本，由各个节点共同维护。国际上，Blockstack、Namecoin、ENS已基于区块链实现了DNS名字系统。而国内，在国家工业互联网政策纲领的带动下，工业互联网标识注册总量突破16亿。许多公司都应用区块链技术对商品进行溯源，比如2018年5月，百度百科上链，利用了区块链的不可篡改特性保证百科历史版本准确的保留，增强了词条编撰的公信力，实现了信息溯源；2018年8月京东区块链防伪追溯平台BasS上线了，其应用了区块链技术，将商品的原料生产、加工、物流运输、零售交易等数据都上链，进而对商品进行溯源。

本章小结

本章主要介绍了工业互联网平台的安全技术。本章分为四部分：第一部分介绍了接入安全技术，首先介绍的是工业互联网平台接口组成及其功能，阐述了传统的网络接入控制技术与目前主流的网络接入控制技术；第二部分主要从平台体系、平台安全防护技术、平台安全防护技术计划与能力等方面介绍了平台安全技术，以平台体系为基础，简述在工业互联网的整体架构下，工业互联网平台对安全的相关要求；第三部分主要从安全防护范围、安全防护内容、安全防护技术以及技术创新四个方面介绍了访问安全技术，工业互联网安全防护旨在加强工业互联网各层防护对象安全水平，保障系统网络安全运营，防范网络攻击；第四部分主要介绍了区块链技术与工业互联网安全技术的综合运用，在不可信的竞争环境中低成本建立信任的新型计算范式和协作模式的区块链技术为解决工业互联网安全问题提供了新的思路。

本章习题

1. 工业互联网平台接口分为哪些类型？
2. 简述工业应用接入接口的功能。
3. 简述传统网络接入控制技术的缺陷。
4. 简述目前主流的网络接入控制技术。
5. 简述平台安全防护关键技术。
6. 工业互联网的管理机制包括哪些？

7. 工业互联网安全防护内容有哪些?
8. 工业互联网防护技术包括哪些?
9. 简述工业互联网安全技术创新的思路。
10. 什么是区块链?区块链具有哪些特性?
11. 区块链如何保障工业互联网数据安全?
12. 区块链如何实现工业互联网的数据可信共享?
13. 区块链如何实现对工业互联网企业运营的柔性监管?
14. 区块链如何促进互联网安全事件快速整体响应?

第 10 章 典型工业互联网平台

工业互联网平台是工业互联网的核心,它基于网络向下接入各种工业设备、产品及服务,并为海量工业数据提供自由流转的平台支撑,连接了工业全要素,是全产业链的枢纽,提升了资源配置效率,推动制造业高质量发展。全球制造业正从数字化阶段向网络化阶段加速迈进,工业互联网平台在世界范围内迅速兴起,全球制造业龙头企业、ICT 领先企业、互联网主导企业都正基于各自优势,从不同层面与角度搭建工业互联网平台。

10.1 国外工业互联网平台

10.1.1 国外工业互联网平台现状

美、德、中、日均在基于国际和国内产业形势判断下做出互联网+先进制造的决策,同时都注重 CPS 技术在未来工业发展中的核心地位,在信息化、智能化、网络化、全局化等方面投入大量人力物力进行创新研究,并取得了一些进展:中美 IaaS 基础设施能力较强,正从互联网行业向其他行业扩张;美德工业 know-how 和设备数字化基础优于中国;中国的互联网生态基础最好,SaaS 应用潜力最大。日本相对于美、德、中,工业互联网发展相对滞后。

国外工业互联网平台企业以美国通用公司(GE)、德国西门子等为代表,起步较早,全面系统展开探索,具备了一定发展基础。

工业互联网平台呈现 IaaS(基础设施即服务)寡头垄断、PaaS(平台即服务)以专业性为基础拓展通用性、SaaS(软件即服务)专注专业纵深的发展态势。IaaS、PaaS、SaaS 建设成熟度不一致,其中 IaaS 发展成熟度较高,技术创新迭代迅速,亚马逊 AWS、微软 Azure、阿里云、腾讯云、华为云等占据了全球主要市场,IaaS 主流服务商集中在中美两国。当前多数工业 PaaS 在工业 know-how 和专业技术方面积淀不足,受消费互联网横向整合大获成功的影响,忽视制造与消费领域之间专业性的巨大差异,容易导致战略方向和发展路径的误判,工业 PaaS 开发建设应在专业性基础上向提供通用能力方向发展。SaaS 发展受 PaaS 赋能不足的约束,潜力尚未发挥出来,二者均处于萌芽阶段。SaaS 正逐步深入制造业细分行业领域,中小型企业的 SaaS 应用需求最迫切,服务量最大,价值创造最直接。

10.1.2 典型的国外工业互联网平台

10.1.2.1 MindSphere 平台

MindSphere 平台是西门子(Siemens)2016 年推出的基于云端的开放式物联网操作系统,可以迅速安全地将产品、工厂、系统和机器与数字世界连接起来,从中挖掘大量数据,再使用强大工业应用程序的高级分析功能将此数据转变成为具有生产能力的业务成果。

MindSphere 平台基于开放的物联网框架,包括边缘连接层、开发运营层、应用服务层三个层级,主要包括 MindConnect、MindClound、MindApps 三个核心要素。其中:MindConnect 通过安全的即插即用连接将产品、工厂、系统、机器、企业应用程序和旧数据库连接到西门子和第三方的产品与设备；MindCloud 为用户提供数据分析、应用开发环境及应用开发工具；MindApps 深入机器、工厂、群队和系统的资产透明度和分析见解，为用户提供集成行业经验和数据分析结果的工业智能应用。西门子 MindSphere 的平台构架如图 10.1 所示。

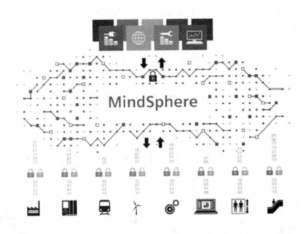

图 10.1　西门子 MindSphere 平台构架

　　MindSphere 提供了安全的端到端解决方案，这些解决方案可以在托管服务平台上连接设备、存储数据以及开发和运行应用程序；提供了广泛的设备、企业和数据库连接选项，以支持各种各样的 IoT 就绪资产。其中 MindSphere 的开放式平台即服务(PaaS)利用西门子开放式应用程序编程接口(API)和原生的云访问能力，提供了大量的数据交换选项。MindSphere 利用它先进的分析功能快速开发出强大的工业驱动型 IoT 解决方案，还融合了西门子作为先进自动化提供商和云提供商的全球可扩展性。MindSphere 是一种安全、可扩展的工业端到端的解决方案，涉及内容包括从资产连接性到可以实施的业务愿景，旨在提高整个企业的生产力和效率。

　　MindSphere 提供特定领域行业的应用和数字化服务。MindSphere 基于西门子数据分析技术而构建，目前已被用来监控和检测全球 800000 多个系统。这些系统包括燃气涡轮机、200 多个城市和整个摩天大楼的交通控制中心等。MindSphere 成为工业数据和应用场景设计的理想平台。MindSphere 核心应用可以针对主要使用场景围绕所连接资产提供可以随时使用的跨领域应用和扩展，例如：专用于交通行业的 Railigent 针对铁路运输业而开发，在 MindSphere 上运行 Railigent 后，客户可针对整个资产实施全生命周期的改进；借助运行在 MindSphere 平台上的 Drive Train Analytics 提供的连接功能、分析功能和可视化功能，可以充分利用最新技术实现旋转设备运行时间的最大化；运行在 MindSphere 上的 Fleet Manager for Machine Tools，可对全球中小型生产场所的机床实施监控，以提高其可用性和生产力。

　　MindSphere 采用全数字化孪生进行闭环创新。MindSphere 可以连接真实设备和相关过程，将性能数据回送给性能数字化孪生，从而推动决策水平与智能水平的提高。MindSphere 通过产品构思、实现和利用，使数字孪生闭环化，将整个价值链中的运营数据无缝地整合在一起，可以将性能、生产和产品的数字孪生衔接到一起，为合作伙伴提供前所未有的机会，让他们可以参与公司的数字化转型(无论该公司属于哪个行业或是何种规模)。MindSphere 利用端对端数字孪生实现的闭环创新不仅有助于提高运营效率，还有助于将仿真和测试结果与真实世界的观察结果进行比较。如今，客户可以优化从设计、生产到性能的整个价值链。

MindSphere 应用于汽车、化工、食品、机械制造等行业,例如,费斯托(Festo)和西门子这两个居于市场领先地位的公司已紧密合作 25 年以上。合作的例子包括 PROFIBUS、PROFINET、AS-Interface 和 IO-Link。在今天以及工业 4.0 时代,基于云的方案(如 MindSphere)是又一个里程碑的合作。作为 MindSphere 的第一个应用程序,Festo 展示了一个状况监视仪表板,其有助于节省客户自动化应用的能源成本。MindSphere 致力于为行业和市场提供更好且更适合的产品、服务和解决方案。

10.1.2.2 通用 Predix 工业互联网平台

通用电气(GE)公司是全球数字工业公司,创造由软件定义的机器,集互联、响应和预测之智,致力变革传统工业。GE 于 2013 年推出 Predix 平台,探索将数字技术与其在航空、能源、医疗和交通等领域的专业优势结合,向全球领先的工业互联网公司转型。Predix 平台的主要功能是将各类数据按照统一的标准进行规范化梳理,并提供随时调取和分析的能力(见图 10.2)。

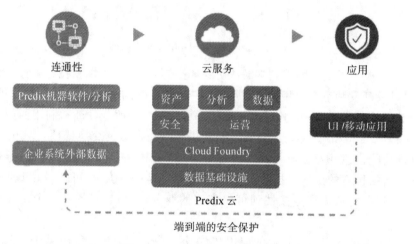

图 10.2 Predix 平台的主要功能

Predix 平台分为基础设施层、边缘连接层和应用服务层,三层架构互相协同,可以对标准化的数据进行提取和分析。其中,基础设施层主要提供基于全球范围的安全云基础架构,满足日常的工业工作负载和监督的需求;边缘连接层主要负责收集数据并将数据传输到云端;应用服务层主要负责提供工业微服务和各种服务交互的框架,提供创建、测试、运行工业互联网程序的环境和微服务市场。Predix 平台已实现了 10 个领域的设备接入,并开发部署计划和物流、互联产品、智能环境、现场人力管理、工业分析、资产绩效管理、运营优化等多类工业 App。

Predix 平台的主要功能是将各类数据按照统一的标准进行规范化梳理,并提供随时调取和分析的能力。通过 Predix 平台的 APM(应用性能管理)功能,实现核电设备实时监控和故障反馈服务,确定最佳安全维护周期。如布鲁斯电力公司通过 8 个 800 MW 的核反应堆为加拿大安大略省提供约 30%的基础电力,但面临发电效率低下、核电设备维护难等问题,公司对设备的定期维护也缺乏统一管理,容易造成延误。凭借 Predix 平台,布鲁斯电力公司的单个核电设备连续运行 500 天即可为当地提供全年 15%的电力,效率大幅上升,平均发电价格降低了 30%,设备稳定性明显上升。

Predix 平台是 GE 数据中心上的垂直物联网平台,它以连接工业资产设备和合作供应商各类信息系统为基础,向各行业提供设备连接、设备管理、应用开发、数据存储、安全和行业应用等服务。它是建立在微软的 Azure(IaaS)、亚马逊(IaaS)云计算服务以及运营商网络连接之上的 PaaS 层平台,平台提供端到端的安全连接,进行实时性的设备监控,并在云端提供大数据分析,还能够按行业客户需要,按照 Predix 开发规则进行个性化、定制化的软件开发和部署。

10.2 国内工业互联网平台

10.2.1 国内工业互联网平台现状

随着美国 GE 公司的 Predix 平台和德国西门子公司的 MindSphere 平台的相继推出,全球产业迎来工业互联网平台的发展热潮。我国把握全球"再工业化"的历史机遇,加快工业转型升级,着重推动工业互联网平台发展。

在国家政策大力支持和各地政府高额补贴的刺激下,国内制造企业、工业软件服务商、工业设备提供商及 ICT 企业四类企业多路径布局工业互联网平台,汲取发达国家平台建设的方案与经验,使得国内工业互联网平台数量发展迅猛,形成了多层次系统化平台体系。目前我国工业互联网平台发展呈现良好态势,已取得显著成果。全国各类型平台数量总计已有数百家,具有一定区域、行业影响力的平台数量超过 50 家,既有用友、浪潮等 IT 企业将原有的解决方案向工业领域延伸;又有中国电信、中国移动、华为等通信企业借助渠道优势提供工业解决方案;也有三一、徐工等工业设备厂商发挥在设备和细分行业经验方面的优势,为客户提供整体解决方案;还有昆仑数据、黑湖科技等创业公司在工业互联网不同环节等细分领域提供专业服务。我国工业互联网平台服务的工业企业近 40 万家,重点平台连接设备超过 3000 万台(套)。其中:海尔基于 COSMOPlat 平台打造了包括工业组网解决方案、大数据解决方案、边缘层解决方案、智能制造解决方案等在内的 170 多个专业解决方案,赋能农业、房车、机械、服装、建陶等行业生态;根云 RootCloud 平台成功助力产业链生态,打造了包括铸造产业链、注塑产业链、纺织产业链等在内的 20 个产业链工业互联网平台,已赋能纺织、工程机械、包装机械等行业;富士康、商飞公司、紫光云引擎等通过"平台+5G"融合应用实现高可靠、低时延、高通量的数据集成,催生远程运动控制、全场景运营优化、智能巡检等模式;商飞公司、华为、中兴通迅、海尔等通过"平台+VR/AR"融合应用实现三维图像快速生成与分析,催生远程辅助故障诊断、工业设计、多工种协作等模式。由此看出,我国各行业、各领域的大型企业已依据企业自身特色与行业特点,面向转型发展需求构建工业互联网平台体系,在平台产品研发、平台解决方案和创新应用模式等方面取得显著成绩。

10.2.2 典型的国内工业互联网平台

10.2.2.1 青岛海尔卡奥斯 COSMOPlat 平台

卡奥斯 COSMOPlat 平台是在海尔"人单合一"模式指引下产生的不断孕育新物种的生态品牌平台,旨在为在混沌中寻求新生的企业提供转型升级解决方案,联合各方资源缔造共创共享、面向未来的物联网新生态。卡奥斯意为混沌,即世界一切的起源。卡奥斯的意思是从无中生有,从没有的东西中产生新的物种。物联网时代,事物发展有三个特点:一是无界,二是无价,三是无序,无序即混沌。对当今企业来讲,用户需求瞬息万变,企业需在混沌中寻求新生。

卡奥斯COSMOPlat平台是全球首个引入用户全流程参与体验的工业互联网平台(见图10.3),打造模块化、云化形成交互定制、开放创新、精准营销、模块采购、智能制造、智慧物流和智慧服务7大模块系列产品矩阵,实践大规模定制模式,并持续为企业赋能。其已经孕育出职业教育、房车、建陶、纺织、农业、模具、机床、教育、服装、食品加工等15个行业生态,在全国建立了7大中心,包括山东半岛经济带中心、长三角体化中心、京津冀中心、粤港澳大湾区中心、长江中游经济带中心、川渝经济带中心、关中平原经济带中心,覆盖全国12大区域,并在20个国家复制推广。

图10.3 卡奥斯COSMOPlat平台

在物联网时代,企业是继续单打独斗还是选择共建共享产业生态圈?答案显然是后者。2020年年初,受新冠肺炎疫情影响,牛仔服装外贸加工企业海思堡集团计划紧急转产,生产防护服、口罩等防疫物资,但一时间找不到生产设备和原材料。卡奥斯COSMOPlat平台通过企业复工复产服务平台,从全球供应商信息中筛查,为海思堡提供了原材料、核心生产线和设备等生产资源的调配,从提出方案到口罩和防护服落地投产,仅用了3天时间。卡奥斯没有生产一只口罩,却依托其工业互联网平台,在疫情期间搭建了一个资源对接平台,孵化出了一座座口罩工厂,一个个"医疗生态圈"。这或许就是卡奥斯高速成长的秘密:卡奥斯COSMOPlat平台是一个开放的工业生态体系,全球任何企业都可以成为工业互联网的操盘手和合伙人。

在模式创新方面,海尔通过自身实践、迭代,将大规模定制的全流程实践进行软化、云化,沉淀出研发、采购、生产等7大模块构成的大规模定制解决方案,以卡奥斯COSMOPlat为平台,将自身经验对外开放,面向全球、全行业提供用户全流程参与的大规模定制转型服务解决方案,实现跨行业、跨领域生态赋能,提供大规模定制社会化服务,助力企业转型升级。通过搭建具有普适性的生态体系,头部企业参与子平台建设,中小企业上平台、用平台,平台建立了开放共享的"生态圈"。正是这个模式,让无数企业集聚在一起互动耦合,不断孵化出新机会、新物种、新业态。

目前,卡奥斯COSMOPlat已为全球用户提供衣、食、住、行、康、养、医、教等全方位的美好生活体验。截至2020年4月,卡奥斯COSMOPlat平台上已有全省规上工业企业1.7万多家,占山东省规上企业总量的70%。

大规模定制模式真正解决了中小企业有顾客没用户的痛点,构建了多边交互、共创共享的生态体系,而这绝非一日之功。凭借海尔30多年的制造经验,卡奥斯COSMOPlat多年来不断实践黑灯工厂,探索互联工厂,为智能制造提供数字化转型方案和行业标准,这才最终开创了具有差异化的"智造"之路。

10.2.2.2 忽米 H-IIP 工业互联网平台

重庆忽米网络科技有限公司(以下简称忽米网)隶属于交通装备制造、民营航发制造龙头企业宗申产业集团有限公司,2017年宗申产业集团国家级技术研究院成功孵化出忽米 H-IIP 工业互联网平台,忽米 H-IIP 工业互联网平台结合宗申产业集团在交通装备制造、通用航发等领域的强大工业技术优势,打造工业互联网平台化工业操作系统+工业智能应用 Apps 的产品体系。

忽米 H-IIP 工业互联网平台总体架构如图 10.4 所示,包括信息物理层、边缘层、工业 IaaS 层(基础层)、工业 PaaS 层(平台层)、工业 SaaS 层(应用层)。忽米 H-IIP 工业互联网平台各大子产品分别为忽米 H-ITP 工业物联网系统、忽米 H-BDP 工业大数据系统、忽米 H-IKG 工业知识图谱、忽米 H-IAS 工业应用商店,分别位于边缘层、工业 PaaS 层、工业 SaaS 层。

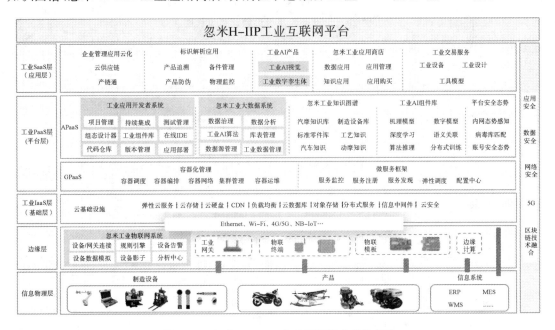

图 10.4　忽米 H-IIP 工业互联网平台总体架构

忽米 H-ITP 工业物联网系统,是连接工业自动化设备、工业盒子、企业信息化设备的中枢,承担工业设备互联互通的功能,为企业应用平台提供数据基础。拥有自主知识产权的忽米 H-ITP 工业物联网系统结合忽米 5G 边缘计算器,提供工业设备的通信能力,支持 MQTT、Modbus、OPC UA 等主流 26 种通信协议,支持设备直接接入和通过网关接入两种方式,支持"云计算+边缘计算"的混合数据计算模式。设备连接与边缘计算流程图如图 10.5 所示。

忽米 H-BDP 工业大数据系统,通过数据挖掘、采集、清洗、分析等技术,实现对 IT、OT 数据的实时采集与存储,打造工业大数据基础开发能力,以 SaaS 化方式为工业企业提供数据仓库、工业算法模型、工业机理模型、AI 算法组件等服务。忽米 H-BDP 工业大数据流程图如图

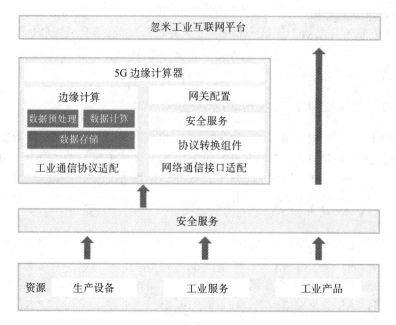

图 10.5 设备连接与边缘计算流程图

10.6 所示。

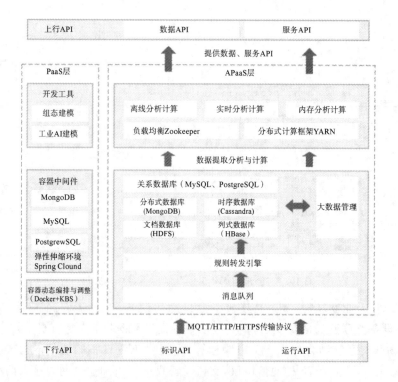

图 10.6 忽米 H-BDP 工业大数据流程图

忽米 H-IKG 工业知识图谱,在忽米拥有的大量工业应用场景中,沉淀大量知识内容,包括设备本体、故障图谱、案例图谱形成的知识库和同义词语、语料库的模板资源库,为工业企业提供工业知识模型、工业知识下载、订阅、知识关联、智能搜索等能力。

忽米 H-IAS 工业应用商店,结合工业和互联网优势,以 SaaS 化应用模式为开发者提供服务,可解决企业大量的单点问题需求,大幅减少企业运营成本;并可通过忽米工业应用开发者平台提供的 API 接口、微服务组件、工业机理模型,由开发者快速研发、部署、发布应用,构建良好开发者生态。平台应用开发部署发布流程图如图 10.7 所示。

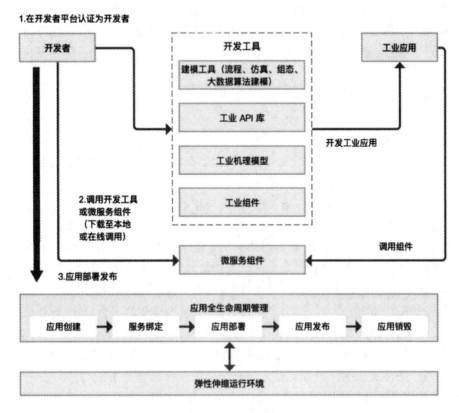

图 10.7　平台应用开发部署发布流程图

忽米 H-IIP 工业互联网平台安全依据《信息安全技术 网络安全等级保护基本要求》(GB/T 22239—2019),从边缘层、基础设施层、平台层、应用层等诸多层面进行综合性的安全防护,从网络安全、数据安全、代码安全、应用安全和访问安全 5 大方向建立平台安全机制策略,并通过入侵检测、边界防护、协议分析、行为分析、容灾备份、态势感知等各种安全技术与安全管理相结合的方式实现工业互联网的安全防护,实现对工业互联网安全的"监测、报警、处置、溯源、恢复、检查"闭环管理。

忽米网三年来加速发展,在忽米工业操作平台系统+工业智能应用 Apps 产品体系构建中,依托宗申产业集团强大的工业技术背景,研发出 2700 多种工业模型和 390 个数据算法模型,在专业模型基础上封装出 2312 个工业微服务组件,为工业 App 开发提供专业的细分行业领域的工业组件支撑。结合忽米工业互联网"平台+应用开发服务+生态"的业务模式,支持自研团队和生态圈中企业及个人开发者团队,研发出 3000 多个工业 App 并入驻平台。通过忽米 H-ITP 工业物联网系统,支持 26 种通信协议,已连接 72 万余台设备,其中包括运行设备 1.5 万余台,加工设备 1.8 万余台,行走设备近 40 万台,其他设备 28 万余台。

通过忽米 H-IIP 工业互联网平台众多的智能应用级 App,如忽米工业产品视觉检测系统、忽米 5G 边缘计算器、忽米工厂/产业园数字孪生体、忽米标识解析系统、忽米云 MES、忽米云

ERP系统、忽米能源管理系统、忽米机床云等产品,可系统性解决各工业细分行业应用场景的核心痛点问题。忽米H-IIP工业互联平台为机械、汽车、电子信息、环保、医药、轻工、食品、有色金属等9大行业提供解决方案,包括"基于工业互联网平台的制造执行系统(MES)及数字孪生创新应用解决方案""基于5G边缘计算的注塑机设备预测性维护解决方案""基于机器视觉和3D点云的笔电壳体缺陷总检解决方案""基于数字孪生技术的汽摩行业机器人应用方案""汽摩行业基于深度学习和工业机理的智能化涂装解决方案"等23个行业应用解决方案,覆盖安全生产、节能减排、供应链管理、生产制造、研发设计、质量管理、运营管理、仓储物流和运维服务等9大领域。

10.2.2.3 联通工业互联网平台

1. 联通工业互联网平台简介

云镝工业互联网平台具有自主可控的核心技术、全价值链应用、完善的建模能力及全面的连接能力,融合了云原生、物联网、大数据、人工智能等先进技术,创新重构了边缘+IoT平台、工业应用与数据集成平台、微服务框架及组件、大数据与工业机理库、生态伙伴工场等五大模块。该平台驱动工业全要素、全产业链、全价值链实现深度互联,推动生产和服务资源优化配置,促进制造体系和服务体系再造,在现阶段的工业数字化转型过程中发挥核心支撑作用。同时通过智能互联与数据赋能客户,提高客户资源配置效率,优化客户内部运营,创新客户商业模式,最终满足中小型及大型企业的数字化转型需求。

云镝打造的阳江市五金刀剪产业云平台是一类区域产业集群平台,该平台提供设备共享、研发设计、应用商店、原料集采、跨境供应链、智能产品、网上交易等功能。设备共享可以提高平台上设备的利用率,减少设备空闲时间;研发设计使得设计方案、人员以及软件上云,降低了研发设计流程中的沟通成本。平台上各类功能帮助阳江区域整合五金刀剪行业资源,拉通供需,实现行业知识共享、研发协同、促进产业采购供求协作,降低工业采购成本,以此加快区域五金刀剪产业转型升级,推动五金刀剪产业高质量发展。

2. PaaS平台

PaaS即platform-as-a-service(平台即服务),PaaS平台将应用服务的运行和开发环境以服务的形式提供给第三方使用。

如图10.8所示,平台上内置多种常用系统模型,用户可直接使用,也可自定义建模,确定模型后可邀请上下游客户进行协作,达到数据互联互通、快速协作的目的。

3. ERP信息化诊断

ERP信息化诊断以规范管控为核心,以交付产品为管理主线,全面建立支撑业务管理与长期发展的管理信息系统,快速、实时、集成地反映人、财、物及其相关信息的变化,充分实现物流、资金流、信息流三流合一,从而提高企业整体管理水平,为企业领导决策提供更为可靠的、及时的、准确的、全面的支持,如图10.9所示。

构造基于最新架构及技术研发设计的全新一代智能大数据分析可视化平台,包括创新的语义层技术、创新聚合感知AI技术,实现亿级数据秒级响应,为企业内部业务人员提供一套模型化、多维度、多数据源、高性能的数据分析和数据探索平台。

4. 产业链协同

产业链协同示意图见图10.10。

第10章 典型工业互联网平台

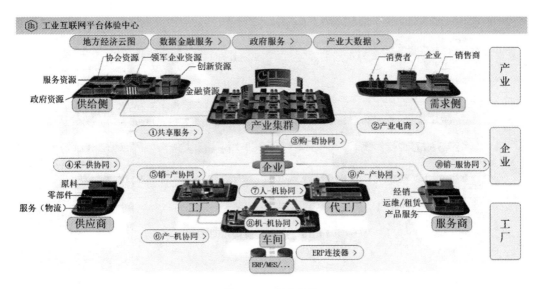

图 10.8　平台结构

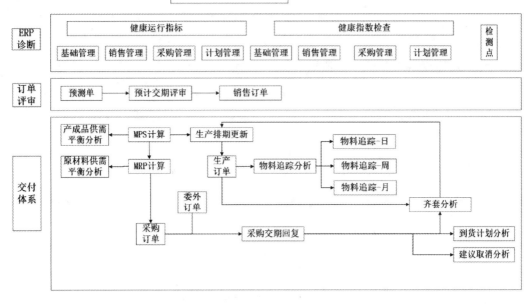

图 10.9　ERP 信息化诊断

1) 产品介绍

采购商城：企业内部商城，规范采购流程，提升采购效率，降低采购成本。

联合采购：企业间联合采购，以更大的采购批量获取更低的采购成本。

供应商协同：企业与供应商信息共享、在线协作，订单执行全过程透明化、协作化，打造极具竞争力的供应链体系，实现双赢。

制造协同：连接采购端与外协厂商端，实现从订单到支付的全流程在线协同，提高外协效率。

2) 联合采购流程

联合采购流程如图 10.11 所示。

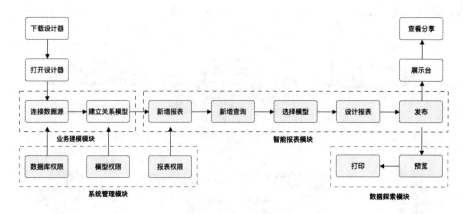

图 10.10 产业链协同示意图

图 10.11 联合采购流程

3）联合采购解决方案

联合采购解决方案如图 10.12 所示。

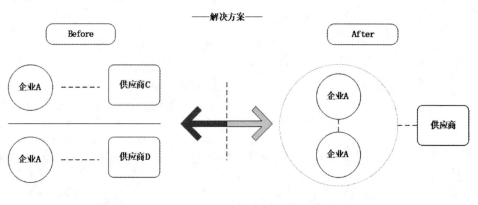

图 10.12 联合采购解决方案

5. IoT 与智能制造

（1）订单排程，既能排出成品/半成品的产品级生产计划，也能直接排出产品/零部件的工序级加工计划，计划可传递至生产车间直接指导工序作业。

（2）甘特图能显示产品/工序的计划排程结果，显示资源设备的产能/负荷情况，且甘特图支持拆分拖动调整，清晰直观易用。

（3）结合车间 MES，生产汇报执行进度可自动实时反馈到 APS 主计划平台，供计划人员实时了解掌握生产进度，提升生产信息的透明度，也为计划的随时调整提供数据支撑。

IoT 与智能制造如图 10.13 所示。

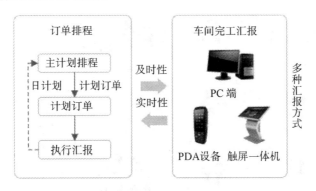

图 10.13　IoT 与智能制造

6. 产品优势

产品通过宽带或移动网络、网关可轻松将工业设备连接至云平台,进一步实现设备的监控及管理,具有传输数据稳定、后台自主管理等功能。其优势如下:

(1) 硬件采用工业级设计,可靠性强;

(2) 支持网口/串口与设备连接;

(3) 支持多种无线通信方式(2G/3G/4G/5G/NB-IoT/eMTC 等);

(4) 支持 MQTT/CoAP/HTTP/HTTPS 等传输协议;

(5) 内置边缘计算能力,支持多种工业协议解析、数据清洗和运算;

(6) 内置登录认证、数据加密,从底层保证数据安全;

(7) 即插即连多种品牌(FANUC、三菱、海德汉、西门子、新代、宝元、工研院)的 CNC,一个盒子可连多台设备;

(8) 5G+安全生产(见图 10.14)。

AI 安全生产解决方案系统架构分为前端设备层、视频汇聚层、网络传输层、云平台层(边缘云平台+公有云平台)、告警设备层。前端设备层负责连接部署好硬件设备,接入视频流;视频汇聚层将现场视频流进行汇聚;再通过网络传输层传入云平台层,边缘云接入视频流进行图像 AI 识别处理,异常情况通过公有云平台、现场回传报警将结果反馈到现场、监控管理平台和对应终端上。

AI 机器视觉检测解决方案采用 AI 深度学习技术,从产品图像中洞察缺陷,提高工业制造质检效率,降低质检成本,用机器代替人进行目标对象的识别、判断和测量,能完成人眼所不能胜任的某些工作,解决工业领域的痛点。其流程如图 10.15 所示。

10.2.2.4　紫光 UNIPower

1. 紫光集团简介

紫光集团是国有大型高科技产业集团。在国家战略引导下,紫光集团形成了以集成电路为主导,从"芯"到"云"的高科技产业生态链,在全球信息产业中强势崛起。

2017 年 6 月,紫光集团汇聚全产业链优势资源,投资 10 亿进行工业互联网产业布局,成立紫光云引擎科技(苏州)有限公司(简称紫光云引擎),践行紫光集团工业互联网战略。

作为紫光集团旗下专业从事工业互联网平台建设运营的高科技企业,紫光云引擎专注工业云、产业互联网和智能制造领域,打造了具有完全自主产权的紫光 UNIPower 工业互联网

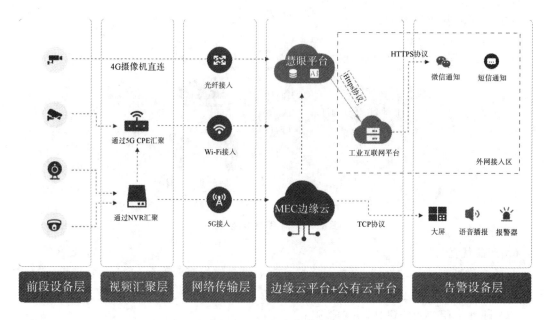

图 10.14 5G+安全生产

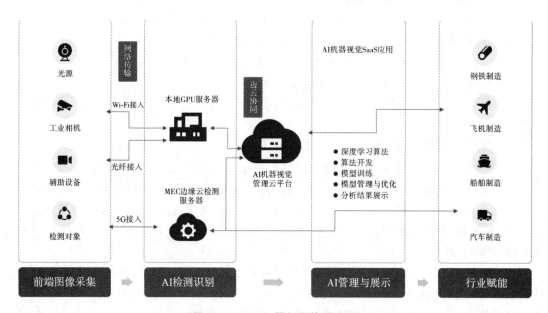

图 10.15 AI 机器视觉检测流程

平台,定位为跨行业跨领域的基础共性平台。该平台面向全国工业企业,提供全方位的工业云服务、智能化转型解决方案和工业互联网安全保障服务,并打造政企双平台、行业子平台以及丰富的工业 App,开辟工业互联网平台推广应用新路径,助力企业数字化转型和上下游产业链协同发展,为城市工业经济发展提供新动能。

2. 平台整体架构

平台具备完整的 IaaS 基础设施服务、三大核心 PaaS 平台服务、丰富的场景化 SaaS 服务,其整体架构如图 10.16 所示。

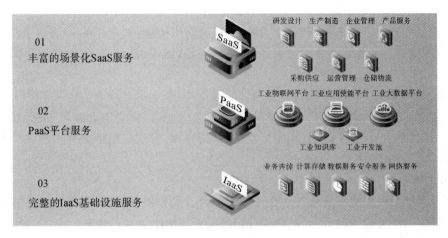

图 10.16　平台整体架构图

3. 研究方向

1）大数据平台

大数据平台面向广大工业企业积累的海量数据,围绕人、机、料、法、环各环节,在故障诊断、预测性维护、智能排产等方面为工业企业提供海量数据计算引擎,助力企业智能化转型升级。大数据平台如图 10.17 所示。

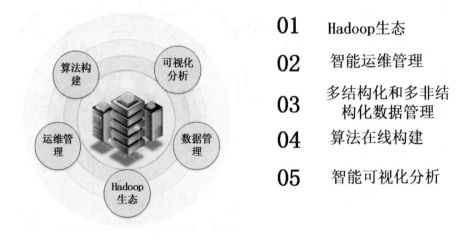

图 10.17　大数据平台

2）工业应用使能平台

工业应用使能平台基于容器技术的企业级 PaaS 解决方案,提供对开发态、部署态、运行态的应用全生命周期管理能力,利用可视化、可配置、自动化持续交付流水线,结合 DevOps 咨询,帮助企业 DevOps 落地,通过容器化和服务治理对微服务架构业务落地进行支撑,帮助企业实现应用云化、能力平台化、管理互联网化。

3）工业知识库

工业知识库包括设备知识库、微服务组件知识库、机理模型知识库、算法模型库。工业知识库能为企业用户提供全面、权威的工业知识,具有指导作用。用户可以从知识库中获取所需知识,利用算法模型库可以更快捷地开发自己的应用,极大地提高效率。

4) 工业开发池

工业开发池致力于建成工业"智慧大脑"物联网在线构建、工业可视化构建、工业算法可视化构建的开发池,为服务管理者和工业开发者提供更加便捷、高效、智能的综合协同支撑系统平台。

5) 工业云市场

工业云市场包括 SaaS 应用、工业 App 及工业组件商店,提供 7 大领域工业 SaaS 应用和工业 App,包括开发设计、采购供应、生产制造、运营管理、实现一键部署常用的关系和非关系型数据库、第三方中间件。

6) 云资源管理

云资源管理是可快速搭建且易于管理的轻量级云服务器,提供基于单台服务器的应用部署、安全管理、运维监控等服务,一站式提升您的服务器使用体验和效率。

4. 公司产品特点及优势

公司产品特点如图 10.18 所示。

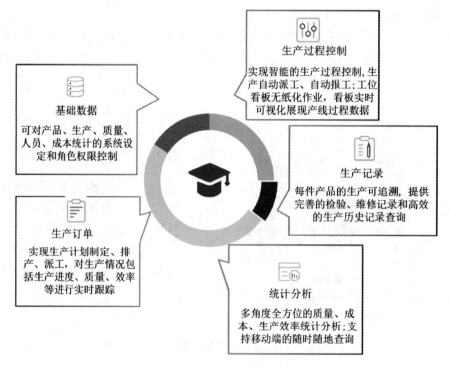

图 10.18 公司产品特点

产品优势如下。

(1) 实施快速。

自主研发的智能工业网关扩展性高,可实现快速组网,完成从生产现场到云端的数据采集和安全传输。

(2) 功能实用。

基于多行业/多年 MES 实施落地经验,专为人工装配线企业量身打造,功能实用,是精华版 MES。

(3) 安全可靠。

部署在国家级工业云上,采用多租户技术在不同用户之间进行隔离,免除数据安全的后顾之忧。

(4) 性价比高。

无实施门槛,无软件开发费、服务器费、维护费,用极低的资金成本实现了企业生产管理的信息化。

(5) 可扩展性强。

模块化构建,可随企业生产自动化和管理目标提升进行功能扩展。

5. 产品架构

产品整体架构如图 10.19 所示。

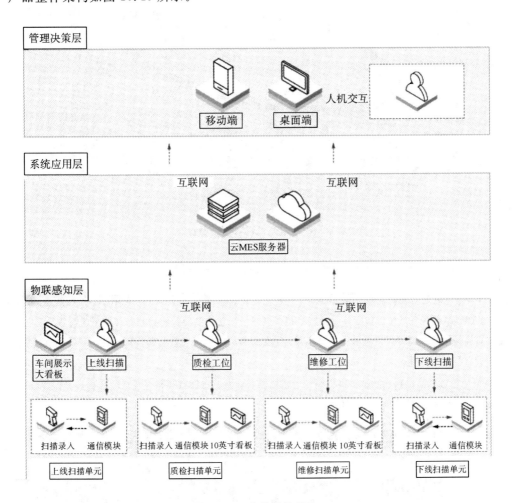

图 10.19 产品整体架构

1) 管理决策层

终端应用、用户通过该层与系统交互,完成生产管理和决策。

2) 系统应用层

该层位于云端,采用多租户技术,运行系统核心应用。

3) 物联感知层

该层能够从各台设备(扫描枪、打印机、工位一体机等)采集数据传输至云端,进行数据的处理和应用,同时也能从云端将信息推送到各设备进行显示、控制和反馈。

6. 公司主要产品

公司主要产品是协同办公系统,此系统整合了人力资源、行政管理、客户管理、项目管理、公文管理、邮件收发、通知、审批流、统计报表等多种模块,为企业提供完整的协同办公功能,帮助企业改善业务与管理效率,有效提升企业整体的工作效率,如图 10.20 所示。

图 10.20　协同办公系统

10.2.2.5　寄云科技的 NeuSeer 工业互联网平台

NeuSeer 是寄云科技研发的独立自主的国内专注于工业应用开发和工业大数据分析的工业互联网平台。NeuSeer 平台采用经典的工业互联网平台架构,即集工业物联网、工业大数据以及工业智能应用等先进技术于一体,在工业应用开发、工业大数据分析、工业智能辅助决策等方面具有独特优势。

图 10.21 是寄云科技的 NeuSeer 工业互联网产品总体架构,包括工业物联网、工业大数据以及工业智能应用等三个产品体系。

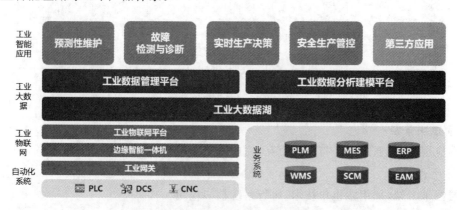

图 10.21　NeuSeer 工业互联网产品总体架构

1. 工业物联网产品体系

工业物联网产品体系包括工业网关、边缘智能一体机以及工业物联网平台三部分。

(1) 工业网关是实现底层工控设备与工业互联网平台无缝通信的网络互联设备,集成主流工控、物联网、互联网通信协议和技术,通过多种类型接口接入各种 PLC、DCS、CNC 等设备,并提供高性能的 MQTT 数据转发通道,为工业智能应用等提供无缝数据通道,为整个工业互联网系统各个功能得以实现提供安全可靠的保障和坚实基础。

(2) 边缘智能一体机是软硬一体的物联网边缘平台,应用于中小规模物联网应用场景。它支持来自不同设备的实时数据汇聚,支持边缘计算、数据存储、数据同步;支持机器学习和 AI 分析模型的边缘部署和实时应用,实现高级数据分析和实时决策;提供工控安全增强的运行环境,以容器化方式运行各类基于平台开发和远程部署的工业 App,实现设备智能监控、设备故障预警与分析、网关集中管理等智能应用。

(3) 寄云的工业物联网平台聚焦于工业领域,能够快速对接异构的工业数据源,支持海量物联网数据的高性能、分布式存储、查询和计算;基于业务需求快速构建各种层次化和拓扑化的物理模型,轻松实现跨系统的数据查询、指标计算和分析;提供智能化的工业应用,并提供零代码、可视化的开发工具,帮助客户快速开发各类图形化和数据分析类的工业智能应用,助力企业实现包括生产设备、制造流程、产品质量、能耗、库存以及各种生产管理指标的实时监控、异常分析、预警报警和优化改进。

2. 工业大数据产品体系

工业大数据产品体系包括工业数据管理平台、工业数据分析建模平台,以及工业大数据湖三部分。

(1) 工业数据管理平台支持数十种时序、结构化、非结构化数据源的接入和数据治理,快速定义各种工业设备、产线、流程等数据模型并实例化,支持基于复杂计算公式、函数、分析模型的各种高性能实时指标计算,利用统一的规则实现规则定义、规则应用和规则触发消息订阅,自定义各类可视化的仪表盘、组态和报表页面并实现数据绑定,是工业企业数字化转型实现数据智能的必备工具。

(2) 工业数据分析建模平台能够快速接收多源异构数据源,自定义跨系统的数据集,通过自带分析组件来快速定义可视化的分析工作流,利用数据集实现分析模型的训练、验证和应用,支持自定义算法组件以及组件共享,提供 SPC、RCA 等分析模型模板,支持多种模式的分析任务和跨系统的分析模型在线部署,提供分析结果的图表展示。

(3) 工业大数据湖是一个用来集中化存储海量、多来源、多种类数据,并支持对数据进行快速加工和分析的统一数据存储平台,支持结构化、非结构化以及二进制等多种形式的数据,基于强劲的调度引擎轻松实现数据存储,物联网时序数据存储于时序数据库,结构化数据存储于 MPP 数据库,非结构数据存储于 HDFS 文件库中。

3. 工业智能应用产品体系

工业智能应用产品体系包括预测性维护(PDM)、故障检测与诊断(FDD)、实时生产决策(RPI)、安全生产管控(PSS)以及第三方应用等。

(1) 预测性维护是层次化的综合解决方案,针对特定系统、单套设备、多套设备分别提供振动监测与诊断、实时状态监测与维护、预测性维护的解决方案,支持从部件到设备再到产线、车间、企业等不同层面设备管理的差异化需求。

(2) 故障检测与诊断能够处理每秒百万级测点的数据采集和实时处理,构建实现数以万计关键工艺测点的实时状态监测,并基于机理模型构建实时的上下文条件来定义更动态的控制门限,支持在线的统计过程控制和多维度的异常检测,支持通过机器学习构建工艺指标和监测指标之间的模型实现虚拟量测,支持通过机器学习实现自动的根因分析,更支持多维度的指标预测和预警。

(3) 实时生产决策对工业企业自动化设备、视频系统、控制系统、IT 系统及外部系统等数据进行实时采集和汇聚,提供了丰富的指标计算函数和模型,实现跨 OT 和 IT 系统的实时指标计算,并提供了集中监控、实时生产指标、实时损耗指标、实时效率指标、预警和预测等相关能力,实现包括产能、设备运行效率、能耗、质量等关键生产决策指标的实时计算。同时,还能够结合仿真模型和机器学习的智能建模,构建关键生产工艺的预警能力,实现生产过程的实时决策分析。

(4) 安全生产管控面向化工、电力、能源等大型基础资源企业,发挥物联网、大数据和人工智能的优势,通过实时数据采集和分析,提升设备和工艺的可靠性,降低安全管理的人工依赖,对关键危险指标实现预警,提升操作规范性,提升安全管理水平,降低企业经营风险。

10.2.2.6 宁波和利时的 HolliCube 数字工业操作系统

宁波和利时智能科技有限公司(简称宁波和利时)于 2017 年首次发布国内首套数字工业操作系统——HolliCube。秉承着集团"3+1+N"工业互联网生态环境的战略目标,将物联网、工业大数据、人工智能和工业信息安全等智能技术融合为"1"(HolliCube),并赋能和利时集团的工业自动化、轨道交通、医疗大健康等"3"大业务领域,并推动各业务向数字化、智能化升级,最终赋能大型企业、中小企业等"N"平台的建设,促进可持续发展的工业互联网生态环境建设。

宁波和利时依托集团 28 年的工业领域实践,将行业经验、知识和技术积累封装为资产模型、机理模型和数学模型,沉淀融合于 HolliCube 数字工业操作系统,使得 HolliCube 具备企业生产要素建模、异构数据融合、业务流程承载、创新应用快速开发能力,以及基于大数据和人工智能的优化运营,形成了以边缘计算平台、工业互联网 PaaS 平台、工业互联网 SaaS 平台为一体的综合解决方案,旨在赋能于工业,助力工业企业向数字化、智能化转型。

HolliCube 产品架构如图 10.22 所示,涵盖了边缘计算层、工业互联网 PaaS 层和工业互联网 SaaS 层三部分。

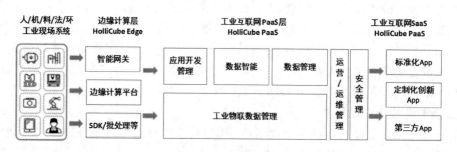

图 10.22 HolliCube 产品架构

边缘计算层在靠近物或数据源头的边缘侧,通过大范围、深层次的数据采集,以及异构数据的协议转换与边缘处理,构建工业互联网平台的数据基础,采集海量数据,依托协议转换技术实现多源异构数据的归一化和边缘集成。同时,边缘计算平台融合网络、存储、计算、应用核心能力,就近提供数据分析和业务自动化处理等边缘智能服务、应用,满足敏捷连接、实时业务、数据优化、智能应用、隐私和安全等方面的关键需求。最终,边缘计算层利用边缘计算平台实现底层数据的汇聚处理、优化分析和边缘应用并实现数据向云端平台的集成,实现工业互联网 PaaS 层与边缘计算层的数据协同、应用协同、服务协同。

工业互联网 PaaS 层通过叠加工业模型、工业数据管理、大数据处理、工业数据分析、工业微服务等创新功能,构建可扩展的开放式云操作系统。为满足不同的应用场景,将 PaaS 层分为工业物联数据管理、应用开发管理、数据智能、数据管理、运营/运维管理、安全管理六大产品板块。其中,工业物联数据管理主要实现客户异构的工业数据集成、存储、预处理/分析到展示的功能,构建工业现场物理世界与信息世界的桥梁,帮助企业构建完整、高保真的数据底座,并将大量的工业技术原理、行业知识、基础工艺、模型工具等规则化、软件化、模型化,封装成为微服务组件,供开发者重复使用。应用开发管理为平台自身及第三方应用和服务提供稳定安全的运行、管理环境及工具,同时借助微服务组件及工业建模和应用开发工具,帮助用户快速构建定制化的工业 App。数据智能将数据科学、工业机理结合,帮助企业构建工业数据分析能力,实现数据价值挖掘。数据管理借助数据治理体系的相关理论体系,对平台的海量工业数据从集成、元数据、数据质量、数据标准等不同维度进行统一管理。PaaS 层从接入安全、数据安全、容器安全、服务/应用访问安全等多维度,全方位地采取风险防护措施,保证平台各个层级的数据安全、应用安全。

工业互联网 SaaS 层针对特定的工业场景,通过调用边缘层和 PaaS 层的微服务,推动工业技术、经验、知识和最佳实践的模型化、软件化和再封装,形成满足不同行业、不同场景需求的工业 App,形成工业互联网平台的最终使用价值。一方面,SaaS 层提供设计、生产、管理、服务等一系列创新性业务应用;另一方面,SaaS 层构建良好的工业 App 创新环境,使开发者基于平台数据及 PaaS 层提供的微服务功能实现快速应用创新。

HolliCube 数字工业操作系统作为助力企业数字化转型的数据集成平台,提供一套工业标准、一套工业应用开发环境、一套运行环境和一套运营管理环境。一套工业标准是指工业对象标识、工厂模型描述、数据格式、服务接口等;一套工业应用开发环境是指面向非软件专业的行业人员,提供快速建模工具、行业组件库(人、设备、物料、产品、工艺、规则、业务逻辑)、组态工具、应用开发模板、模拟仿真工具等;一套运行环境是指支持分布式计算环境,支持私有云、混合云和公有云部署,提供统一的弹性运行框架;一套运营管理环境是指资源分配、开发维护、商业运维、安全管理等。HolliCube 产品特点如图 10.23 所示。

HolliCube 采用云边协同分布式架构,如图 10.24 所示。云平台利用其资源丰富的优势,构建并统一管理各类应用。同时,利用大数据技术,在云端进行大数据模型训练。然后,通过云边通道实现数据、模型、应用的协同,达到分布式智能的效果。

基于 OPC UA 标准构建工业信息模型,如图 10.25 所示,以物理实体建模产生的静态模型为基础,通过实时数据采集、数据集成和监控,动态跟踪物理实体的工作状态和工作进展,将物理空间中的物理实体在信息空间进行全要素重建,形成具有感知、分析、决策、执行能力的数据集成平台。

数字孪生在不同的领域、应用场景具有不同的定义方式。宁波和利时基于自身的自动化行业积累,打造面向工业领域的数字孪生,如图 10.26 所示。首先,将设备转换为信息模型,构建物理世界与信息世界的桥梁;然后,基于云平台的大数据技术、机理模型等相关工具、服务,构建对应的数据模型和机理模型;最终实现对生产运营过程的监测、预警、控制和优化的目的。

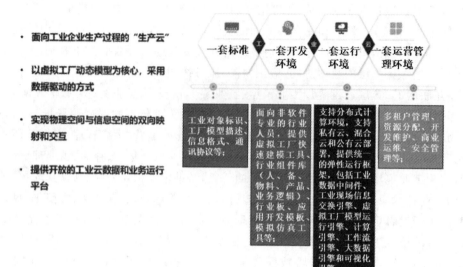

图 10.23 产品特点

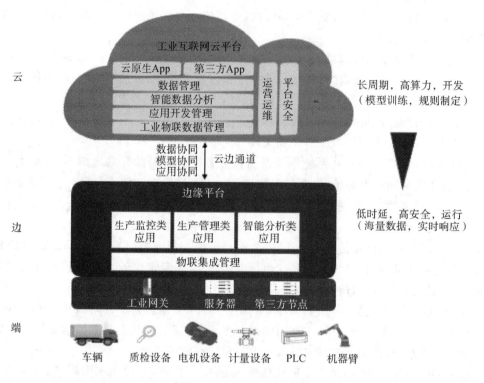

图 10.24 云边协同

同时,宁波和利时基于 HolliCube 数字工业操作系统推出经典的工业标准应用系列——HolliMOM,覆盖生产运行管理、维护运行管理、质量运行管理和仓储运行管理等全部功能模块,助力工业企业实现生产的数字化智能化管理,消除"信息孤岛",协同制造,提质降本增效。其中,面向食药、特种化学品、快速消费品等行业,特别推出实现电子批记录的 MES 产品——HolliEBR,解决企业面临的手工记录生产数据慢、过程数据可追溯性差等问题。

宁波和利时 HolliCube 作为国内首套面向工业生产的操作系统,已成功应用于装备制造、

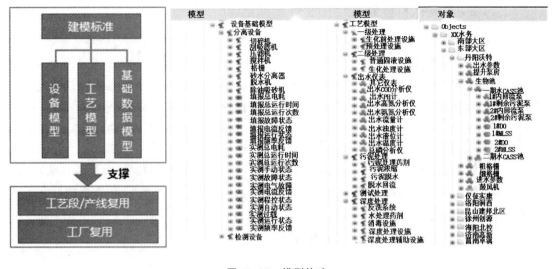

图 10.25 模型构建

图 10.26 面向工业领域的数字孪生

水务、家电、钢铁、轨道交通、化工、电子、电力、水泥等十余类行业中的大中龙头企业,帮助企业建立行业级、集团级和企业级的工业互联网平台,实现企业的数字化转型。例如,在水务行业,宁波和利时 HolliCube 协助客户构建智慧水务管理平台,实现几百家水厂的智慧管理、智慧运营;在电力行业,协助客户建立智慧电厂平台,完成驾驶舱及智能决策、竞价上网、性能分析和运行优化、设备预测性维护、机组级优化控制,在数据流和业务流的标准化和集成基础上,实现了电厂智能化升级。

同时,HolliCube 服务于省级综合性平台、区域平台,以满足产业集群、中小企业的不同需求,支持中小企业以更低的成本、更高的质量、更快的速度实现数字化、网络化、智能化转型。在省级双跨平台项目中,基于 HolliCube 构建,服务于区域大型企业集团、规上级中小企业和不同的产业集群,提供互联标准、统一工业模型规范、工业 App 容器标准、工业微服务规范,实现了工业模型、工业 App、工业微服务的自由流通和最大化融合。目前,该平台已经实现 60 多个工业应用上线,服务超过 100 家小微企业。

10.2.2.7 美林科技的数字化业务管控平台

瞬息万变的市场环境要求企业具备灵活、应变的创新能力,数字化转型的业务变革更需要数据的支撑。美林数据中台作为连接相对稳定的数据后台和快速变化的前台应用之间的纽带,秉承服务于企业战略的宗旨,开展企业数据治理,支撑企业开展数据架构设计、数据仓库建设、数据中台建设等,助力企业实现卓越的经营管控及创新的业务模式变革。美林数据治理产品经过10余年的迭代发展和百余个项目的实践应用,形成了规划、采集、存储、加工、治理、服务、分析应用一站式的数据中台平台。

数字化业务管控平台针对企业生产组织和调度指挥过程中的各种异常问题,以准时交付和均衡生产为目标,以打通主价值链、融会贯通生产过程业务数据为基础,以各类计划拖期、各类异常问题、各类风险及时发现、及时闭环处理、及时干预以及控制生产进度为核心理念,构建数字化业务管控平台,实现生产过程全面管控,从而提升生产交付效率,实现均衡式生产,能够满足企业生产活动有序开展、订单产品按时产出交付、生产经营稳定高效、生产计划管控能力提升以及构建数据驱动的一体化生产管理业务模式等方面的需求。

该平台采用微服务架构以及大数据分析技术进行研发与构建,面向不同的对象和使用场景划分为三个中心,管控业务中心为核心应用,系统实施中心和系统运维中心作为技术基座,支撑保障管控业务中心的高效稳定运行,如图10.27所示。

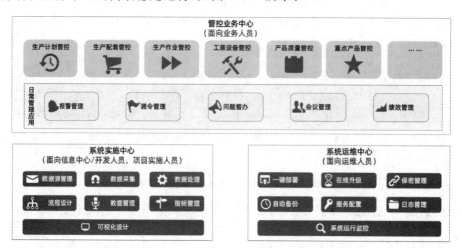

图 10.27　数字化业务管控平台框架

1. 管控业务中心

管控业务中心面向业务应用人员,用于实际业务跟踪和管控场景。其包含了按照不同业务场景和管理需求构建的各业务管控应用以及模块化的通用管控应用。

业务管控应用面向企业的实际生产业务可开展生产计划管控、生产配套管控、生产作业管控、工装设备管控、产品质量管控及重点产品管控等,从全局角度对各业务域的执行情况进行跟踪与统计,及时发现生产异常情况。图10.28所示为业务管控应用示例。

模块化的通用管控应用包含问题督办管理、生产调令管理、异常报警管理、会议决议管理以及生产绩效管理等,可从全局角度针对各业务域的生产异常情况快速开展问题处理与调度,保障生产。

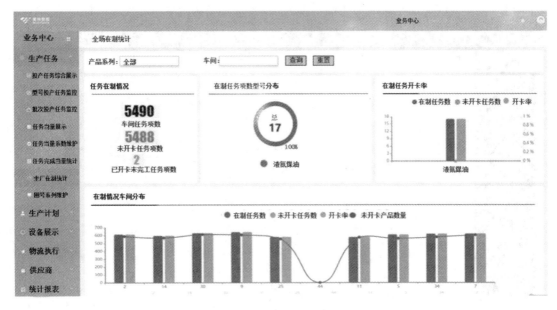

图 10.28 业务管控应用示例

2. 系统实施中心

系统实施中心(见图 10.29)面向项目实施人员或客户开发人员,提供数据源管理、数据集成加工实施、数据集成执行监控、数据展现应用实施、大数据分析实施、业务流程设计实施、数据服务、业务应用定制开发等全维度实施组件,可依托平台实施中心构建一体化的各类应用,各类应用依托微服务架构可实现快速部署、错误和故障隔离、快捷自主扩展。

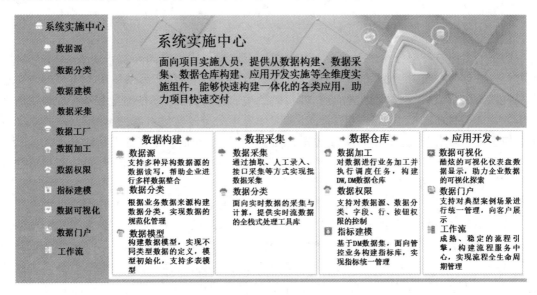

图 10.29 系统实施中心

系统实施中心可助力项目实施人员实现项目快速交付,并可助力客户进行自主功能扩展。

3. 系统运维中心

系统运维中心(见图 10.30)主要面向系统管理员、运维人员,提供服务器各类资源监控、各类服务运行状态监控、各类异常告警及消息提醒、平台备份与快速恢复(应用与数据)、调度统一管理、平台一键安装部署、应用快速升级等组件,支撑系统平台持续稳定运行。

图 10.30 系统运维中心

数据驱动的一体化业务管控模式,可在航空航天、船舶、兵器等高端装备制造行业企业应用时开展借鉴及复用推广,具有极强的指导意义。将生产调度指挥管理模式基于数据驱动的应用模式进行固化,并不断向横向与纵向扩展,逐步覆盖至各个业务应用领域,形成面向行业的示范标杆,带动行业企业开展基于数据驱动的管控业务创新实践,为行业数字化转型注入强大动能。

10.2.2.8　塔力科技的超融合智慧数字孪生平台

西安塔力科技有限公司成立于 2017 年 9 月 8 日,现为国家级高新技术企业,本着"务实、聚力、坚持、创新",致力于成为新一代超融合智慧数字孪生平台、产品及解决方案领导者。塔力科技以人工智能、工业互联网为应用方向,提供基于数字孪生技术的专业智能交互解决方案及服务。公司目前已相继自主开发"灵掌"三维可视化交互轻量化引擎、"智眼"分布式多源数据监控系统、"摩塔"建筑楼宇 Web 端仿真管理平台等产品,拥有两项发明专利及十二项软件著作权,面向大多数工业、政务、商业、特种机械等基于空间场景管理需求的客户,满足其数据采集、存储、溯源、分析、展示、交互的全流程需求。

塔力科技完全自主研发的超融合智慧数字孪生平台包括 Primate 3D/数字孪生可视化引擎、Primate IOTS/数字孪生物联网平台、Primate IHCI/数字孪生集成交互组件、Primate Eye/数字孪生数据监控平台、Primate AI/数字孪生人工智能平台、Primate SD/数字孪生感知装备,融入 5G、大数据、人工智能等新一代技术,打造新一代智慧数字孪生体系,从而实现智慧城市(社区、楼宇、基础设施、园区等)、智能制造、智慧能源以及其他智慧产业的可视、可管、可控。图 10.31 所示是超融合智慧数字孪生平台架构。

1. Primate 3D/数字孪生可视化引擎

该引擎用于快速实现三维场景搭建、三维场景交互、各类数据动态表现及场景与数据的关联动效,是浏览器快速加载的专用三维交互引擎。本产品可对外提供服务,为各类试用者提供了完善的模型接口文档、引擎操作使用文档、二次开发的相关接口文档、二次开发的范本代码。

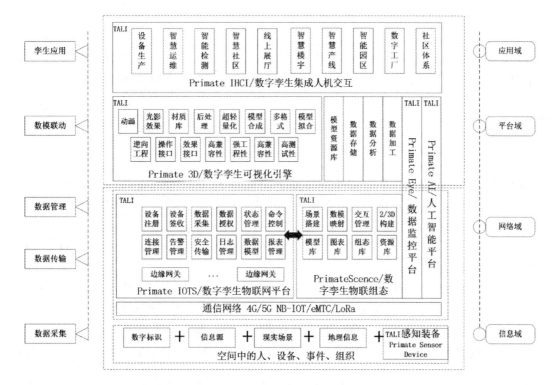

图 10.31 超融合智慧数字孪生平台架构

本引擎采用 Web 端渲染，采用 WEBGL3D 绘图标准，这种绘图技术标准允许将 JavaScript 和 OpenGLES2.0 结合在一起，通过 HTML 脚本本身实现 Web 交互式三维场景的制作，不需要任何浏览器插件支持，利用底层的图形硬件加速功能进行图形渲染。使用者在采用本引擎的系统进行空间操作时，数字世界与现实世界同时会产生映射反馈，而通过智慧穿戴设备或传感器设备的支撑，操作者或设备发生位置或状态变化时，控制处理单元可以立即进行复杂的运算，将精确的数字世界影像传回，产生临场感。

本引擎作为新一代数据可视化产品，使用全景 3D 视角和虚拟现实技术，其强大的数据接口能力可对接各类大数据业务系统，集成各种地理信息、GPS 等类型数据，通过酷炫的可视化技术，将数据按照时间和空间两个维度进行同步呈现，实时全面掌控数据变化态势，完整还原事件场景，帮助用户观察和分析大数据动态信息，实时掌握信息变化趋势。

2. Primate IOTS /数字孪生物联网平台

本平台是塔力科技自主研发的基于云、边、端设计开发的物联网平台。本平台对下支持多设备、多协议、多系统，对上支持多种行业应用，主要为产业上下游的设备商和软件厂家、系统集成商等提供数据汇聚服务，快速打通 OT 与 IT，是支持企业快速对设备进行数据接入、管理、整合的中间平台。本平台采用分布式存储对数据进行保存，为界面提供数据，为业务提供交互功能。

Primate IOTS 将不同的智能化子系统/单体设备组合到一个聚合的平台中，实现各个系统间的资源整合、数据传递、业务衔接等功能，形成企业内部统一的资源和业务共享平台。同时塔力围绕数字孪生引擎，融入 5G、工业互联网、大数据、人工智能、区块链等新一代技术，提供智慧城市（社区、楼宇、基础设施、园区等）、智能制造、智慧能源以及其他智慧产业的数字孪生智能化解决方案。

3. Primate Eye / 数字孪生数据监控平台

本平台是基于分布式的多源数据监控平台，用于辅助 Primate 3D/数字孪生可视化引擎进行接入数据的管理，可以针对每一个数据源设定独立的监控规则，并通过告警和趋势变化实现数据驱动 Primate 3D/数字孪生可视化引擎中各种三维模型发生变化和动态效果表现。

塔力科技将助力智慧城市与智慧产业转型升级，为政府、社会提供数字孪生服务，构建智慧数字孪生新业态。

10.2.2.9 网易数帆工业解决方案

网易数帆是网易集团旗下 to B 企业服务品牌，定位于领先的数字化转型技术与服务提供商，为客户提供创新、可靠的国产软件基础平台产品及相应技术服务，业务覆盖云原生基础软件、数据智能全链路产品、人工智能算法应用三大领域，旗下拥有轻舟、有数、易智三大产品线，致力于帮助客户搭建无绑定、高兼容、自主可控的创新基础平台架构，快速应对新一代信息技术下实现数字化转型的需求。

网易数帆依托网易二十余年互联网技术积累，系列软件基础平台产品和技术方案已成熟应用于金融、零售、工业制造、能源、电信、物流等多个行业领域，在技术先进性、性能优越性、产品成熟度及安全可靠性等方面得到了各行业客户的验证。目前已服务各领域头部客户百余家，其中工业制造领域包括大华股份、宁波钢铁、吉利汽车、南方电网、一汽解放、记忆科技等诸多大中型客户。

以"开放、开源、跨云"为技术理念，网易数帆大力推动技术研究，先后获得工信部云计算服务能力标准首批试点单位、国家企业技术中心、信通院云计算标准和开源推进委员会成员、信通院大数据技术标准推进委员会成员等资质。同时，网易数帆积极推动跨厂商的数字化技术融合发展，与 AWS、阿里云、百度云、华为鲲鹏云计算、浪潮、新华三等多家企业完成技术兼容性认证。

网易数帆数字生产力业务全景架构如图 10.32 所示，包括产品底座、能力中心和行业场景三个层次。产品底座包括网易轻舟、网易有数、网易易智，分别从技术中台、数据中台、算法平台、算法能力角度解决企业数字化转型中面临的系统性技术问题。能力中心包括数字化转型战略咨询、体验设计中心、场景创新中心、敏捷项目管理中心、质量保障中心，协助企业解决从项目咨询规划到落地执行保障的全生命周期的体系问题。行业场景则包括了在各行业中的解决方案，其中在工业制造领域有微服务架构智能制造系统、工业大数据解决方案、计算机视觉缺陷检测、LES（物流执行系统）物料拉动解决方案等。

1. 网易轻舟

网易轻舟帮助企业搭建云原生技术底座，助力企业与时俱进实现云上软件创新。轻舟云原生软件生产力平台包括轻舟微服务、轻舟低代码、轻舟中间件和轻舟混合云。轻舟能力全景图如图 10.33 所示。

1）轻舟微服务

轻舟微服务是云原生微服务统一管理平台，助力企业分布式技术架构演进。平台支持如下功能。

（1）无侵入微服务治理。

（2）异构应用统一治理。平台支持多框架、多协议、多语言服务的统一治理，避免技术栈重复建设。

图 10.32　网易数帆数字生产力业务全景架构

(3) 架构平滑演进。平台支持单体架构向微服务架构、微服务架构向服务网格架构平滑演进。

(4) 开放兼容。平台全面覆盖主流微服务开发技术选型，增强、扩展开源服务网格。

(5) 精细化流量管控。平台支持不同维度的流量治理，并具备丰富的流量管控能力。

(6) 异构集成。平台支持异构协议转换为 HTTP 协议 RESTFUL 接口，具备请求转换能力，有效集成企业存量应用。

2) 轻舟低代码

轻舟低代码是企业级应用快速开发平台，可以助力企业提升开发效率，降低开发成本。低代码平台通过降低应用开发门槛，将应用开发从软件开发人员转交到业务人员手中，有力支撑了业务的快速创新和全员创新。轻舟低代码主要包括如下功能。

(1) 可视化编程语言。平台提供可视化编程环境，只需要少量简单代码即可完成应用开发。

(2) 支持软件资产多层次复用。平台支持包括应用、页面、基础组件、扩展组件、接口等不同粒度软件资产复用。

(3) 支持企业集成。平台能够通过 API 集成企业内部服务，实现应用组装。

(4) 数据模型驱动。平台支持可视化构建实体、数据结构、枚举等低代码数据模型，自动生成数据库表和页面交互。

(5) 零成本部署运维。产出的应用系统可以自动化部署在云原生平台之上，无运维成本。

(6) 业务与流程融合。流程引擎基于 BPMN2.0 规范，可视化流程开发，可支持如请假、入职、离职等企业内常用流程场景。

3) 轻舟中间件

轻舟中间件是基于 Kubernetes 构建的云原生 PaaS 平台，包括丰富的存储、消息和搜索中间件。其主要能力如下。

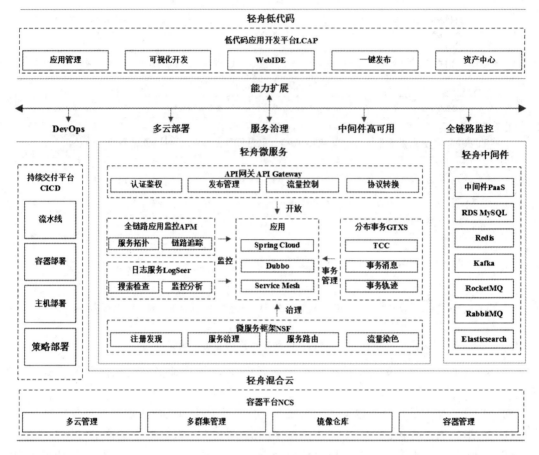

图 10.33　轻舟能力全景图

（1）中间件生命周期管理。丰富的中间件及统一的管控平台，支持全生命周期的运维操作。

（2）基于开源自主可控。中间件全部基于社区开源版本，进行源码级内核优化，性能增强，自主可控。

（3）故障恢复。支持 Node 级和实例级故障自动恢复，无须人工值守。

（4）高可用。支持节点、可用区级故障，灵活调度策略，有效保障数据安全性与可用性。

（5）完备的监控。平台基于丰富的企业经验积累，内置完备的监控指标。

（6）异构网络访问。支持物理网络、VPC（虚拟私有云）网络、Kubernetes 多种网络方案之间的网络互通。

4）轻舟混合云

轻舟混合云是企业级软件研发生命周期管理平台。轻舟混合云主要有以下功能。

（1）支持多云混合。平台统一视图管理多云、混合云集群，应用多集群部署、运维。

（2）具有可观测性。平台提供多维度日志和监控视图，支持自动化故障运维。

（3）平台适配国产化。平台支持 ARM 生态、国产芯片及操作系统。

（4）提供流水线可视化。平台具有模块化能力，支持可视化拖拽，快速配置不同种类流水线。

（5）支持高级部署策略。支持主机和容器部署、滚动部署、灰度部署、蓝绿部署多种高级部署策略。

2. 网易有数

网易有数聚焦于企业"看数""管数""用数"等业务场景，提供全链路大数据技术及产品服务，致力于盘活企业数据生产力，加速实现数字化转型。有数全链路数据生产力平台能力全景图如图10.34所示。

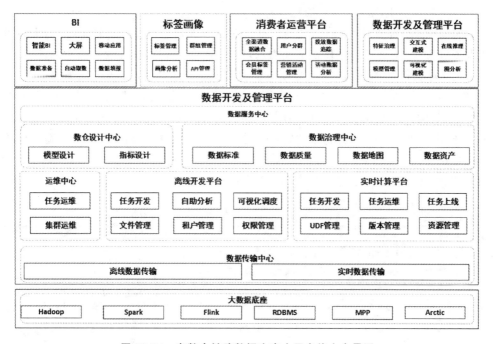

图 10.34　有数全链路数据生产力平台能力全景图

有数 BI 提供企业级敏捷 BI 平台，可满足数据收集、分析、展示等不同阶段需求，辅助用户更智能地完成数据分析。有数 BI 覆盖数据收集、加工、数据分析、应用等全链路环节，内置可视化报告、自助式 ETL、自助取数、驾驶舱、数据大屏、复杂报表、数据填报、智能决策等数据应用，支撑企业智能化决策。

有数 BI 平台支持无代码平台与 BI、数据填报、复杂报表、智能决策深度融合。平台内置高级分析模型，如预测、聚类、离散；支持智能问答、智能分析等多种分析场景。数据和分析结果等所有资源以标准类接口开放，支持集成，兼容性强。

有数一站式数据开发及管理平台覆盖大数据开发、任务调度、数据质量、数据治理及数据服务等全链路开发及管理流程。

有数实时计算平台基于 Apache Flink 构建，具有高性能、一站式实时大数据处理特点，广泛适用于流式数据处理场景。

有数的一站式、低门槛分析建模平台可以帮助客户更快、更便捷、更智能地挖掘数据价值。该平台支持对模型开发、训练、调度可视化管控，内置 100 多个算子，支持模型一键式部署，降低 AI 建模门槛。平台支持端到端 AutoML，自动化完成特征治理、参数寻优、模型筛选流程，智能化加速数据价值产出。

3. 案例分享：网易数帆 LES 物料拉动解决方案

应国内某一线汽车制造厂商的业务要求，网易数帆基于该项目工厂物流运营需要，提供了具备完善功能的物流信息系统，满足日常高品质物流运作需求。

针对业务目标中规划、配置的大量智能化装备,要求系统不仅要保证智能制造应用端高效运转,同时要适应未来业务发展需要。

LES建设目标如下:

(1) 优化生产制造、物流执行管理模式,加强各生产部门的协同工作能力,强化对制造过程、物流过程的管理和控制,有效提高工作效率,降低生产成本;

(2) 实时掌控各生产环节运行信息,提高物流准时化供货水平;

(3) 规范和优化生产组织模式,提高信息化在制造过程控制过程中的作用,为不断引入和学习工业4.0理念、提高工厂整体制造能力、打造智能工厂,建立良好的控制基础。

(4) 在物流执行管理方面,通过建设一套高可用性、高扩展性、可复制性的LES系统平台,以能够满足工厂内外的订单管理、仓库管理、配送管理、器具管理、基础信息管理等业务需求为核心,实现构建一套完整、统一的物流信息系统,使供应商、物流公司和生产基地(工厂)等供应链主体拥有功能先进、运行稳定的物流协同平台,为建立精益高效的汽车制造物流体系建设提供信息化支持。

网易数帆LES系统功能模块如图10.35所示。

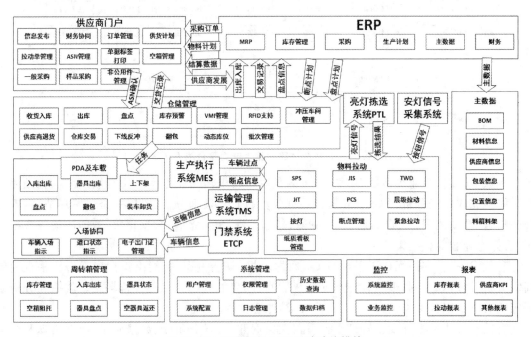

图10.35 网易数帆LES系统功能模块

LES系统涵盖了主数据系统、拉动系统、供应商门户、仓储系统、入场协同系统、器具管理系统以及监控系统和手持端PDA、移动PAD系统。LES运用精益化理念,提供一整套的物流解决方案。

(1) 主数据系统主要包括LES系统运行的基础信息,可以从上游系统同步,也可以在LES中自行维护,秉承一种数据只在一个系统维护的理念,主数据系统信息也可以向下游系统分发。

(2) 拉动系统主要包括按照计划、实际过点消耗、库存当量等方式,根据用户维护的数据,通过系统的计算引擎产生物料拉动单。

(3) 供应商门户是提供给供应商使用的系统,主要包括物流协同、消息协同以及财务协同。供应商通过门户系统实现和主机厂 LES 系统的交互。

(4) 仓储系统根据物料拉动单产生入库、出库、移库等操作,同时涉及物料的上架、下架、拣货、配送、盘点、不良品操作等库内的日常操作。

(5) 入场协同对入场的车辆进行监控、指引、放行等。

(6) 器具管理主要是对包装器具进行入库、出库、库存等管理。

(7) 监控系统主要包括系统监控、业务监控,实现对系统运行状况的监视,及时发现运行中的问题,反馈给用户。

(8) 手持端 PDA、移动 PAD 系统主要是针对现场操作用户,提供手持端和移动端的操作系统,实现与 LES 系统同等功能的交互。

10.2.2.10　广州旭丰科技 SeiConnect 工业云计算产品解决方案

SeiConnect 工业互联网产品体系是广州旭丰工业互联网有限公司研发的端－边－网－云－智整套工业互联网解决方案。它集成了传感器技术、通信技术、嵌入式系统、边缘计算技术和云计算、人工智能和大数据等一系列技术体系,在工业互联网领域内具有一定的先进性和创新性。其产品覆盖了现场传感产品、信号采集与处理产品、控制逻辑自动化产品、工业现场边缘计算控制器、边缘计算汇聚服务器、云计算服务器系统、SaaS 服务平台、工业小程序和 App 等八大细分领域。

SeiConnect 是一整套拥有国产知识产权的工业 PaaS 平台,它可为国内众多工业体系配套,并提供可靠的工业互联网数字化解决方案,解决企业数字化转型从无到有、从有到优的路径问题,协助企业建立自有数字化生态体系和数字化产品生态体系。

SeiConnect 工业云计算产品解决方案架构如图 10.36 所示。

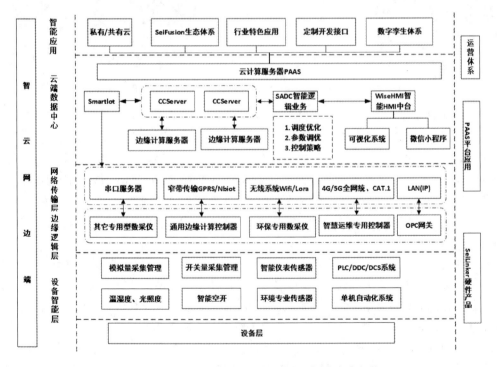

图 10.36　SeiConnect 工业云计算产品解决方案架构

10.3 工业互联网平台使用体验

全球工业互联网正处于起步阶段,受制于商业模式、企业文化、投资收益、技术路线等多方面的挑战,目前工业互联网并没有获得预期的市场认可度。

工业互联网平台的应用成效主要可分为四大类:成本降低、效率提升、产品与服务提升、业务和模式创新等。其具体应用场景案例分布与应用案例成效如图10.37所示。

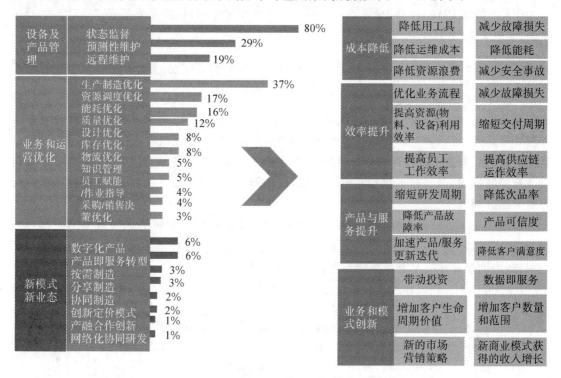

图 10.37 工业互联网平台具体应用场景案例分布与应用案例成效

从应用场景维度分析,降低成本、提高效率的需求是推动目前工业企业实施工业互联网的最大动力,83%的工业企业基于平台开展工业设备和产品状态在线监测、故障在线诊断、预测性维护、远程运维等应用服务。68%的工业企业基于平台处理分析生产制造、企业运营管理等各类数据,开展生产过程优化、能耗优化、质量优化、安全管理、作业指导、采销决策优化等业务运营优化服务。19%的工业企业基于平台开展业务转型和模式创新,企业对应用人工智能、虚拟现实、数字孪生、区块链等新技术仍持保守谨慎态度,企业更寄希望于平台新模式应用带来更多的新收入增长。

从行业应用维度分析,数字化程度高的机械、能源行业成为应用工业互联网平台的主力军。机械行业占全部案例的36%,面对强烈的制造服务化转型的需求,一方面平台助力设备管理从人工粗放管理向远程、精准智能化管理过渡,另一方面金融与机械行业融合创新助力企业探索新业务增长模式。能源行业占全部案例的22%。以电力行业为例,企业通过工业互联网实现企业内外数据汇聚,通过分析市场、发电能力、发电需求、天气和定价等影响因素,优化发电和交易计划,实现生产端、电网和消费端的协同和优化。

从企业规模维度分析,62%的案例来自大企业,成为各类应用的主力军。面对数字化转型挑战,大企业同时具备建平台和用平台的条件和压力,龙头企业向软件商、服务商转型的趋势明显,工业互联网平台成为帮助其转型的重要推动力量。中小企业应用仅占全部案例的十分之一,国内应用数量明显高于国外的,主要依托平台进行行业内应用或在区域内聚集应用,政府政策在产业聚集区的应用产生了积极作用。

应用工业互联网平台,进行设备物联,可全方位监控机器,设备具备数据收集、设备诊断、运行状态可视化等能力。管理员通过 PC、手机 App 就可以使用位置管理、趋势图分析、报警信息、指令下发、监控数据等功能查看现场的参数和设备的状态,快速响应现场的事件和报警,有效避免了设备停机损失、换装调试损失、暂停机损失、减速损失、启动过程次品损失和生产正常运行时产生的次品损失,提升了设备健康度、管理效率和产品质量合格率,缩短维护期和维护成本,人员产出也得到提升。

本 章 小 结

本章主要介绍了国内和国外的工业互联网平台,分析了国外工业互联网平台和国内工业互联网平台的发展现状,还以西门子的 MindSphere 平台和通用 Predix 工业互联网平台为例详细介绍了典型的国外工业互联网平台,以青岛海尔卡奥斯 COSMOPlat 平台、忽米 H-IIP 工业互联网平台、联通工业互联网平台、紫光 UNIPower、寄云科技 NeuSeer 工业互联网平台、宁波和利时 HolliCube 数字工业操作系统、美林科技数字化业务管控平台、塔力科技超融合智慧数字孪生平台、网易数帆工业解决方案为实例详细介绍了典型的国内工业互联网平台,最后阐述了工业互联网平台使用体验。

本 章 习 题

1. 工业互联网平台呈现什么样的发展态势?
2. MindSphere 平台基于开放的物联网框架,包括哪三个层级?核心要素主要包括什么?
3. Predix 平台的主要功能是什么? Predix 平台有哪三层架构?
4. 卡奥斯 COSMOPlat 平台的七大模块系列产品矩阵是什么?
5. 简述忽米 H-IIP 工业互联网平台总体架构。
6. 简述联通工业互联网平台架构。
7. 紫光 UNIPower 的研究方向是什么?产品架构是什么?
8. 简述寄云科技 NeuSeer 工业互联网平台架构。
9. 简述宁波和利时 HolliCube 数字工业操作系统的结构。
10. 简述美林科技数字化业务管控平台架构。
11. 简述塔力科技超融合智慧数字孪生平台架构。
12. 工业互联网平台的应用成效主要可分为哪四大类?
13. 从应用场景维度分析,推动目前工业企业实施工业互联网的最大动力是什么?
14. 从行业应用维度分析,什么成为应用工业互联网平台的主力军?

第 11 章　工业互联网应用实践

11.1　工业互联网典型应用

　　工业互联网是新一代信息通信技术与现代工业技术深度融合的产物,是制造业数字化、网络化、智能化的重要载体,也是全球新一轮产业竞争的制高点。党的十九大报告指出,"加快建设制造强国,加快发展先进制造业,推动互联网、大数据、人工智能和实体经济深度融合"。2017 年 10 月 30 日,国务院常务会审议通过《关于深化"互联网＋先进制造业"发展工业互联网的指导意见》,促进实体经济振兴,加快转型升级。工业互联网通过构建连接机器、物料、人、信息系统的基础网络,实现工业数据的全面感知、动态传输、实时分析,形成科学决策与智能控制,提高制造资源配置效率,正成为领军企业竞争的新赛道、全球产业布局的新方向、制造大国竞争的新焦点。作为工业互联网三大要素,工业互联网平台是工业全要素链接的枢纽,是工业资源配置的核心,对振兴我国实体经济、推动制造业向中高端迈进具有重要意义。

　　工业互联网的出发点是利用互联网的孪生核心技术——计算和通信网络技术把实体(包括传感器、产品和装备等)、信息系统、业务流程和人员连接起来,从中收集大量的数据;利用数据分析和人工智能等能力,实现对物理世界的实时状态感知,在信息空间通过计算做出最佳的决策,动态地优化资源的使用;其最终的目的是创造新的经济成效和社会价值。

　　当前,工业互联网在工业系统各层级各环节获得广泛应用,一是应用覆盖范围不断扩大,从单一设备、单个场景的应用逐步向完整生产系统和管理流程过渡,最后将向产业资源协同组织的全局互联演进。二是数据分析程度不断加深,从以可视化为主的描述性分析,到基于规则的诊断性分析、基于挖掘建模的预测性分析和基于深度学习的指导性分析。其中,设备、产品场景相对简单,机理较为明确,已经可以基于平台实现较复杂的智能应用,在航空航天、工程机械、电力装备等行业形成了工艺参数优化、预测性维护等应用模式;企业生产与运营管理系统复杂度较高,深度分析面临一定挑战,当前主要对局部流程进行改进提升,在电子信息、钢铁等行业产生供应链管理优化、生产质量优化等应用模式;产业资源的协同目前还没有成熟的分析优化体系,主要依托平台实现资源的汇聚和供需对接,仅在局部领域实现了协同设计、协同制造等应用模式。

　　工业互联网具有广泛的应用,几乎可以涵盖所有的工业领域,工业互联网平台当前总体主要应用于以下四大场景。

1. 面向工业现场的生产过程优化

　　工业互联网平台能够有效地采集和汇聚设备运行数据、工业参数、质量检测数据、物料配送数据和进度管理数据等现场生产数据,通过数据分析和反馈在制造工艺、生产流程、质量管理、设备维护和能耗管理等具体场景中实现优化应用。

　　(1) 在制造工艺场景中,工业互联网可对工艺参数、设备运行情况等数据进行综合分析,找出生产过程中的最优参数,提升制造品质。

　　(2) 在生产流程场景中,通过平台对生产进度、物料管理、企业管理等数据进行分析,提升排产、进度、物料、人员等方面管理的准确性。

（3）在质量管理场景中，工业互联网基于产品检验数据和"人、机、料、法、环"等过程数据进行关联性分析，实现在线质量检测和异常分析，降低产品的不良率。

（4）在设备维护场景中，工业互联网平台结合设备历史数据与实时运行数据，构建数字孪生，及时监控设备运行状态，并实现设备预测性维护。

（5）在能耗管理场景中，基于现场能耗数据与分析，对设备、产线、场景能效使用进行合理规划，提高能源使用效率，实现节能减排。

2．面向企业运营的管理决策优化

借助工业互联网平台可以打通生产现场数据、企业管理数据和供应链数据，提升决策效率，实现更加精准与透明的企业管理。

（1）在供应链管理场景中，工业互联网平台可以实时跟踪现场物料消耗，结合库存情况安排供应商进行精准配货，实现零库存管理，有效降低库存成本。

（2）在生产管控一体化场景中，基于工业互联网平台进行业务管理系统和生产执行系统集成，实现企业管理和现场生产的协同优化。

（3）在企业决策管理场景中，工业互联网通过对企业内部数据的全面感知和综合分析，有效支撑企业的智能化决策。

3．面向社会化生产的资源优化配置与协同

工业互联网可以实现制造企业与外部用户需求、创新资源、生产能力的全面对接，推动设计、制造、供应和服务环节的并行组织和协同优化。

（1）在协同制造场景中，工业互联网平台通过有效集成不同设计企业、生产企业及供应链企业的业务系统，实现设计、生产的并行实施，大幅缩短产品研发设计与生产周期，降低成本。

（2）在制造能力交易场景中，工业企业通过工业互联网平台对外开放空闲制造能力，实现制造能力的在线租用和利益分配。

（3）在个性化定制场景中，工业互联网平台实现企业与用户的无缝对接，形成满足用户需求的个性化定制方案，提升产品价值，增强用户黏性。

（4）在产融结合场景中，工业互联网平台通过工业数据的汇聚分析，为金融行业提供评估支撑，为银行放贷、股权投资、企业保险等金融业务提供量化依据。

4．面向产品全生命周期的管理与服务优化

工业互联网平台可以将产品设计、生产、运行和服务数据进行全面集成，以全生命周期可追溯为基础，在设计环节实现可制造预测，在使用环节实现健康管理，并通过生产与使用数据的反馈改进产品设计。

（1）在产品溯源场景中，工业互联网平台借助标识技术记录产品生产、物流、服务等各类信息，综合形成产品档案，为全生命周期管理应用提供支撑。

（2）在产品与装备远程预测性维护场景中，将产品与装备的实时运行数据与其设计数据、制造数据、历史维护数据进行融合，提供运行决策和维护建议，实现设备故障的提前预警、远程维护等设备健康管理应用。

（3）在产品设计反馈优化场景中，工业互联网平台可以将产品运行和用户使用行为数据反馈到设计和制造阶段，从而改进设计方案，加速创新迭代。

11.2 工业互联网行业应用

11.2.1 机械行业应用实践

1. 机械行业的基本情况和特点

机械制造业主要是通过对金属原材料物理形状的改变、组装,形成产品,使其增值。它主要包括机械加工、机床等加工、组装性行业。机械制造业涉及的工业领域主要有机械设备、汽车、船舶、飞行器、机车、日用器具。总之,只要是以一个个零部件组装为主要工序的工业领域,都属于机械制造业的范畴。机械制造业是我国国民经济发展的支柱产业,通过多年的发展,已经积累了丰富的理论与实践经验。在整个制造业中,机械制造业的地位十分重要,通过提供各种机械来保障各个行业的发展。国民经济的发展速度与机械制造工业技术水平的高低有着十分密切的联系。目前,我国已经建立起了完善的包括轻工业、重工业等的机械制造业体系,并取得了举世瞩目的成就。

但是,由于我国机械制造业起步较晚,且底子薄,同时还受到其他国家在技术上的封锁的影响,因此我国的机械制造面临着诸多问题,和发达国家相比,存在着相当巨大的差距,主要表现在:生产的产品品质与技术水平不高;拥有自主知识产权的产品太少;制造技术与工艺落后,结构也不够合理;缺乏技术创新能力;在先进制造技术与生产管理方面存在一定不足。随着社会的发展,人民生活水平日益提高,个性化的需求将会更加强烈。已经深入各行各业且已成为基础工业的机械制造业,正面临着如何适应市场需求的严峻挑战。

机械制造业具有以离散为主、流程为辅、装配为重点的主要特点。以设备制造为例,生产方式一般为由单独的零部件组成最终产成品,这属于典型的离散型工业。如汽车制造业中,虽然压铸、表面处理等过程属于流程型范畴,但是绝大部分的工序还是以离散为特点的。基于以上行业特性,机械行业在生产经营过程中具有以下几个特点。

(1) 生产计划的制订与生产任务的管理任务繁重。

典型的离散型机械制造业企业由于主要从事单件、小批量生产,产品的工艺过程经常变更,以及主要是按订单组织生产,很难预测订单在什么时候到来,因此,对采购和生产车间的计划就依赖很好的生产计划系统。

(2) 自动化水平相对较低。

机械制造业企业的加工方式主要是离散加工,产品的质量和生产率很大程度上依赖于工人的技术水平,自动化主要在单元级,例如数控机床、柔性制造系统等。

(3) 工艺流程简单明了,工艺路线灵活,制造资源协调困难。

机械行业产品结构清晰明确。机械制造企业的产品结构可以用数的概念进行描述,最终产品一定是由固定个数的零件或部件组成,这些关系非常明确和固定。面向订单的机械制造业的特点是多品种和小批量。因此,机械制造业生产设备的布置一般不是按产品而是按照工艺进行的,每个产品的工艺过程都可能不一样,而且,可以进行同一种加工工艺的机床有多台。因此,需要对所加工的物料进行调度,并且中间品需要进行搬运。

2. 机械行业对工业互联网实施的业务需求

(1) 提升生产过程智能制造水平,提高装备核心零部件生产效率与质量稳定性。核心自主研制零部件是产品功能、安全的重要保障,如何通过产线的互联改造、智能控制、大数据分析，缩短核心零部件新产品研制周期，有效降低不良品率，提升生产效率，提高设备能源利用水平，成为当务之急。

（2）实现人、机、料、管理流程、管理系统的广泛互联，提高流程效率，降低运营成本。随着企业全球化业务的发展和产品市场占有率的提高，产品的种类越来越多，客户对产品的个性化定制需求越来越广泛，零部件种类和供应渠道也越来越多，物流模式越来越复杂，因此，实现跨业务模块的流程优化、多信息化平台的高效集成应用的需求，以及公司与客户、代理商、供应商、第三方物流公司之间的横向端对端集成需求越来越迫切。

（3）高度离散场景下，用户个性定制化需求不断增加。对于复杂的工程机械等大宗型产品，如何有效地基于用户的需求研发设计，如何高效地将客户的需求转换成可供生产使用的制造工艺技术文件，以及如何在有限的成本范围内快速交付小批定制化产品，是工程机械行业面临的新命题。

（4）智能化服务能力提升是实现工程机械可持续发展的必要前提。装备制造厂商在主机市场渐趋饱和的环境下，要实现企业可持续发展，必须严格控制主机故障率，延长设备服役时间，降低工厂生产设备及工程机械产品能耗。而运用大数据分析、互联网、物联网等手段，加强服务全生命周期管理，促进主机合理使用及设备残值再利用，完全符合市场、政府导向及环境需求。

未来以企业为主导的产业互联网蓬勃兴起，以物联网、大数据、云计算为代表的信息技术深化应用，将成为改造工程机械产业、提升其水平的强大力量。互联网及信息技术的飞速发展，让以工程机械企业为代表的传统企业感觉到转型升级实乃燃眉之急。只有充分借助大数据、物联网、信息化等数字化技术，在产业互联网的热潮中，帮助企业深度挖掘潜在用户，有效进行全网布局，才能降低企业运营成本，提升企业综合实力。

3. 细化应用场景

1）应用场景描述一：基于工业互联网平台生产制造执行系统（MES）及忽米 H-DTA 数字孪生应用

基于工业互联网平台生产制造执行系统（MES）及忽米 H-DTA 数字孪生应用，以建设透明车间为基础要求，运用两化融合手段强化质量控制、人员管理、设备管理、不良品管理、产品数据追溯、异常反馈、生产看板管理能力。通过数字孪生技术，规划数字化工厂设计，全车间生产场景进行全面的数字化三维建模及动作仿真，并利用 5G＋忽米物联网 IoT 系统对产线的 AGV 及智能仓、产线机器人（如装配机器人、轴压装机器人、油封压装机器人、涂胶机器人等）、伺服机构、拧紧机构、注油抽油机构、综合检测机构等自动化单元进行实时的生产数据、设备数据、工况数据采集，并将已采集的实时数据与生产场景及仿真模型进行可视化交互。方案整体架构如图 11.1 所示。

依靠 BI 报表系统及 5G＋工业 AI 数字孪生体实现辅助决策、改善经营、产生效益，使公司从传统的依赖人的制造向依赖设备、数据的智能制造转型升级。该方案主要实现以下功能。

（1）实时数据处理：现场活动状态实时回报。
（2）现场无纸张作业：电子收集，无须人工填写报告。
（3）现场资源追踪：任何一个 MO（生产订单）或 WIP（在制品）流向均可追踪控管。
（4）生产状况监视：可以统计 MO、WIP、制程效能、良品率等生产资料。
（5）及时现场管理：防呆控制严密，避免不良品流入。
（6）自动化设备控制：自动检验或生产设备可以改进成全自动收集（这一点必须个案服

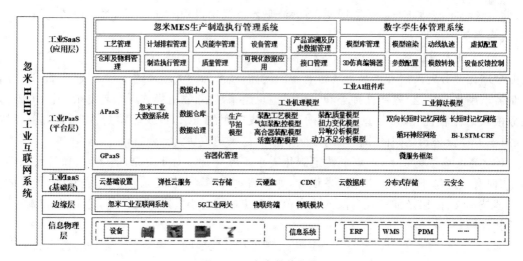

图 11.1 方案整体架构

务,因为要配合企业设备修正、采集)。

(7) 开放式数据库:透过网络提供生产、库存、交期等查询功能。

(8) 实时呈现物料流动状态:原材料在途、在库、WIP、半成品、产成品在库、产成品在途、产成品应收等。

(9) 与实际物流对应的资金状态。

(10) 产能负荷及瓶颈产能的负荷状态,承诺交期的可行性。

(11) 全景式、全时域地呈现工厂的运行状态,以数字化透明方式呈现经营过程和结果。

应用的企业是重庆宗申发动机制造有限公司,工业应用场景是设备管理优化、生产执行优化、产品全生命周期管理优化、供应链协同优化。使用忽米工业物联网系统对宗申发动机需求管理、计划协同、生产拉动、物料配送、生产过程控制进行物联接入,大幅提高了资源配置协同、企业运营管理、设备管理服务效率。

2) 应用场景描述二:基于5G边缘计算的注塑机设备预测性维护解决方案

忽米注塑机预测性维护解决方案(见图11.2)基于忽米5G边缘计算器、忽米工业物联网系统、忽米工业知识图谱系统等核心产品,采用云端部署。忽米智能网关和5G边缘计算器采集注塑机设备生产和状态数据,忽米工业物联网系统支撑注塑机、工业网关、5G边缘计算器等终端快速接入,通过开放 API 将设备状态、生产关键数据、设备故障预警信息推送到忽米预测性维护系统,结合工业 AI 组件中的模型和算法,自动生成和追踪维护工单、能耗管理计划、最优工艺参数。另外,忽米注塑机预测性维护解决方案提供灵活的网络接入方案,实时数据可以通过5G、Wi-Fi、工业以太网等多种方式上传。

根据注塑机车间和宗申机车网络基础设施实际情况,进行5G网络建设,部署忽米5G边缘计算器等硬件以实现设备和生产数据采集,搭建忽米物联网系统、大数据系统,打通设备端到云端的数据流,结合人工智能技术实现注塑机的预测性维护,主要功能包括:注塑机和生产数据采集、终端设备管理、注塑机预测性维护、注塑工艺优化、注塑机能耗管理。

将忽米5G边缘计算器以胶粘方式安装在注塑机表面,实现振动参数、噪声、温度数据实时监测及数据分析计算,并通过5G信号将传感器实时数据和计算结果数据上传。设备维护人员可在移动端和PC端随时查看设备运行状态和故障信息,PC端设备健康状态预测界面如图11.3所示。

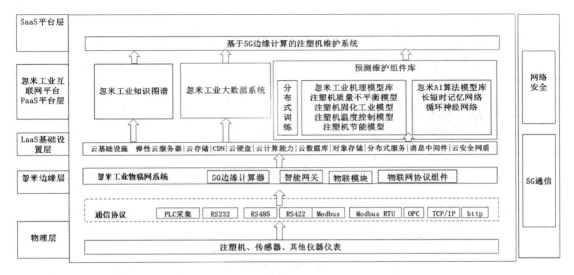

图 11.2　忽米注塑机预测性维护解决方案

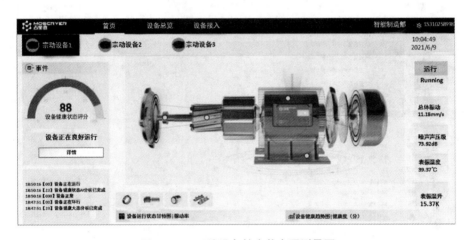

图 11.3　PC 端设备健康状态预测界面

集成传感、基于工业机理的边缘计算、5G 信号处理及收发,它从设备表面测量关键参数(振动参数、噪声和温度),可用于获取有关设备状况和性能的有意义的信息,借助各种算法和智能模型来监控、预测和管理设备的健康状态,把事后维修变为事前预防。设备状态监测可实时显示振动时频域波形、噪声时频域波形,如图 11.4 和图 11.5 所示。

应用企业是重庆宗申机车工业制造有限公司,工业应用场景是设备管理优化、运营管理优化。基于忽米工业互联网平台的 5G 边缘计算器、物联网系统等核心产品,将人工智能延伸到靠近注塑机设备的网络边缘处,进行设备数据采集、解析、边缘智能分析,实现设备监测和管理的可视化、设备预测性维护、生产工艺优化等功能。利用云-边-端一体化解决方案达到延长设备使用寿命、减少设备维护成本、缩短故障停机时间、提高良品率、节能减排、保障生产安全的效果。

该项目实施后,实现注塑车间 5G 信号覆盖率 90% 以上,310 台设备接入忽米工业物联网系统,7000 多个信号点位数据实时采集,减少了企业设备维护成本和设备停机时间,提升了产品良品率、设备运维智能化及工业知识模型化水平。具体实现以下应用效果:

(1) 设备实时监测,故障排除较快,缩短设备故障修复时间 30%~40%;

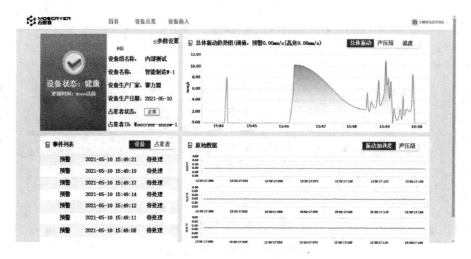

图 11.4　振动监测波形图

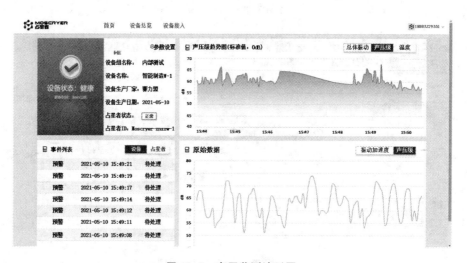

图 11.5　声压监测波形图

(2) 预测性维护减少异常停机时间 20%～50%；

(3) 从按时间的例行维保换件到根据数据的针对性维保换件转变，使备件费用降低 20%～50%；

(4) 设备故障导致的不良品率降低 70%；

(5) 设备平均能耗减少 5%。

11.2.2　钢铁行业应用实践

1. 钢铁行业的基本情况和特点

钢铁制造过程流程长、工序多，既包括高温、周期不等的化学变化工艺过程（如冶炼），又包括高速、负荷瞬变的物理形变工艺过程（如轧钢），是典型的混合型制造流程，制造装备种类繁多，工艺过程极为复杂。经过上千年的演变和发展，形成了现代化的制造工艺流程，高度自动化的产线装备，基于大规模、标准化的制造过程管理体系，可以有效发挥装备产能，实现效益最大化并降低成本。钢铁产品的贸易流通特征主要体现在交易行为的客观理性、供求关系的相对稳定性、产品需求的个性化、延伸加工的多样性、支付方式的复杂性、物流服务的专业性、金融杠杆的依赖性、大额资金收付与大宗实物交割风险防控的严密性以及诚信体系的重要性等方面,钢铁产业互联网的复杂性也因此较消费品互联网更为复杂,发展过程中必然面临更多的瓶颈和难点。如果处理得好,这些攻克瓶颈和难点的经验也将成为钢铁产业互联网企业走向成功的核心竞争力。

自20世纪90年代以来,我国钢铁工业取得了长足的进步,体现为在先进工艺装备的基础上,钢铁企业在整体自动化和信息化建设方面投入了大量的资源,积累了非常多的信息资产。尽管面临着产能过剩、结构失衡、能源环境等方面的巨大压力,但总体上在实现企业管理的物流、信息流、资金流同步方面取得了显著的进步,有效地支撑了整体行业制造水平和能力的提升。

2. 钢铁行业对工业互联网实施的业务需求

消费者的偏好从注重质量、价格(成本)的二维模式向注重质量、性价比、个性化需求、快速响应的四维模式转变。制造者尚未很好地解决产品质量、产品价值问题,而伴随互联网发展,企业同时面对新的挑战,即个性化需求、快速响应服务。

1) 钢铁个性化制造的本质

钢铁制造装备的大型化是高效率、低成本的基础,目前尚无颠覆性的制造工艺创新以改变现状,通过提升制造管理的柔性来适应日益快速变化的用户需求,就显得极为迫切。用户需求个性化的特征是用户对产品和服务的质量标准、性能、外形、速度的差异化要求,追求亲自参与产品全生命周期过程的用户体验;而对钢铁制造企业而言,则主要体现在钢铁产品多品种、小批量、短工期、交货的灵活性。实现钢铁产品的个性化制造,解决方案就归结为以大规模、标准化制造的成本来满足多品种、小批量的需求,在现有工艺装备不发生重大创新的前提下,生产组织呈现出足够的柔性和灵活性;换言之,有必要找到一种方式和手段,能够在"钢铁制造大规模、标准化"的固有本质和"小批量、多品种"的新特征之间找到一种平衡,从而既满足用户的需求,又使得制造企业可以获利,在价值链上公平地共享价值。而这主要是通过"软实力"来实现的,除了服务领域的提升之外,最重要的是制造组织管理的智能化,即通过软的手段来解决上述问题。工业互联网是一个有效的技术手段。

2) 构建工业互联网以应对个性化制造

在构建企业工业互联和数据系统,以应对个性化需求和快速服务要求时,还有非常多需要不断完善之处。

(1) 在工业物联和数据集成层面。

①生产主线设备通过常规仪表进行常规物理量的实时、准确数据采集尚有不足,主要体现在部分工位和辅助生产线缺少有效的数据采集手段或不能实时、在线、准确地采集数据。

②局部物料和产品通过条码、电子标签等技术手段进行标识、识别和跟踪,但系统性、规范性不够。

③厂内库区存放、出厂阶段的物料跟踪粗放、实时性差。

④从工厂整体来看,数据自下而上按照漏斗方式进行处理和传输,基本打通管理数据链,但生产过程数据和设备状态数据仍然封闭在各专业系统中,不能实现数据的自由流动和共享,影响整体数据服务和大数据应用水平。

(2) 在数据应用方面。

①作为现场装备控制的核心,冶金模型大多采用机理或经验模型,在应对高品质产品制

造、多品种生产组织等方面,适应性和灵活性都显得不足,还有极大的优化空间。

②在工厂级生产控制、制造管理中,具有自适应、自学习功能的智能决策模型鲜有应用,主要还是依托人的经验实现生产计划的制订和生产的组织,更谈不上规模化的质量在线判定、设备状态预测、高级优化排产、实时成本盈利预测等。

③在数据分析和挖掘方面,建设了多层次数据仓库,支持经营管理分析、制造管理分析,但钢铁制造过程中产生的海量细粒度数据大部分沉淀在现场,逐步灭失,尚未从全局整合数据资源并加以利用,更谈不上大数据应用。

鉴于上述现状,以工业互联网实施为抓手,实现一种快速提供承载个性化功能的高品质产品和服务的制造模式,建设"有智商的工厂",是钢铁企业应对上述挑战的必然选择。

3. 细化应用场景

1) 应用场景描述一:现场数据采集与边缘计算

通常,制造企业都拥有多个、不同时期投入、不同 IT 公司提供的独立开发的软件系统,这些软件都有自己独特的理念、青睐的供方以及专门的系统;除了技术的限制外,为了不影响在线系统运营,最简单的办法是在多个低层级系统之上(或多个系统之外)构筑一个新系统,将所有低层级系统的数据按照既定的需求处理后上传,以实现数据共享并开发跨系统的应用功能,由此导致系统层次不断增多,架构复杂。

(1) 实施案例:宝钢股份钢厂热轧试点示范项目应用。

宝钢股份钢厂热轧试点示范项目是 2015 年工信部试点示范项目中首个钢铁行业示范项目。该项目自 2015 年正式启动,进行了大量的策划工作,除了规划完成的各项应用功能外,数据的采集和边缘计算资源配置是一项具有探索意义的工作,由此,解决了企业数据系统构建过程中的诸多技术问题,形成了若干数据采集、接入、传输的标准和规范,探索了边缘服务器资源设置的若干规则,为宝钢大数据平台规模化建设打下了坚实的基础。

(2) 实施效果。

本项目是首个按照全新的实施架构构筑的数据系统,通过 1580 产线试点示范项目,所有的技术都获得了验证,所有的功能均得以实现。宝钢股份大数据平台正在建设完善中,在边缘侧,采用了本项目验证的架构和技术予以实现,所有数据获取均获得了性能上的保证。本项目不仅支撑了 1580 产线试点示范项目的执行,也为后续在其他工序进行推广打下了坚实的基础,可以方便地以标准化的形式进行快速推广和部署实现。

2) 应用场景描述二:实施集成客户的制造工程

(1) 钢铁供应链上下游协同现状。

随着世界贸易和经济一体化的不断发展,全球市场竞争日趋激烈,企业与企业之间的竞争已经发展为供应链与供应链之间的竞争与合作,各大钢铁企业纷纷探索尝试在供应链领域与上下游企业展开多种形式的业务协同,建立战略合作关系,发展利益共同体,以期在日益严峻的市场竞争压力下争取生存和盈利的机会。但是,多数还仅停留在电子商务业务方面,各类客户在上游企业(多为钢铁企业)提供的平台上,订购期货或者现货,再根据生产需求和生产组织方式进行委外加工等,较以往传统的销售模式而言,供需之间增加了基于互联网的电子商务交易平台,但在产业链协同上,并没有本质上的变化,上游企业的生产和下游用户的需求链并没有打通,下游企业为了保证生产,需要贸易单位等提前采购保证库存。总体来看,上下游产业在局部方面有强化和升级,但是在打通整体产业链方面还存在很大的提升空间。

(2) 供应链上下游协同商业模式创新。

以智慧制造的理念和方法推进供应链协同,研究以用户为中心,基于全程供应链协同模式,实施按需求拉动组织生产,提高交付精度、缩短交货周期、降低供应链库存,实现低库存成本、低资金占用、高效率响应、稳定可靠的供货保障协同解决方案,巩固并不断提升在供应链安全性和保障性方面的竞争优势。作为多个行业工业原材料的重要提供商,钢铁企业正在尝试或者已经与多个下游战略客户实现基于价值共享的横向集成,这一举措凸显出商业模式上的巨大创新,形成了基于工业互联的集成客户制造工程。随着工业互联网技术的发展,钢铁企业已具备促进最终用户企业与钢铁企业生产直接对接,转变传统的以产定销的模式为以销定产的模式,实现即时生产,提高钢铁产业链的整体协同制造效率的基础条件。

(3) 系统关键技术。

实现定制配送的基础是实现钢铁企业与下游企业之间数据通信与数据传输标准的统一。利用 EDI 数据集成技术、高级计划排程技术、智能化数据采集与物联网络传输以及移动应用技术,实现用户需求向钢铁企业生产系统的对接,以及将钢铁企业生产订单兑现的进程及时反馈给用户。

集成客户的制造工程实施案例如下。

① 钢铁企业与下游汽车整车厂供应链协同。

这一商业模式创新的经典案例来自宝钢与下游汽车整车企业的全程供应链协同,贯通业务流程及系统流程,其中双方生产计划的自动对接和协同是核心,基于宝钢制造单元内部按周交货、合同全程跟踪管理,以及渠道公司、汽车板销售部服务客户、预测需求、组织订货、断点及库存管理的能力,实现汽车用户进行需求拉动及全程周期管理,从而实现分散业务链的高效集成和快速互动响应,制造到客户端的全程供应链合同按需交付,全供应链周期压缩与库存降低,全供应链信息实时共享、可视。

② EVI 早期介入。

通过开展 EVI 项目,钢铁企业与下游用户零距离接触,尽早明确用户的个性化消费需求,再根据需求研发,用技术生产个性化产品,避免产品和市场需求之间可能存在的脱节,摆脱同质化产品的恶性竞争,将营销真正有效融入产品研发,有助于实现上下游企业共赢。

11.2.3 石化行业应用实践

1. 行业基本情况及生产特点

石化行业是我国的支柱产业。石化行业生产线长、涉及面广,仅中国石化集团就有原油、成品油、天然气等输油、输气管道近 6000 km,加油站 24 万个。石化企业的油田、采油厂、炼油厂、化工厂、油库、加油站、输油(气)管线遍及全国城市、乡镇,覆盖车站、码头、宾馆,以及千家万户。

生产过程包括油气勘探、油气田开发、钻井工程、采油工程、油气集输、原油储运、石油炼制、化工生产、油品销售等,生产社会需要的汽油、煤油、柴油、润滑油、化工原料、合成树脂、合成橡胶、合成纤维、化肥等 3000 多种石油、化工产品,与人民的衣、食、住、行密切相关。2000年,我国石化行业生产原油达到 1.63 亿吨,加工原油 2.1 亿吨。中国的三大石油石化集团公司——中国石化、中国石油和中国海洋石油集团公司固定资产已达到 6000 多亿元,从业人员达到 200 万余人,石化行业在我国国民经济的发展中起着举足轻重的作用。

石化行业又是一个高风险的行业,有着自己的行业特点。

(1) 石化生产中涉及物料危险性大,发生火灾、爆炸、群死群伤事故的概率高。

(2) 石化生产工艺技术复杂，运行条件苛刻，易出现突发灾难性事故。

(3) 装置大型化，生产规模大，连续性强，个别事故影响全局。

(4) 装置技术密集，资金集中，发生事故后财产损失大。

2. 石化行业对工业互联网实施的业务需求

自新一轮科技革命和产业革命以来，工业互联网蓬勃发展。党的十九大报告强调，加快建设制造强国，加快发展先进制造业，推动互联网、大数据、人工智能和实体经济深度融合。工业互联网将信息通信技术与现代工业技术紧密结合，正在加速产业升级、企业数字化转型。中央深改委第十四次会议审议通过的《关于深化新一代信息技术与制造业融合发展的指导意见》，明确要求充分利用工业互联网等新一代信息技术提高重点行业安全生产水平。

未来几年是石油石化行业展现强势竞争力，实现数字化、智能化转型的关键时期。点燃工业互联网发展的"新引擎"，在石油石化行业全面推进"工业互联网＋安全生产"行动计划的落地实施，能够有效提高石油化工行业安全生产水平，赋能行业安全生产的快速感知、实时监测、超前预警、联动处置和系统评估能力，筑牢安全防线，坚决遏制重特大安全事故，打好防范化解重大风险的攻坚战。

从以下几个方面提出在石油石化行业全面推进"工业互联网＋安全生产"行动计划的举措：

(1) 行业数据规范和综合指标体系；

(2) 提高"工业互联网＋安全生产"技术能力；

(3) 搭建基于工业互联网的石化装置安全运行智能化管控平台。

3. 细化应用场景

1) 案例1：中石化安全管理

(1) 应用企业简介。

中国石化集团（简称中石化）是中国最大成品油和石化产品供应商，也是世界第一大炼油公司。

(2) 基于工业互联网平台的解决方案。

通过一体化安全管理工作平台，推进系统的高效协同，随时了解企业安全管理的运行状态，提高安全预警水平，缩短应急响应时间；系统实现设备设施、作业区域等风险管理对象结构化及标准化，帮助企业将检查问题、识别风险、发生事故关联起来，助推安全管理从被动反应到主动前瞻。

(3) 成效。

简化工作程序、节约成本、提高工作效率；规范企业安全管理程序和工作流程，建立风险档案，提高安全管理水平；降低事故发生概率，减少经济损失。

2) 案例2：中石油设备预测性维护

(1) 应用企业简介。

中国石油天然气股份有限公司（简称中石油）是中国最大的油气生产和销售商，以油气业务、工程技术服务、工程建设、油装备制造等为主要业务。

(2) 基于工业互联网平台的解决方案。

设备故障诊断，保存重要机组和设备状态历史数据，设置数据清洗规则，基于各类匹配分析算法和故障诊断规则库，定时或实时对设备进行故障诊断，及时发现设备的潜在故障，并给出故障诊断结论、诊断依据、处理建议等。对关键设备进行预测性维护保养，结合实时监控机器的运行状态和设备历史运行数据,通过大数据建模进行预测性维护,提前发现潜在的故障,降低事故发生率,减少设备过度维护。

(3) 成效。

油田天然气压缩机的三保周期从 10000 h 延长至 12000 h,平均每年节约三保费用 3757 万元;减少设备计划外大修比例,每年可节约 1864 万元大修费用。

3) 案例 3:寄云大型高端装备的预测性维护智能应用

某大型高端装备制造商生产的设备是大型、复杂的装备,是油气等资源勘探和开发的主要设备。大型高端装备组成极其复杂,涵盖起升、旋转、循环、动力、传动、控制等系统,以及辅助设备等。同时,其工作环境一般为戈壁、沙漠等,极为恶劣,维护挑战巨大。

预测性维护是通过对设备状况实施周期性或持续监测,基于机器学习算法和模型来分析评估设备健康状况的一种方法,以便预测下一次故障发生的时间以及应当进行维护的具体时间。预测性维护是以设备/装备的状态作为依据的维护,状态监测和故障诊断是基础,状态预测是重点,通过数据驱动维修决策得出最终的维修活动条件。

寄云科技帮助大型装备构建基于工业互联网的预测性维护系统,其架构图如图 11.6 所示。通过采集大型装备实时工作数据,构建大型装备的数字模型,对关键的指标进行基于告警限值、动态阈值、发生频次等状态的告警,并根据给予告警的结果核对特征库,对故障进行智能的诊断,并根据预测的结果和真实数据之间的偏差,对故障进行预警,实现预测性维护,避免非计划停机,降低维护成本。

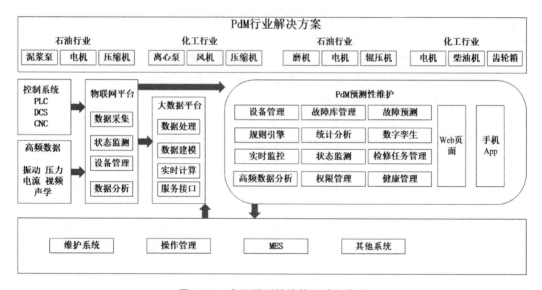

图 11.6 寄云预测性维护系统架构图

针对常见工业场景,寄云预测性维护系统给出了三套解决方案:振动监测与诊断解决方案、实时状态监测和维护解决方案、预测性维护平台解决方案。

(1) 振动监测与诊断解决方案。

振动监测与诊断解决方案主要对关键部件通过振动等传感器的数据采集和分析,基于大型动设备的故障特征库,构建关键子系统的故障预测和诊断能力。具体功能如下。

①数据采集:振动传感器的高频实时采集。

②振动分析:支持时域分析、频谱分析、包络分析、趋势分析等实时振动分析。

③故障库：支持包括电机、泵、风机等设备的常见故障库。

④智能诊断：基于人工智能,对故障样本进行训练分析,实现自动诊断,并支持对故障库进行持续优化。

寄云预测性维护振动监测和诊断如图 11.7 所示。

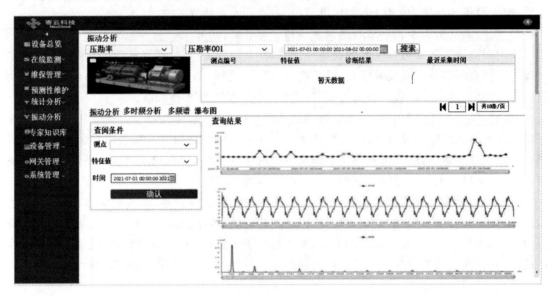

图 11.7　寄云预测性维护振动监测和诊断

(2) 实时状态监测和维护解决方案。

采集多个子系统的实时数据,实现实时状态监测,提供基于规则和模型的告警,对故障进行基于 FMEA 故障库的统一管理,实现基于规则的维护策略。具体功能如下。

①实时监测：支持设备的实时监测并以指标仪表盘展示数据。

②智能告警：支持单参数、多参数、基于模型的告警。

③告警管理：支持对告警事件进行统一的汇总和管理。

④设备管理：支持设备全生命周期的监视和事件汇总分析。

⑤维护策略：实现基于自然时间、运行时间、告警或者故障等的维护策略,并推送至现场运维人员。

⑥故障诊断：基于 FMEA 故障库,为现场运维人员提供精准的故障诊断依据和处理建议。

⑦故障管理：提供完整的故障上报、故障确认、保存特征库的过程,并支持对故障特征进行检索。

⑧历史数据查询：支持对不同子系统历史数据的对比查询。

寄云预测性维护设备管理概览如图 11.8 所示。

(3) 预测性维护平台解决方案。

构建完整的数字孪生以及关键子系统的健康档案,开发、训练故障特征库,实现精准的寿命预测和备品备件管理。具体功能如下。

①数字孪生：构建 3D 可视化模型,实现与实时数据、预测数据的无缝对接和展示,如图 11.9 所示。

②设备健康档案：通过模型开发构建关键设备的实时健康档案。

③建模分析：支持直接提取设备实时数据、维护记录、日志数据,通过快速建模工具,对设

图 11.8　寄云预测性维护设备管理概览

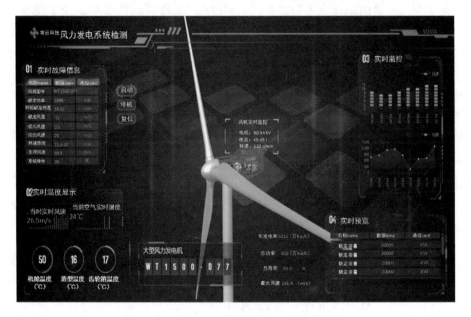

图 11.9　寄云预测性维护与 3D 可视化结合

备的可靠性进行诊断、评估和预测。

11.2.4　电子行业应用实践

1. 行业基本情况及生产特点

电子信息产品是指涉及电子信息的采集、获取、处理或控制方面的电子产品,如电子元器件、电子信息材料、手机、电脑、视听产品、网络及通信设备等。电子信息产品属于知识、技术密集型产品,其科技含量较高,产品注重质量、节能和环保,并遵循行业标准及国际标准,产品竞争激烈,升级换代迅速。

中国电子信息产业是经济总体中的朝阳行业,总体规模位居世界第二,仅次于美国。中国在手机、电脑、网络通信设备及产品方面世界总量第一,并在固定电话、移动电话和互联网的用户数量上领先,同时拥有全球最大的信息通信网络。

2017 年 9 月,工信部发布《中国电子信息产业综合发展指数研究报告》,该报告显示:2016

年中国电子信息产业主营业务收入达到 17 万亿元,是 2012 年的 1.55 倍,年均增速 11.6%;2016 年电子信息产业利润总额达到 1.3 万亿元,是 2012 年的 1.89 倍,年均增速 17.3%。

一般工厂根据产品生产订单量、产品生命周期、工艺过程特点等因素,综合考虑生产效率及投资效益,在确定产品生产制造模式的基础上建设产品生产线。整体上看,电子信息产品制造呈现出 3 种不同的制造模式:面向大规模产品的流水线制造模式、面向订单拉动产品的单元生产制造模式、面向单一高价值产品的手工生产制造模式。

面向大规模产品的流水线制造模式,指的是采用工业机器人、自动化专机、特定生产装备等,组建自动化生产线,实现各个工序的自动化、无人或少人化生产作业。采用自动化流水线制造方式,可以大幅提高劳动生产率,缩短生产周期,减少在制品占用量和运输工作量,降低生产成本。但是自动化设备初期投资大,而且设备多为专门定制,不能及时地适应产品产量变动、品种升级和技术更新。所以,自动化作业方式,主要适合于种类单一、产量大、寿命持续时间长、工艺简单稳定的产品的大规模制造。

面向订单拉动产品的单元生产制造模式,是指生产线按照流程布局成一个完整的作业单元,作业员在单元内进行目标为"单件流"的作业,这种生产制造模式也称为单元生产方式。该生产模式通过单件生产、Cell 单元化布局、多能工培训、减少中间在制品、消除批量周转、追求零故障等措施,可以大幅缩短生产交付周期,节省不必要的材料和中间组装环节,实现产品的快速转换,可以根据产品需求情况调整 Cell 单元数量,从而迅速适应市场订单品种和数量的变化。所以,单元生产制造模式非常适合基于订单拉动的多品种、小批量、短交期的产品制造。

面向单一高价值产品的手工生产制造模式,就是基于人工作业的生产方式。其主要特点是以人工生产为组合,生产效率低,产品质量和交付周期受到工人技能水平、工作状态、工艺复杂程度等多种因素影响。但是,对于单一高价值产品,特别是在产品加工、组装、检验等环节,无法采用自动化装备实现,必须人工主观判断或检验的节点,都需要采用人工作业。所以,人工作业主要适合产量小、产品加工装配工艺复杂,或者需要人工进行主观判断分析的场合。

流水线生产、单元生产、手工生产这三种制造模式,在电子信息产品制造中广泛存在,都具有各自的应用场景和具体需求。但是,仅仅只是生产方式的调整和升级,还远远无法实现电子信息产品制造的根本性的变革。只有所有生产设备、过程环节与资源和工业互联网充分结合,消除信息壁垒,实现所有要素的互联互通,才能为电子信息产品的智能化生产提供坚实的基础。

2. 行业对工业互联网实施的业务需求

工业互联网是由智能机器、网络、工业互联网平台及应用等构成的系统,能够实现机器与机器、机器与人、人与人之间的全面连接与交互。这种互联不仅是数据信息流的简单传递,而且融合了智能硬件、大数据、机器学习与知识发现等技术,使单一机器、部分关键环节的智能控制延伸至生产全过程。工业互联网为生产数字化、网络化、智能化发展提供支撑,是实现智能制造的关键基础,也是生产制造发展的新阶段。

1) 流水线生产中的设备健康管理

在电子信息产品制造中,自动化流水线制造模式实现大批量、标准化、持续不断的生产,需要依赖于大量生产装备,其对设备运行状态、维护状态、保养情况等,都需要进行严格的管理和监控,一旦因设备管理不善导致生产停机、贵重设备提前报废、产品质量隐患或安全事故,对企业造成的损失往往是巨大和难以承受的。为使这些设备保持健康运行状态,帮助企业降低生产制造成本和提高产品质量,实现企业的可持续和健康发展,就需要对设备进行健康管理。

通过工业互联网采集设备运行状态信息,对设备运行状态进行实时监测,并结合采集到的设备故障信息,实现对设备的健康管理和可预测性维护,以较少的投入,大大延长设备的技术寿命、经济寿命和使用寿命,为企业产生检修效益、增产效益和安全效益,使企业保持良好的经济效益。

2) 单元生产中的人机协同一体化

电子信息产品制造目前呈现出复杂化、非结构化、柔性化和随时可能改变尺寸形状等特点,在自动化流水线生产或单元作业方式中,单纯依靠机器来实现产品自动化生产,其解决方案的实现难度和成本将会是巨大的;另外在高精密装配上,无论机器怎样发展,都有它的局限性,远不及人的灵活性。即便是那些已有大量操作依赖机器的企业也发现,机器灵活性不足以也难以适应不同的生产作业以及意外情况,仍需要人员针对不同的任务或花费宝贵的离线时间对机器进行重新设置。通过工业互联网人机数据交互,在确保安全的前提下,可以消除人与机器的隔阂,将人的认知能力及灵活性与机器的效率和存储能力有机地结合起来,以人机协作方式,提升整个产品制造的生产力及质量,将成为当前企业智能生产的一个重点研发和突破领域。

3) 流水线生产中的质量管理和追溯

电子信息产品的生产加工过程中,从来料、配送、生产、装配到发货各环节,整个过程经人为分割,导致各环节业务数据无法有效衔接及利用。

基于工业互联网技术,可获取全生产过程的材料质量数据、工艺参数及自动化生产设备的状态业务数据,经数据挖掘技术,可进行质量问题的根因分析,发现并消除质量管理环节中存在的漏洞,也可运用大数据分析工具建立质量预测模型,实现质量问题的提前预警,为生产提供决策服务。

通过工业互联网技术、RFID及二维码等技术与电子信息产品制造过程的结合,可实现对全生产过程关键工艺参数、设备参数及操作情况等数据的标记及采集,从原材料供应、生产的各工艺环节直至产品的最终交付,使整个链条的所有环节数据彼此建立关联关系,在任意环节出现质量异常时,均可精确追溯到前段任意工艺环节数据,并进行分析,来获取异常原因。可运用大数据分析工具建立质量预测模型,主动分析原材料质量数据、生产设备工艺参数及设备状态数据变化等,发现潜在质量问题,提前进行预警及解决。

3. 细化应用场景

1) 细化应用场景一:设备健康管理

(1) 应用场景描述。

设备健康管理是通过整合设备管理的规章制度和管理流程,紧密围绕设备状态的监测、维修、使用和工厂环境等信息,运用智能现场系统对涉及设备健康的因素进行全面分析和管控,运用智能排程系统对维修活动进行优化排配。设备健康管理通过更好的信息可视化、可预测性和简化作业流程来提高设备的可靠性和绩效,减少设备停机造成的生产延误,提高生产线性能;通过预测和认知分析加快设备维修进度。

因此,设备健康管理主要有以下两个功能。①故障预测:预计、预警、诊断部件功能的状态(包括确定部件的剩余寿命和正常工作的时间段)。②状态管理:根据诊断、预测信息、可用资源以及使用需求对维修活动做出适当的决策,确定是否更换设备、更换其零组件或者正常维护。

(2) 应用场景的实施架构。

设备健康管理主要分为四个层次:边缘层、IaaS 层、PaaS 层和应用层。

边缘层包括设备现场作业、设备参数的修改和硬件维护;IaaS 层、PaaS 层包括 FA/MES/SCADA 等智能现场管理系统、大数据平台和 APS 智能排程系统;应用层包括 ERP 系统、设备在线采购以及实时监控。

(3) 设备健康管理的流程。

①智能现场系统通过在设备上安装的传感器,实时收集设备产生的数据:一方面,通过手机或显示器接收智能现场系统发送的数据,工作人员可实时监控设备状况;另一方面,将设备数据发送到大数据平台。

②大数据平台进行数据分析和仿真模拟。大数据平台会根据分析结果,将预测预警设备需要更换的排程信息发送到 APS 系统;若只是设备参数需要调整,大数据平台会发送指令到智能现场系统,系统通知工作人员远程修改参数。

③APS 系统收到设备预警的排程信息后,实时发布维修计划到 ERP 系统。

④ERP 系统根据维修计划制订采购计划,采购人员通过云平台购买设备零部件,并在 ERP 系统里维护设备交期。

⑤ERP 系统将设备交期回复给 APS 系统,APS 系统根据设备交期调整维护排程并发送到智能现场系统。

⑥根据智能现场系统显示的设备维护排程,技术人员进行维护工作,智能现场系统实时发送设备维护进度给 APS 系统。

⑦设备维护完成后,APS 系统会发送完工报告给 ERP 系统,维护结案。

(4) 实施案例。

高产能的全自动化生产线马达健康管理实例:整条产线包括机台上的 36 台伺服马达、传送带上的 20 台交流马达以及多路径传送带上的 5 台交流马达。以产线传送带的一小段为例,传送带上有 6 台马达,每台马达都有独立的配电装置,内含电压、电流侦测装置,通过电压电流转换器,将信号发送给网络通信主机;每台马达上都安装温度、振动传感器,将温度和振动频率转换为数字信号,然后传送到同一台网络通信主机(E Gateway)。每一台马达都配有独立的网络通信主机,这样马达之间的信号不会受到干扰,无论是 SCADA 系统还是手机,都可以接收到马达运转的实时信息。

通过这套智能马达系统,可以实时监控马达的温度和振动频率,从而显示出马达低频运行的状况、故障次数和日/月用电报表并发出告警信息。

综上所述,运用设备健康管理系统,实现设备数据可视化,工作人员可提前得知设备的健康状态,提前购买、准备设备及其零组件,在设备出现问题之前就对其进行维修、更换,避免因设备突然出现问题而造成产能损失,提高设备稼动率,达到提质增效的目的;也能提前安排工作人员的工作,提高人员工作效率,进而降低人力成本。

2) 细化应用场景二:人机协同一体化

(1) 应用场景描述。

随着中国工业进程的快速推进,一系列超大规模的电子加工企业涌现,这些企业多覆盖冲压、注塑、烤漆、PCBA、组装等不同加工制程,因原材料或组件的物理形状和材料特性不同,以及产品迭代周期大部分在半年到一年半左右,故无法实现全自动化生产或实现全自动化生产的设备投入往往较高,产品迭代又需要全新投入或部分改造,所以一定时期内,人机协同工作符合这类企业的投资策略。

该类企业的特点是人力相对密集,辅以代替人进行简单重复劳动的半自动化设备,以人机协同加工作为主要的作业方式。企业特点要求人和机实现高效协同,实现生产节奏的同步。保证生产的稳定、高质、高效是这类生产组织模式的核心能力需求。

为此,施耐德导入了 EcoStruxure 架构。EcoStruxure 是一个技术框架,涉及互联互通的产品、边缘控制,以及应用、分析与服务等方方面面。互联互通的产品构成了物联网的基础,通过边缘控制帮助客户连接控制平台,支持客户进行简单的设计、调试和监控操作。

(2) 应用场景的实施架构。

总体实施架构分成四层,分别为:物理设备层、核心网络层、制造运营层和企业管理层。

企业管理层以企业级平台为基础,管理企业级服务。企业管理层采用 3A 的统一认证方式,实现企业级系统应用统一认证。企业管理层采用负载均衡,保障企业级服务高效安全地运行。企业级平台以企业服务总线为数据介质,将企业管理层内部及其与制造运营层的数据打通,让企业管理层具备横向的数据交互,也为企业层提供了可靠的底层数据来源。企业计算中心应用现代化计算机信息技术,对企业层数据进行多样化分析,对企业级的数据进行扩展和转换,为企业决策提供更多的依据。依托企业级平台,生成实现各项业务需要的服务,为企业级客户提供业务支撑。

制造运营层以生产管理为核心,集所有生产管理系统为一体,提供独立的运营级平台,运营级 3A 可以继承企业级 3A 体系但独立于企业级,运营级平台主要有服务管理、计算中心、数据中心和数据总线,制造数据中心以统一架构为指导思想,让整个运营级别的基础数据、生产数据、质量数据、监控数据和运营数据可以发布部署,有效集合,增强运营级别数据的处理能力和扩展能力。制造计算中心以现场运营管理为模型,对数据进行分类、分层计算,给运营管理提供可靠的运营数据。数据总线可以让运营级服务内部及其与上层企业级、下层进行高效的数据交互,数据总线支持负载均衡。所有运营级服务基于运营级平台为运营级客户提供服务支撑。

核心网络层以为制造运营层提供网络支撑的核心网络为中心,以为分布式数据采集提供网络支撑的汇聚层网络为分支,以连接各现场设备和接入层网络为终端,实现网络的分层和区域控制,整个网络拓扑可以通过数据中心的管理端进行管理。

物理设备层以控制单元为核心,控制单元连接感知元件及执行单元,通过控制单元实现现场设备控制和回路调节。

(3) 实施案例:施耐德精益数字化实现高效人机协同。

施耐德第一个小型断路器生产厂,到 2004 年一直保持年销量 15% 的增长率,同时老厂房面临租期将近问题,且延续了 17 年的生产运营方式,效率提升已经达到一个瓶颈,如果不进行变革式的改变,将面临市场和内部的双重挑战:

①工厂人员众多,管理成本较高;

②产能需求加大,工厂厂房不足以应对未来市场需求造成的产线扩张;

③质量等记录以纸质记录为主,难以实现质量追溯;

④经验数据无法有效积累,无法指导未来持续改善;

⑤效率损失是一笔糊涂账,无法形成有针对性的解决方案;

⑥设备状态及维护情况没有记录,异常停机频发。

工厂认识到,一方面需要通过系统性的工作,优化工厂的布局。通过对布局的优化,节约 22% 的生产空间。另一方面,必须实现运营方式的转变,下定决心实施变革,对产线进行改造,上马精益数字化系统,实现精益思维下的数字化运营。为了实现数字化精益运营,实施了包括计划与排程、工艺与作业规范、生产执行与追溯、即时绩效与响应、过程质量管理、电子物料看板、设备数据采集等功能的精益数字化系统。

通过三个产线优化及三个月的数字化系统实施,实现了效率从65%提升至80%,生产周期从78 h缩短至18 h,仓库效率提升了25%。不仅如此,透明化的改造为企业持续改善形成了良好的土壤和企业文化,突破了原有瓶颈的束缚,至今,已经连续12年实现了每年超10%的生产率提升。

3)细化应用场景三:生产质量智能管理

(1) 应用场景描述。

表面贴装技术是电子信息制造中使用最为普遍的组装工艺,具有组装密度高、重量轻、可靠性高、高频特性好及易于实现连续化自动生产等优点,同时表面贴装特性决定了如果某一环节出现问题,将造成整批在制品的报废。据统计,表面贴装工序造成的不良占产品质量问题的60%~70%。因此需要实时、灵敏地监控关键生产参数并定位出错位置,给予正确的报警提示信息。同时,对部分重要参数进行自动回控调整。

表面贴装技术使用印刷机、贴片机、回流炉等自动化设备,基本都采用工控机进行控制。但由于设备厂商数据接口和格式各不相同,设备信息不能集中共享,形成很多"信息孤岛",无法实现统一数据分析及处理。

(2) 应用场景的实施架构。

按层次划分,实施架构主要包含3个层面——现场设备层、内部质量管理层、外部质量管理层,整体实施可以包含10个步骤。

现场设备层:首先要对工厂内的生产设备进行联网,基于工业以太网、工业总线等工业通信协议,以太网、光纤等通用协议,3G/4G、NB-IoT等无线协议将工业现场设备接入数据存储平台。同时对设备和产品进行对象标识,通过扫条码、RFID以及机器视觉等技术手段,解决待加工产品的唯一标识问题。

内部质量管理层:现场质量管理通过对现场人、机、料、法、环五大关键要素数据实时采集,建立产品全流程的生产质量管控体系,从质量大数据预测、质量过程控制、缺陷分析(SPC/CPK)等方面,提升现场质量管理能力,预防产生质量缺陷和防止质量缺陷的重复出现。

外部质量管理层:外部质量管理集中在上游供应商的质量监控和下游客户产品质量问题闭环。对供应商质量管理方面,加强来料质量控制(IQC),提供统一质量计算服务平台,与供应商质量系统数据对接,从被动检验转变到主动控制,将质量控制前移。

在海量生产质量大数据基础上,通过对关键指标特征多维关联分析,建立产品质量关于相关联特征的分类模型,从而实现产品制造质量预测。同时结合遗传算法和图像智能识别技术,实现工艺流程自主优化,节约制造资源,保证产品质量,提高生产效率,降低制造成本。

(3) 实施案例。

中兴生产质量管理基于中兴自研DAP大数据平台,建立生产大数据中心,生产数据层层汇聚到DAP进行集中管理。

采用通用生产流程管控框架,对生产流程、测试流程、维修流程、返修流程等上下工序的移交进行严格控制,严把质量关,做到质量产品"不流出"。

通过机器学习、数据挖掘等技术对历史数据进行分析,构建工艺专家知识库和模型库,实现各生产工序的闭环控制和参数优化。通过关联分析,实时调控生产线关键参数(如设备工艺参数等),对生产过程进行实时监控和主动维护,实现产品质量和效率的提升。

在实际应用方面,中兴通讯机顶盒类终端产品通过导入生产质量智能管理系统,全面覆盖深圳和长沙生产基地以及多家外协生产厂家,自系统上线以来产品早期返还率(ERI)下降57%,产品的工艺优化时间由每月一次降为每周一次,现场质量问题和异常定位时间由一天降为一小时。

4)细化应用场景四:基于机器视觉和3D点云的笔电壳体缺陷总检解决方案

基于机器视觉和3D点云的笔电壳体缺陷总检解决方案,依托于忽米H-IIP工业互联网平台,综合利用忽米H-ICV基于工业机理和云计算的工业产品视觉检测系统(其架构如图11.10所示),为笔电壳体缺陷总检提供表面缺陷检测系统、分拣系统和MES数据交互系统。其实现流程概述为:①通过高清CCD(电荷耦合元件)图像采集系统和3D点云采集系统获取缺陷数据;②将采集的图像数据进行模数转换;③进行常规图像处理,诸如图像二值化、Blob分析等;④将处理的初步数据,通过5G基站或者以太网传输到忽米H-IIP工业互联网平台上,进行AI模型分析,其中需要将工业机理算法库导入,进行整体分析;⑤将得到的检测结果再传回视觉检测终端上,用于本地化查看及展示。

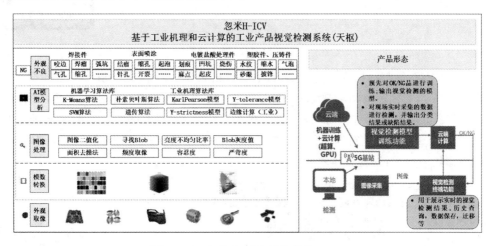

图11.10 忽米H-ICV系统架构

该解决方案主要包括数据采集系统、笔电壳体表面缺陷检测系统、分拣控制系统、MES数据交互系统。其中:

(1)数据采集系统,负责CCD图像采集和3D点云数据采集。

(2)笔电壳体表面缺陷检测系统,包含笔电壳体外观缺陷检测系统(检测划伤、凹点、异色点/脏污),笔电壳体状态缺陷检测系统(检测Bonding模块(注塑件、铜钉)、镭雕模块、条码标签),笔电壳体尺寸检测系统,笔电壳体变形度检测系统。

(3)分拣控制系统,其功能主要是将待检产品从流水线抓至检测工位,并在检测完后将产品分拣至OK/NG料道。

(4)MES数据交互系统,负责与企业MES进行交互,主要传递检测基准数据及实时回传检测结果。

针对该方案的划伤检测,企业结合行业机理模型和数据算法模型,非标定制相应视觉AI算法,其中示例如图11.11所示。其模型训练过程概述为:①通过单像素点缺陷判定规则引擎,获得单像素缺陷点;②通过最小缺陷面积判定规则引擎,获得最小缺陷区域;③通过最小划痕长度判定规则引擎,获得划伤缺陷;④通过单位面积内缺陷像素点密集度判定规则引擎和缺陷密集度矩阵判定规则引擎,获得单位面积内缺陷像素点密集度和缺陷密集度矩阵。

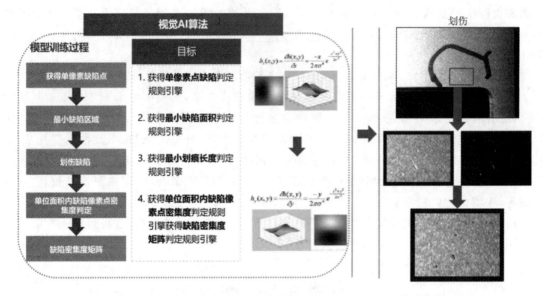

图 11.11　划伤检测图

针对该方案的脏污检测,企业结合行业机理模型(笔电壳体表面脏污机理模型)、数据算法模型(YOLO),非标定制相应视觉 AI 算法,其中示例如图 11.12 所示。其算法实现流程为:①获取大量缺陷样本图像,该阶段为数据采集阶段;②对获取的图像进行缺陷种类和位置标注;③输入到相应网络进行训练,本次选用的是 yolov5 网络;④得到其缺陷种类输出,并结合 CCD 图像处理技术,得到具体缺陷检测面积等值。

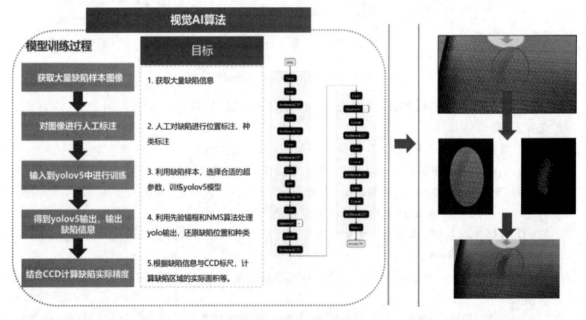

图 11.12　脏点检测图

应用企业是重庆航凌电路板有限公司,工业应用场景是生产执行优化。针对电子行业中笔电壳体外观缺陷检测需求，忽米自主研发了基于机器视觉和 3D 点云的笔电壳体缺陷总检系统，如图 11.13 所示。其中，系统通过高清 CCD 相机和 3D 相机进行数据采集，结合忽米 H-IIP 工业互联网平台所提供的工业模型（行业机理模型和数据算法模型）和平台微服务组件，经过有机融合，可用于测量和检测笔电壳体表面缺陷（划伤、碰伤、脏污、铜钉倒埋和卡钩缺陷）。

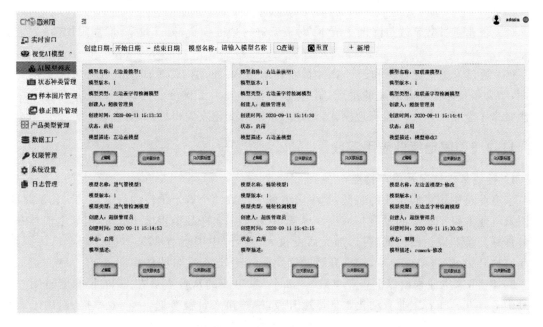

图 11.13　基于机器视觉和 3D 点云的笔电壳体缺陷总检系统

该方案非常适用于检测产品表面上的异常特征，并根据位置、范围和严重程度对这些缺陷进行分级。该系统还具备自动化检测的所有优势，包括客观分析和可量化的结果，帮助客户自动跟踪误差，改进生产操作。其视觉检测系统软件界面如图 11.14 所示。

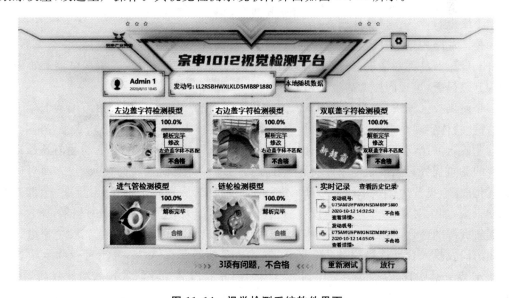

图 11.14　视觉检测系统软件界面

该项目实施后,为该企业代替现有人工检测,带来人员减少及工艺上的改进,为其带来实际生产效益,并由此提高产品质量、生产效率和增加柔性化生产,且取得行业竞争优势。其中,首年即可回本,三年回报金额达 210.97 万,三年投资回报率为 227%。企业在数字化转型过程中得到切实收益的同时,还在以下方面得到了发展:

(1) 提高了企业生产设备数字化程度,提升生产线的自动化水平,为企业数字化制造转型升级赋能。

(2) 企业通过数字改造降低了成本,对资源进行精准配置,提升效率,增加附加值(数字资产)。

(3) 通过人工视觉检测和云计算等最新技术引入,驱动内部生产模式的升级和重构。一方面,结合新技术应用让企业的生产、制造、运营流程发生了显著变化;另一方面,智慧工厂的理念带来了全新的数字流程管理模式,让技术带来的变化发生得更加迅速。

11.2.5 家电行业应用实践

1. 行业基本情况及生产特点

家电业是中国民族企业的骄傲,是中国市场上少数几个有定价权的行业。"十二五"时期,中国家电业取得了长足的发展与进步。尽管 2015 年主要产品销售增速放缓,但家电消费升级态势良好。企业以创新为突破口,加大研发投入,践行《中国制造 2025》,通过产业结构调整、产品结构升级、销售渠道变革,转型升级健康发展,经济运行质量明显提高。

2015 年,家电业规模以上企业总数 2702 个,家电业的从业人员在 2011 年峰值时期一度超过 137 万人。随着工业自动化水平迅速升级,机器换人日益普遍,生产效率提升,用工人数逐年下降。近年全行业减员增效继续,主流企业减员幅度达 5%～8%,全行业接近 5%,2015 年全行业从业人员约 115 万人。

2016 年,家电业完成主营业务收入 1.46 万亿元,比上年同期增长 3.78%。"十二五"时期,家电业经济效益始终保持高于主营业务收入的增长速度,经济效益明显提升,转型升级成效显著。

整个家电行业运行特点体现在以下五方面。

一是产业结构迅速升级。家电产品结构不断升级,产品档次进一步提高,各类大容量、变频、智能、健康产品不断涌现,努力满足消费者不断变化和升级的需求。厨房电器和小家电产品结构升级显著,呈现同样的高端化趋势。

二是研制投入加快,企业自主创新能力大幅提高。2016 年家电内外销市场均面临一定压力,但行业总体实现小幅增长,尤其是行业龙头企业,整体表现优于行业平均水平,海尔、美的、格力营业收入增速均超过两位数。原因在于,核心企业保持持续研发投入,努力打造长期可持续发展的竞争优势。主要家电企业仍然顶住压力继续保持对研发的高投入,一方面对生产线进行优化改造,提升生产效率;另一方面,进一步完善自身研发体系,站在全行业、全世界的高度规划未来,加大对基础技术、前沿技术的投入和研究,加大对高素质人才的积累,加大对全产业链创新资源的整合,努力改善用户体验,拓展新业务成长空间。2016 年仅 35 个家电相关上市企业的研发投入合计已经超过 240 亿元,同比上年增长超过 80%,高于营业收入增长速度 20 个百分点。其中青岛海尔、老板电器、爱仕达、天际股份等企业研发投入增速较高,在 30% 左右。

三是运营模式不断创新,线上渠道快速增长。为适应市场快速变化及规避传统营销模式失效的风险,海尔、美的等家电核心企业颠覆以往大规模制造、大规模压货、大规模销售的营销模式,重构以市场需求为中心的客户订单式产销模式,已经开始收到成效。家电企业的销售渠道实现了多元化突破。线上业务快速增长、线下推进O2O转型、线上线下融合、微店等新渠道方式不断涌现。线上渠道销售强劲,2016年家电各品类(不含彩电)合计线上销售额增长20.8%,全行业合计线上销售额占市场销售总额的24.9%。

四是制造技术加速升级。2016年,家电行业通过提升生产工艺装备的自动化、智能化水平,努力提升精益制造管理能力,挖掘生产效率提升的红利,制造技术进一步升级。截至2016年,家电行业已有海尔、长虹、创维、美的、海信、海立、九阳、老板等8家企业先后成为工信部"智能制造综合试点示范"项目主体。到2017年年底,海尔已建成9个数字互联智能工厂,整个生产过程可以保证运行时间缩短50%,半成品库存减少80%,用人减少85%,最终实现产能效率翻番。截至2016年,美的空调智能制造累计投入10亿元,拥有机器人562台,减少人工2.2万人,平均自动化率达16.9%,效率提升195%。老板电器建成年产225万台厨电产品数字化智能制造基地,通过设备自动化、物流自动化、产品设计数字化以及信息化管理,生产效率提升30%,制造周期缩短30%,节省人工成本30%,产品品质一次优良率提升20%以上。

五是家电智能化趋势明显。智能家电有两大特点:一是通过软件技术完成整合、协调,各种智能产品互联互通不孤立,并依托云计算和大数据集成智能产品,实现人和产品之间、产品和产品之间的交互,最终构建一体化的智慧家庭;二是紧紧黏合消费者的细节需求、情感需求、关爱需求等,从而提供可以无限延伸的个性化的服务。但是现在涌现的智能家电还只是在控制智能化上做文章,有些智能家电产品的设计甚至不是出于对用户需求的真正考虑,而是对现有产品的拼凑,以至于许多智能家电产品基本的操作设置不够人性化,基本不具备灵活的远程控制、基于大数据的智能分析以及通过改变人们的生活方式实现低碳、节能、舒适的能力,而这三点恰巧是追求智能化的企业需要建立的核心。提高家电产品的智能性还需要家电企业连同产业链上下游伙伴在技术研发方面进行更深入的探索。

2. 行业对工业互联网实施的业务需求

家电行业发展到现在,随着新一代信息技术的不断成熟和应用以及新的商业模式的成功演变,行业产品对工业互联网有着以下几点需求。

一是产品智能化需求。通过硬件的升级和软件技术完成整合、互联,使各种智能产品互联互通,并依托云计算和大数据实现人和产品之间、产品与产品之间的交互,最终构建一体化智慧家庭;再者,通过与消费者的持续交互,不断结合消费者细节需求、情感需求、关爱需求,更新迭代产品功能,为消费者提供个性化、贴心的管家服务。

二是广泛联结的需求。智能家电的互联互通包括智能冰箱、洗衣机、电视、空调等各类家电产品能够通过互联网相互连接,包括通过移动互联网、PC互联网对其进行整体控制与管理,并且家电产品自身与电网、放置的物品、使用者等能够物物相联,通过智能感知,达成人们追求的低碳、健康、舒适、便捷的生活方式。

三是大数据挖掘应用的需求。数字经济时代是一个以数据驱动的满足消费者新需求的时代,移动化、数字化、社会媒体、物联网技术、云计算、人工智能捆绑发力引发的技术趋势,彻底颠覆了人们的生活和消费方式,用户需求变得更加个性化,用户表达的社交平台更多,用户活跃度显著提升,用户需求数据变得可视化与量化,消费者从以前被动接受服务的角色逆转成为需求的主动提出者。家电行业的大数据主要分成四大板块:①交易数据,即销售的结果,终端交易的数据;②交互数据,包括在物联网、互联网、微信、微博、社区等平台,每一个用户与智能产品都在不断发出声音和不同领域交流互动,形成交互数据;③行为数据,即消费者想买什么,想看什么,想听什么,它的过程是什么;④运营数据,即企业运营过程中产生的数据。只有将这四种不同类型的数据准确并有效地融合在一起,才能真正体现大数据技术的增值价值,才能有效地预测未来并服务于企业各项决策。

四是用户参与全流程交互和体验的需求。大部分家电行业产品的最终用户是消费者,消费者的使用体验和对产品的评价将直接影响家电产品的市场生命力。鉴于此特点,家电产品全生命周期中的两大场景将对工业互联网有着迫切的需求:①消费场景,即家电产品到消费者手中以后消费者使用家电的过程;②生产场景,即消费者的订单进入生产环节直到产品生产完成并送到消费者手中的过程。这两个场景都需要重点考虑终端用户的消费体验和对产品的评价。其中消费场景中又有诸多消费者与产品之间互动的细分场景,比如消费者个性化使用偏好场景、消费者在产品社群中参与产品互动的场景、产品的维修服务等。以上场景实现的前提是产品需提供与用户交互的入口,同时产品本身需要具备边缘计算及通信的能力。生产场景包含诸多复杂的生产环节,如产品的模块设计及供应、产品的制造、产品的物流等。若要增加终端用户对生产过程透明感知的良好体验,就需要对生产的各个环节开放。反过来讲,倒逼生产每个环节中现场设备的联网、生产数据的采集和打通、生产流程的可视化,同时保障各个环节的信息安全。

3. 细化应用场景

1) 细化应用场景一:用户交互体验

(1) 应用场景描述。

用户交互体验是产品在送装至终端用户手中后的使用过程中通过与用户进行频繁的交互,持续了解用户个性化信息,不断为用户提供贴心、个性化的服务,最大限度地提高用户的使用体验,进而让用户持续、深度地参与以产品为载体的社群生态,为产品的迭代贡献最真实的意见和创意,最终达到用户、企业及生态圈的攸关方多赢的结果。

以产品为载体,通过产品的物联网功能为用户提供交互接入的入口。通过入口,用户可进入与产品本身的交互系统和以产品为载体的用户社群平台。产品本身的交互系统为用户提供产品自身的相关参数数据和工作运行的数据,能为用户的维修保养提供主动性的建议;同时该系统还为用户延伸提供与产品功能相关联的上下游功能或生态资源。

产品体验增值场景的边缘层需要把产品自身数据和与用户交互产生的数据通过数据采集装置采集并存储,若产品的功能较复杂,则需具备边缘计算的能力和本地存储的能力,本地实时计算分析后直接产生可视化结果与用户进行交互。不需要实时计算的数据则通过产品上的通信模块传输至云平台,云平台通过约定协议解析并存储数据。云平台根据需要部署大数据架构,根据应用场景的需求应用不同的算法和模型对数据进行计算分析,结果通过 API 或直接通过应用层 App 展示。平台层还需具备第三方生态伙伴数据接入的能力,具备友好的开发者开发环境和所需的开发工具。应用层为用户提供完整解决方案的 App,包括社群建设 SDK 和套件、行业 App 以及其他行业应用。

(2) 实施案例:海尔贝享孕婴空调。

在空调的用户群中,母婴群体对空调的性能反应是最敏感的,也是要求最高的。在各大社交媒体与空调使用及母婴健康相关的板块中,散布着众多用户的"吐槽"与创意话题,如夏季空调的舒适性、空气净化功能、空气加湿功能、智能调温、柔和风等多达 350 万条精准话题。家电的社群平台运维人员发现以上话题讨论后便对用户的社交数据进行归类、分析,并与用户进行深入的引导互动,同时有超过 21.5 万条孕婴妈妈的创意交互。在孕婴妈妈的创意交互过程中,社群运营人员将引导不同专业的在线设计师进行在线方案设计,在 5000 多名注册设计师中有 35 位设计师参与与用户的交互设计,同时有 6 家模块商同时提供技术支持。经过了用户、在线设计师、模块商 4 次的体验迭代、195 天的交互、设计、研发,最终形成了能解决社群中大多用户痛点、满足大多用户需求的贝享虚拟空调。在社群中发起预约预售活动,短短几天内预约数量达到 2000 台。海尔 COSMOPlat 贝享空调平台经过产销成本核算决定开模生产。在产品生产过程中,预订用户可全流程跟踪空调生产进度及各生产环节的详细信息。产品生产完成下线后,将通过物流直接送达用户家中,实现产品不入库。

在贝享空调的用户收到产品后使用的过程中,空调将持续地采集自身的工作数据,包括耗电量、工作时间、工作模式等,这些数据将通过用户家中的无线网络发回到海尔 COSMOPlat 企业云平台,用于进行用户空调使用行为画像。同时,用户在使用过程中也会在社群中不断交互使用体验及心得。通过用户社群数据及空调回传的传感器数据分析,静音的功能是用户需求最大的新功能,于是在线设计师针对此功能又开始了新一轮的升级迭代,最终交互产生了第二代静音空调。

2)细化应用场景二:异常的及时响应和知识库

(1)应用场景描述。

轻工家电行业为了保障生产端的增值工作时间,所有的制造运营都是以生产线的高效持续运行为目标,建立一种在现场发生的任何人、机、料、安全、质量、工艺等异常情况都能够被及时响应的生产场景,并且响应过程和处理过程能够被结构化地记录,形成知识库,知识库可以为下一次发生同类异常现象提供快速解决方案,同时,还需要能够自动分析异常发生频次,指导决策人员通过改善项目,持续优化异常发生的频次和间隔时间,达到通过科学决策减少生产异常对效率造成影响的目的。

由于需要结构化的记录响应过程和处理过程,通过传统的手机、对讲机交互后再进行记录显然会把时间浪费在记录上,也不便于以后的查询和因果资产的积累,微信等方式也不是适用的解决方案,同时,因为响应过程需要现场作业,也希望通信的设备最好能够穿戴而不影响肢体作业。

综合考虑,采用 RFID 对人员和响应过程进行记录比较方便,将智能手表作为通信工具,更适合信息的传递和方便作业人员作业。不同专业支持人员接班时佩戴手表,领用手表时通过刷 RFID 工卡与对应手表绑定,现场发生的安全、设备等异常通过安装在工位旁边的 E-Andon 现场交互终端触发相应分类的支持请求,相应工位和相应的分类绑定对应的支持人员,手表推送异常发生的位置、现象、触发人员等,支持人员在规定时间内赶到现场,在终端上刷卡,确认异常开始处理,处理完成后支持人员再次刷卡,响应完成,后台推送一张工单给支持人员,支持人员在办公室终端记录异常现象、处理过程、更换备件、分析报告等,记录后会进入相应分类的知识库,在下次发生相同现象时终端会自动显示这条记录,通过累积,不断优化知识库,经过一段时间的积累,知识库即可发挥处理指导的作用。触发方式也可以是通过对设备的数据采集进行自动触发。

(2)应用场景的实施架构。

最底层是现场级,是互联互通的设备,分布式冗余数据采集群通过工业以太网以相应的规约进行数据采集,对一手数据进行边缘计算和筛选,根据信号和参数的变化分发相应数据到对应的现场工作站,进行现场运营级管控分析,当相应专业设定的限值被超出即自动触发 E-

Andon,由 E-Andon 及时化响应服务器自动处理相应过程,同时,E-Andon 现场交互终端触发的信息也由及时化响应服务器进行处理。

及时化响应服务器根据模型设置和人员与手表绑定的信息,推送相应分类的响应请求给对应的手表,手表支持 Wi-Fi 或 4G 接入,通过网络获取请求信息。

现场交互终端设置有刷卡器,支持人员的响应到岗等信息以刷卡时间为准。所有记录信息通过 E-Andon 及时化响应服务器进行记录,并在分类后存入知识库。

(3) 实施案例:施耐德工厂生产异常的全数字化及时响应。

施耐德将 E-Andon 系统应用于工厂的异常响应管理,并将 E-Andon 系统部署于工厂数据中心的虚拟服务器上,实现了异常响应过程的全数字化管理。在实际应用中,施耐德工厂已经实现异常响应的 1 分钟到岗响应,如果 1 分钟未响应,异常自动升级到主管工程师,最长 15 分钟未响应则工厂总经理立即收到信息进行介入。并且,整个响应过程和处理过程被完整记录,通过对记录的自动分析,施耐德工厂已经累计实施近千个改善项目。随着知识库的不断积累,工厂因果资产的管理快速提升,异常响应处理时间有效缩短,同时,也促进了工厂 TPI(技术进步水平指数)进一步提高。

3) 细化应用场景三:海尔互联工厂

(1) 应用场景描述。

海尔通过 10 年的持续探索实践,构建了以用户为中心的互联工厂模式。互联工厂最重要的是和用户互联融合,无人工厂是工业 3.0,属于自动化范畴。自动化只解决了高效问题,可以使大规模制造变得速度更快,但现在要的不光是高效率,还要高精度。如果不能够精准对准用户,这个高效率没有用。如果生产出来的产品不知道给谁,本来生产 1000 台现在生产 2000 台,有多大作用呢?都堆在仓库里边。所以说现在从原来的自动化线大规模制造变成高精度的大规模定制,这是完全本质的不同。怎么做到的?核心就是围绕用户互联建立了一套全流程全周期互联互通的开放生态资源体系,构建了 COSMOPlat 互联工厂,以支撑智能制造的创新技术模式管理能力。

(2) 实施案例:海尔 11 大互联工厂。

智能制造通过 COSMOPlat 的端到端的信息化融合,实现 IT 和 OT 的融合,将大规模和个性化融合,通过大规模的高效率、低成本实现了定制的高精度、高品质。通过 COSMOPlat-IM 模块,实现用户订单直达工厂、设备及生产管理人员,实现用户深度参与制造过程,实现用户与工厂的零距离。智能制造的全过程可通过微信、网络进行线上交互,质量全过程的数据透明,同时基于现场 RFID、传感器等,实现了用户订单实时可视,随时随地可知产品的状态,生产人员、生产设备、生产时间、质量测试结果等都能实时明确。

海尔 COSMOPlat 互联工厂要解决一个大规模和个性化定制的矛盾,形成大规模和个性化定制融合。衡量标准就是"生产的每台产品都是有主的",不需要原来传统的营销,衡量它的标准就是不入库率。从社群交互到新品首发,再到个性化需求、大规模集成,是高精度;再加上模块化、数字化,高精度加高效率,从而解决大规模与个性化定制的矛盾。企业既要满足用户的体验,又要赚钱,要高增长、高份额、高盈利。

目前,海尔已累计建成沈阳冰箱、郑州空调、佛山洗衣机、青岛热水器、胶州空调、中央空调等 11 家互联工厂样板。海尔实施互联工厂取得了初步成效,互联工厂整体效率大幅提升,不入库率达到 69%,订单交付周期缩短了 50%,CCC 认证(中国强制性产品认证)达到 10 天,其中海尔中央空调互联工厂已经实现了 100% 的产品是用户定制的,100% 的产品是网器产品,

100%的用户成为终身用户。

海尔互联工厂模式为制造业从大规模制造向大规模定制转型提供了借鉴和示范的作用。海尔互联工厂的核心是与用户零距离，从以企业为中心的传统经济模式颠覆为以用户为中心的互联网经济模式，高效率、高精准度地满足用户最佳体验。以前大规模制造时代串联的供应商，同步进行数字化、智能化升级，整合形成并联资源生态圈，与终端用户之间零距离互联，从而打通整个价值链，形成高效运转的消费生态圈，实现整个产业链的升级。

4) 细化应用场景四：设备的全周期物联生态解决方案

COSMOPlat 海智造平台是 COSMOPlat 的机械行业子平台，依托 COSMOPlat 的云计算、大数据等基础能力，针对机械行业企业信息化水平低、企业转型难等普遍问题为纺织行业提供端到端的智能制造解决方案。

机械行业主要存在以下三类痛点。一是保外备件市场流失严重，售后备件销售额低的单点级痛点；二是设备制造方和设备使用方难以将设备生产数据转换为产业价值的系统级痛点；三是设备故障排查及维修时间长、设备停机影响下游企业产品供应的系统级痛点。

(1) 实施案例：纺织机械行业纺机全周期物联生态解决方案。

在纺机全生命周期中，以纺机使用环节与用户的交互为切入点，结合纺织行业独有的工艺流程和生态伙伴共建纺机全周期物联生态平台。主要实施过程如下。

一是针对设备制造方保外备件市场流失严重这一单点级痛点，纺机全周期物联生态平台提供备件商城模块。通过纺机大脑 App 与设备制造方 WMS（仓库管理系统）数据共享，为设备使用方提供低于市场价格的原厂原装备件。纺机大脑 App 会根据备件的上次更换时间、备件使用周期两个参数自动提醒设备使用方进行备件更换。设备使用方还可以通过故障工单、故障专家库等功能在故障排查时在线采购平台智能推荐的备件。

二是针对纺机产业链上的设备制造方和设备使用方难以将设备生产数据转换为产业价值这一系统级痛点，纺机全周期物联生态平台通过 COSMOPlat 边缘层采集纺机设备 PLC 控制站的实时运行状态数据、生产数据，以及通过新增传感器采集环境数据，为纺机制造方提供客户分布、设备分布、产能分布、故障、备件等数据分析，指导纺机制造方进行精准研发，为纺机使用方提供实时开机率、设备产量、设备能耗、历史产量能耗对比等数据分析，定位生产过程的问题，指导工厂生产。

三是针对传统纺机设备故障的维修方式为设备故障后现场维修，设备故障排查及维修时间长，设备停机影响下游企业产品供应等系统级痛点，纺机全周期物联生态平台提供故障预测、巡检保养、故障工单、专家库以及在线远程维修功能。平台通过智能网关采集纺机设备 PLC 控制站的数据，以及通过新增的传感器（温度、湿度、振动等）采集的环境数据，构建关键部件的性能预测模型，并基于预测结果，调整巡检保养计划、维修备件以及备品备件的管理策略。平台结合故障工单模块通过提供实时文字、语音、视频实现设备使用方和设备制造方的高效沟通，缩短故障排查及维修时间。

(2) 实施效果。

纺机全周期物联生态平台通过提供数字化管理模式，实现了设备运行的在线监控、管理、运维。企业实现了产品全生命周期管理，为研发提供输入数据。用户通过企业的增值服务，实现轻资产运营，评估后生产设备综合效率提升了 10%，维修成本预计每年可节省 100 万元。

5) 细化应用场景五：海尔 COSMOPlat 大规模定制

(1) 应用场景描述。

大规模定制是一种由用户需求驱动,用户可深度参与企业全流程,零距离互联生态资源,快速、低成本、高效地提供智能产品、服务和增值体验的智能制造模式。

它既能满足用户的高精度要求,又能满足企业的高效率要求,可实现产品全周期、用户全周期的持续迭代。

大规模定制模式不是简单的设备连接,不是孤立的工厂运营,不是封闭的交易撮合,也不是单纯的软件升级,而是实现大规模与个性化定制融合,从产品体验与用户场景体验价值闭环,同时有效地进行资源组织,带动产业链企业变革升级的智能制造模式。其目的是创造用户价值,实现价值链各攸关方共创共赢,助力中国企业的升级转型,提升中国制造业的整体竞争力。

海尔的COSMOPlat大规模定制模式代表着广义的智能制造,是通过社群交互将用户碎片化、个性化需求整合成需求方案,同时设计师与用户实时交互并通过虚拟仿真不断修正形成符合用户需求的产品,用户参与智能制造全过程(质量信息可视、过程透明)并驱动各攸关方进行升级,实现企业-用户-产品的实时连接,通过场景定制体验创造用户价值,使得用户需求不断迭代,实现智慧生活的生态,同时将用户变为企业的终身用户。

(2) 实施案例一:服装行业——衣联网。

①行业特点及应用需求。

对服装企业来说,高库存会让企业的资金周转率下降,目前储存和运输成本持续上涨的背景意味着企业要付出额外的成本。而且,拖得越久,仓库里的这些衣服越难转化成利润。巨额的库存,不仅吞噬着企业的现金流,而且也给品牌的扩张和渠道的发展带来了阻力。而如何消化高库存,正在考验着服装企业的生存智慧。近些年,中国的人工成本上涨,大批量订单的加工制造已经转至人工成本更有竞争力的东南亚,国内的订单都具有多品种小批量的特点,这就对服装加工的柔性化生产提出了迫切的要求。

②解决方案。

海尔COSMOPlat环球智能制造项目为服装行业打造的第一个女装互联工厂,实现从平台下单到工厂生产及发货全过程数据驱动,实现自动化、数字化和智能化的女装个性化定制示范工厂,并通过平台数据分析,提升产品设计与研发,构建产业供应链的快速协同。原来只能进行大货批量生产的产业形态,正在向设计定制化、产品精品化、采购销售物流一体化的高效率、高品质、高价值方向转变。

打造符合海尔互联工厂整体展示要求,从展厅、仓储、生产车间、物流、园区整体布局规划到展示设计符合数字、智能、精益、生态、互联要求的女装互联工厂,通过从订单到仓储全流程系统构建,实现个性化定制智能生产,能够适应个性化、小批量、快返等市场多样化需求,从下单到出货,全部系统贯通,全流程数据驱动。

工厂精益改善,从布局、流程、标准、体系、培训、沙龙及组织、现场管理、效率、成本、品质各环节的规划和改善,实现精益生产,达成个性定制顺畅、小批量、快返等快速切换、柔性生产、人均效率、品质提升,单件成本降低的目标并形成企业可持续改善精益团队与机制。环球服装股份有限公司能够在海尔COSMOPlat平台实现接单功能,通过平台实现环球工厂版型与工艺等自动匹配,并使数据完成传输,实现数据驱动工厂订单生产。

③实施效果。

通过COSMOPlat大规模定制赋能,环球服装股份有限公司相较以前,不入库率提升50%,设备产能增加30%,不良率降低20%,制造成本下降20%,并且从传统加工企业转型为自主品牌商，提升品牌附加值。COSMOPlat在项目实施中，形成的系统解决方案中相应的可云端部署的功能模块上云，用于在后续其他项目中进行复制开发，开发成本较现有成本降幅明显。最终实现企业方、定制模块资源方、平台等攸关方增值共享。

(3) 实施案例二：房车行业——定智旅行家。

①行业特点及应用需求。

根据《2017中国房车产业年度发展报告》，2017年国内房车企业产销总量为3.78万辆，而2016年销售量为1.86万辆；从房车保有量上看，截至2017年年底，全国房车保有量为69400辆，对比2016年数据48600辆，同比增长了42.8%，从这一数据来看，我国房车发展虽与欧美等国相比起步较晚，但增长较快，未来十年将是我国房车发展的黄金十年。

康派斯作为中国出口房车领军企业，发展迅猛，但同时也面临着市场同质化、制造成本高的难题，其前端通过特定渠道销售，无法直面用户需求，没有一流设计团队参与设计，而后端的制造环节面临采购成本高、交货周期长、碎片化采购等问题。面临这些难题，康派斯积极探索转型。

②解决方案。

项目解决方案是引入海尔COSMOPlat以用户为中心的大规模定制模式，从交互定制、精准营销、开放设计、模块采购、智能生产、智慧物流、智慧服务等方面进行跨行业、跨领域的社会化复制。

COSMOPlat房车行业工业互联网公共服务平台，一方面通过线上社群交互，让用户可以基于场景定制房车。康派斯通过让用户参与房车全生命周期流程，转型成为房车行业"互联工厂"，将传统房车打造成为智能房车。同时，用户在体验智能房车过程中还可以持续和工厂交互，不断迭代产品设计和制造流程。另一方面，智能房车还与线下房车营地实现互联，并可通过一键定制，获取预约房车营地等更多增值服务。

a. 通过COSMO-DIY实现企业直接连接用户，了解用户的需求和痛点。并联模块商参与产品设计，使得产品更好地满足用户体验。在流程上，通过COSMO房车用户社群经营，将客户需求进行整理传递，形成大规模定制需求，引入国内外知名房车设计师与客户进行交互。

b. 通过COSMOPlat房车家园采购平台聚集房车企业及上下游企业，在平台针对无花镀锌板、拉丝不锈钢等8种大宗物料进行集约采则，并且将房车帐篷、家具以及房车框架供应商集中于产业园，部分物料采购成本可降低12%，综合采购成本降低7.3%。

c. 通过实施COSMO-iMES，对制造流程进行流程优化再造，并为康派斯智能制造转型升级提供定制型解决方案和蓝图设计。将制造从无节拍生产转变至均衡生产，生产节拍从40 min/车下降到20 min/车，交货期从35天减少到20天。现在正在推进产品模块化、生产自动化、管理信息化、产品智能化进一步升级改造。

d. 依托COSMOPlat房车工业互联网公共服务平台大规模定制智慧房车，用户参与定制需求提交、设计解决方案交互、众创设计、预约下单的产品全生命周期，且全流程可视。2018年4月中旬开始企划，5月中旬采购，6月6日基于场景定制的智能房车下线。以用户为中心的大规模定制平台很好地解决了企业产品研发迭代迟缓以及配件库存高的问题。

e. 在房车后市场，通过定智旅行家App不仅可以控制房车内的所有功能，还可将人、车、营地、服务联结到一起，用户只需通过App就可以完成出行路线的规划、门票预定、加油站位置查询、营地周边吃喝玩乐服务查询；在紧急情况下，全覆盖房车生态还为用户提供报警、救援等服务。

③实施效果。

通过COSMOPlat赋能,荣成康派斯房车品牌价值提升,生产效率提高43%,综合采购成本下降7.3%,产品研制周期缩短20%,产品不良品率降低10%,将康派斯房车产业园打造成为全国最大的房车智能制造研发和生产示范基地,并列入山东省新旧动能转化重点优选项目。基地将形成从房车模块、整车、服务贸易、供应链金融、车联网、保税库到现代物流的生态链智能制造及服务配套体系,为园区内制造企业赋能,为企业转型升级提供有力支撑及落地方案。

(4) 实施案例三:建陶行业——海享陶。

①行业特点及应用需求。

淄博陶瓷技艺是古老的制瓷技艺,同时淄博是驰名世界的瓷都之一。这里生产的琉璃品和陶瓷制品不仅享誉国内外,而且有着悠久的历史传统。历史悠久的淄博陶瓷,在美术陶瓷的生产方面,也有突飞猛进的发展,在造型和装饰上都具有较高的水平。近年来,淄博产陶企业却遭遇巨大困境,作为国内传统的建陶产区,淄博市在环保治理与绿动力提升方面均面临着巨大压力;同时,建陶企业生产落后,建陶行业的服务落后,生产效率低下,生产、供应流程不透明,品牌无法做大做强。

②解决方案。

一是生产智能化。通过植入海尔COSMOPlat智能制造系统,以机器代替人工,大幅度提升生产效率。

二是全程可视化。建陶产业园将为陶企提供供应链、研发、制造、物流等全流程服务,产品开发周期缩短20%以上,交货周期缩短到7~15天,能源利用率提升5%。全程可视,全流程节点可控,提供端到端用户全流程服务。

三是制造柔性化。用户可参与设计,实现大规模定制与个性化设计相结合。

四是助推陶企品牌打造。海尔将借助自身优势帮助园内企业把品牌做起来,助力淄博市淄川区建陶企业做大做强,打造淄川区的国家建陶品牌计划。

③实施效果。

海尔COSMOPlat与淄博市淄川区合作建立COSMOPlat建陶产业基地,通过产业集聚实现了淄博建陶产业园从中低端到中高端、从传统制造到用户定制化、从企业单打独斗到产业平台化三个转型,实现对企业、园区和行业转型升级的全面赋能。在企业服务升级方面,以淄博新金亿陶瓷科技有限公司为例,制造成本下降7.5%,产品质量提升4.5%,产能提升20%,产品毛利提升2.3倍。在园区升级方面,推动园区成为绿色产业集群,能耗降低18%,环保方面全部达标。平台吸引100多家资源入驻,形成行业生态,实现品牌溢价5倍以上。

11.2.6 航天行业应用实践

1. 行业基本情况及生产特点

我国航天行业处于低级发展阶段,航天航空行业研发的预期回报率低导致创新能力弱,市场进入壁垒不同导致子行业间存在盈利能力差异性,航天航空行业发展处于内部结构调整期。

航空航天行业具有长周期、多种类、小批量、高可靠的行业特征,面临数据源差异大、模型适配性不足、管理调度效率低下、故障预测能力欠缺等行业痛点,急需加快基于工业互联网平台的数字化转型步伐,全面提升研发设计、生产制造、供应链管理、运营维护等环节的数字化水平。GE、欧特克、劳斯莱斯、商飞、西飞等国内外企业正以网络化协同为切入点,向基于平台的设计、制造、管理、服务一体化转型。

2. 行业对工业互联网实施的业务需求

1) 研发设计由串行异构向并行协同转变

传统航空航天行业研发设计中,二维、三维辅助软件混用,在工具、模型、数据、API、操作规范等方面差异较大,研发设计流程冗长复杂,研发成本较高。随着业内基于模型的设计(MBD)模式的应用推广,将三维模型作为唯一数据源进行几何、工艺、质量和管理等属性标注,有利于统一标准,改善数据差异问题,打破研发设计的空间、时间、组织限制,降低跨专业、跨部门、跨企业协同研发设计门槛。

2) 生产制造由以数映物向数物融合转变

在传统生产制造过程中,将研发设计模型转化为生产制造模型需消耗大量人力物力,零部件加工主要以常规加工为主,生产质量管控成本较高。在从图纸到实物的转化中缺乏三维空间信息,过度依赖操作工人的理解、经验和技能水平。数字孪生技术在生产制造环节的应用,助力企业依据统一模型、统一数据源进行制造,解决 CAD 到 CAM 的集成问题,实现生产过程可预测、可调整、可追溯,降低生产成本。

3) 生产管理由单点对接向动态调整转变

相较传统离散行业,航空航天对材料供应和资源调配都具有极高要求,既要求尽量采用灵活的零部件管理来降低运营成本,又需要保证交付的速度。传统数据交换模式以单点管理为主,缺乏节点间统筹管理,无法适应复杂场景下的动态调整需求。工业互联网聚焦人、传感器、生产设备和云端等节点的互联互通,打通研发、生产、管理等环节的"数据孤岛",可有效构建大协作、大配套的生产管理体系。

4) 运维服务由定期维护向视情维护转变

传统运维以基于经验和规律的定期检修为主,不同零件、组件在制造工艺、故障类型和生命周期等方面差异化巨大,维护成本高昂。在飞机维修领域引入大数据、人工智能等新一代信息技术,有利于开展故障溯源、辅助设计和工艺改进,提高设备描述、仿真诊断、预测维护的精密度和准确率,达到"治未病"、自感知、自决策的效果。

3. 细化应用场景

1) 基于模型的研发设计

企业依托工业互联网平台开展基于模型的研发设计,以三维统一数据源作为唯一依据,缩短研发周期,提高效率。一是信息交互。优化信息的传输、操作和管理,大幅减少由理解差异产生歧义的问题。二是工艺审查。分析可制造性、可装配性和结构合理性。三是工艺规划。规划零部件装配顺序和运动路径。四是工艺编制。计算关键部件工艺容差,合理分配资源。

案例:波音公司构建全球化的研发体系,波音 777 项目实现了全球 238 个设计构建团队(DBT),总成员 8000 余人协同研发,减少了 90% 的设计更改,设计周期缩短一半。运-20 研制中,我国首次建设异地协同设计、制造和管理信息平台,开创一航商飞、一飞院两地、四个主机厂、十九家国外供应商协同研制模式。

2) 基于 CPS 的智能制造

结合 CPS、AR/VR 等技术推动数据源、模型的统一,加快数据有效流通,构建基于工业互联网的异地多厂协同制造体系。一是分布式生产。将整机组装厂、零部件生产厂等资源整合,以信息管理为整个制造网格系统提供行动依据,形成网络化制造系统。二是个性化生产。针对不同型号的飞机制造需求,制定个性化的组装方案。三是柔性化生产。根据市场、厂区、库房的动态信息,及时调整生产所需的人、机、料、法、环等配套供给。

案例：我国在新飞豹的研制中，全面采用数字样机技术，实现全机 51897 个零件、43 万个标准件、487 个关键件的三维数模直接用于数字化生产。西飞通过资源、信息、物料和人的高度互联，确保工艺流程的灵活性和资源的高效利用，成功将整机制造周期压缩到 15 个月左右。

3）基于大数据分析的供应链管理

企业借助工业互联网平台对供应链信息进行收集、整合、优化，通过数据分析，及时发现仓储物流、产品质量、制造工艺等方面的问题，提高供应链调整能力，保障产品质量。一是物流管理。通过业务需求，动态调整备品备件预计划，改善供应链库存状况，降低系统库存总成本，提高准时交付率。二是质量管理。运用大数据技术评测生产制造能力、质量保障能力、交付进度、合格率等指标，健全质量管理体系，完善质量追溯制度，实现对各环节产品质量的精确管控。

案例：商飞构建基于工业云的飞机研制系统平台，推动全球近 150 个一级供应商进行数据交互，实现基于统一数据源的设计、制造、供应一体化协同。西飞按生产计划实时更新装配进度信息和配套缺件动态信息，将计划、库房、缺件结合起来，航材备件月结库存时间由原来的 1 天缩短为不到 4 小时。

4）基于 PHM 的运营维护

基于 PHM（故障预测与健康管理）的运营维护建立航空产品故障和维护维修的数据库，支持多部门、多专业协同进行运营维护。一是状态实时监测。航空航天企业通过工业互联网平台实时采集发动机、飞行器等设备工作温度、工作环境和应力分布等状态数据，并进行可视化呈现，保障设备状态监测可靠性。二是故障诊断预测。对历史积累的海量数据进行高效处理，生成运维模型，诊断产品在不同使用条件下出现故障的概率和时间。三是维修辅助决策。基于故障预测结果，辅助制定维修方案，远程指导工程师现场执行，降低人工操作错误产生的返工，有效避免信息传递缺失的问题。

5）航空制造领域人机协同工艺设计

面向航天制造企业智能制造工艺设计的智能化、协同化、知识化以及场景化设计需求，通过大数据挖掘分析、机器学习等技术，完成对现有工艺知识的挖掘和关联，实现简单工艺自动化、复杂工艺标准化的机助人用的工艺设计。

服务商：沈阳格微软件有限责任公司。该公司成立于 1999 年，主要面向国防、航空航天、船舶等领域，提供软件开发、技术服务、机器翻译、人才培养等业务。该公司位于沈阳北方软件园，形成了集研究开发、人才培养、成果产业化为一体的产、学、研基地。

应用企业：上海飞机制造有限公司。该公司是中国商用飞机有限责任公司下属的飞机总装制造中心，主要从事民用飞机等航空器及相关产品的研制、生产、改装、试飞、交付、销售、维修、仓储、服务业务，承接飞机零部件的加工生产业务，经营本公司或代理单位所需原辅材料、设备、仪器、备配件及技术的进出口业务、相关的技术开发与技术咨询业务。

工艺设计依赖于生产经验，技术水平存在明显差异，不同产品的零部件相似程度高，工艺设计过程重复工作量大，工艺设计员工作量繁重。工艺设计已成为缩短产品研制周期、保证产品质量的瓶颈。

创新点通过知识图谱构建、典型工艺挖掘、语义分析、层次聚类等技术，获得各类工艺知识，建立全面、准确并能标注解释真实工艺数据的知识体系结构，构建多维关联装配工艺知识库，促进工艺知识的融合、工艺知识迭代增益以及工艺知识的场景化应用，实现工艺设计从"信息化"到"智能化"的跨越。

价值实现:①在部装专业提高工艺设计效率30%以上;②在航电、钣金件安装、工装等其他专业提高工艺设计速度35%以上。

11.2.7 天然气行业应用实践

1. 行业基本情况及生产特点

1) 天然气产业在国家宏观层面发展的必然性

天然气产业目前已经列入我国的长期宏观政策规划和战略部署,并且促进了一系列天然气项目的投建。随着新能源建设发展,天然气管线会在城市管网建设中进一步铺开;随着更多线路长输管线的建成,天然气产业发展速度也将继续加快。2017年由国家发展和改革委员会、国家能源局制定的《中长期油气管网规划》是我国从国家层面首次制定的系统性油气管网发展规划。《中长期油气管网规划》对今后十年我国油气管网的发展做出了全面战略部署,并对远期进行了展望,是推进油气管网建设的重要依据,具有重要的现实意义和战略意义。

国家颁布了一系列文件,明确要求加快天然气利用和加强天然气分布式能源发展,文件包括国务院颁布的《关于促进天然气协调稳定发展的若干意见》,国家发展和改革委员会同13部委印发的《加快推进天然气利用的意见》,国家发展和改革委员会、财政部、住房和城乡建设部、国家能源局印发的《关于发展天然气分布式能源的指导意见》等,强调把清洁能源作为转型发展的战略方向。相关领域的专家指出,目前产业链格局"上游有气源、中游有管线、下游有市场",天然气能源产业已经趋于成熟。

2) 能源产业转型升级,发展以天然气为主的清洁能源

中国石油作为国内能源行业龙头,在其《2019环境、社会和治理报告》中提及其天然气产业近年的发展,并点出"公司持续加大天然气勘探开发力度,大力推进绿色发展转型,优化能源供应结构,清洁能源供应能力持续提升。2019年,公司天然气产量同比大幅增长,占国内产量70%,天然气销售终端用户突破千万,终端销量同比增长19.6%,满足社会对清洁、低碳及高效能源产品的需求,蓝色火焰温暖亿万民众。加快跨国天然气管道和国内天然气骨干管网设施建设,有效引进海外管道天然气和LNG(液化天然气)"。

报告同时提到,2℃目标下的低碳转型步伐加快,化石能源仍将是主要能源。气候变化和人们对高质量生活的追求推动能源转型升级,持续的技术创新将加速全球能源清洁低碳化发展进程。尽管如此,化石能源仍将是主要能源,化石能源的清洁高效开发利用是应对气候变化最为现实的途径。到2025年,化石能源在全球一次能源结构中占比将超过80%。其中,石油占比33%左右,天然气占比26%左右。到2050年,清洁能源(天然气和非化石能源)在一次能源中的占比合计将达到56%。

3) 天然气产能上升,投产管线建设带动下游制造业

国家管网公司成立后推动天然气市场改革,而省级管网公司也将加速并入国家管网集团,加快天然气管道建设。比如广东省政府签署了《关于广东省天然气管网体制改革战略合作协议》,广东省天然气管网是我国首个以市场化方式并入国家管网集团的省级管网。变化同时将影响天然气工程建设商,如中石油旗下工程公司中油工程,工程总建设商利好,又将拉动作为其供应商的天然气相关设备制造企业。

另外国内勘探发现新气田和俄气东线投产,都将拉动天然气产量,并带动工程量的提升。比如,根据中石油的2019年年报数据,其全年共承担国内外油气田地面、炼油化工、油气储运等重点建设项目79项。能源龙头加大天然气产业发展力度,提高了管道、泵阀市场登场的天

然气用产品开发热情。

2. 行业对工业互联网实施的业务需求

1) 清洁低碳和适应气候变化

生态保护提出了更高的要求,我国面临的碳减排国际压力越来越大,"零碳能源"对天然气的替代都成为了制约行业发展的短板。

以质量变革推动天然气产业更加清洁低碳,统筹解决好生态环境保护与天然气发展的关系。从天然气成为主体能源之一的战略定位出发,融合发展清洁能源,有序发展煤制气和氢能等替代能源。随着5G技术的发展,电网系统的安全性受到了挑战,因此各省市区应发展分布式天然气能源站,充分发挥天然气调节灵活、响应迅速的特点,并与可再生能源协同发展形成良性互补。

2) 智慧高效发展和协同发展

目前,天然气行业存在科技创新和管理创新能力不足、储气能力不足、天然气产业发展不平衡等问题。区域维度上,中国天然气产业发展不协调问题日渐凸显,经济发展水平与天然气发展程度不匹配。未来相当长一段时间内,分省、分年度天然气供需缺口的深层次矛盾将比较突出。天然气产业除需重视全国全面发展外,更需要了解挖掘局部地区天然气需求的差异性。

以效率变革推进天然气全产业链系统效率从低水平向高水平升级。全力打造天然气生产基地,加快区域地下储气库群建设,合理优化用气结构。

3) 打造天然气经济全新动能

天然气供应缺口不断扩大、进口量持续攀升造成了能源安全保障问题。市场机制不顺,燃气发电的气源直供、电力上网、调峰价格等市场化机制问题一直未得到解决。此外,各省级及以下管网与国家管网改革不同步也制约着行业发展。

以动力变革着力打造天然气经济全新动能。加大科技攻关力度,合理布局进口天然气资源和通道,在交通领域推广液化天然气大规模应用。

3. 细化应用场景

1) 细化应用场景一:全场站工业数据基础平台

场景描述:传统的组态性质的数据监测展示方式通过自有形式将数据采集上来,并与场站智能化数字模型联动,设计数据展示方式,建立场站数据展示系统,其具备以下多种特征:

①系统支持场站三维全场景展示和漫游;

②系统采用Web端渲染,采用WEBGL3D绘图标准;

③系统具备LOD(多细节层次)分级加载技术;

④系统具备安全的模型数据传输环境;

⑤系统具备多线程渲染能力;

⑥系统具备完善且强大的材质系统。

设备侧采用边缘计算网关完成现场设备数据的采集、数据预处理以及打包传输,同时也支持本地在线检测。边缘计算网关支持丰富的工业采集协议,可以通过各种不同的工业协议采集数据,转换为标准的、统一的数据接口,提供给业务平台。数据采集可涵盖设备运行参数,针对不同参数的业务需求,设定不同的采集策略和采样频率。

2) 细化应用场景二:站场运行状态数据的高效安全存储和可视化

场景描述:该子项目综合运用大数据存储技术、基于Web的数据可视化技术,根据客户需求,对操作人员、管理人员、技术人员提供不同的数据交互界面,旨在提高站场管理的便捷性,同时保障站场运行数据的安全存储，其效果图如图 11.15 所示。

图 11.15　站场运行状态数据的高效安全存储效果图

拟采用 HDFS（Hadoop 分布式文件系统）和 Spark 技术构建站场运行状态数据的安全存储和高效处理平台，其中基于 HDFS 技术研发数据安全存储系统，基于 Spark 技术研发 TensorFlow 的并行化处理系统；拟采用 Forge 技术构建基于 Web 的站场可视化管理平台，实现站场 3D 可视化，每一个设备状态都与其状态实时连接。

3）细化应用场景三：基于数字孪生的天然气场站安全生产管理体系建设

场景描述：数字孪生平台的场景搭建，将基于数字孪生技术建立虚拟化场景，并使用国产成熟的孪生仿真轻量化引擎实现孪生图形平台的模型轻量化以及交互支撑，建立匹配的全场区位号、数字工序，通过数据驱动相关算法保障虚实的精确映射。

通过 IoT 技术，建立专用场站数据边缘数据采集网关，并完成协议转换，建立场站工业大数据底层基础平台，完成数据加载、数据治理、数据存储、数据服务；并嵌入孪生平台，完成数据定位、告警溯源，并提供统一权限、MQTT、元数据管理、时序数据库、可视化、统一边缘设备管理等相关工业微服务。

基于数字孪生的天然气场站效果图如图 11.16、图 11.17 所示。

通过对现场管理的调研和各岗位角色的定义，确定权限系统，并匹配相关交互，做到直观、简便，所见即所得。

故本项目的整体研究思路是：①在调研天然气站场管理流程和设备运行工况，梳理相关文献资料，并综合预研成果的基础上，提出天然气站场智能管控系统研发的总体思路。②设计符合天然气站场实际运行状况的仿真实验环境，获取站场故障仿真数据，同时获得站场负荷历史数据。③研发天然气短期/中期预测算法，重点解决时频域算法选择、LSTM（长短期记忆网络）优化及参数设置问题。④研发天然气站场单点故障检测算法，拟采用多元统计分析方法与 LSTM 算法融合的技术路线。⑤研发天然气站场多点故障并行检测算法，通过网状结构对设备之间的相互影响关系进行建模，再利用 CNN（卷积神经网络）或 LSTM 算法对节点状态进行预测，最终依据阈值发现异常点。⑤研发天然气站场智能管控平台，嵌入上述研发算法，利用 HDFS 进行数据存储，融合 Spark 和 TensorFlow 实现数据并行处理，采用 Spring Boot＋Vue＋Forge 实现站场状态的实时可视化。⑥研制流量压力自动控制设备，控制依据采用已有

图 11.16 基于数字孪生的天然气场站效果图(一)

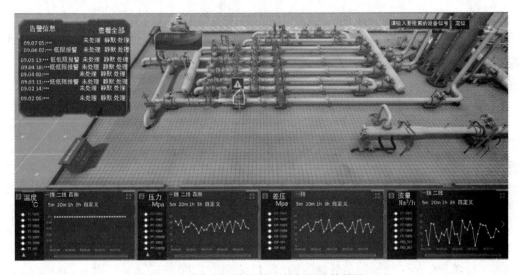

图 11.17 基于数字孪生的天然气场站效果图(二)

数据分析结果。

11.2.8 矿山行业应用实践

1. 行业基本情况及生产特点

煤炭开采行业为我国经济社会发展提供了50%以上的基础能源保障(2019年煤炭在能源消费结构中占比为57.7%),在未来的很长一段时间内,我国还是以煤炭作为主要能源。从主要发展指标来看:2019年,全国原煤生产完成38.5亿t,同比增长4.0%,煤炭消费增长1.0%,煤炭消费量占比57.7%,比上年下降1.5%;2020年1—3月,受新冠疫情影响,煤炭开采和洗选业实现营业收入4290.7亿元,同比下降12.7%,煤炭开采和洗选业实现利润总额421.1亿元,同比下降29.9%,煤炭开采和洗选业营业成本3062.4亿元,同比下降10.8%。

智慧矿山将成为5G在能源行业的重点应用场景之一。党的十九届四中全会公报提出,

"全面建立资源高效利用制度,推进能源革命,构建清洁低碳、安全高效的能源体系"。落实能源安全新战略,推进现代能源与矿业治理体系是国家治理体系和治理能力的重要组成。5G技术将支持能源领域基础设施的智能化,并支持双向能源分配和新的商业模式,以提高生产、交付、使用和协调有限的能源资源的效率。

近年来,我国煤矿生产状况基本处于稳定发展的态势,但是煤矿安全生产中仍然存在许多潜在的安全风险,大小事故也频频发生,在煤矿安全生产监督管理中依然存在诸多管理问题。

智慧矿山安全生产监管以矿山数字化、信息化、智能化为前提和基础,在矿产资源开发生产过程中,对生产人员的行为、工作环境、操作规范性、机器设备运行状态等进行主动监测监控、主动感知、自动分析、分类分级预警、快速处理,对生产、职业健康与安全、技术支持等进行自动分析、快速处理,最终实现矿山安全化、环境生态化、开采科学化、资源利用高效化、管理信息数字化,也是建设绿色智慧矿山的重要组成部分。

目前,我国诸多矿山企业都加大了信息化建设投入,为打造智慧矿山而努力。在智慧职业健康和安全环保系统方面,随着矿山信息化需求加强,矿山信息化从单纯的制图软件逐步转向为矿山矿图、数据的管理和更新等提供信息的共享和服务,逐渐向矿山通风安全应用和环境保护等方面转变。近年来,工业电视系统、瓦斯监测系统、束管系统、矿压监测系统、井下人员管理及定位系统、井下工业环网、组态软件也逐步在矿山建设中得到推广,为矿山的安全生产起到了保驾护航作用。但是,由于矿山地质条件复杂,环境恶劣,瓦斯、粉尘、水害、顶底板事故、火灾隐患难以探测和辨识,大型事故时有发生。

我国在矿山勘察、规划、设计、生产、管理、全过程监控等信息化领域的发展水平与发达采矿国家的差距越来越大,既没有把信息资源当作矿山的重要战略资源之一加以统筹开发和利用,更没有形成系统性能稳定、信息资源充足的矿山信息基础设施,智慧矿山建设任重道远。

2. 矿山行业对工业互联网实施的业务需求

5G技术支撑矿山智能转型,可以帮助矿山行业摆脱以往无线网络技术较为混乱的应用状态,能将矿山分布广泛、零散的人、机器和设备全部连接起来,构建统一的互联网络。

从矿山感知上来看,传统的方式是采用有线传输,难以适应井移动作业、战线长、监测范围广的要求。井下建设5G网络后,同步开通NB物联网,可以实现传感器的无线连接(无数据线、无电源线,类似于地面的三表行业)。以有线感知为辅、无线感知为主,可以简化网络结构,降低建设成本,提高检测监控系统的可靠性,减少维护工作量,满足智能矿山建设的要求。感知技术如图11.18所示。

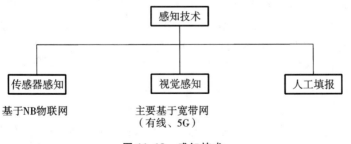

图11.18 感知技术

(1) 5G网络在矿山生产中的价值。

传统模式下带宽有限,带宽上限1万MB。采用以太网结构,带宽利用率低,缺乏隔离手段,必须专线传输,重复建设并增加维护成本,传统模式缺乏QoS技术,容易受到干扰,导致稳定性差,时延大。采用5G技术,具有较高的带宽,井下每节点带宽5~10万MB,可适应智能化应用的需求。运用5G切片技术,实现多业务一网承载、隔离传输、节省投资、降低维护量、减人增效。5G+NB物联网,和而不同,优势互补。5G技术首次统一大带宽和低时延特点,适用于高性能场景,如掘进面4K/8K视频、硐室VR/AR全景巡检、回采面高密度镜头回传、工业协同控制。NB物联网技术提供无网线、无电源线持续工作能力,让传感器即插即用,克服井下组网和维护难度大的问题,促进全面感知。

(2) 智能控制。

目前多数矿井智能控制都是基于有线网络开展的。在移动环境下有线网络运维麻烦,而且经常断线,所以在移动环境下有线网络稳定性并不能得到保证,出现有人维护可以使用,没人维护就不能使用的现象。4G无线网络由于带宽和时延不能满足工业控制要求,所以不适合作为煤矿控制网络。相对于4G网络,5G网络具备更高速率,峰值速率增长数十倍;5G网络具有更低时延,端到端时延低至1 ms;5G网络可靠性高达99.999%以上。5G网络的技术特点,使其更适用于实时互联和工业控制。

3. 细化应用场景

1) 细化应用场景一:智慧矿山安全生产监管解决方案

陕西省神木市能源局为了提高对本地煤矿的安全生产监管效率,减少安全生产事故,提高服务水平,以建设智慧矿山安全生产监管为场景,联合了众多资源,成立了榆林市智慧能源大数据应用联合重点实验室。

基于实验室的定位,针对神木市能源局当前痛点问题,确定在人员定位、监测监控(参数、传感器、安全)、90多个系统的联网方式和数据格式等方面进行研究。结合智慧矿山的建设需求,使用校验平台,对大面积悬顶、数据孪生、工业视频以及煤炭采集装备等重点要点进行研究分析。同时,在此基础上,将对整体的研究方向进行分类,做评分、评价体系细分和描述。在场景的安全隐患方面,进行算法架构的分析;在大数据大平台基础上,做信息化数据中台课题研究,进行平台化的建立;在智慧矿山的发展方面,对其中的仿真、全息投影、数字孪生展开预言和可研性研究;在煤矿防爆仿真等煤矿安全生产方面,对煤自燃等15个重点、难点、关键点场景进行研究;在整个智慧矿山人员的安全方面,将通过智能镁式头盔实现整个煤炭安全装备的提升;在煤矿监管方面,进行矿工的情绪识别课题研究;在评价方面,建设综合评价体系,对煤炭行业、煤矿智能生产、安全生产、软件运维等进行多维护综合评价;在场景算法方面,开发单一系统(如人员定位、车辆定位等)、15个场景、90多套系统的算法模型,最终完成多系统整体融合。对于以上研究成果,将同步开发App操作平台,提高其实用性和可操作性。

智慧矿山安全生产监管解决方案满足神木市政府对本地煤矿的安全监管、风险管控、实时分析、智能决策、智慧管理的不断深化管理需求,提升能源行业的安全生产管理效能,力争在行业内形成国家甚至国际标准,特别在煤炭行业的安全生产中形成全国甚至全球领军管理体系。

2) 细化应用场景二:5G无线通信技术替代无线网桥方案

(1) 应用场景描述。

针对油井分布地域广、安全巡查人力投入大、有线部署成本高、4G上传速率无法支撑项目需求、网桥受天气影响大、沿海区域抗风耐腐蚀要求高等难点,实施孤东采油区5G信息化改造,首次用5G替代网桥、有线远程控制采油装备,通过5G承载PLC专用工业协议和高清视频,同时保障大带宽和低时延高可靠,覆盖生产自动化、远程控制、安防监控等多个应用场景。

(2) 实施案例1:中国石化胜利油田。

2019年10月,胜利油田开通实验站(见图11.19),并验证采油管理一区井场、站场的视频监控;采油管理一区井场、站场的自控和视频数据,先上传至5G CPE(客户终端设备),然后通过5G网络回传至生产指挥中心机房。胜利油田采用了5G+智能井场的技术方案,采油厂5G全覆盖,截至2020年10月,完成448口油井数据回传,实现控制信号毫秒级低时延,图像信号100 MB上行带宽,保障采油区生产管理、远程操作、安全巡查实现完全无人。

图11.19 胜利油田实验站

通过智能化改造,实现了油气生产过程全面可视化、生产运行状态全面感知、生产实时监控和高效运行指挥,通过5G网络将视频监控与各类作业数据回传至采油厂的生产监控中心,实现数据本地闭环,极大提升了生产效率、数据安全和管理水平。

(3)实施案例2:庞庞塔煤矿。

庞庞塔煤矿前期基于5G网络实现了8款应用系统,主要涉及基于5G的大带宽实现的视频类直播和调度方面、基于5G低延时实现的控制方面。详细介绍如下。

①5G+VR全景直播助力井上人员按照自己喜欢的角度和位置,畅游煤矿井下,实现非井下人员对煤矿身临其境的体验。

②基于NB的无线传感器助力煤矿井下感知变有线为无线,解决煤矿井下掘进面、综采面等移动环境感知难的问题。

③利用5G大带宽特性实时传输井下生产场景,具备对掘进、钻孔、巡检等场景高精度视频采集的能力。

④基于5G手机、安全帽、车载终端等智能终端设备,实现井上、井下实时高清视频调度能力。

⑤借助5G低延时的独特优势,结合远程控制技术,实现基于无线技术的远程控制能力,通过前期对水泵的控制为后期控制做好准备。

⑥基于5G无线技术助力三维矿井地理系统实现安全培训、应急演练、救援指挥、模型优化等方面的功能。

⑦基于5G无线技术实现对煤矿井下人员受伤害、人员违章、人员进入危险区域等情况的智能预警和连锁控制,助力煤矿安全生产。

⑧基于5G网络监测设备,不仅满足控制要求,也可以变被动预警为主动分析,提前发现

设备异常情况,提示检修,延长设备寿命。

庞庞塔煤矿建设目标：一张网、二个中心、三个平台（现场级边缘计算平台、中心级物联网数据平台和应用支撑平台）、四类应用（全面感知类应用、生产控制类应用、经营管理类应用和汇聚了"指挥救援"和"安全保障"系统的安全救援类应用）。智能矿山在网络通信、数据中心、智能感知、智能管控、智能集控五大部分进行了智能化改造,如图11.20所示,实现下井人数由目前400人减少到100人。

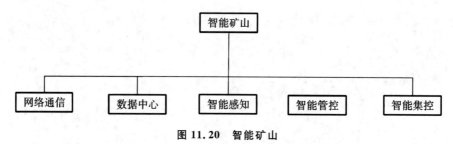

图11.20 智能矿山

数据中心在传统机房和相关硬件基础上,实现符合庞庞塔煤矿所需求的数据治理、信息化标准体系和大数据、物联网、三维展示等平台的建设工作。

智能感知以基于NB的无线传感器为切入点,实现人、机、环三大方面的全面感知,构建以无线感知为主、有线感知为辅的感知体系。

智能管控涵盖包括协调办公、人力资源、财务投资等方面的企业管理和包括调度指挥、应急救援等方面的执行管理两个部分。

智能集控是基于5G实现对生产辅助、主运输、辅助运输、回采面、掘进面等方面进行智能集中控制。

11.2.9 新材料行业应用实践

1. 行业基本情况及生产特点

1）产业规模快速增长

我国新材料产业体系已经初步形成,发展形势良好。《"十三五"国家战略性新兴产业发展规划》和《新材料产业"十三五"发展规划》等国家层面战略规划的出台,为新材料产业的发展创造了良好的政策环境。

2）关键技术实质突破

通过产学研用结合,许多重要新材料技术指标大幅提升,研究成果推广应用。大直径硅材料在缺陷、几何参数、颗粒、杂质等控制技术方面不断完善,300 mm硅材料可满足45 nm技术节点的集成电路要求,已成功拉制450 mm硅单晶。

关键技术的不断突破和新材料品种的不断增加,使我国高端金属结构材料、新型无机非金属材料、高性能复合材料保障能力明显增强,先进高分子材料和特种金属功能材料自给水平逐步提高。

3）区域集聚态势明显

积极推动新材料产业基地建设,加强资源整合,区域特色逐步显现,区域集聚态势明显,初步形成"东部沿海集聚,中西部特色发展"的空间格局。

4）支撑作用日益显现

新材料支撑重大应用示范工程的作用日益显现,为我国能源、资源环境、信息领域的发展提供了重要的技术支撑,是建设重大工程、巩固国防军工的重要保障。

以有色金属结构新材料、高温合金和碳纤维及其复合材料为代表的高性能结构材料,为高速铁路、大飞机、载人航天、探月工程、超高压电力输送、深海油气开发等重大工程的顺利实施做出了贡献。

2. 新材料行业对工业互联网实施的业务需求

1) 逐渐向高端、健康、绿色方向发展

未来十年,高端装备、汽车制造、电子信息、新能源、节能环保、新型建筑、生物医用、智能电网、3D打印等新兴产业领域预计将保持较快发展趋势。因此,带动新兴产业发展的高端材料是未来我国新材料产业发展的主要方向,主要包括高品质特殊钢、高强轻质合金、高性能纤维和复合材料、航空用陶瓷材料及航空级3D打印金属粉末材料等。

此外,随着人民对健康、环保等需求的提高,对生物医用材料、绿色环保材料、新型建筑材料和高性能膜材料等绿色健康材料的需求也越来越多。

2) 电子信息、锂电池产业新材料加速增长

随着新一代信息技术产业的发展,电子信息材料的研发生产是未来发展的一个重要方向,低缺陷12英寸及以上电子级单晶硅、超薄8英寸及以上绝缘体上硅(SOI)、宽禁带半导体与器件,以及AMOLED(有源矩阵有机发光二极体)材料及器件、大尺寸光纤预制棒、光学膜、集成电路特种气体都将逐渐实现产业化应用,部分产品也将逐渐取代进口。

锂电池材料方面,正极材料、负极材料、导电浆料、电池隔膜企业不断涌现,核心技术逐步被研发成功,并实现产业化,发展潜力巨大。

3) 高强轻质合金新材料得到大规模应用

高性能的铝合金、镁合金、钛合金在航空航天、军工、汽车、电力设备等领域的应用越来越广泛,特别是随着汽车产业的发展,高性能合金在车辆上应用量快速增长,其市场需求越来越大。

随着电力装备的高端化、智能化发展,铝合金电缆技术和产品已逐步被市场熟知并接受,铝合金材料凭借其性能优势,在电力行业的应用也将日益广泛,"以铝代铜"的相关产品,也逐步应用于电线电缆、变压器、汽车热交换器、空调散热器等,未来发展不可限量。

3. 细化应用场景

TIGER(老虎)公司拥有近百年的涂料制造历史,独创金属粉末涂料邦定技术并始终引领金属粉末涂料技术发展。作为专注深耕涂料行业的百年企业,TIGER公司积累了丰富的涂料制造经验和国际领先的运营管理经验,将经验数字化、模型化并服务于整个行业。将碎片化的小微企业孤岛链接成虚拟大型集团公司,减少行业资源浪费,集中力量办大事。基于工业互联网构建了老虎涂料产业应用,包括Color X颜色管理系统、人工智能配方系统、人工智能混色系统,解决涂装行业的三大难题,旨在拉平中国涂装技术与世界水平的差距,乃至超越。

(1) Color X颜色管理系统。

涂料行业面向广大制造企业,客户对颜色要求严格,产品普遍定制化。涂料制造行业多年来的痛点:打样多,成本高;标准不统一,效率低;重复打样,浪费多;数字化程度低,数据丢失。

Color X颜色管理系统是一个SaaS服务平台,服务的主要对象是粉末涂料制造企业、涂装加工企业。首先打通测色设备(以下简称色差仪)间的壁垒,用LAB颜色值及其他属性来标定产品,实现产品数字化。使用DE2000算法借助PC端和小程序端,实现线上选色、线上下达打样订单,减少新品打样率25%,缩短打样交期50%。

Color X 颜色管理系统产业应用场景如图 11.21 所示。

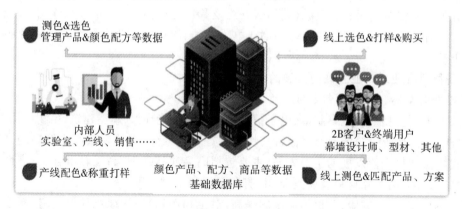

图 11.21　Color X 颜色管理系统产业应用场景

(2) 基于人工智能技术的不同色差仪数据转换模型。

通过人工智能模型,开创性地实现不同色差仪之间的数据交互,满足了不同客户的测色、查色需求。

①A-M 两个品牌设备基模型构建。运用深度神经网络(DNN)模型、xgboost 模型进行 A-M 设备测量 LAB 值的标准转换。以 1150 条数据训练得到基于 DNN 与基于 xgboost 的标准转换模型,转换颜色满足允差均为 96%,搜色准确率为 99.9%。

②结合 A-M 设备测量数据以及新设备与标准 A 设备测量数据进行同原理设备间的模型迁移。学习数据量从 1100 条降至 300 条,不进行迁移直接转换时满足允差为 72.1%,运用迁移后模型满足允差为 95.3%,实现了同原理色差仪迁移模型构建。

(3) 涂料人工智能配方与混色。

涂料行业面向广大中小涂料企业,根据产品性能的各种要求来提供相应的配方。涂料制造行业多年来的痛点:依赖个人经验设计配方;原材料性能差异巨大;配方和工艺信息不透明。

①搭建粉末涂料知识图谱。

知识图谱用于描述客观世界中存在的各种实体或概念及彼此的关系,构成一张巨大的语义网络图,节点表示实体或概念,连线表示关系及属性。

基于知识图谱的工业互联网平台,使"过去不可见的要素可见,过去不可计算的要素可计算,过去不可联结的要素可联结",解决行业对经验知识的依赖问题,并通过主动学习、机器学习,将质量数据转化为技术和知识,从而减少由配方设计不合理导致的质量隐患。

②建立各行业粉末涂料图谱。

节点数量共有 1236 个,节点关系数量共有 19221 个。节点种类共有 98 种,包括行业、性能指标、材料属性、材料用量、树脂固化剂比例、禁忌要求等。节点关系共有 114 种,包括行业性能、系列性能、用量调整、树脂固化剂比例、材料用量、材料替换、材料属性等。

实现产品需求输入后,模型智能推荐配方。搭建行业知识库,并通过大数据+人工智能,逐渐降低对行业经验的依赖。

③基于人工智能的混粉调色。

涂料制造过程中,面对越来越多的个性化颜色需求,企业一直以来都是通过新品打样来定制产品。亿色互联网平台运用 Color X 产品大数据结合人工智能配方,经过上万次混粉测试,摸索粉末混合颜色规律,通过智能算法,精确计算各组分配比,实现 1+1=N,几百种颜色混合可以产生几万种颜色。这一技术的成功推广,将为行业带来颠覆性模式创新,极大提高生产效率。

通过将粉末涂装业务数字化,建立行业生产、应用和解决方案大数据平台,为平台的用户赋能,降本增效,加速和催化创新;运用互联网、大数据、人工智能算法技术为专业知识赋能,让企业专家经验成为行业知识库,通过人工智能算法模型,打通关键流程,解决行业痛点,助力小微企业形成行业集群,帮助大型企业资源信息共享,推进行业绿色发展。

本 章 小 结

本章主要介绍工业互联网的应用实践,首先阐述了工业互联网平台当前总体主要应用于面向工业现场的生产过程优化、面向企业运营的管理决策优化、面向社会化生产的资源优化配置与协同、面向产品全生命周期的管理与服务优化四大场景,然后阐述了工业互联网在机械、钢铁、石化、电子、家电、航天、天然气、矿山及新材料等行业的应用实践,详细介绍了机械、钢铁、石化、电子、家电、航天、天然气、矿山、新材料等行业的基本情况、生产特点、对工业互联网实施的业务需求和细化的应用场景。

本 章 习 题

1. 工业互联网的出发点是什么?
2. 工业互联网平台当前总体主要应用于哪四大场景?
3. 在企业运营中,工业互联网平台有什么应用?
4. 简述机械行业对工业互联网实施的业务需求。
5. 简述钢铁行业对工业互联网实施的业务需求。
6. 简述石化行业对工业互联网实施的业务需求。
7. 简述电子行业对工业互联网实施的业务需求。
8. 简述家电行业对工业互联网实施的业务需求。
9. 简述航天行业对工业互联网实施的业务需求。
10. 简述天然气行业对工业互联网实施的业务需求。
11. 简述矿山行业对工业互联网实施的业务需求。
12. 简述新材料行业对工业互联网实施的业务需求。
13. 老虎涂料人工智能配方与混色应用了哪些技术?

参 考 文 献

[1] 夏志杰.工业互联网的体系框架与关键技术[J].中国机械工程,2018,29(10):1248-1259.
[2] 韩彬.我国新型工业互联网发展现状及探索[J].江苏科技信息,2020,3(9):41-43.
[3] 周剑,肖琳琳.工业互联网平台发展现状、趋势与对策[J].智慧中国,2017(12):56-58.
[4] 郭婧,程广明,许磊.区块链与工业互联网的链网协同发展研究[J].科技创新导报,2020,17(13):1-2.
[5] 丁锦城,吴清烈,张建军.典型供应链场景下区块链应用研究现状与发展展望[J].科技与经济,2020,2(193):6-10.
[6] 黄忠义.区块链技术在工业互联网平台安全领域探索应用[J].网络空间安全,2018,10(10):22-25.
[7] 钟伟彬,周梁月,潘军彪,等.云计算终端的现状和发展趋势[J].电信科学,2010,26(3):22-26.
[8] HALBRLEER R,CAVIT D.关于云计算安全的思考[J].信息技术与标准化,2010(9).
[9] 刘玲霞,武兆雪,钱渊,等.Web 服务容错技术研究[J].计算机科学,2009,36(1):24-28.
[10] 曹阳.信息安全问题云计算[J].科技信息,2010(3):467,474.
[11] 陈康,郑纬民.云计算:系统实例与研究现状[J].软件学报,2009,20(5):1337-1348.
[12] 郭梓琪.奥巴马为压缩开支瞄准云计算 谷歌欲首获政府认证抢大单[J].IT 时代周刊,2009(21):52-53.
[13] 魏东泽,来学嘉.一种安全的高可靠性 P2P 云存储备份模型初探[J].技术探讨,2011(9):26-31.
[14] 王继鹏.高等教育云计算服务平台构建策略初探[J].安阳师范学院学报,2011(5):82-86.
[15] 刘真,刘峰,张宝鹏,等.云计算模型在铁路大规模数据处理中的应用[J].北京交通大学学报,2010,34(5):14-19.
[16] 徐小龙,程春玲,熊婧夷,等.一种基于移动 Agent 的云端计算任务安全分割与分配算法[J].北京理工大学学报,2011,31(8):922-926.
[17] 李建卓.云计算及其发展综述[J].宝鸡文理学院学报(自然科学版),2010,30(3):72-75.
[18] 邓仲华,朱秀芹.云计算环境下的隐私权保护初探[J].图书与情报,2010(4):79-82,86.
[19] 马晓亭,陈臣.基于成本收益分析的云计算环境下数字图书馆建设研究[J].图书与情报,2011(6):71-75.
[20] 朱德新,宋雅娟.海量数据分析及处理算法实现[J].长春大学学报,2011,21(4):42-45.
[21] 黄小龙.浅谈云计算技术在教育领域的应用[J].成功(教育版),2011(8):191-192.
[22] 工业互联网产业联盟.工业互联网体系架构(版本 1.0)[Z].2016.
[23] 工业互联网产业联盟.工业互联网体系架构(版本 2.0)[Z].2020.

[24] 中国信息通信研究院. 工业区块链应用白皮书[Z]. 2019.
[25] 张才俊,李子乾,马永波,等. 一种基于 Spring clound 的微服务构建方法:中国, 201810250328.7[P]. 2018-08-24.
[26] 马雄. 基于微服务架构的系统设计与开发[D]. 南京:南京邮电大学,2017.
[27] 周立. Spring Cloud 与 Docker 微服务架构实战[M]. 北京:电子工业出版社,2017.
[28] 廖俊杰,陶智勇. 微服务 API 网关的设计及应用[J]. 自动化技术与应用,2019,38(8):85-88.
[29] 姚刚,蔡凤翔,李英浩. 浅谈微服务架构的网站开发技术[J]. 信息系统工程,2019(12):69-70.
[30] 黄强文,曾丹. 基于 Spring Cloud 和 Docker 的分布式微服务架构设计[J]. 微型电脑应用,2019,35(6):98-101.
[31] 梅璇. 基于 Spring Cloud 的微服务调用研究[D]. 武汉:武汉理工大学,2018.
[32] 隋亚楠. 基于 Spring Cloud 技术的生产管理云平台的研究[D]. 天津:天津大学,2018.
[33] CERNY T. Aspect-oriented challenges in system inte-gration with microservices, SOA and IoT[J]. Enterprise Information Systems,2019,13(4):467-489.
[34] 孙宇,周纲. 基于微服务架构的资源发现系统平台构建研究[J]. 中国图书馆学报,2020,46(1):114-124.
[35] 李曾婷. 中国家电产业走在工业互联网的前列[J]. 电器,2020(6):28-29.
[36] 张立钧,黄启佳,冯昊. 新基建加速数字化转型 实现"智能+"产业升级[J]. 互联网经济,2020(8):82-85.
[37] 刘锐,杨灵运. 工业互联网标识解析的行业应用与实践[J]. 中国集体经济,2021(1):161-163.
[38] 李自学,等. "5G+工业互联网"行业应用与融合创新[N]. 人民邮电报,2020-11-23(003).
[39] 吉旭. 工业互联网在化工行业的发展与应用[J]. 人民论坛·学术前沿,2020(13):43-51.
[40] 喻冬梅,蒋宗敏,戴冬云,等. 工业互联网在电力装备行业的应用[J]. 电力大数据,2019,22(9):35-42.
[41] 王侃,蒋延云,张毅. 工业互联网环境下的大数据行业应用[J]. 信息通信技术,2017,11(4):15-20,33.
[42] 宋颖昌. 工业互联网平台体系加速完善 垂直行业应用不断深化[N]. 中国电子报,2020-07-17(003).
[43] 纪亮. 解析工业互联网在油气行业的应用[J]. 通讯世界,2020,27(5):116,119.
[44] 宋颖昌. 深化工业互联网行业应用 加快制造业数字化转型[N]. 中国电子报,2020-03-24(003).
[45] 钱锋,杜文莉,钟伟民,等. 石油和化工行业智能优化制造若干问题及挑战[J]. 自动化学报,2017,43(6):893-901.
[46] 广东省工业和信息化厅. 提升工业数据管理能力 推进工业互联网普及应用[N]. 中国电子报,2020-03-24(005).
[47] 袁晓庆. 工业互联网发展站在新的起点[N]. 中国电子报,2020-03-24(007).

[48] 肖静华,谢康,迟嘉昱.智能制造、数字孪生与战略场景建模[J].北京交通大学学报(社会科学版),2019,18(2):69-77.

[49] 黄炜佳.基于价值链视角的家电企业盈利模式研究[D].昆明:云南财经大学,2020.

[50] 李小萌.探究新一代信息技术与石化产业的深度融合——2018中国石油和化工行业两化融合推进大会在北京隆重举行[J].中国石油和化工经济分析,2018(10):50-54.

[51] 徐璞.智能制造在航天企业中的应用[J].航天工业管理,2020(12):16-19.

[52] 索寒生,蒋白桦.石化智能工厂探索与实践[J].信息技术与标准化,2018(11):20-26.

[53] 尚军海.石化智能工厂工业互联网平台建设探索[J].河南科技,2019(34):20-25.

[54] 信集.富士康:中国智造赋能者[J].信息化建设,2019(03):27.

[55] 中国电子技术标准化研究院.工业大数据白皮书[Z].2019.

[56] 中国电子技术标准化研究院,中国信息物理系统发展论坛.信息物理系统建设指南[Z].2020.

[57] 刘怀兰,惠恩明,等.工业大数据导论[M].北京:机械工业出版社,2019.

[58] 李杰.工业大数据[M].北京:机械工业出版社,2016.

[59] 林子雨.大数据导论[M].北京:高等教育出版社,2020.

[60] 王建民,郭朝晖,王晨.工业大数据分析指南[Z].2019.

[61] 陈磊.从现场总线到工业以太网的实时性问题研究[D].杭州:浙江大学,2004.

[62] 朱洪.工业以太网在控制领域的研究与应用[D].南京:南京工业大学,2003.

[63] 李艇.实时工业网络设计与应用[M].北京:人民邮电出版社,2014.

[64] 孙育河.嵌入式协议Modbus/TCPIP转换模块的研究[D].乌鲁木齐:新疆大学,2008.

[65] 姚胜东.工业以太网现场总线EtherCAT的应用[J].仪表技术,2014(8):4-6.

[66] 王豪.基于EtherCAT工业以太网与MVB网关的研究与设计[D].长春:长春工业大学,2020.

[67] 李鑫.工业以太网PROFINET技术的研究与实现[D].北京:北京化工大学,2006.

[68] 王振力.工业控制网络[M].北京:人民邮电出版社.2013.

[69] 王映民.TD-LTE技术原理与系统设计[M].北京:人民邮电出版社,2010.

[70] 杨峰义.5G无线网络及关键技术[M].北京:人民邮电出版社,2016.

[71] 田亚飞.基于UWB的室内无线定位技术研究[D].长春:吉林大学,2019.

[72] 丛培壮,田野,龚向阳,等.时间敏感网络的关键协议及应用场景综述[J].电信科学,2019,35(10):31-42.

[73] 朱瑾瑜,段世惠,张恒升,等.时间敏感网络技术在工业互联网领域应用必要性分析[J].电信科学,2020,36(5):115-124.

[74] 杨永明.未来5G与能源的深度融合研究[J].新能源经贸观察,2018(7).

[75] 孙继平.煤矿智能化与矿用5G[J].工矿自动化,2020,46(8):1-7.

[76] 何家泉,张超俊.5G技术的煤矿智能化开采关键技术分析[J].长江信息通信,2021,34(2):226-228.

[77] 王国法.加快煤矿智能化建设 推进煤炭行业高质量发展[J].中国煤炭,2021,47(1):2-10.